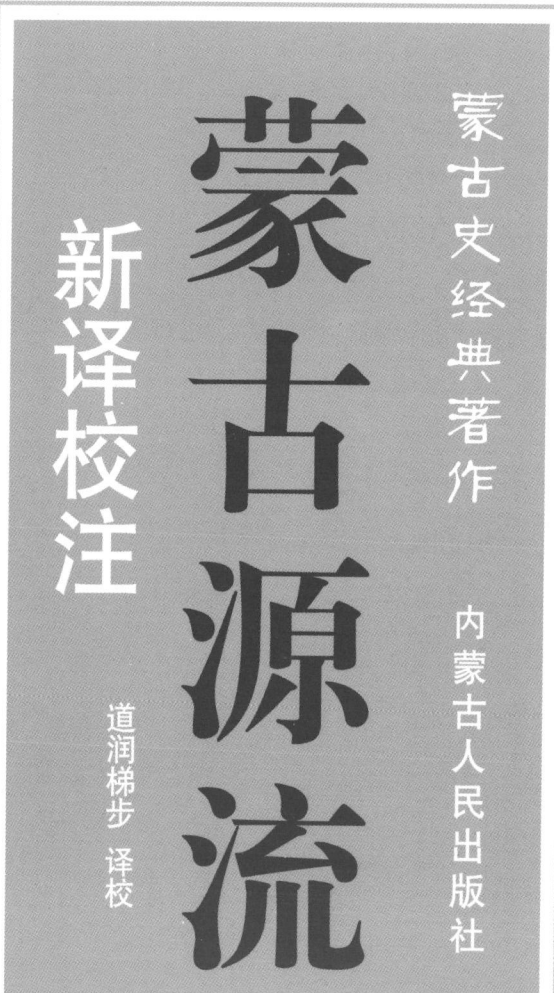

蒙古史经典著作

蒙古源流

新译校注

道润梯步 译校

内蒙古人民出版社

图书在版编目(CIP)数据

新译校注《蒙古源流》/道润梯步译校. －呼和浩特:内蒙古人民出版社,2006.8(2015.1重印)
(蒙古史经典著作)
ISBN 978－7－204－08370－1

Ⅰ.新… Ⅱ.①道… Ⅲ.蒙古族－民族历史－中国－古代 Ⅳ.K281.2

中国版本图书馆 CIP 数据核字(2006)第 099942 号

卷 目

新译校注《蒙古源流》序 …………………………………… 1

凡 例 …………………………………………………………… 1

蒙古源流卷一 ………………………………………………… 1

蒙古源流卷二 ………………………………………………… 39

蒙古源流卷三 ………………………………………………… 77

蒙古源流卷四 ………………………………………………… 147

蒙古源流卷五 ………………………………………………… 193

蒙古源流卷六 ………………………………………………… 265

蒙古源流卷七 ………………………………………………… 329

蒙古源流卷八 ………………………………………………… 373

附录：(一)青海和硕特世系表 ………………………………… 420

(二)萨囊彻辰家系表 …………………………………… 422

新译校注《蒙古源流》序

《蒙古源流》成书于清康熙元年（一六六二年），作者是鄂尔多斯部的萨囊彻辰洪台吉。其书写成后，展转抄录，广为流传于蒙古地方。在这过程中，不但书的内容方面发生了变化，有了出入，而且连书名也颇不一致起来。有的抄本名之为〔haːd—ʊn—undusun—nu ərdəni—in təbt͡ʃia〕(罕统宝鉴)，有的抄本则简称〔ərdəni—in təbt͡ʃiaː〕(宝鉴)，而有的抄本则更称之为〔ənəthəg təbəd moŋgɔl haːd—ʊn t͡ʃagan təguhə nərtu tuguʤi〕《印度、西藏、蒙古诸罕源流》。这里把〔t͡ʃagan təguhə〕一词，往往按字面译成《白史》或《白册》，这与把〔t͡ʃagan sar〕(正月)译成"白月"，把〔t͡ʃagan tɔlɔgai〕(蒙文字母)译成"白头"一样的荒谬。

此书汉译本定名为《钦定蒙古源流》，或简称《蒙古源流》。尽管译文中有很多问题，但这书名的译词却是很好的，既突出了书的主要内容，也照顾了其全面关系，不但是贴切的,而且是美丽的。

　　本书到清乾隆年间译成了汉文。关于这个问题,在陆锡熊、纪昀、孙士毅、陆费墀等人上疏乾隆皇帝的钦定本《提要》中说:"臣等谨案钦定《蒙古源流》八卷,乾隆四十二年奉勅译进,其书本蒙古人所撰……书中所纪,乃额讷特珂克、土伯特、蒙古汗传世次序,及供养诸大喇嘛阐扬佛教之事。而其国中兴衰治乱之迹,亦多按年胪载,首尾赅备,颇与《永乐大典》所载《元朝秘史》体例相近。前者我皇上几余览古,以元代奇渥温得姓所自,必史乘传讹,询之定边左付将军喀尔喀亲王成衮扎布,因以此书进御,考证本末,始知奇渥温为却特之误。数百年之承讹袭谬,得藉以釐订阐明,既已揭其旨于御批《通鉴辑览》,复以是编宣付馆臣,译以汉文,润色排比,纂成八卷。"又说:"……作书者仅据传闻录之,故不能尽归确核。至于塞外立国,传授源流,以逮人地诸名,语言、音韵、皆其所亲知灼见,自不同历代史官摭拾,影响附会之词,妄加纂载,以致鲁鱼谬戾,不可复凭。得此以定正舛讹,实为有裨史学,仰为我国家万方同轨,中外响风,蒙古诸部久为臣仆,乃得以其流传秘册,充外史之储藏,用以参考旧文,尽却耳食沿讹之陋,一统同文之盛治,洵亘古为独隆矣。乾隆五十四年二月。"

　　张石州先生的《蒙古源流》书后云:"此书但详顺帝以下汗之子孙,而太祖诸弟子孙不及也。汗之子孙亦但详汗及鄂尔多斯、巴尔斯博啰特二支,而达延汗其余诸子不及也。其中写之最详者,为阿勒坦汗及库图克图彻辰洪台吉二人,而余人亦不及也。然汗之传位世系则已较然明白,鄂尔多斯之所以独详者,以汗即卒于八白室前,鄂尔多斯则为汗守御八白室之人也。然考《明史·鞑靼传》其为边患甚者,大约亦不过此三支,其东部炒花,则太祖诸弟子孙。所谓土蛮,则又达延汗诸孙之南徙近边,今为内扎萨克敖汉、奈曼、巴林、扎鲁特、克什克腾、乌珠穆沁、浩齐特、苏尼特诸部是也。明人治边,尚不乏才,至于纪核源流,审正名字,则殊草草,如达赉逊之为打来孙,库图克图汗之为虎燉兔王子,犹不过译字之变,不为讹舛,最可笑者,巴尔斯博啰特之衮必里克为鄂尔多斯济农。济农职名也,明人译济农曰吉囊,不为失也。乃不以为官号,而以为人名。及衮必里克之子嗣为济农,以为不应父子同名,则曰吉囊子吉能,亦可谓不考之甚矣。今据此书表出,而后《明史》言蒙古事者,乃略皆可读。眼当更为大事表,以著其剿抚之略,而有明一代蒙古史乃可考云。"

沈曾植先生在其《蒙古源流笺证》卷一之题注中云:"此书自《四库》著录为《却特史》,学者视之与《脱必察颜》声价等,顾自嘉定钱先生以来,徐、龚、张、何,以及近时李、洪诸家,于《秘史》、《亲证录》穿穴疏通,详前人所未详,发前人所未发,各已成一家言。独此书仅各就可资证佐者,摘取断章,未有综其全书而理董其绪者,今略就所知者笺之。癸丑用王氏抄本,校一过朱笔,诸氏本从满、蒙、汉三文合刊本录出,又胜王氏,今多从之。"

张尔田先生校补云："案先生此书，手稿丛残，无序、跋。仅于夹叶中得此数语，截之题首。又此书参校众本，不苟从一，今悉以文津阁本审正，然阁本已非满、蒙、汉三文合刊之旧，颇疑进呈初译与副阁所藏，写官重缮，或有异同，诸家展转传抄，未必同出一源，仍两存之。择善而从，亦先生例也。"

他在其《蒙古源流笺证》校毕记中云："辛未春，郊居多暇，参校迻补数过，霑溉之益得未曾有。先生此书，原名《事证》，今改题为《笺证》，命肾录此净本，写成后，又增订数事，虽于蒙文大格，然以较通行诸本，则有间矣。闻广内所储满、蒙两本，均在故宫，恨未能一一覆勘，又殊方治蒙史者，近亦多致力于此。稽合外译，频开前失，学问之道，如积薪然，前辈之潜研，后贤之睿发，各有弘美，不妨并存，或有出于斯笺之外者，容再补之。"

他又在其《蒙古源流笺证》序文中云："奇攸氏之立国也，鞭笞六合，混一中夏，及其遁荒部落雄长，仍不失为大国，巴图蒙克以中兴余烈，据喀尔喀全部，又逾大漠，东蹠察哈尔，西踩青海，南收鄂尔多斯，土默特诸鄂托克，子孙繁衍，传世百年，以讫于林丹汗，与明运相终始，故自来治元故者，仅有《脱卜察颜》及西域拉施特诸人书，而爱猷识理达腊以后，小王子传次，但于《明史·外国传》略存梗概，蕃、汉隔阂，语焉不详，诹朔方文献者嘗焉。

乾隆中，喀尔喀亲王成衮扎布始以此书上于朝，馆臣奉旨译成今书。其书根据《红册》《黄册》七种史料而成，以喇嘛佛教为纲,以各汗传统之世系为纬,而又上及蒙古种族发源之土伯特,额纳特珂克遗闻坠掌,粲然毕载。论其声价,实不在拉施特书之下,乃自入秘府,承学之士,病其音译歧互,罕或津逮,道、咸之交,人尚畴史,魏默深、张石州、何愿船诸君,始渐有援引及之者,嘉兴沈乙盦先生与洪文卿、李芍农二侍郎,同治西北舆地之学,而以此书研核尤勤,洪、李书行世最早,先生著述矜缓,丹墨丛残,及身多未写定,其偶落于人间者,吉光片羽而已。先生既归道山,余始与亡友王忠愨相约,为之理董。未几,忠愨应召入都,匆匆又数年矣。

今年先生哲嗣慈护兄出遗书,属编次,因检校逐录,定为笺证八卷,皆杀青可,缮写间有一得之愚,仿郑灼写《皇侃礼疏》例,附载笺中发正,又数十百事。盖至是而荒裔弹舌之旧史,稍稍可以属读矣。

此书叙述繁复,又经重译,非熟于满、蒙音纽者不能读,非深于史学,善用钩稽之术者不能通。象鞮之宾,苦于不知史,而治史者,又以其难读而弃之。今之所校,阙疑尚多,固不能无待于后人继续之研寻,然筚路蓝缕之功,微先生莫为之前也。先生学海人望,异代大节,炳焉与深宁叟比隆。慈护守父书,求己志,亦无愧昭甫,而余以衰晚馀生,得藉手以告于先生为深幸云。"

他在其序文后记中又说:"此书写成后,复从赵君万里,假得传录亡友王静安校本,静安自识云:乙丑重九,假沈庵宫保所藏,芎楂书室钞本,比勘竟,钞本亦有脱落,然文字颇胜于此本也。永观堂记：细审其本，脱误亦与通行本同，实未大远于先生所据诸本，惟静安简端签语郅精，颇有可与斯笺印合处，今遴其碻，当及小有意者都载笺中，称王静安校以别之，原稿仍旧赵氏，辛未首夏，孟劬再记。"

据此种种记载，可以看出：一、本书汉文清译本不是直接从蒙文原文译出的，而是从满文"重译"的，所谓"乾隆四十二年奉敕译进"者，似指满文译本而言，所谓"乾隆五十四年二月……核上"者，似指汉文译本而言。解决这个问题竟经十二年之久。二、不但是蒙文原文有种种抄本与刊本，满、汉文译本，也有诸种不同的抄本和刊本，而且互有出入，尚未校出一部定本。三、诸家研究的结果，虽然也已知道了汉译本与"蒙文大格"，但未找到解决的办法。四、经沈曾植、张尔田先生校勘之本，也还"阙疑尚多"，"不能无待于后人继续之研寻"。这就是我们今天需要研究解决的课题。五、至于对本书内容的评语，则毁誉并见，或是或非，应当有个正确的解释，这是需要大力研究解决的问题。

日本国江实先生，在其从满文译出的日译本序文中，评本书谓："与《元朝秘史》共为蒙古文学之双璧。"这个论断，也许是有理的吧！不过这两部书是有很大区别的，就其主导思想而论，《蒙古秘史》是胜利进军的凯歌，而《蒙古源流》则是亡国后之哀音，以其为凯歌，故有豪语，以其为哀音，故有微言。豪语易知，微言难明，兹试举例说明，则：

一、蒙古史学自从《阿拉坦合罕传》出世之后，经大、小《黄金史》，《大黄谱》等史作，均以梵、藏为蒙古之先，佛教为蒙古之神。于是《蒙古秘史》之史统为之一变，而到《蒙古源流》乃集其大成了。就其远因，则为忽必烈之国师，红教喇嘛帕思巴所著《彰所知论》之影响所渐，察其近由，则是阿勒坦合罕信奉宗喀巴黄教的结果，书中所反映的情况，虽可说是一种社会思潮，但也与作者们个人的知识程度和思想状况有关。其中萨囊彻辰先生是很突出的，这是很值得研安的问题，我们难以得出身为佐国大臣的萨囊彻辰先生但凭迷信思想来写书的结论。看来他似乎是在有意地制造这种《祖业神传论》，神传的东西自然是神圣不可侵犯的，侵犯者便有罪。那么，其所指的主要对象，自然就是满清统治者了。

二、本书所叙述的成吉思合罕的事迹，是很不符合史实的。主要是：有以传说代替历史的倾向，而且阿尔噶逊弓箭手的致词是警告性的，与哈萨尔关系的记述是离间性的，所记征唐古特的事是诬蔑性的，描写其死后的哀鸣情状是绝望性的。略符合史实的部分，也是混乱不堪的。这种情况不禁令人要发问：为什么写成了这个样子？看来这里似乎有两方面的原因。一方面，可能与作者所依据的史料内容有关，另一方面，在大清王朝方兴未艾的那个年代，要正面阐述成吉思合罕的事迹，是有其困难的。征金的事固不可言，西征问题也就不好说了。索性把南征北战的历史一概抹掉,颠三倒四地写了一些不三不四的话了事。至于其后继者斡歌歹、蒙哥、忽必烈等人的事,更只好说两句佛法,轻轻点卯而过。到了张尔田先生们生活的时代,就可以说"鞭笞六合,混一中夏"之类的话了。

三、《提要》中说:"以明太祖为朱葛,仕至左省长官,谮杀托克托噶太师,遂举兵迫逐顺帝,亦为凿空失实。"以朱葛为明太祖,也过于直观。这其中似乎有别的文章,按蒙文原文"〔ʤəgə〕音近〔ʤəgun〕(东)",如果这种推测能够成立,那么,书中的朱葛诺延,即东方老爷了。这里似乎是在借朱明之姓氏为掩盖物。实指自东方兴起之满洲族而言。所谓"仕至左省长官"的"左省",按蒙文原文应为"东省"(或东部地方),这似暗指其夺取东蒙的事。书中所谓杀托克托噶太师而又领右省者,似暗示其又夺取西蒙的事。其南下而复归者,似影射其征服内地而凯旋之事。总之,假借说元、明间事,实指满洲人之灭蒙古国而言。

诚然,在《黄金史》和《大黄谱》等书中,也有关于朱葛故事的记载,这与该书的成书年代有关,如果是书成于天聪、崇德年间之后,就与本书的性质相同了。而且似乎影响了本书的内容。

四、书中所记载的托欢·帖木尔合罕失位北奔时,所低吟的哀叹诗,亦似后人假托之作。因为诗中总是把大都北京的丧失和上都开平的失落并提,但实际情况并不如此。明兵推翻元朝之后，虽有北征之举，但蒙古人并未长期丧失开平城，仍旧掌握在所谓北元的蒙古国手里。到了林丹合罕失国于满洲人之际，蒙古人才失去其上都开平城。所以，把这个史实说成是元末明初的事，显然是在借题发挥，以述其反对满清统治者的思想。从历史上的蒙古族统治集团来说，失去大都和上都二者的性质是不同的。上都可谓蒙古人的故土，而大都则是得而复失之地。还有一层，这里的叙事有陋笔，微言不微，露了马脚，这是很危险的。

五、书中用大量的篇幅叙述了元亡之后，蒙古内部混战的历史，再用重笔阐发了满都海彻辰夫人统一蒙古国的丰功伟绩，前后情势形成了鲜明的对比。这里反映着作者反对分裂，反对内战的思想。而且，单说其功绩，讳言其死亡，这无异于在呼喊：满都海彻辰皇后万岁！但这话是不能明说的，因为她的事业一"万岁"，清兵就打不进来了，蒙古国也就不会灭亡了。这是在作无字的文章，可称为本书中的妙笔之一。只可惜：叙事过于简略，比诸《黄金史》的记载，也稍有逊色。

六、书中对林丹合罕的事迹，说得也很简略，但用深刻的文字，形象的比喻，主要从主观方面总结了亡国的惨痛教训。说："大罕怒则毁其政，大象怒则毁其城。"言止于此，无法再说下去了。这才是：昆山玉碎凤凰叫，芙蓉泣露香兰笑。一隐一显，两态并作矣。好像使人看到了流泪的怒目，可称为绝妙的奇文。不过把"香兰"二字改为"令兰"则更合乎了。这里手提令箭的人是谁？也无须多说。

七、书中叙罢蒙古国灭亡的历史之后，紧接着突如其来地说了一段明王朝的开国、传承和覆亡的历史。不言明兵之北征和蒙军之入关。而表示它与元皇室有着某种亲戚关系，学者们多感到文章突兀。但是在我看来，这里也似有文章，它是在总结明、蒙两家之间政治关系的经验和教训。正如张尔田先生所言，"与明运相终始"的问题，希望双方记取这一如同"鹬蚌相争，渔人得利"的惨痛教训，来共同反对这个敌国之"渔人"。

如此等等。总之，《蒙古源流》是一部在叙史的明文中，寓其论政的微言，总结历史经验，以期反对满清统治的著作。但在当时，他这事是不会成功的。到了后来，已没有这种必要，从而也就失去了它的政治意义。号称"圣明天子"的乾隆皇帝及其翰林院的学士们，似乎没有看明白这部书，如果是明白了，他们就不会翻译和刊行的。后来从事研究这部书的中外学者们，似乎也没有看明白。当然，我的认识也不一定对，还需要进一步研究。

至于说我这个《新译校注》本，所谓"新译"是对清译而言。如上所述，汉文清译本不是直接从蒙文译出的，而是由满文译本"重译"的。看来，满文译本的问题似乎不多，但汉文译本的问题是很多的，大约全书的百分之五十左右都是错误的，如果不对照蒙文原文就无法读得懂，这就是所以要"新译"的原因。所谓"校注"是指校正王静安、沈曾植、张尔田等先生注释文而言。诚然,先生们研究并注释了这部书,是有很大功劳的,但也有不少问题,这里有三方面的情况,一是:部分注文是错误的,作了力所能及的校正工作。二是:部分注文由于新译的结果,自然变为无用而被淘汰了。但又增加了一些新的注释条文,也许有不当之处,还需要研究。三是:部分注文是可用的,但也有些值得研究的问题,所以用张尔田先生的"今且存而辨之"的方法,保存下来了。我研究《蒙古源流》的时间很短,从词句到内容,都有许多需要进一步探讨的问题。先译出来,以应急需,愿与诸同人共同研究。

这部书的真正科学价值在哪里?这是我们应当注意的首要问题。如果说《蒙古秘史》是从氏族制向奴隶占有制转化过程的记录,那么《蒙古源流》的主要部分则是从奴隶制向封建领主制转化过程的记录。《蒙古源流》的价值在其后半部,前半部的一、二卷,对蒙古史来说没有什么价值;三、四卷中也缺乏科学性的资料。所以要说明社会性质和历史分期问题,单靠本书的记载是不够的,还必须借助于《元史》。

《元史·卢世荣传》中云:"至元二十年十一月辛丑,召中书省官与世荣辩,论所当为之事","又奏……国家以兵得天下,不藉粮馈,惟资羊马,宜于上都、隆兴等路,以官钱买币帛易羊马于北方,选蒙古人牧之,收其皮毛筋角酥酪等物,十分为率,官取其八,二与牧者。马以备军兴,羊以充赐予。"帝曰:"汝先言数事皆善,固当速行。此事

亦善,祖宗时亦欲行之而不果,朕当思之。"世荣因奏曰:
"臣之行事,多为人所怨,后必有谮臣者,臣实惧焉,请先
言之。"世祖曰:"汝言皆是,惟欲人无言者,安有是理,汝
无防朕,饮食起居间可自为防,急足之犬,狐不爱焉,主人
岂不爱之。汝之所行,朕自爱也,彼奸伪者则不爱耳。汝
之职分既定,其无以一、二人从行,亦当谨卫门户。"这里
所谓"十分为率,官取其八,二与牧者,"就是封建生产关
系。也就是我所说的"苏鲁克制度"的先导。对此忽必烈
说的颇为有趣,他说:"此事亦善,祖宗时亦欲行之而不
果,朕当思之。"这里不但表明了他要推行这条政策的意
图,而且把以前的情况也说清楚了。卢世荣败亡后,未闻
废除这一政策,所以蒙古史的进入封建主义时代是从元
代忽必烈当政时开始的。

当然不能说元廷提出个政策,马上就出现一个新的
社会制度。任何一个社会制度,都有其自己发生、发展和
形成的过程,但这时毕竟是产生了封建生产关系的萌芽。
元代的皇室内讧中,似有新旧两种制度相互斗争的因素。
据本书所载,元亡后蒙古内部的长期混战,有新兴封建领
主制与旧的奴隶占有制之间相互斗争的性质。到了达延
合罕时代,封建领主制取得了决定性胜利而占居了统治
地位。

张尔田先生在其《蒙古源流笺证》的序文中所说:"巴
图蒙克以中兴余烈,据喀尔喀全部、又逾大漠,东跖察哈
尔,西跻青海,南收鄂尔多斯土默特诸鄂托克,子孙繁衍,

传世百年"者。其实这不是什么"中兴"的问题,而是新兴封建领主制战胜原来的奴隶制的问题,其代表人物也不是巴图蒙克,而是其年长之后满都海彻辰夫人。

　　满都海彻辰夫人是位女英雄。她极力卫护将被废弃的成吉思合罕皇统,斥责不臣,亲临战场,指挥兵将,自为先行,冲锋陷阵,为统一其七零八落的蒙古国,为封建领主制的普遍发展,打下了坚实的政治基础。我们应当予以肯定的评价。诚然,成吉思合罕的事业比她的事业大,但其过错也多。她的事业比成吉思合罕的事业小,但其过错也少。按本书中记载的事迹看,她似乎没有什么过错。中外历史上我们还没有见过另一位这样的女英雄。她应当是蒙古历史上仅次于成吉思合罕的第二号人物。但,埋没幽僻,长达四百余年,是很不应该的。

　　这个封建领主制的经济基础如何?书中几乎没有记载,只有几处含含糊糊地提到阿拉巴图问题,这给我们的研究工作留下了严重的困难。

　　《蒙古源流》成书于《蒙古秘史》的四百二十二年之后,在语言方面呈现着很大的不同,学者们认为《蒙古秘史》的语言是典型的蒙古语,纯洁的处女语言。与此相比,《蒙古源流》的语言却颇为混杂,蒙古语中加进了藏语、梵语、汉语、满语等言语的词汇,而且出现了包括这些语言成份的混合词,这主要表现在名词术语方面。这种情况一直沿续到三百余年后的今天,而且有所发展,这是个很大的问题。

《蒙古源流》一书中也有若干文学描写部分,其思想性与艺术性方面都表现出了与《秘史》不同的格调。书中也记载了多次的战争情况,有胜有败,有的描写得也比较生动,但从军事学的价值方面考察,似乎无可摄取之物。这一文一武两方面都不如《秘史》,也似乎不如《黄金史》,这是什么原因造成的,还需要进一步研寻。

　　《蒙古源流》在宗教方面的叙述很多,七、八卷中系统地记载着自阿勒坦合罕以来信奉黄教喇嘛的事迹,真是写得香烟缥缈,佛音遍地。所以《蒙古源流》也是一部研究蒙古地方喇嘛教发展史的纲领性文献之一。

　　自元代忽必烈合罕以来,蒙古人虽然信奉了红教喇嘛,但他们主要在贵族宫廷范围内活动,在广大人民中的影响并不大。但自阿勒坦合罕信奉黄教喇嘛以来,情况就大不相同了,它很快就变成了全民族所信仰的宗教。就其原因,看来有如下两点:一、那时新兴的封建领主制,已经取代旧的奴隶占有制而占据了统治地位。原来从蒙古社会中产生的萨蛮教,已不能适应这种变化,需要有个相应的新的信仰。二、经过多年的战乱之苦,不但人民群众希望息弭战争,连合罕、济农之类的贵族也向往和平。在这种情况下,标榜积德行善,反对杀生害命的宗喀巴黄教,恰好适应了这种社会需要。

　　不过,从后来的历史发展中,可以得到证明,宗喀巴喇嘛教,在其传入蒙古地区的当初,虽然起了一定息弭战争、安定生活的积极作用,但是对蒙古民族的人口增殖、政治、经济、思想、文化等等多方面都带来了若干消极影响。

上边说了几点我对《蒙古源流》的粗浅认识，难免有不妥之处，希望读者批评指正。

最后，我还要说，萨囊彻辰先生在其生前虽然是个政治上的失意者，但在其身后，却不失为史学史上的南面王。若把他这部书的主导思想概括起来，似乎可以说成如下几句话：

开辟鸿蒙几万年，梵藏竟为牧人先。
混撰一代兴衰史，忍说二部自相残。
达赖班禅传经咒，满珠失里举静鞭。
徒令皇孙挥神笔，欲将故国问青天！

译注者识
一九八〇年一月二十三日

凡 例

一、本书是从蒙文原文殿版本《蒙古源流》(即《印度、西藏、蒙古诸罕统之源流》)直接译出的。

二、本书定名为《新译校注蒙古源流》。所谓"新译"是对清译而言。清译汉文本《蒙古源流》是满文译本的"重译"。其误译之多,致使用注释的办法不能解决,所以重新再译之。所谓"校注"是指校正清译汉文《笺证》本中王静安、沈曾植、张尔田诸先生之注释而言。这些注释文经新译后修改了一部分,淘汰了一部分,保留了一部分,也新增加了一部分。

三、我的新译文,难免也有不妥之处,所以将清译文作为附录,附在每一分段的注释文之后,以资对照研究。

四、从书的内容看,清译汉文本的六、七卷的分卷法不妥,所以新译本将原第六卷结尾处之第一、第二两次迎请黄教喇嘛的部分,调入了第七卷中。

五、清译汉文本中,人名、地名、部落名等所用的汉字颇为纷繁,新译文则着眼于用字读音之近原文者。其与《蒙古秘史》有关的部分,则向《蒙古秘史》看齐,尽可能照顾了其用字的一致性。只改其不雅之字、词。

六、从蒙文原文中,明显地看出有脱文之外,则用( )中加补译词的办法,解决其缺漏,以便阅读。

七、将汉文《笺证》本第一卷,卷首所附之《青海和硕特世系表》附录于书后,为附表一,以为研读之参考。书后又附了一幅自托欢·帖木尔合罕以来《萨囊彻辰家系表》,为附表二,以便读者参阅。

蒙古源流卷一

南无嘛尼雅租·固卡阿雅师,
三皈依之尊上三宝①,
三世诸佛②之三尊身,
三界第六金刚救世③,
顶礼三备三德喇嘛,
三项存在之尊奉者,
自奠基外相世界时,
生成所依存之生灵,
降生接引生灵之诸菩萨,
显现极乐世界之诸圣者。

兹酌诸旧史,略论自古之玛哈·萨玛迪④合罕以来,古印度、土伯特、蒙古等三国传承之概要。

自定一切所依之外相世界,生成凡依存之内部生灵,此二者中,首言其定外相世界之事,则用三坛而定焉。其所谓三坛者,乃肇造之风坛,涌波之水坛,所依存之土坛是也⑤。

此三者中,先言风坛,则太古之世,由虚空之十方,狂风大作,往来相冲,形成无可遮蔽之碧色物,其名曰:珠格伦⑥。于是风坛定矣。

次言水坛,则由先时之风,冲击生成大云。其名曰:额尔德尼·因·超克察⑦。由是雨水永注,形成无边之大海。名曰:忽济尔图·达赉⑧。于是水坛定矣。

三言土坛,则水上生微尘,凝如乳上之脂,其名曰:阿勒坦·济如克图⑨。由此各分为七七之份,而细尘自增如兔,如羊,如牛毛中,及如日光中所见之虮、虱,如油麦籽。七麦籽为一寸,二十四寸为一肘,四肘为一庹,五百庹为一海螺声闻之地,八海螺声闻之地为一里。如是以多里量其宽厚之存在,其名曰:大自在金世界⑩,即土坛是也。其中众山之主,崇峻之须弥山,七金山,七大海,四大部洲,八小部洲,共十二洲,皆一时定矣。

【注释】

①三宝:佛教中称:佛、法、僧为三宝。

②三世诸佛:即过去、现在、未来之诸佛。

③金刚救世:蒙文原文为"瓦齐尔·达喇",日本江实先生译为"金刚持",误。"瓦齐尔·巴尼"才是金刚持,"瓦齐尔·达喇"是金刚救世。源出于梵语,"巴萨尔·萨达"。喇嘛教认为:达赖·喇嘛是"瓦齐尔·达喇"的化身,又说是观世音菩萨的化身云。个中委曲,不必赘言。

④玛哈·萨玛迪：此梵语。"玛哈"是"大"，"萨玛迪"即"三昧"，亦可译为"禅"，"修炼"之意。"玛哈·萨玛迪合罕"即大禅法王也。

⑤……土坛是也：张尔田先生清译本校注云"案《起世因本经》此之大地住于水上，水住风上，风依虚空，印度古说皆如是，此与之同。"

⑥珠格伦：清译为"温和"，不确。应是"柔软，软弱"等意。特定名词一般不应作意译，应用原文音译词。故译如文。蒙文原文也似意译了梵语或藏语，但不便改动，下同。

⑦额尔德尼·因·超克察：蒙古语词，"宝体"之意。

⑧忽济尔图·达赉：蒙古语词，"碱海"之意。

⑨阿勒坛·济如克图：蒙古语词，"金心者"之意。

⑩大自在金世界：蒙文原文为"伊克·额尔克图·阿勒坛·德列黑亦"太长了，姑译如文。

【附录】

清译本文：纳摩沽噜嘛（尼雅）祖锅卡阿雅顶礼三宝三世诸佛普度三界三德喇嘛（尔田案诸本作三恩先生校从王本）三才定位克成庶类佛度生灵圣化炳蔚试综昔者额纳特珂克土伯特蒙古三国根本世基之载在旧史者而统论之凡一切依倚外象包罗者已定一切因缘生灵已成外象定自三坛起于风坛次及水坛定于土坛是也以言乎风坛则由无所有空十面大作所向感被而温和碧色之风坛凝然定矣以言乎水坛则由触于风坛彩云叠布丛生联绵阴雨以成无边岸作咸之大海而水坛

定矣以言乎土坛则由金界粪土定若乳上凝脂以次各七七分数加添自细尘以至埃尘沙纤征野马细末为一粒油麦七粒油麦为一寸二十四寸为一肘四肘为一丈至五百丈自一画角声闻处起至八画角声闻处为一里以如是甚多里数名为大自在金地土坛其中山之大者为须弥山以及七金山七大海四大部洲八小部洲一时显然著矣。

再言内部生灵之生成，则第一禅天之一神降生人间以来，日益蕃衍，由是色界十七天①，无色界四天，欲界二十天，凡三界之六类生灵一时成矣。盖彼生灵之中，唯四洲之人类生灵，以其为天神之显化，故享无量之寿焉。其存也，倚居于世上焉；其行也，不以足践地，翱翔于空中焉；其食也，不食地上之秽食，乃食三昧之净食焉；其生也，因无男女，不以胎生，乃神化而生焉；其视也，因无日月，赖自身明光而视焉；当彼之世，无"人"之名，总其名曰：生灵焉。

后一世中，复有一恣欲于生灵之生灵，得一名：噶扎伦·托逊②之食物而食之，则众皆效尤而食焉。由是先时三昧之食遂绝。因食彼噶扎伦·托逊（之故），空行之道遂绝，坠落地上，自身之光遂绝，永为昏夜之故，愚昧之孽业，乃始于此矣。

由是，赖众生灵之业果，现出日、月、星、辰，藉其光而照明矣。

其后，又一世中，复有一恣欲于生灵之生灵，得一名：诺固干·诺·卫③之食物而食之，则众皆效尤而食焉。由是常食地上之秽食，乃现男女之性器，互生爱欲，生男育女之故，爱欲之孽业，乃始于此矣。

其后，又一世中，复有一恣欲于生灵之生灵，得一名："萨鲁"之野生稻。曰："此何食物也？且莫顾其何物，试尝之。"乃食彼萨鲁稻，则众皆效尤而食焉。由是，先所食之食物亦绝，遂食乃稻焉。然须即食即采。其间一奸吝之生灵，今日采收其翌日所食之故，先时之稻遂复绝，妒忮之孽业，乃始于此矣。

于是，耕种乃稻而食，因常食此下界之秽食，多食者其貌变丑，少食者其貌变美焉。乃谓"吾貌美、汝貌丑"而相欺凌；复争其耕稻之田，惹大纷争，互相残杀之故，寇仇之孽业，乃始于此矣。

复因多收稻者，匿彼少收者而食之故，悭吝之孽业，乃始于此矣。

由是，来一形容端雅，心怀正直，智虑明睿之生灵，（查）其前行，爱其是者，化其非者，继而均分其耕田，咸公正待之。于是众皆曰："不违汝旨，奉汝为诺延乎！"遂共设誓，奉为诺延焉④。印度语谓：玛哈·萨玛迪·兰咱⑤。土伯特语谓：莽贝·古尔伯·嘉勒博。蒙译则为：鄂兰纳·额尔古克德克森合罕⑥也。时为萨满达·巴达喇佛掌教之世，四大部洲中，共称：转金轮之萨噶尔瓦抡合罕焉。时在太初劫波之前，乃贯通一切之世也。由是，应生灵之气数,天显日月星辰,光照四大部洲矣。

【注释】

①色界十七天:张尔田先生清译本校注云"案"经部宗色界中立十七天,萨婆多宗立十六天,上座部立十八天,此同经部。

②噶扎伦·托逊:蒙古语词,"地油"之意,清译脱落。

③诺固干·诺·卫:蒙古语词,清译为"青苗",是。

④奉为诺延焉:张尔田先生清译本校注云"案《俱舍论》劫初时人,有色意成,肢体圆满,诸根无缺,形色端严,身带光明,腾空自在,饮食喜乐,长寿久住,有如是类,地味渐生,其味甘美,其香馥郁,时有一人,禀性耽味,齅香起爱,取尝便食,余人随学,竞取食之。尔时方名,初受段食,资段食故,身渐坚重,光明隐没,黑暗便生,日月众星,从兹出现,由渐耽味,地味便隐。从斯复有,地皮饼生,竞耽食之,地饼复隐。尔时复有,林藤出现,竞耽食故,林藤复隐。有非耕种,香稻自生,众共取之,此食粗故,为欲蠲除,便生二道,因斯遂有男女。尔时诸人遂食早晚,随取香稻,无所贮积。后时有人,禀性懒惰,长取香稻,贮拟后食,余人随学,渐多停贮,由此于稻,生我所心,各从贪情,多收无厌,故随收处,无复再生。遂共分田,虑防远尽,于己田分,生悋护心,于他田分,有怀侵夺,劫盗过起,始于此时。为欲遮防,共聚详议,铨量众内,一有德人,各以所收,六分之一,雇令防护,封为田主。因斯故立,刹帝利名,大众钦承,恩流率土。故复名大三末多王,自后诸王,此王为首。诸经多有其说,此书略约其意,皆佛教史中相传之古说也。"

⑤玛哈·萨玛迪·兰咱:沈曾植先生清译本笺证云"《翻译名义集》摩诃三摩曷罗阇,此云大平等王,劫初民主也。此玛哈即摩诃,萨璊迪兰咱即三摩曷罗阇。"按即前文所注之玛哈·萨玛迪合

罕也。梵语"兰咱"即"合罕"之意。

⑥鄂兰纳·额尔古克德克森合罕：此为蒙古语词。张尔田先生清译本校注云"案即谓大三末多王。梵语：三末多"。此云："共许，即众共许为王也。"据此蒙古语，应译为：众所推尊王。但这蒙古语词，与梵语的词意也有出入。

【附录】：

清译本文：内藏包罗者自初禅天一神变幻降世起渐渐蕃衍色界十七天无色界四天欲界二十天并过去未来现在世界六种生灵以次而成因彼生灵神变而来故寿数无算虽生于世上行不践地飞空而行不食下界所生秽谷惟食禅谷无论男女不自胎生皆由化生是时无有日月本身之光可以自照彼时不以人称皆呼为生灵其后生灵萌发欲念有一生灵食下界一种粮谷皆效尤食之禅谷遂绝皆食下界所生之谷不能空行于是堕地本身之光顿失不能自照而痴愚罪业渐从此起嗣因众生修省之功力遂现出日月星辰以烛其昏暗而得明灿矣其后众生内复出一恣欲生灵得粒食于青苗而众生亦俱从食之由是食用下界所产秽谷分别男妇生男生女嗜欲之罪业由此始矣其后众生内复出一恣欲生灵获不种自生名萨鲁之谷不识为何谷乃尝食之众生遂俱食此谷其从前之谷俱绝众生遂食此谷但必至将食之际临时采食其后有一机巧生灵将次日所食者先日采收其谷亦绝而忌妒之罪业自此始矣其后因食耕种之谷遂常食下界秽谷若食多者丑恶食少者俊秀故有尔

我好丑爱恶之情复起争竞遂劫夺所耕之田地彼此相残而忿争之罪业自此始矣又因多收者向少收者隐瞒藏匿而悭吝之罪业自此始矣由是有一端庄正直聪睿大量之生灵将从前所行是者爱之非者化之将田地均平分种惠爱众生皆愿不违其命以之为主遂群以主称之于额纳特珂克语则谓之玛哈萨玛迪兰咱于土伯特语则谓之莽贝古尔外嘉勒博于蒙古语则谓之鄂兰拉讷额尔古克德克森哈罕于满洲语则谓之格棱尼图伽赫汗是为众所推尊之汗其于萨满达巴达喇佛教四大部洲则有转金轮咱噶喇斡尔迪汗之誉其时则称为肇造噶拉卜以前全备之时其时日月星辰始显露于空中照耀四大部洲。

（玛哈·萨玛迪合罕）之子曰啰咱①合罕，其子噶里雅纳②合罕，其子斡喇噶里雅纳③合罕，其子乌特博哈达④合罕，其子满达达⑤合罕，斯之谓太初之转轮六合罕⑥也。由是至今，始有"人"之称矣。

由是，人生之寿数渐减，计时之最末为一霎，积百霎为一瞬，六十瞬为一息，三十息为一刻，六十刻为一时，十二时为一日，三十日为一月，十二月为一岁。计岁之增减而为劫波⑦。劫波凡有六，乃元定劫波，栖息劫波，住间劫波，残破劫波，虚空劫波及大劫波是也。

首言，元定劫波者，乃始自太初肇造定风坛时，止于新生善恶生灵生之时也。

其次,栖息劫波者,乃始自南瞻部洲之人,寿享无量之时,止于十岁之时也。

第三,住间劫波者,乃始自十岁之末——由谏止杀生之男女二十岁时,又渐增至八万岁之时也。

第四,残破劫波者,乃始自毁于兵刃之时,止于毁于水之时也。

第五,虚空劫波者,乃始自毁于水之后,止于再至肇造风坛元定之初也。

第六,大劫波者,乃始自太初元定风坛之时,止于虚空劫波之末⑧也。

如是增减之法,始自善世千佛之劫波时,曾历释迦、毗斯婆等七佛矣,云。

而今于此法教中,于玛噶达·瓦齐尔图之国,示以十二分教。始自千佛之初,南瞻部洲之人,已历寿享四万岁时之拘留孙佛,寿享三万岁时之抱那含牟尼佛,寿享二万岁时之迦叶佛,及今寿享一百岁时之释迦牟尼佛⑨等四佛焉。

依此《昭·阿迪沙经》⑩中云:"法力无边,释迦牟尼,生于乙丑年,岁次甲申,其年八十岁时,示以涅槃之道焉。"《时轮纪年经》中云:"法力无边,释迦牟尼,生于丁未年,岁次丙寅,其年八十岁时,示以涅槃之道焉。"萨嘉·班迪达之经中云:"法力无边释迦牟尼,生于戊辰年,岁次丁亥,其年八十岁时,示以涅槃之道焉"。如是,印度、土伯特诸贤之说尚多,其如《上金光经》中云"佛断不涅槃,圣经亦不灭,但为化谕众生,乃示涅槃之道耳。法力无边之寿算,绝无能知之者,其明显之色身虽逝,其光辉之真法身则不替。"云。然而,今此圣萨嘉·班迪达者,据班禅·沙克嘉·锡哩之《威德时轮》而撰之《佛教运数史》圣吉尔·迪·多咱,据佛祖预言于无垢女子之《接引经》而撰之旧史,成安贤者阿克沙·巴达所撰之《现灵花蕾传》,大成贤者僧格·锡哩·巴达所撰之《丹书》,据此四著之教义而论,诚如深得法力无边之真谛,乃至了悟佛教终极之萨斯嘉·班迪达之所论也。

【注释】

①啰咱合罕:蒙文原文中译为"乌哲思吉楞·格日勒图合罕",即"妙光王"之意。

②噶里雅纳合罕:蒙文原文中译为"布延图合罕",即"有福王"或"善王"之意。

③斡喇噶里雅纳合罕:蒙文原文中译为"德格都·布延图合罕",即"上有福王"或"最善王"之意。

④乌特博哈达合罕:蒙文原文译为"鄂瑞额彻·图如克森·乌列木只·特特衮·阿萨喇克齐合罕"即"顶生多助慈悲王"之意。下文注为:"静斋王"。

⑤满达达合罕:蒙文原文译为"讷摩只库克合罕",似是"叶青王"之意。

⑥斯之谓太初之转轮六合罕,沈曾植先生清译本笺证云"王静安校《彰所知论》大三末多王嫡子号曰:光妙。彼子:善帝,彼子:最善,彼子:静斋,是等谓曰:成劫五王。"

⑦劫波:清译本音译为"噶拉卜"。沈曾植先生笺证云"南山《释迦氏谱》劫是何名?此曰时也,若依西梵名曰劫波,此土译之名,大时也。噶拉卜即劫波。"

⑧……止于虚空劫波之末:沈曾植先生清译本笺证云"《佛祖统记》梵语波劫,此云分别时节,以人寿八万四千岁,百年命减一年,减至十岁,百年增一年,复增至八万四千岁,如是一减一增为一小劫,二十增减为一中劫,总成、住、坏、空四中劫为一大劫,过去、现在、未来各一大劫。过去曰:庄严劫;现在曰:贤劫;未来曰:星宿劫,三世各出千佛。所谓成劫者《起世经》云:劫初成时光音,天空中布金色云,遍覆梵天,注大洪雨,犹如车轴积风轮上,结为水轮,增长至天住界。雨断水退,有大风起,吹水生沫,掷置空中,作梵天宫殿;七宝间成,水复退下,如前风起,掷水沫,成魔罗波旬宫殿;次造他化自在天,展转至夜摩天宫殿。水复退下,大风吹沫,造须弥山,复吹沫,造三十三天宫殿,复于须弥山腹,造四天王宫,日月天宫,及空居夜义宫殿,又于须弥四面作修罗城,又吹水沫,作七金山,四大洲,八万小洲。周匝安置小轮围山,如是大风吹掘大地,渐渐深入,置大水,聚成七香水海,及大咸水海,又于地下造阎摩罗宫殿,地狱住处。如此三千世界一时同成。此外更造大铁围山,包裹此大千世界,此约经历二十增减小劫而成。"然则此文所云:第一镇定噶拉卜(即新译文之"元定劫波"),自始定风坛起,至生育众生止,即《起世经》之成劫也。其第二栖止噶拉卜(即新译文之"栖息劫波"),自南瞻部洲人寿无量时起,至十岁止,是为减劫。第三适中噶拉卜(即新译文之"住间劫波"),自十岁起,渐增至八万岁止,是为增劫,合栖止、适中二噶拉卜,当《经》之住劫。《经》以一增一减为一小劫,二十增减为一中劫,二噶拉卜当一中劫,宜有二十增减。此文乃若仅一减一增者然,译文质略,无由深考矣。第四残尅

噶拉卜(即新译文之"残破劫波"),当《经》坏劫。第五空虚噶拉卜(即新译文之"虚空劫波"),当《经》空劫,以上皆中劫。第六阔大噶拉卜(即新译文之"大劫波"),自风坛始定起,至空虚噶拉卜之末而止,则是总包以上五噶拉卜,犹《经》文总成,住、坏、空四中劫为大劫矣。此书叙述原始,固不如诸经之详,绎其意旨,或以前五噶拉卜,该过去庄严劫,后一噶拉卜当现在贤劫,未来星宿劫则略而未出也。王静安校,以上并见《彰所知论》。

⑨及今寿享一百岁时之释迦牟尼佛:沈曾植先生清译本笺证云"《长阿含经》过去庄严劫,九百九十八尊毗婆尸佛,九百九十九尊尸弃佛,第一千尊阿舍浮佛。又《统纪》云:过去七佛,三在庄严劫,四在贤劫。按贤劫四佛,即指拘留孙佛以下言,《贤劫经》拘留孙佛人寿四万岁(时)出,拘那含牟尼佛人寿三万岁时出,迦叶佛二万岁时出,释迦佛百岁时出,文与此合。"

⑩昭·阿迪沙:王静安先生清译本校注云"昭·阿迪沙即乔答摩之异译"。张尔田先生校补云"案阿迪沙当是十种通号之一"。其实"阿迪沙"是清净教主之名,"昭"是"尊者"之意。

【附录】

清译本文:玛哈萨玛迪兰咱汗之子曰啰咱汗啰咱汗生噶里雅纳汗噶里雅纳汗生斡喇噶里雅纳汗斡喇噶里雅纳汗生乌特博哈达汗乌特博哈达汗生满达达汗称此称此六汗为转轮首出之六汗彼时始称为人于是人之年寿渐渐削减计其时极微末之数为一瞬百瞬为一息六十息为一间三十间为一刻六十刻为一时十二时为一日三十日为一月十二月为一岁按年计其耗闰则为噶拉卜噶拉卜有六乃镇定噶拉卜栖止噶拉卜适中

噶拉卜残克噶拉卜空虚噶拉卜阔大噶拉卜是也其第一镇定噶拉卜则自始定风坛起至生育善恶众生止其第二栖止噶拉卜则自南瞻部洲人之年寿无算起至十岁止其第三适中噶拉卜则自男女十岁之末起并不伤生由二十岁渐增至八万岁止其第四残克噶拉卜则自兵戈相残起至水来残克止其第五空虚噶拉卜则自水来残害至尽起至复定风坛止其第六阔大噶拉卜则自风坛始定起至空虚噶拉卜之末止如是乘除算量已往运数及善世之千佛其曾超出噶拉卜者惟有释迦毗婆佛等七佛乃系已过去者其时诸佛将佛经法教在玛噶达国斡齐尔地方宣示十二种善言溯昔千佛南瞻部洲之人等寿数止于四万岁之时乃拘留孙佛之教也三万岁之时乃拘那含佛之教也二万岁之时乃迦叶佛之教也自百岁之时至今乃释迦牟尼佛之教也释迦牟尼佛共承受四佛法教谓昭阿迪沙释迦牟尼佛生于乙丑年至年八十岁岁次甲申涅槃其在时轮史则云生于丁未年岁次丙寅涅槃萨嘉班迪达又云生于戊辰年岁次丁亥涅槃虽额纳特珂克土伯特诸贤所言互异而金光明经则云佛断不涅槃圣经断不泯灭乃佛为教化众生俾信认无常故示以涅槃耳佛之寿原谁能揣测其显然之虚质虽灭而湛然真纯之法身则何由而灭乎且合按前圣萨嘉班迪达班辰沙克嘉锡哩所纂时轮法数史又前圣吉哩迪多咱之宣示引导无垢女子旧史又前贤阿克沙巴达所编之灵验花史又大智慧僧格锡哩巴达所编

之丹书凡四史文义相仿。

首言印度国罕族之由来①,则如上所述玛哈·萨玛迪合罕之沙嘉宗族之阿赍努②合罕以来,历一阿僧祇七万四千五百六世,于印度之玛噶达·瓦齐尔图国③,诞生一星哈哈努合罕④矣。(此合罕)有四子四女,其四子乃苏都达纳⑤,硕克洛达纳⑥,多啰诺达纳⑦,阿密哩都达纳⑧四人也;其四女乃苏达迪⑨,舒噶拉迪⑩,罗纳迪⑪,阿密哩迪⑫四人也。其诸孙则⑬:苏都达纳之子萨尔瓦·阿尔塔·实迪皇子⑭,妙颜南迪二人⑮;舒克洛达纳之子胜者霞迪⑯,巴迪哩噶⑰二人;多啰诺达纳之子玛哈纳玛⑱,阿尼噜达⑲二人;阿密哩都达纳之子阿南达⑳,德瓦达特㉑二人。其诸甥则:苏达迪之子苏卜喇布达㉒,舒噶拉迪之子玛哩噶㉓,啰纳迪之子巴达喇,阿密哩迪之子外沙里也。

更言苏都达纳合罕之子,圣萨尔瓦·阿尔塔·实迪皇子㉔,岁次丙寅,娄金狗值月之二十二日㉕,了其丹巴·多噶尔之生,以阿兰扎瓦尔达象之形,自兜率天降于南瞻部洲之玛噶达国。岁次丁卯箕水豹值月之望夜,以五色光烨之形,降于兰咱吉尔阿城㉖,投玛哈玛雅㉗夫人之胎,岁次戊辰,翼火蛇值月之望日,旭日东升时,尊身降生于伦必花园中㉘矣。岁次甲戌,自七岁始,专心修炼男儿之技艺。岁次癸未,年十六岁时,于噶必里克城,娶丹达必尼㉙之女布密噶㉚为夫人,赞助合罕之政。岁次丙申,年二十九岁时,于真净塔前,自愿为僧㉛,在阿兰扎喇江畔苦行②,岁次壬寅,年三十五岁氏土貀值月之初八日,于菩提树下坐禅,入定七日,至十四日之夜,降魔于兰咱吉尔纳城,其翌日——十五日之日出时,于玛噶达国之金刚座上,得法力无边释迦牟尼文佛之道矣㉝。

【注释】

①印度国罕族之由来:沈曾植先生清译本笺证云,"梵语日曰:阿你底也。印度有日朝月朝,而瞿昙氏为日种,额纳特珂克向来无义,颇疑额讷特即阿你底也。额讷特珂克犹言日种矣。"

张尔田先生校补云"土伯特,蒙古皆目种名,惟额讷特珂克考之印度,无对音字,印度大川二,恒河、印度河皆出阿耨达池。阿耨达具云,阿那婆答多,与此似相近。《西域记》瞻部洲之中地阿那婆答多也。此岂以阿耨达为瞻部之总名欤!《四川通志》冈底斯山在阿里之达克喇城东北三百十里,亘阿里之南二千余里,入厄讷特克国,冈底斯山即阿耨达山,厄讷特克即此额讷特珂克,虽于印度无征,要为西番通语矣。"

②阿赉努合罕:蒙文原文为"那玛只·库克合罕"。盖系其意译词。张尔田先生清译本校注云"案《沙嘉佛经》作刹帝利,又作刹利。"

③玛噶达·瓦齐尔图国:张尔田先生在清译本文玛噶达国下注云:"案摩揭陀国。"

④星哈哈努合罕:蒙文原文为"阿尔斯兰,鄂阿齐图合罕",即"狮臆王"之意。亦系意译词。

⑤苏都达纳:蒙文原文为"阿哩衮,伊德格图"即"净饭"之意。亦系意译词。

⑥硕克洛达纳:蒙文原文为"察干·伊德格图",即"白饭"之

意,亦系意译词。

⑦多啰诺达纳:蒙文原文为"唐苏克·伊德格图",即"丰饭"或"斛饭"之意,亦系意译词。

⑧阿密哩都达纳:蒙文原文为"喇希延,伊德格图",即"甘露饭"之意,亦系意译词。

⑨苏达迪:蒙文原文为"阿哩贵",即"洁净"之意,亦系意译词。

⑩舒噶拉迪:蒙文原文为"察噶阿沁",即"小辛"之意,亦系意译词。

⑪啰纳迪:蒙文原文为"唐苏贵",即"丰盛美好"之意,亦系意译词。

⑫阿密哩迪:蒙文原文为"阿玛哩岱",盖音译词,即"甘露"之意。

⑬其诸孙则:蒙文原文注云:自"自定一切所依之外相世界"始,至"其诸孙则"与藏文和汉文《甘珠尔经》《释迦佛纪》略同。沈曾植先生清译本笺证云"苏都达纳《经》作首图驮那净饭王也。硕克洛达纳白饭王也。多啰诺达那《经》作途庐檀那斛饭王也。阿密哩都达纳甘露饭王也。此星哈哈努汗即狮子颊王,星哈即僧伽,据《释迦谱》甘露饭王有一女,名甘露味,此阿密哩迪似之,但此是甘露饭王妹耳。《谱》净饭二子:一悉达,一难陀。白饭二子:一提婆达多,一阿难。斛饭二子:一摩诃男,一阿那律。甘露饭二子:一婆沙,一跋提梨迦。

⑭萨尔瓦·阿尔塔·实迪皇子:蒙文原文为:"哈木克·图萨宜布图克格齐,合罕,库伯衮。"系意译词。张尔田先生清译本校注云:"案即萨婆曷剌他悉陁对音,唐言一切义成,旧译悉达、释迦本名也。"

⑮南迪:沈曾植先生清译本笺证云"难陀"。

⑯霞迪：清译为"迪霞"，沈曾植先生笺证云"婆沙"。

⑰巴迪哩噶：蒙文原文为"特古勒德尔·赛音"即"全善"之意。沈曾植先生清译本笺证云"拔提梨迦"。

⑱玛哈纳玛：蒙文原文为"伊克·讷热图"，即"大名"之意。系意译词。沈曾植先生清译本笺证云"摩诃男"。

⑲阿尼鲁达：蒙文原文为"兀鲁·道瑞达克齐"，即"不衰"之意，亦系意译词。沈曾植先生清译本笺证云"阿那律"。

⑳阿南达：沈曾植先生清译本笺证云"阿难"。

㉑德瓦达特：沈曾植先生清译本笺证云"提婆达多，即调达"。

㉒苏卜喇布达：蒙文原文为"玛喜·赛音·乌哈噶齐"，即"最善知"之意。系意译之词。

㉓玛哩噶：蒙文原文为"额尔克图"，即"有权"或"自在"之意。

㉔苏都达纳合罕之子，圣萨尔瓦·阿尔塔·实迪皇子：张尔田先生清译本校注云"案萨尔斡·阿尔塔·实迪汗之子，犹言名萨尔斡·阿尔塔·实迪的子，蒙古文法如是，钞本改作太子。"其实蒙古文法并不"如是"，而是清译错了。据蒙文原文，当如新译文。"皇子"亦可译为"王子"。

㉕娄金狗值月之二十二日：沈曾植先生清译本笺证云"《西域记》云，印度月名依星而建，古今不易，诸部无讹。"张尔田先生校补云："案阁本作二十二日，诸本皆作二十九日。"

㉖兰咱吉尔阿城：按"兰咱"是梵语"帝王"之意，"吉尔阿"即"都城"，合而为"帝都"、"帝京"或"王城"之意。

㉗玛哈玛雅：沈曾植先生清译本笺证云"摩诃摩耶。"

㉘降生于伦必花园中：沈曾植先生清译本笺证云"《普耀经》，夫人在蓝毗尼园，适攀树枝，菩萨诞育。"《佛祖统纪》云："如来降生，示灭之相，记年月者，其说纷然。今作正义，异说两番分之，正

义有六,《周书异记》佛生周昭王二十四年,甲寅四月八日,灭穆王五十二年,壬申二月十五日;二、《法本内传》摩腾言:佛生甲寅年四月八日,当此周昭王二十四年;三、《魏书》昙谟最说;四、《南岳愿文》;五、《辅行记》;六、唐法琳法师。降生示灭,并符《周书》。其异说有八,《石柱铭》周桓王乙丑,《法显传》殷武乙甲午,《缘正记》周平王戊子,《南山感通传》神人云:夏桀世、度律师众。《圣默记》周贞定王甲戌,《开皇三宝录》谓:当周、鲁二庄。《孤山》亦作此说。《孤山垂裕记》又谓:依周历起建子为正,则四月当二月。此大略出《翻译名义统记》。断从周昭王二十四年,以甲寅当为降生之岁,此中土释家之定说也。然证以摩腾,昙谟最之言,则此说固来自西土,其异说八家,自《开皇录》《孤山记》外,又皆自西土传来,故降生、示灭年代异同,其原本肇自天竺,非教家仅据此土传记所能判决。《孤山》坚据陨星以量神化,非阙疑之旨也。泰西史家,一以佛示灭在周景王二年,一以佛降生在周景王五年,示灭在周敬王四十二年,彼其人寄居印度研究积年,顾尚狐疑,无能决定,抑可知梵策纷纶,乘部诤执,同室之斗,非他人所能断矣。此戊辰说者谓:当夏后,相时则又在天人所说夏桀世前三百余年,依文各通教家。古例,印度无古史,中华无古历,专辄臆断,妄有是非,非所闻也。"

㉙丹达必尼:蒙文原文为"噶尔·塔干·必鲁图",即"手持棍者"之意。系意译词。

㉚……布密噶:沈曾植先生清译本笺证云"《释迦谱》菩萨七岁学书,十岁学射,即此所谓练习技艺也。"《谱》言菩萨十七纳妃。《本行经》十九纳妃。《佛本行集经·常饰纳妃品》云,"毗罗城释种檀荼波尼女瞿多弥为太子妃。"毗罗城即此噶必里克城,檀荼波尼即此丹达必尼,瞿多弥即此布密噶也。按《释迦谱》太子二妃,一、耶输陀罗释种,婆罗门,摩诃那摩女;二、瞿夷执仗释种女,不言瞿

多弥。《统纪》引《十二游经》太子有三夫人,一、瞿夷,二、邪惟檀,三、鹿野。邪惟檀即耶输陀罗,瞿夷父曰:舍夷长者,即是执仗释种,并与此丹达必尼女不合,惟鹿野女无翻,亦未言其氏族,正当是《本行》之瞿多弥此布密噶耳。

㉛……自愿为僧:沈曾植先生清译本笺证云:《佛祖统纪》述云:按《瑞应因果》《中本起大论》并云:十九出家。《十二游增一中杂长、四阿含出曜经》和《须密论》并云:二十九出家。《宝藏经》云"二十五出家",今以此为定。《释迦谱》则以太子十九出家,用《因果经》文也。此书与《四阿含》同。

㉜在阿兰扎喇江畔苦行:沈曾植先生清译本笺证云"《谱》云,太子出家,入伽阇山,苦行林中,即于尼连禅河侧,静坐思惟,观察众生根应,以六年苦行而以度之,即修苦行曰:食一麻一米。"张尔田先生校补云,"案此阿兰扎喇疑即尼连禅那异译,诸本阿兰下有丸字,阁本无,从删。"

㉝得法力无边释迦牟尼文佛之道:沈曾植先生清译本笺证云:《统纪》太子年三十岁,于毕钵罗树下坐禅七日,恶魔波旬将八十万众,欲来恼乱,不能坏佛,二月七日,明星出时恶魔退散,霍然大悟,得无上道。《为最正觉注》云:毕钵罗树诸经多言菩堤树,菩提翻为道,言坐此树下成道也。其树正名毕钵罗。又云:《因果经·四教义》先降魔,后成道。《华严经》先成道,后降魔。此大小机见之异。今按此书,亦先降魔,后成道,与《因果经》合,七日明星出时注云:即八日天晓,是亦即日出时也。

【附录】

清译本文:今试将释迦牟尼佛教及额纳特珂克国汗等之缘由如萨嘉班迪达所说者陈之自昔众所推尊之沙

嘉阿赉努汗以来后越一阿僧祇七万四千五百六世于额讷特珂克之玛噶达国斡齐尔图地方降生名星哈哈努汗生四子四女长子苏都达纳次子硕克洛达纳三子多啰诺达纳四子阿密哩都达纳长女苏达迪次女舒噶拉迪三女啰纳迪四女阿密哩迪四子生八孙苏都达纳之子则萨尔斡阿尔塔实迪南迪二人硕克洛达纳之子则迪霞巴迪哩噶二人多啰诺达纳之子则玛哈纳玛阿尼噜达二人阿密哩都达纳之子则阿南达德斡达特二人四女生四甥苏达迪之子曰苏卜喇布达舒噶拉迪之子曰玛哩噶啰纳迪之子曰巴达喇布达阿密哩迪之子曰外沙里其萨尔斡阿尔塔实迪汗之子岁次丙寅娄金狗值月二十二日化为丹巴多克噶尔有似阿尔扎斡尔丹大象自兜率天降于南瞻部洲之玛噶达国岁次丁卯箕水豹值日十五日夜间汗所都之城有五色光芒照耀玛哈玛雅福晋遂有孕至岁次戊辰翼火蛇值月十五日日方出时降生于伦必花园内自岁次甲戌七岁起习练种种技艺至岁次癸未年十六岁时娶噶必里克城之丹达必尼之女名布密噶公主为福晋承受汗之统绪岁次丙申年二十九岁时于甚清净塔前情愿出家在阿兰扎喇江边坚持苦行六年岁次壬寅年三十五岁时氐土貉值月初八日于菩提木下坐禅七日十四日夜间将兰咱吉尔哈城之众怪除灭十五日日出时于玛噶达国在金刚坐上得尊胜释迦牟尼佛之道。

其后,岁次癸卯,年三十六岁时,自星日马值月之初一日始,至望日,在祇陀园等处,大显神通。即于是年之氐土貉值月初四日始,转三乘之法轮,度化三世之一切生灵。岁次丁亥,年八十岁时,于氐土貉值月十五日之夜,为谕业果之义,示无常之道于生灵。以其此厢之色身,而得涅槃之道①矣。

先是,此萨尔瓦·阿尔塔·实迪皇子,降生甫六日,其母玛哈玛雅夫人即涅槃焉。其后,岁次壬寅,年三十五岁时,乃得佛道,后经六年,岁次丁未,以慧眼观之,则见其母玛哈玛雅夫人已生于三十三天之界。为引其(母)于菩提之道而起去,讲经九十日。其间,印度之乌迪雅纳合罕②,衷心向慕,遂命玛哈默特·噶拉瓦尼曰:"可塑一尊同佛身之像,以适我之心愿。"则默特噶拉瓦尼乃使神通,往三十三天之上,用象首旃檀木塑就一尊与佛一般无二,指手讲经之立身像。自天界请来,俾欣慰合罕之心矣。其后,佛自天界归来,则其旃檀之像,自行跪于佛前③矣。佛乃降旨预言曰:"此旃檀像,俟我永示涅槃之后,至一千年时,将至汉地,大修功德于东方乎!"

与彼圣释迦牟尼同时有:玛噶达国,瓦喇克城主,沙嘉氏,玛哈巴达玛④之子彬巴萨喇⑤合罕;郭萨拉国⑥,外沙里城主,巴喇哈玛达迪⑦之子萨勒察勒⑧合罕;必特萨拉国阿南达⑨之子巴喇迪岳达⑩合罕;谷楚伞巴喇⑪国沙达尼噶⑫之子乌迪雅纳⑬合罕等,于三十二国中操权柄之四大合罕同时降生,宣扬佛法,扶持宗教云。

【注释】

①……而得涅槃之道:沈曾植先生清译本笺证云"三藏教有八相成道之说《义具天台四教义》中,一、从兜率天下,二、托胎,三、出生,四、出家,五、降魔,六、成道,七、转法轮,八、入涅槃。今以证此书,自岁次丙寅至玛噶达国,即《四教义》所谓:从兜率天下,《统记》之降兜率也;自岁次丁卯至有孕,《教义》托胎也;岁次戊辰至园内,出生也;自岁次甲戌起,至苦行六年,出家也;岁次壬寅至众怪除灭,降魔也;十五日至牟尼佛之道,成道也;自岁次癸卯起,至三世众生,转法轮也;岁次丁亥至涅槃,显示入涅槃也。小乘八相如是,大乘开:住胎于托胎合,降魔于成道别为一说,此不多述。"

②乌迪雅纳合罕:沈曾植先生清译本笺证云"《西域记》优填王正曰,"邬陀衍那王,唐言出爱也。优填是拘赕弥国王,造金像,事具《观佛三昧经》。"

③自行跪于佛前:张尔田先生清译本校注云:"案《西藏图攷》附载,蛮语如来曰诏,此旃檀昭即谓旃檀如来,昭是佛。《世尊相义》大招小招,犹言大佛小佛,人之尊者亦称昭,滇王六诏是也。魏默深言:西番谓庙曰招,微误。"

④玛哈巴特玛:蒙文原文为:"伊克·莲花",即"大莲花"之意。系意译词。

⑤彬巴萨拉:蒙文原文为,绰克察克(似是"斯"之误——译注者)温·只如肯,系意译词,从字面看,是"身之心"之意。沈曾植先生清译本笺证云:《释迦谱》佛降生日,八王同日各生太子,王舍城太子:频毗婆罗;舍卫国太子曰:波斯匿偷罗;拘吒国曰:拘罗婆;犊子国曰:优陁延;跋罗国曰:郁陀罗延;卢罗曰:疾光德义;尸罗国曰:弗迦罗婆罗;拘罗婆曰:拘腊婆。"按频毗婆罗既为王舍城太子,则

斡喇克国即《西域记》所称,此云王舍城,梵名曷罗阇姞利泗者,斡喇即曷罗、克即姞也。西人称拉格力哈。"

⑥郭萨拉国:张尔田先生清译本校注云"案阁本沙作萨,下巴特沙拉同。"

⑦巴喇哈玛达迪:蒙文原文为"阿哩衮纳·乌克古齐"即"与净者"之意,系意译词。

⑧萨勒察勒:清译为"巴喇哈纳资达"。沈曾植先生笺证云"此即婆斯匿王也"。《繙译名义》云:波斯匿亦作不黎先尼。《西域记》云:"具云,钵罗犀那恃多。钵罗犀那即巴喇哈纳,恃多即资达也。舍卫国王与佛同日生。"

⑨阿南达:蒙文原文为"昔扎噶喇勒·乌贵",即:"无限"或"无边"之意,系意译词。

⑩巴喇迪岳达:蒙文原文为"玛喜·格根",即"最明"或"极明"之意,亦系意译词。

⑪谷楚缴巴喇国:沈曾植先生清译本笺证云"《佛尔雅》跋私弗多罗犊也,然则谷楚缴巴喇即跋私弗,多罗国即犊子国矣。"

⑫沙达尼噶:蒙文原文为"扎衮·齐日克图"即"有百军者"之意,系意译词。

⑬乌迪雅纳:蒙文原文为"萨尔巴"是藏语词。

【附录】

清译本文:岁次癸卯年三十六岁时自星日马值月初一日起至十五日在祇陀园等处显示大神通于是年氐土貉值月初四等日转运三乘法轮度化三世众生岁次丁亥年八十岁时氐士貉值月十五日夜因晓谕众生所演经文无常故将化生涅槃显示此萨尔斡呵尔塔实迪汗

太子生甫六日其母玛哈玛雅福晋即没后于壬寅年得佛道又六年岁次乙未因获智慧眼之故见母玛哈玛雅福晋超生三十三天因欲其母识菩提之道是以上游天堂讲经九十日其时有额讷特珂克之乌迪雅纳汗中心慕佛迫欲求通遂令玛哈默特噶拉斡尼仿佛像塑佛一尊以通其意默特噶拉斡尼仗神通力遂往三十三天用牛头旃檀香以肖佛像毫无分别造成持经手印立像之旃檀昭象自三十三天请至汗意欣慰后来佛自上界下降其旃檀昭于佛前自然俯伏佛降旨曰此旃檀昭俟我涅槃一千年之后彼时至中国震旦大有利益因受记云由是释迦牟尼佛之教遍传玛噶达国斡喇克城之沙嘉氏玛哈巴特玛之子彬巴萨喇汗郭沙拉国外沙里城之巴喇哈玛达迪之子巴喇哈纳资达汗巴特沙拉国阿南达之子巴喇迪岳达汗谷楚缴巴喇国沙达尼噶之子乌迪雅纳汗此四汗皆统属三十二国之大汗以次降生崇隆佛教。

今言佛涅槃后之诸合罕,则有彬巴萨喇合罕之子喇特纳赞达喇①,其子玛尔吉实喇·尚噶喇②,其子星哈③,其子达沙塔喇④,其子则(有脱文——译注者)。

岁次丁丑,于佛涅槃之翌年,据其戊子纪年之法,自戊子年经一百一十年,岁次丁丑,玛噶达国主,彬巴萨喇合罕之孙玛尔吉实喇合罕为施主,于必玛拉邻纳洞中,以主祭者阿南达,乌巴里,噶实卜⑤三人为首,会集五百镇敌阿罗汉⑥,初演四谛法轮之旨焉。

即自此戊子年始,至一百一十年之丁丑年,达沙塔喇合罕⑦之子阿硕噶合罕⑧为施主,于外沙里大城中,以镇敌之巴迪哩噶⑨为首,会集七百阿罗汉,演中土无相法轮之旨焉。彼阿硕噶合罕,如是修成佛家身,言,心之无量功德矣。

又自戊子年始,经三百年,岁次丁亥,喀齐国⑩之主,噶尼噶合罕为施主,于喀齐国,古纳实纳地方之察拉勒达喇寺⑪中,妖神玛哈德瓦⑫者,降生为僧,施展法力,搅乱佛教之故,遂会集以巴苏密达⑬为首之五百菩萨,五百阿罗汉,五百班迪达⑭等,宣演大乘法轮之旨⑮矣。

与此同时,降生兰扎赞达、哈哩赞达、锡哩赞达、昂吉赞达、达尔玛赞达、必玛拉赞达、郭密赞达七赞达;郭巴拉、达尔玛巴拉、瓦噶巴拉、喇木巴拉、迪木巴拉、茂巴拉、尼巴拉等七巴拉;巴拉锡纳、噶伯锡纳、安达锡纳、拉噶玛锡纳等四锡纳等诸合罕⑯,赞辅佛教云。其详情则不可思及,故未尽录焉。

【注释】

①喇特纳赞达喇:蒙文原文为"额尔德尼萨仁",即"宝月"之意,系意译词。沈曾植先生清译本笺证云"《西域记》瓶沙王,正曰:频婆娑罗王即此彬巴萨喇汗也。瓶沙之子阿阇世王,又呼婆罗留支。《三藏法师传》翻作阿阇多设咄路王,盖即此喇特纳赞达喇矣。"

②玛尔吉实喇·尚噶喇:蒙文原文为"玛斯吉斯喇·阿木古郎

阿·卫勒都克齐。"盖系音意复译词。而"马斯吉斯喇"似是"玛尔吉实喇"的误书。

③星哈：蒙文原文为"阿尔斯兰"，即"狮子"之意。系意译词。

④达沙塔喇：蒙文原文为"阿尔班·特尔格图"，即"有十车者"之意，盖系意译词。

⑤……阿南达·乌巴里·噶实卜：沈曾植先生清译本笺证云"阿南达即阿难陀，乌巴里即优波离，噶实卜即迦叶波，于毕钵罗窟前结集三藏，见《僧祇律》必玛拉即毕钵罗。《僧祇律》如来灭后，于毕钵罗窟立三座部主，结为三藏，阿难诵出经藏，迦叶诵出论藏，优波离诵出律藏，此即《上座部》。更有一千贤圣，命婆尸迦于窟外结集，名《大众部》，此二部通称《僧祇律》，是为根本。按此即荆溪所谓第一次结集也。（尔田案：结集经藏共分四时，约而言之则惟有《三智度论》，虽开二会，仍是初期，但大乘分集有部。不许。此书原本喇嘛仍主罽宾旧说也。）荆溪言：第一次一千结集处。《胎经》则言：灭后七日五百结集。此云：五百与处。《胎》符《四谛法轮小乘》初机也。又按此会频婆娑罗王子，阿阇世王主持，此以属之。玛尔吉实喇则频婆娑罗王之孙，微为不合。又迦叶·阿难，如来灭后，弘扬大化。仅二十年，无容初次结集，延至百年之后。此计自丁亥至丁丑十六字讹衍。显然当以藏经订正者。《四分律》世尊灭后百年，毗舍离城跋阇子比丘，擅行十事，非法、非毗尼、非佛。所教《七百罗汉集》论法、毗尼、故名七百结集。按世尊灭后百年，适当阿育王为转轮圣王，优波，麴多大化众生之日，而《四分律》不言阿育王，《阿育王经》不言结集，详《传》，中育王供养麴多诸事在鸡雀寺，正当即是结集盛会，证以大集所云迦叶、阿难、末田和修，麴多五师体权通道，故不分教，麴多有五弟子，各执一义，遂分如来一大藏为五部"云云。则知二部之分，自迦叶五部之分，自麴多分别

部居正,是结集后事。名为弟子所分,未必非禀师旨也。《阿育王经》称麴多为无相佛,亦与此无相法轮合,其云巴迪哩噶为上首者,阿育王供养三十万比邱,请宾头卢为上座。巴迪哩噶即宾头卢也。又《僧祐谱》无结集三藏事。《统纪·集三藏篇序》云:"荆溪论结集三藏有三处,一千结集正在最初,佛灭后四月十五,七百结集为灭后百年,跋阇擅行十事;五百结集为四百年后,因伽尼叱王请僧伦道不同。案《经藏经》三次结集,惟荆溪所述最明,《统纪·集藏篇》仅详前二次,而不知迦尼叱王一次,故大小乘论议之始,阙焉不详,即其《法运通塞志》于迦腻色迦王造塔、造寺,亦复一字不叙,研阅之疏,不无可议。"

⑥镇敌阿罗汉:蒙文原文为〔daini darugsan aruhan〕,而清译则为"应供阿罗汉"误,应译如文。

⑦达沙塔喇:沈曾植先生清译本笺证云"《杂阿含经》阿育王父名频头婆罗。"

⑧阿硕噶合罕:蒙文原文为"噶萨郎·无贵合罕",即"无忧王"之意,系意译词。沈曾植先生清译本笺证云:"《繙译名义集》阿育王或作阿输迦,或阿输柯,此云无忧王,在佛涅槃后百年间。西人《佛教源流》云:周显王时马吉顿,亚辣山大取印度后,有戍陀罗族人曰:敢打固霸大用兵复之,大崇佛教,其孙名阿苏蛤,又名毕压打息王,执掌佛教,最为出力,于国中胜地,遍筑高塔。阿输迦,阿苏哈皆此阿硕噶汗也。"

⑨巴迪哩噶:蒙文原文为"特古勒德尔·阿木尔里克森",即"全安者"之意,亦系意译词。

⑩喀齐国:张尔田先生清译本校注云"案迦湿弥罗,喀齐即迦湿异文。"然则即克什米尔也。

⑪察拉勒达喇寺中:沈曾植先生清译本笺证云"扎拉勒达庙盖

即那兰陀寺。"张尔田先生校补云"案别本达下有喇字,阁本同。"据蒙文原文当如新译文。

⑫玛哈德瓦:沈曾植先生清译本笺证云"梵语摩诃提婆,此云:大天。"张尔田先生校补云"案大天诤论五事,详《异部宗轮论疏》"。

⑬巴苏密达:沈曾植先生清译本笺证云"《西域记》大藏经第四结集,胁尊者主之。梵语波湿缚,此言胁,故胁尊者。《西域记》亦云婆湿缚,此巴苏密达即婆湿缚之同音异字。"张尔田先生校补云"案钞本作巴萨,对音为尤近,诸本为百捄之人,别本作为首捄之。文义较长,阁本同,据改。"

⑭班迪达:沈曾植先生清译本笺证云"班迪达,梵语贤能之称。"

⑮宣演大乘法轮之旨:沈曾植先生清译本笺证云"西人《印度纪略》云:西历四十年,当东汉时,北印度有一王,名迦弥色迦,大信佛教,与前王阿轮迦同。聚诸大僧于一处,将佛经删订,又增若干卷,自此始有大乘经,传至印度北尼婆罗国,夹西密ао,因又名为北佛教之经。按此噶尼噶汗即彼迦弥色迦。彼云:自此始有大乘经,此云:将大乘法轮宣演,同一事也。《法显传》捷陀卫国是阿育王法益所治地,从此南行到弗楼沙国,是罽腻迦王起塔处,高四十余丈,阎浮提塔,此为最上,佛钵即在此,昔大月氏兴兵欲取去而不得者。《惠生使西域记》乾陀罗国有佛涅槃后二百年,国王迦尼色迦所造雀离浮图,共十二重,高七百余尺,基广三百余步。《释迦方志》健陀逻国在信度河西,城东南八九里有毕钵罗树,《传》云:贤劫千佛皆坐其下,昔释迦于此坐已,告阿难曰:后迦腻色迦王集吾骨肉于此,王后在南建塔,基广一里半,相轮二十五重,或云四十重,高五百五十尺,王又于西立寺,诸大论师,世亲菩萨,如意论师,胁尊者等,造《毗婆沙论》,咸在此。"

⑯……四锡纳等诸合罕：沈曾植先生清译本笺证云"梵语军曰：恃多，力曰婆里，胜曰斯那，此赞达即恃多，巴拉即婆利，锡拉即斯那，皆以军力护法之义。"

【附录】

清译本文：方佛涅盘时有彬巴萨喇之子喇特纳赞达喇及其二子玛尔吉实喇尚噶喇并孙星哈曾孙达沙塔喇同见佛涅槃计自丁亥戊子越一百一十年岁次丁丑玛噶达国之君彬巴萨喇汗之孙玛尔吉实喇汗因系大布施主应致祭必玛拉雅纳叶洞之阿南达乌巴里噶实卜三人会集五百应供阿罗汉初演宣示四缔法轮之旨自戊子年起至一百一十年之丁丑年达沙塔喇汗之子阿硕噶汗因系大布施主于外沙里大城处所应供阿罗汉巴迪哩噶为首纠合七百阿罗汉将中土无相法轮之旨宣演阿硕噶汗建造无算佛像经塔自戊子年起越三百年岁次乙亥喀齐国之君噶尼噶汗亦系大布施主其时喀齐古纳实纳国中有扎拉勒达庙内魔怪化为玛哈德斡托音降生仗神变力将佛法紊乱于是巴苏密达为首揉之聚集五百菩萨五百阿罗汉五百班迪达等将佛诵之大乘法轮宣演由是生兰扎赞达哈哩赞达锡哩赞达昂吉赞达达尔玛赞达必玛拉赞达郭密赞达等七赞达郭巴拉达尔玛巴拉斡噶巴拉喇木巴拉迪木巴拉茂巴拉尼巴拉等七巴拉巴拉锡纳噶伯锡纳谙达锡纳拉噶玛锡纳等四锡纳等汗辅相佛法等语详为敷演思议莫

尽未能尽录。

今言于雪山之腰，诸罕族繁衍之事，则必力衮·忽雅克师所撰之《佛嗣佛颂注》中云：玛哈沙嘉，沙嘉里钗，斡里沙嘉等游行于山中之三主，其第三之族中，乌迪雅纳①合罕之子班达巴②合罕之五子，战凶敌之十八万军而败迹，其末子乌伯迪者，逃之雪山之腰，遂为土伯特之雅尔隆氏③矣。

其时，巴特沙拉国之乌迪雅纳④合罕生一子，其发如犀毛，齿如白螺，其手足之指则有蹼如鸭，其目则如鸟之下睑上合，乃瑞相全备之子也。遂召卜者婆罗门等来觇之，则曰："此子克父，宜杀之。"父遂命其臣等杀之，其臣等乃遵合罕旨行刑，用诸种利刃皆不能伤，于是置黄铜匣内，弃于恒河⑤中矣。

时，外沙里城附近之一老农，恰于江畔耕田，见铜匣闪光，拾取而开视，则一美貌之小儿也。老人原无子，思试养之，遂昵合罕而置树下养之，则群鸟衔鲜果来，众兽衔净肉来哺焉。其后，既学语言，乃问曰："我谁氏之子，是何人也？"老人悉以前事告之，其子闻而若惊，遂奔东方之雪地而去。于是至拉里姜托山⑥，自拉哩罗勒博山⑦顶，徇九级福阶而下，至雅尔隆赞塘平原中之四门塔前，在彼遇天界之特卜新道人，地上之章道人等。彼等问："汝何方人之子，何名者也？"则不作一声，但以食指指天焉。乃曰："咦！汝其为天之子乎！何相貌异于常人也？"则曰：

"我实天之子也！我父祖乃古之玛哈·萨玛迪·兰咱合罕之金裔也。"遂悉述其前事焉。于是共议曰："此子先则不死于水，继而群鸟众兽与人共养焉，由是观之，其为天之子，必矣。"遂以木制椅，俾坐其上，以人肩昇之，登积雪之善布山颠，众议而尊为主焉。

自前戊子纪年以来，至一千八百二十一年，岁次戊申，即合罕位，称天下共主尼雅持赞博合罕⑨矣。由是征服四方，为八十八万土伯特国之主矣。其子穆迪赞博合罕⑩，其子德迪赞博合罕⑪，（兹有脱文——译注者）其子伊迪赞博合罕⑫，其子必迪赞博合罕⑬，其子迪库木赞博合罕⑭，共为天界之七床合罕⑮。此七合罕之临终也，循其自足向上浸透至顶而出之梯杭灵光，至空中化为虹霓而去，葬其尸于天界焉。

【注释】

①乌迪雅纳：蒙文原文为"满都古捋克齐"，即"兴隆者"之意。此用梵语词。

②班达巴：蒙文原文为"伊特格勒·阿尔斯朗"，即"信狮"之意，此用梵语词。

③雅尔隆氏：蒙文原文注"自伊特格勒·阿尔斯朗合罕之五子"起，至"为……雅尔隆氏矣"与藏文《丹珠尔经》合；自"其时，巴特沙拉国之鄂若古鲁克齐合罕"起，至末尾，与藏文之《克雅拉喇卜经》合。清译本原注："自班达巴汗起，至雅尔隆氏止，与西番《续藏经》合，自维时巴特沙拉国之乌迪雅纳汗起至末与《西雅嘉喇卜经》合。"沈曾植先生笺证云"案吐蕃赞普为乌迪雅纳汗裔，则优填王

后,印度日朝种也。《唐书·吐蕃传》称:其姓为勃窣野,疑即乌迪雅之讹矣。"

张尔田先生校补云"案《南诏野史》引古记"天竺摩竭国阿育王骠苴低娶欠蒙亏为妻,生低蒙苴,有九子,次子蒙直廉为吐蕃之祖。《种源传说》各私所出,与此又异。《西藏赋注》始祖赞普,自言天神所生,号鹘堤悉补野,因以为姓,旧纪岐辞,未必喇嘛所述为信也。"

④乌迪雅纳:蒙文原文为"鄂啰古鲁克齐",即"使人或使下"之意。此用梵语词。

⑤恒河:张尔田先生清译本校注云"案依卷首地名当作刚噶江,注云:恒河。"

⑥拉里姜托山:蒙文原文为"温都尔·库哩耶图,腾格里阿古拉",即"高垣天山"之意。此用梵语词。

⑦拉哩啰勒博山:蒙文原文为"成格克齐·腾格哩·音·阿古拉"即"翠微天山"之意,此用梵语词。

⑧雅尔隆赞塘:蒙文原文为"雅尔隆衮·额尔和图·塔拉"即"雅尔隆(地方)之自在甸"之意,乃是梵、蒙合成词。

⑨尼雅持赞博合罕:蒙文原文为"色格尔·赞达里图合罕",即"项床王"之意。沈曾植先生清译本笺证云"日本"、姊崎正治《印度宗教攷》其六部第四章为《西藏佛教史》所述,西藏最初之王《呀乞栗赞普传》云:出自释迦族。姊崎多采西人说,西人又得之喇嘛,盖与此蒙古萨囊所本同。呀乞嘌赞普与此尼雅持赞雅博对音微异,而与《唐书·吐蕃传》瘕悉董摩首二字音却略近。"

⑩穆迪赞博合罕:蒙文原文为"穆迪赞博·图勒合罕,库们·锡尔格图"。"图勒合罕"即"嗣王"之意,"库们,锡尔格图"即"人床(王)"也。是藏、蒙合成复译词。

⑪德迪赞博合罕:蒙文原文为"德迪赞博·喜雅·扎尔博·锡

巴衮·锡尔格图"。"喜雅"是满洲语,"侍卫"之意,"扎尔博"是藏语"合罕"之意,"锡巴衮·锡尔格图"即"乌床(王)"之意,是藏、满、蒙合成复译词。

⑫伊迪赞博合罕:蒙文原文为"伊迪赞博·爱·图勒噶·阿尔贝·锡尔格图","爱"〔e〕是称赞或贬意的感叹词。"图勒噶"是炉灶之意,"阿尔贝"是"铃铛麦"或"西天谷","锡尔格图"则如上文"有床"之意,合起来可译为"善炉麦床(王)"。全词是藏、蒙合成复译词。

⑬必迪赞博合罕:蒙文原文为"必迪赞博·衮·曹宾·秣仁·锡尔格图"。"衮·曹宾"即"深维"之意,"秣仁·锡尔格图"即"马床(王)"之意。也是藏、蒙合成复译词。

⑭迪库木赞博合罕:蒙文原文为"迪库木赞博·达赖·曹宾·阿噜·阿勒坦·锡尔格图合罕"。"达赖·曹宾"是"海维"之意。"阿噜"则有"背、后、北"等意,"阿勒坦·锡尔格图"则是"金床(王)"之意。也是藏、蒙合成复译词。

⑮共为天界之七床合罕:仅得其六,丢了一个,原文有遗误。且颇有些问题,待考。

【附录】

清译本文:至若雪山土伯特地方汗等根源解释赞诵佛菩萨之史内载玛哈沙嘉沙嘉里则必沙嘉沙斡哩三君其沙嘉沙斡哩乃乌迪雅纳汗之孙班达巴汗之第五子与十八万仇众战斗被击创幼子噜巴迪败走至雪山地方遂为土伯特之雅尔隆氏维时巴特沙拉国之乌第雅纳汗生一子其发圜旋牙如白螺手足指如鹅掌目如鸟雀下睫上附诸妙相全备令善占之必喇满占之曰此子

克父应杀之其父勒官属持往杀之加诸锋刃利器皆不能伤于是计穷贮以铜匣弃掷恒河中有附近外沙里城之种地老人适在江岸种地见江面有漂浮之匣捞取开看见一端正小儿此老人因无子嗣欲养之遂藏置树梃间群鸟衔鲜果众兽衔净肉以哺之后能言因问我系何人为谁之子老人悉以前事告知其子遂怀惭寻向东边雪山而去至拉里姜托山由拉哩罗勒博山之九级福阶降下至雅尔隆赞塘所有之四户塔前众方看见争问尔家何处何人之子是何姓名意不答言但顺手以食指指天众见其相异常人咸欢云尔殆天之子乎乃答曰我是天子乃古昔玛哈萨玛迪兰咱汗之后裔遂将其从前事迹尽告众知众皆谓此浮江不死继又得众鸟兽争哺是真天子也遂缚木椅櫈以为肩舆令坐其上昇上纯雪之善布山巅众皆欢忻尊以为汗自前戊子年以来踰千八百二十一年岁次戊申即汗位遂称为尼雅持赞博汗由此胜四方各部落而为八十八万土伯特国主尼雅持赞博汗之子曰穆持赞博汗穆持赞博汗生定持赞博汗定持赞博汗生索持赞博汗索持赞博汗生墨尔持赞博汗墨尔持赞博汗生达克持赞博汗达克持赞博汗生色哩持赞博汗此七汗临终时自足至顶出现五彩霞光如虹霓上彻天际其尸曾供于天神等地。

迪库木赞博合罕为其臣隆纳木所谋害,其臣遂即合罕位,则彼合罕之三子出亡,长子锡巴古出逃宁博地方,次子博啰出逃包博地方,末子布尔特齐诺则逃亡恭博地方矣。其臣隆纳木居合罕位甫半载,时有前合罕之其他臣等数人,携其夫人逃去,并设谋俾属邦多叛离,而引以为伴,诛彼隆纳木合罕后,共议:"当请三子中之一人。"则其母夫人曰:"昔日我生博啰出之前,一夜梦与一白色人共寝,后产一卵,卵即破,乃出此博啰出焉。由此观之,其为膺命之子乎!当迎彼来。"云,遂遵旨,自包博地方请博啰出至,拥即罕位,称苏布迪·恭嘉勒合罕焉。

其子罗勒咱凌①,其子库噜木凌,其子希勒玛凌。共为地上之六贤合罕②焉。因葬其尸于地中,由是方有葬诸罕于地之俗焉。

(希勒玛凌)之子迪噜·海木松,其子迪斯巴勒,其子迪若雅,其子萨拉特纳木,其子曹瓦,其子萨琳嘉勒灿,其子洞哩洞占③,斯之谓诸罕亢宗之七合罕也。

(洞哩洞占)之子克迪纳木灿,其子都克迪都克灿④,其子持托克哲赞,其子拉托哩年赞。自前戊子纪年以来,二千四百八十一年,岁次戊申⑤,生拉托哩,岁次丁卯,年二十岁即合罕位。其后,一日正坐于温博拉冈殿上时,自空中降下邦公之手,经尺大金塔,有六字真言之如意宝匣,《萨木多克经》等四物,齐落于必满殿之金幔上矣,然因不识其物、经二者为何事,曰:"此何物也?"而藏于库中焉。以其埋于地下之故,致合罕之福大坠,国中生子则生无目之瞽,粮谷不登,灾疫频仍,乃至祸患无穷矣。

由是延及四十年后,有陌生五士人来,曰:"呜乎!大合罕！奈何掩藏大世尊之秘珍耶?"言讫,不见。于是合罕乃商于内府之臣,取出先所藏之四物,系于纛顶,多方敬拜而供之⑥。由是合罕之福寿具增,生子则出俊秀者,粮谷丰稔,灾疫消失,多受太平之福矣。

【注释】

①啰勒咱凌:清译为伊硕勒克。张尔田先生校注云:案蒙文社本作"其子曰:噜勒咱凌,噜勒咱凌生库噜木凌,库噜木凌生伊实勒玛凌。"

②六贤合罕:张尔田先生清译本校注云"案自博啰咱数之只有四汗。"

③洞里洞占:清译为"多哩隆赞"。张尔田先生校注云"案蒙文社本作:伊实勒玛凌之子曰:德噜开木松,德噜开木松生迪斯巴勒,迪斯巴勒生娄雅迪,娄雅迪生萨喇特纳穆,萨喇特纳穆生苏斡,苏斡生萨琳嘉勒灿,萨琳嘉勒灿生洞哩洞蕞。"

④都克迪都克灿:清译为持赞纳木。张尔田先生校注云"案蒙文社本作:都克迪都克灿。"

⑤岁次戊申:沈曾植先生清译本笺证云"戊申当晋武帝太康九年。"

⑥……多方敬拜而供之:沈曾植先生清译本笺证云"《西藏佛教史》叙此事云:第二十六世陀朵栗思颜之时,当纪元三百七十一年,有外国人五人来至王处,为王之师。其前四十年,有天降四箱之事。人莫能知,依此五人之教,乃知一者:礼拜两手形,即莲花手;二者:小舍利塔;三者:六音咒文;四:刻宝玉教训《萨玛答克经》。"盖印度僧时有来此地传佛器,说佛法者。陀果栗思颜即此拉托托里年,即《唐书》陀土度也。而以为二十六世,与此亦不同。

《彰所知论》如来灭度后,千有余年,西番国中初有王曰:呀乞嘌赞普,二十六代有王名曰:给陀朵嘌思颜赞,是时佛教始至,亦云二十六世,与藏史同。呀乞嘌赞普即此尼雅持赞普。"

【附录】

清译本文:色哩持赞博汗之子曰智固木赞博汗为奸臣隆阿木篡杀其三子皆出亡长子宜持逃往宁博地方次子博啰咱逃往包博地方第三子布尔特齐诺逃往恭布地方隆阿木据汗位甫半载有旧日数大臣将福晋移往他邦设计兴复遂将背叛之隆阿木诛戮议于汗之三子内选立一人即位福晋云我从前生博啰咱时夜梦与一白色人同寝迨后产一卵此子出卵中观此当是一有福佳儿宜将彼迎至于是遂将博啰咱迎即汗位称为布德恭嘉勒汗其子曰布隆锡勒克布隆锡勒克生库噜勒克库噜勒克生伊硕勒克称为六贤汗自六汗既葬后始立坟墓伊硕勒克之子曰德噜讷木松德噜纳木松生色诺勒讷木德色诺勒讷木德生德诺勒讷木德诺勒讷木生德诺勒博德诺勒博生德嘉勒博德嘉博勒生德必琳赞德必琳赞生多哩隆赞此数汗为衍庆七汗多哩隆赞之子曰持赞纳木持赞纳木生持托克哲赞持托克哲赞生拉托托哩年赞自昔戊子年以来逾二千四百八十一年岁次戊申拉托托哩年赞甫生于丁卯年二十岁时始即汗位迨后一日正坐温博拉冈宫中见有百拜忏悔经高尺许金塔六字母全备之宝匣萨玛多克经自空中齐落

宫中金幔上因诸人不识遂埋于地下由此汗福分消灭国中生产多目眇者粮食欠收饥馑灾病不绝祸患丛生如是越四十年后忽有五士人来见汗叹曰大汗从前缘何将天下所落之物掩埋言讫即不见汗即时委内官等取出其四种宝物系于纛顶敬谨叩头多方供献汗之福祉由此渐增生子俊秀米谷丰稔无有灾病安享太平矣。

蒙古源流卷二

因使唪诵彼《多宝经》①而获奉教之故,宗教之兴,乃始于此矣。

其子迪克难松赞,其子达噶里·墨勒希克,其子纳木哩·苏荣赞合罕,共为妙言七合罕②焉。

其子自前戊子纪年以来,历二千七百五十年,岁次丁丑③,乃母必哩玛·托特噶尔夫人生一瑞相全备,顶显阿弥陀佛相,美貌灵异之子,乃曰:"此何如子也?闻昔日当尼雅持赞博合罕生为一异相之子时,不解而曾弃于恒河中云,而今不论其为何等,亦我之子也。"遂与宠爱之乳名谓:持勒丹·苏荣赞④,以红绡裹其顶上之阿弥陀佛相而隐之焉。

后至十三岁,岁次己丑,即合罕位,征服边陲之诸小合罕讫。岁次壬辰,年十六岁时,遣通密阿努之子通密伞布喇诺延,及从者十六人,往印度学书⑤。遂从彼印度之班第达:德瓦必特雅星哈者,修音义之学,俾合于土伯特语,收辅音三十字于四母音字中,(又)合喀齐字,自其三十四辅音中,删去十一字,所余二十三字上增益始创之土伯特六字母,并加阿字,制成土伯特三十字,著《字音》等八部大经而返⑥。于是合罕大悦,住学四年,翻译《萨玛多克经》、《邦公手经》、《三宝云经》等经文矣。

【注释】

①《多宝经》:蒙文原文为"玛尼·喀木布木"。是藏语词,义同。

②妙言七合罕:沈曾植先生清译本笺证云"案拉托托哩即《唐书》之陀土度,而世数既差,余三世名字亦不能译,合唐人经重译而通,西番又出于追述,两俱难凭,心知其意可矣。"

张尔田先生校补云"案《唐书·吐蕃世系》一、瘕悉董摩;二、陀土度;三、揭利矢若;四、勃弄若;五、讵素若;六、论赞素。陀土度当此拉托托哩年,其下四世,与此不符。"

③岁次丁丑:沈曾植先生清译本笺证云"丁丑,陈武帝永定元年。"

④持勒丹,苏荣赞:沈曾植先生清译本笺证云"即《唐书》之弃苏农,亦曰弃宗弄赞。《西藏赋注》作:绰尔济·松赞噶木卜。"

⑤往印度学书:张尔田先生清译本校注云:"案《西藏佛教史》佛教逾雪山入西藏,至双赞思甘普王时,热心印度文化,遣其大臣端美三菩入印度,求其经典文字。端美归国后,据印度之图纳噶利文字为基,造于西藏语言,造字母三十四,从此以西藏语大翻译佛典,藏人以王为阿弥陀观世音之化现,端美文殊之化身,与此所述正同。端美三菩当此通密缴布喇对音也。通密缴布喇又作端美三波罗。"

⑥著《字音》等八部大经而返：沈曾植先生清译本笺证云"《钦定同文韵统》西番字母三十字，乃番相努阿采择天竺字母，合之西番语音所制，其嘎、喀、噶、(迎尼、阿、鸦)答、塔、达、纳、巴、葩、拔、嘛、匝、擦、杂、斡、鸦、喇、拉、沙、萨、哈、阿二十四字，与天竺字母同，其(齋鸦、妻鸦、齋鸦)纱、靸、婀六字，乃天竺音韵所无，而西番音韵所有，故依其国之语言音韵增设者也。今西土僧众，诵持咒语，仍用天竺原规，故天竺字母已足译咒之用，其经文则皆西番字，其中佛号、地名译者自来皆用对音，故其字之音呼，必将西番字母，乃能得其本韵。按以《韵统》所列天竺、西番二字谱校之，所谓原三十四字者，天竺翻切三十四字之嘎、喀、噶、(噶迎哈、阿)匝、擦、杂(杂尼、哈鸦)、查、叉、楂(楂哈)、那、答、塔、达(达哈)、纳、巴、葩、拔(拔哈)、嘛、鸦、喇、拉、斡、沙、卡、萨、哈(嘎、刹)也。所谓删去十一字者(噶哈、杂哈、楂哈、达哈、拔哈)查、叉、楂、那、卡(嘎、刹)十一字皆西番，字母所无也。所谓始创六字者；即上(齋鸦)等六字；称原有之阿字者，天竺字母阿字在十六音韵字之首，西番不用音韵字，则以阿字居三十字母之末也。所谓合八四声者，西番字有吉因(应为"固"——译注者)，纱补住，征卜·纳啰四记号，以配阿字，能成各音韵字也。《韵统》谱说甚详，兹特撮其大略。"

【附录】

清译本文：由是唪诵所供之多宝经禅教遂兴自拉托托哩持年松赞达克哩年资克纳木哩苏隆赞凡四代合前三汗谓之妙音七汗纳木哩苏隆赞之子自从前戊子以来历二千七百五十年岁次丁丑必哩玛托特噶尔福晋生一妙相具足端严之子顶纹显具阿弥陀佛相昔者尼雅持赞博汗生一异相子因不能识掷之恒河既而悔之

念此子究属己子因爱惜之命名曰持勒德苏隆赞以其顶纹所具阿弥陀佛用红帛包裹不令人见至十三岁岁次己丑即汗位招服绝域众汗等年十六岁岁次壬辰遣通密阿努之子大臣通密缴布喇并约其友十六人至额讷特珂克国中参究于是随彼处之班迪达名德斡必特雅星哈者传音韵之学复以所学之音韵互证土伯特之三十字母合入四声于原三十四字内删去十一字以其余二十三字与土伯特始创之六字并原阿字定为三十字母各分音韵又编成八大经于是汗甚喜悦参究四年将禅经百拜忏悔经三宝云经俱翻译成文。

自是施以严政，为使土伯特边陲之众遵奉教令，制定：杀人则罚输千俺出，偷盗则断其手，诈伪则割其舌等峻法①以责之。弃十恶罪孽，行十福之政，故国中咸称：大慈观世音菩萨之现化，转千金法轮之世尊咱噶尔瓦抡合罕，荣赞堪布②。而名扬天下十方矣。

而今合罕自忖：须供一尊佛像。乃自其心中化出：与己一般，顶上亦有阿弥陀佛，名唤噶尔玛谛迪之僧，与之降旨曰："古昔拘留孙佛之世，大慈十一面观世音菩萨，降自色究竟天，化入印度西方星哈拉海③边，一蛇心旃檀树之地下根内焉。至拘那含牟尼佛之世生发，后至迦叶佛之世，长成大树，至今之释迦牟尼佛之世，叶茂花开而结实也。于佛涅槃之时，倒而为尘土所蒙焉。今当取出，请彼十一面菩萨来。至彼星哈拉海边，将有一群卧象，其中卧有一耳上坠以牛黄药之红鼻大象,名曰:阿兰扎瓦尔达。将彼驱起,掘其地下,则蛇心旃檀树当即在彼。"言讫,遣之。其现化之僧,即使神通,倾刻而至,则实有一群卧象。乃驱之起,则不肯远去,而立候焉。及劈彼旃檀树枝,则发出:"且慢砍"之声。须臾,由其自裂之口中,现出十一面观世音菩萨自埋之身矣。于是,复自迦叶佛开光之花轮塔下,请出三佛之舍利子甚多,时彼阿兰扎瓦尔达象乃设恶愿曰:"汝所现化之合罕,昔日乞福时曾忘我焉,今又夺我乘凉之地而毁焉。我将此后之一世中,转生为一大力合罕,定坏汝宗教。"云。

由是,请彼菩萨之像来,进于合罕。并尽奏象之所言,则合罕降旨曰:"昔日,我于印度国,为苏喀巴喇公主①之子,建造沙荣·喀硕尔塔,在塔前乞福时,遗忘一负土之牛而未设愿,牛乃大怒而设恶愿之故,我又设愿而结缘焉。而今此象于其今世中,因卧于此观世音菩萨之上,其妒心已平矣,后亦易化也。然化彼之缘分仍结于我耳。"

【注释】

①制定……峻法:沈曾植先生清译本笺证云"《西藏志》西藏相沿番例三本,共四十一条刑法,甚酷。"

②堪布:张尔田先生清译本校注云"案堪布、唐古忒语住持。"

③星哈拉海:沈曾植先生清译本笺证云"星哈拉即僧伽剌,师子国地,今锡兰岛。"

④苏喀巴喇公主:蒙文原文为"德格都·阿木古郎·讷热图·乌勤",即"名唤尊熙之女",盖系意译词。兹从清译本文。

【附录】

清译本文:从此修明政治谓其地本系土伯特应以经教引导兼定刑法杀人者备受诸刑复行抵命偷盗者断手虚伪者割舌屏去十恶罪歆奉行十善福事于是都内群以为大悲观世音菩萨出现能转千金法轮之神圣竟相称扬咱噶喇斡抡汗苏隆赞堪布之名扬于十方由是汗思一佛象即于意中变化一佛名曰噶尔玛达迪真人与汗相相肖顶上亦有阿弥陀佛汗复降旨与伊曰昔者拘留孙之佛之时有大悲十一面观世音菩萨自色究竟天下降化入额讷特珂克国星哈拉海边界所埋之一蛇心旃檀树根内于拘那含佛时发芽于迦叶佛时长成树至今释迦年尼佛时花叶盛开果实结成自佛涅槃时又复倒枯为尘土所蒙今欲取出请此十一面观世音菩萨至彼星哈拉海边界彼处有卧象一群中有一红鼻大象伏卧耳坠一牛黄穗名曰阿兰扎斡尔达象驱令走避将所卧地掘开蛇心旃檀树即在彼处付嘱已此所化之僧遂藉神通力须臾到彼见实有群象伏卧遂将象驱走象不肯远去屹立等候将欲削其旃檀树枝忽闻似有令其稍缓之声于是自然化成之十一面观世音菩萨即时显露复于迦叶佛持受之花轮塔内又获三佛舍利子甚多其阿兰扎翰尔达象作人语向化身云尔汗昔日曾求福于我今既遗忘又复向我显然夺取我后世必转一大力汗坏其教律遂设恶愿等语于是奉菩萨像至进于汗并以

大象之言具奏汗降旨云吾前为额讷特珂克国苏喀巴喇公主子时造成沙隆喀硕尔塔求福原有一负土行走之牛因遗忘未曾设愿其牛甚怒遂气愤设立恶愿我于是亦另设誓愿矣迨今世其象卧于大悲观世音菩萨之上则妒心俱灭自易化服但欲化服此象仍须我躬。

其后,合罕恰思及:济此雪地之生灵,须有尊圣之经时,合罕见其自我化成之身,眉目间射出二道光芒,见其一道光,乃照耀巴勒布国主,巴喇木巴瓦尔玛合罕①之女,哲卜尊公主②矣。(公主)乃甲申年生,年方一十六岁,容颜洁白,妙相全备,典雅无瑕,观而不厌,口吐菊花之香气,得宝藏真谛之女也。见其另一道光,则照耀汉地唐太宗合罕之女文成公主矣。(公主)亦甲申年生,年方一十六岁,容光焕发,妙相全备,妍丽无双,观而不厌,口吐哈哩旃檀香气,得书史精义之女也。

于是,合罕欲先请巴勒布之女,命通密·缴布喇诺延、噶尔丹巴③二人,教以刚柔互用之方略多端,遣往巴勒布合罕之处,以求其女。则巴勒布之合罕,许嫁其女——白颜救世佛母之化身④——哲卜尊公主矣。彼白颜救世佛母之化身哲卜尊夫人,乃以迦叶佛开光之不动金刚弥勒法轮之像;塑以牛首旃檀之白颜救世佛母;自然化成之三尊身等,及巴勒布国所有之经卷,悉行请至土伯特地方⑤。岁次己亥,合罕二十三岁时合巹焉。

由是,复遣使往请文成公主,则汉地之唐太宗合罕,

(亦如所请)。赐其女以所供奉之释迦牟尼佛像,精深术算之诸卷⑥,似如意琼珍之十三经,又赐其娇女以所用之诸般珍宝,锦缎币帛各以万数计。公主夫人遂赴土伯特地方。岁次辛丑,合罕二十五岁时合焉。

【注释】

①……巴喇木·巴瓦尔玛:蒙文原文为"格日伦·胡雅克",即"光之甲"之意。盖系意译词。

②巴勒布国主之女……哲卜尊公主:沈曾植先生清译本笺证云"《西藏赋注》作:巴勒布王鄂特尔色郭恰之女拜木萨。《西藏史》译本作:尼婆罗王女巴利克提。"张尔田先生校补云"案巴勒布即今之尼泊尔,又作尼婆罗,《明史·西域传》之尼八剌也。后为其部中廓尔喀所并,今官书称廓尔喀·巴利克提。《西藏佛教史》作布哩斯布玛。"

③噶尔丹巴:蒙文原文为"翰仁·唐噶哩克"即"巧誓"之意,盖系意译词。沈曾植先生清译本笺证云"《卫藏通志》作:伦布噶尔。"

④白颜救世佛母之化身:张尔田先生清译本校注云"案《西藏佛教史》藏人以文成公主及布哩斯布玛,皆为女神多拉噶即多罗母之化身。"

⑤悉行请至土伯特地方:张尔田先生清译本校注云"案《西藏佛教史》双赞思甘普王又有王妃一人,名布哩斯布玛,尼波罗人,输入尼波罗崇拜女神之风,其女神名多罗。又输入其他密乘佛教之佛教修法。《西藏赋注》拜木萨带来墨珠多尔济佛像,藏王建大招供奉之,多尔济唐古忒语金刚,即密宗诸佛像也。"

⑥精深术算之诸卷:沈曾植先生清译本笺证云"《西藏图考》藏人不识天干,以地支鼠牛兔纪年月,以金木水火土纪日,亦能测日

蚀月蚀云，推算占验，皆唐之公主所流传。"

【附录】

清译本文：是时汗意中方以普济雪山所有生灵必须圣经为忧彼自然化生佛自两目中射出霞光二道汗视之见一道光照射巴勒布国之巴喇木巴斡尔玛汗之公主公主系甲申年所生年十六岁面色洁白妙相具足端雅美丽体净无瑕口吐优钵罗香气是庄严富丽之主也复见霞光一道照射中国唐朝太宗之女文成公主亦甲申所生年十六岁面貌慧秀妙相具足端雅美丽体净瑕无口吐哈哩旃檀香气是通明经卷之主也于是汗欲求婚先遣大臣通密缴布喇噶尔丹巴二人往巴勒布国求公主为配训以多方刚柔互用之策巴勒布汗即允所请以公主许配公主者乃白衣救度佛母之化身公主之来也以迦叶佛持受之昭不动金刚弥勒法轮及牛头旃檀自然化成之白衣救度佛等三尊佛像及巴勒布各种经卷并赍至土伯特地方岁次己亥汗年二十三岁与巴勒布公主完婚于是复遣使求娶文成公主唐朝太宗亦如所请许之以公主平日供奉之释迦牟尼佛及元密术算各经观心如意十三史复将种种宝玩锦绡财帛分给万万时汗年二十五岁岁次辛丑迎唐朝文成公主于土伯特地方完婚。

（由是）大修（身、言、心）之无量功德①，令印度之库色喇师,桑吉喇·必喇满师②,巴勒布之锡拉满祖师,鄂斯达师③,汉僧玛哈迪瓦④,土伯特罗咱瓦⑤通密·缴布喇诺延,其弟达尔玛古沙等翻译经咒之卷帙,弃十恶之罪孽,修十福之教令,俾合于合罕之国政,使宗教之光如日而升于蒙昧之土伯特地方。岁次戊戌;年八十二岁时,两位救世夫人及通密缴布喇、噶尔丹巴等,并皆化入大慈十一面(观世音菩萨像)中,宣其永世之名于天下矣。

【注释】

①大修(身、言、心)之无量功德:沈曾植先生清译本笺证云"《卫藏通志》布达拉城,唐时藏王曲结(通经典之称)松赞噶木布(《唐书》作:弄赞),好善信佛,头顶纳瓦塔叶佛,在拉萨地方山上诵《旺固尔经》,取名布达拉。为西藏众僧俗所瞻仰,每日焚香,坐禅入定,不思他往。唐公主同巴勒布王之女名拜木萨,因藏王坐静,恐有外侮,遂修布达拉官寨,城垣上挂刀枪,以严防御,其上藏王寝室与拜木萨寝室隔绝两处,顶皆平坦,搭银桥一道,以通往来,后因藏王莽松作乱,官兵拆毁,布达拉仅存观音佛堂一所,嗣经五辈达赖喇嘛掌管佛教,兼管民间事务,修立白寨,又有代办事务之桑结嘉木磋,修立红寨及内外房屋金殿佛像,相传重修至今一百四十余年,其地在北山之阳五里,平坦突起一峰,高约二里,缘山砌平楼十三层,盘登而上,其上有金殿三座,光彩耀目,金殿之下有金塔五座,西殿有宗喀巴手足印,日久不化,为达赖喇嘛坐床处,金殿内供奉御容,率众喇嘛诵经大昭寺,西藏第一番王传七世至曲结松赞噶木布,迎唐公主。又差头人伦布噶尔迎巴勒布王鄂特巴尔郭恰之女拜木萨为妾。唐公主带来释迦牟尼佛像,拜木萨带来墨居多尔济佛,白木萨欲修庙宇,藏王择地兴修。唐公主卜算藏地形势,乃

妖女仰面之像,拉萨海子乃妖女心血,是为海眼,须将海眼填塞,上修庙宇如莲花形,将四围风脉更正如八宝联络,乃得吉祥。藏王遂兴工,将海子四面用石堆砌,海眼中忽起五色霞光,现出石塔三层。用石抛击后,用木接盖,空隙处镕铜淋满,海眼始平。藏王又虔祝神佛,欲将邪气镇压在昌诸、销啰、伦塔、堆阳四地方,接连地脉之处建寺一百八座。时有龙王现洋船式样,用石堆砌,大昭始成,相传至今一千八百四十余年,其地有拉撒内坐东向西楼,高四层,上有金殿五座,阑干殿宇皆系铜底溜金,宏敞壮丽,中殿供奉释迦牟尼佛,乃唐公主自中国铸请来者,左廊有唐公主、藏王松赞噶木布、巴勒布王女拜木萨之像,其内神佛万计,中殿供奉万岁御座,香花然盏,四季长耀。楼顶东南隅有拜拉穆殿,神灵显赫,番敬畏之。内藏上古军器,鸟枪长八九尺至一丈者。与今之九子炮同,弓钗箭袋,亦甚长大,大殿内有万历时太监杨英所立碑一座,前壁上绘唐元奘法师求经师弟四人像,门外有唐番和盟碑,高约一丈五尺,宽约四尺,厚约三尺,两旁刊有大臣、太宰、尚书等字迹,并牛僧儒姓名,碑侧古柳二株,老斡蟠屈若龙虬,相传植自唐时云。小昭寺、大昭寺北半里许,番名喇木契,坐西向东楼三层上,有金殿一座,亦颇壮丽,乃唐公主所建,因唐公主悲思中国,故东向其门,殿内佛像名墨珠多尔济,又有释迦牟尼佛,弥勒佛诸像,或云塑像内有唐公主肉身,座上书'默寂能仁'四字。其南即颇罗奈旧宅,察木珠寺(俗名昌诸寺)。藏王曲结松赞噶木布修立大昭之时,赴雅尔咙等处,见一小海子内有妖蛇五首,欲将海水戽干,上建庙宇,遣觉拉化为鹏斩之,海水尽赤,水遂消。乃于其地修建庙宇,供奉桑堆佛十九尊(即阴阳佛也),其一尊乃不上自成之像,上建五塔以镇之,又塑佛母伊兴科尔洛像,罗金褚旺像,苍巴洞托尔足像(即拉穆吹忠护法)。又修极乐寺、弥勒寺,相传至今一百四十余年。色拉寺(唐古忒语色金也,拉山也。其山出金,故名)。拉撒北十里色拉山,宗喀巴在色拉曲顶居住之时,观其地可建庙宇,其弟子甲木庆曲结、沙克伽伊喜,明时入中国为禅师,赐物甚盛,回藏后,宗喀巴令其在色拉建立大寺,所供佛像,系由内地带檀香雕刻释迦佛,十八罗汉及诸佛像,又修上下扎仓(扎仓译言僧房)、嘉庚赞仲。钟顶小寺四所,招喇嘛居住,其寺依山势建金殿三座,层楼高耸,达赖喇嘛亦岁至讲经,寺中供一降魔铁杵,长不足二尺,头如三棱铜,一头如人头状,番语呼为多尔济,相传建寺时,自大西天飞来其寺,堪布珍之。番人必岁一朝供布赖蚌(俗名别蚌寺)。拉撒西二十里,前临大道,后依山岩。宗喀巴之弟子扎木阳曲结、扎什巴尔丹在聂乌地方居住之时,梦神人语:此地宜修寺院,赐子五千徒众,并现出无量水泉数处。觉而告其师,宗喀巴乃令修寺,其时即有聂乌富民那木喀桑布,出资布施,修建庙宇。又旺固尔山起出海螺,赐与弟子札木阳曲吉、札石巴勒丹,殿宇修像甚盛,共修郭莽、洛赛、岭结、巴沙、谷尔独、瓦得洋、阿克巴等七处札仓,乃蒙古、西番各土司布尔卡木布等处,凡初出世之呼毕勒罕及远近大小喇嘛初学经者,多聚处于此地,有园亭一座,为达赖喇嘛避暑处,去寺里许,有吹忠殿,乃无妻室者,与他处异。噶勒丹寺(俗名甘丹寺)、拉撒东五十里噶拉丹山,宗喀巴先在大昭,率众喇嘛攒昭诵经然灯,众喇嘛求立寺院,宗喀巴乃手举金刚菩萨云:宜在旺固尔山创建,遂造大经堂,内塑桑堆(即阴阳佛)、德木楚克(即安乐佛)、多尔影佛像,又修沙尔孜、江孜二处札仓,以供众喇嘛栖止,相传至今有三百八十余年,其形势与布达拉略同,其经楼,佛像,幢幡,宝盖,华丽与大、小昭相似,乃宗喀巴坐床之所,示寂于噶勒丹寺弥勒佛前,为黄教发源之地,有黄教堪布喇嘛主之。楚布寺、业朗寺,拉萨北七十里之浪子地方,各有呼图克图掌之。红帽教之宗名噶吗巴,黑帽教之宗名沙吗纳,明万历时入觐,勅赐封号印册,今袭衣钵者,一名扎哇楞布齐,一名革桑楞布齐。"

②桑吉喇·必喇满师:沈曾植先生清译本笺证云"《西藏赋注》唐公主带来释迦牟尼佛像,拜木萨带来墨珠多尔济佛像,藏王择地建大昭供奉之,今布达拉庙也。又云:建昭至今一千八百四十余年,左廊下有唐公主、藏王松赞噶木布,及拜木萨公主像,东南隅有甲噶尔僧拜拉木像。按拜拉木即此必喇满也。"

③鄂斯达师:沈曾植先生清译本笺证云"今人所述《西藏史》噶希塔即此鄂斯达也。《彰所知论》称之曰:班弥达·阿达陀。"

④汉僧玛哈迪瓦:沈曾植先生清译本笺证云"此唐朝僧玛哈德斡,于《中朝僧传》无考,玛哈即摩诃,玛哈德斡疑大德大师之译音,后文巴特玛纎巴斡译经时,有汉僧玛哈雅纳。经教重兴时,亦有汉僧摩诃雅纳。至今西藏喇嘛有黑帽教见于名册,西人考藏史者谓:襄嘉玛巴派维持旧风,奉支那之佛教,其义轨修法,多编入西藏经典者,名册之噶尔卓特巴教,或言亦属襄嘉玛巴派,此谈佛教者所当知也。玛哈雅纳或即摩诃衍对音。"张尔田先生校补云:"按黑帽者,喇嘛外之之词,不限于僧侣,今藏中尚有此语。《金史·百官志》分黑号姓与白号姓,即其例也。"

⑤罗咱瓦:即通事,藏语也。

【附录】

清译本文:由是建立庙宇不可胜数今额讷特珂克国之桑吉喇必喇满师巴勒布国之锡拉满祖师鄂斯达师及唐朝僧玛哈德斡土伯特国大臣罗咱斡通密纎布喇及其弟达尔玛古沙等翻译经咒等卷怢屏去十恶罪款将十善福事宣布于政令于是愚蒙之土伯特地方服其教

者如仰旭日矣岁次戊戌年八十二岁各处传扬两公主及通密缴布喇噶尔丹巴并皆化入大悲十一面观世音菩萨像内。

其长子莽苏荣,乃父在时已薨,其弟恭苏荣①丙戌年生,岁次己亥,年十四岁即合罕位。岁次壬子,年二十七岁崩。其遗腹之子对苏荣,壬子年生,即于是年,一岁即合罕位,在位二十九年,岁次庚辰崩。其子持勒丹·苏克丹合罕,庚辰年生,岁次辛巳,年二岁即合罕位②,岁次壬午,年六十三岁崩。其子(持苏荣德灿③),自前戊子纪年以来,二千九百二十年,岁次庚午,唐肃宗合罕之弟景德王女金成公主(所生④也)。乃一瑞相全备之子。岁次壬午,年十三岁即合罕位,与其喜好经典之大臣,贤者萨迦·衮·巴勒博且等五内臣相商,岁次丙戌,年十七岁时,自萨忽尔地方,请堪布博迪萨都⑤来,合罕至莽之恭塘山迎见,由是请至哈斯布哩山之宫殿中,禀请欲建法轮寺之事,则曰:"以我素修菩提之心,不能降服神鬼也。若不先降服鬼神及本方土地,何可建寺庙耶?欲降此辈,惟有乌迪雅纳(国)之巴特玛·缴巴阿⑥师(能之)。因彼持有密咒之藏,役使天神,罗刹及八部神将如奴隶然。彼圣人来,则能降服之。"合罕曰:"我安得请彼来?"于是乌巴迪尼,菩提萨都降旨曰:"有能使彼来之前缘,何则,昔日于印度地方之司鹰女苏喀⑦,与名玛哈苏喀之司鹰者、司犬者、司豕者三族相亲而生三子焉,迨其母殁后,三子乃为其母建沙荣·喀硕尔塔而各自祈福也。"首由司鹰者之子曰："愿藉此福,后来之一世中,为一宗教之施主转轮大合罕。此即今之大合罕汝是也。其次,司犬者之子曰:愿藉此福,后来之一世中,为一掌教之大乌巴迪尼,此即今之大乌巴迪尼我是也。其三,司豕者之子曰:愿藉此福,后来之一世中,为一护法荡魔之法师。此即今之大法师巴特玛缵巴阿师也。其赞佐之良友,乃今雅尔隆之嘉密克哩卜实诺延也。因有如是前缘,故今能招之来也。"合罕闻言大喜。岁次庚寅,年二十一岁时,遣荡魔金刚嘉密克哩卜实诺延为首之使者,赴印度请巴特玛缵巴阿师矣。果如前此菩提萨都之旨,曰："鉴于昔日之缘分,我已无由居此地,今当即往,吾曾先修自身之善果,今已至我为众生谋利之时矣。大鹏之翅既长,则翱翔而去焉。观竟业果之经,则无暇居此焉。"言讫,遂即前来,途遇一麂⑧来,迫师于两山之间,师乃趺坐于空中,则惧而捧心为誓。责其瞎名,则麂又化为一大黑兕而来,卷起大风雪以冻之,则师身升发高温,以九股铁杵击彼兕额,则兕甫遁入山中去,其风雪已霁,山青而岩岚,日光灿然矣。由是惧而捧心,责其瞎名,祭(降魔杵)镇之。

【注释】

①恭苏荣:沈曾植先生清译本笺证云"《唐书》作器弩悉弄。《西藏史》作唐公主之子持弄赞悉弄,持弄即苏陇也。"

②……年二岁即合罕位:沈曾植先生清译本笺证云"《唐书》证

圣三年器弩悉弄死,国人立弃隶缩赞为赞普,又作乞黎苏笼腊赞,二年以邠王守礼女为金城公主妻之,此持勒丹·租克丹即弃隶(特勒)缩(租)也。"

③持苏荣德灿:张尔田先生清译本校注云"案疑即《唐书》之挲悉笼腊赞,腊赞即德灿异译,西人却尔斯所译《西藏纪功碑》,其赞普名为太松代臣,代臣亦即此德灿也。《唐书》叙德宗建中之盟,都不言挲悉笼腊赞之死,但云:是时乞立赞为赞普,姓户卢提氏(旧书无此句),则乞立赞又即此持苏陇德灿无疑。"

④……金城公主(所生):张尔田先生清译本校注云"案雍王守礼、章怀太子贤子,后徙封邠,此称肃宗弟景德王,误。"

⑤请堪布博迪萨都来:沈曾植先生清译本笺证云:"《西藏史》提苏弄德赞之母唐公主,为佛教信者,提苏弄德赞受其感化,王宫之印度僧荐莲花生师,印度僧名萨阿尼特·拉克沙特,其此萨迦衮巴乎?博迪萨都对音太远。又案此博迪萨都疑即《彰所知论》所称之善海大师,盖当时称盖海为菩萨也。"

张尔田先生校补云"萨阿尼特·拉克沙特与萨迦衮巴对音不近,当以后说为正,善海大师西名素恒啰克西塔,博迪萨都即菩提萨埵异译。《唐书·吐蕃传》钵阐布房浮屠,预国事者,亦曰:钵掣逋,当亦此博迪萨都音讹。"

⑥巴特玛辙巴阿师:沈曾植先生清译本笺证云"乌迪雅纳国即《法显纪》之乌场国,《元奘记》乌仗那国也,巴特玛辙巴斡即红教之祖莲花生。《西藏史》莲花生生于印度河上流之乌仗那国,学密教入那烂陀,修瑜迦教系之佛教哲学,娶拉呼尔国王之女曼多卢,与共入藏,以密教摄服西藏土著之旧教。以西藏旧奉诸神,皆诸佛诸菩萨之权现本地垂迹之旨,西纪七四九年新建萨木秧寺,以萨瓦尼特·拉克沙特为第一代住持,其高弟有二十五人。又云西藏喇嘛

十八派,最有力者五派,红帽派为旧教,拜阿閦佛,特崇普贤菩萨,祀开宗之莲花生,其教带西藏本尼色彩。《卫藏图志》后藏扎什伦布境内有萨迦呼图克图,乃元时帕思巴之后,为红帽教之宗,《经簿》载育仁菩萨之后人昆贡确嘉卜,通达经典,看得奔布山风脉佳胜,欲创建庙宇,向业主降雄固喇娃,班第仲喜,纳密酌克敦三人,欲乞售兹地,伊三人乃施舍不取价值,遂建此庙,供诸佛像,招僧住持,相传至今七百二十余年。其红教喇嘛年少时娶妻生子,至生子后,不复再近室家,始登法庭,按辈相传。又察木多(旧名昌都,亦名喀木,即所谓康也)俄罗桥东,行四十里有江巴林寺,亦名戒空寺,北系山麓,层楼金殿,左右两河环绕,颇极壮丽,乃帕克巴拉呼图克图坐床之所,又有二呼图克图、商卓特巴率三千喇嘛居之。戒空寺左有大寺,内供奉万寿无疆御座。令节朔望朝贺。又有普安堂,乃汉人所建讲经堂。"

⑦苏喀:蒙文原文为:"阿木古朗",即"安熙"之意,盖系意译词。

⑧麂:蒙文原文为"贺摩库",无考。盖指一种兽类,此姑译如文。

【附录】

清译本文:其长子荞苏陇于父在时先没次子恭苏陇时年十四岁系丙戌年生至是己亥即位壬子年二十七岁没有遗腹子对苏陇生即嗣位至庚辰年二十九岁没其子特勒丹租克丹汗生于庚辰年二岁嗣位至壬午年六十三岁没其子持苏陇德灿时年十三岁系庚午年生唐朝肃宗弟景德王女金成公主所出妙相具足至是嗣位汗与笃好经典深通法律之萨迦衮巴勒博且等五贤臣

及内侍官商欲迎请堪布博迪萨都之事丙戌年十七岁
遂往萨和尔地方请堪布博迪萨都行至莽之恭塘山汗
往见之遂迎至哈斯布哩山之宝殿居住商建法轮庙宇
云我乃持行菩提心之人不能制服鬼怪若不先将本地
鬼怪土神灭除何能安建庙宇欲降此等惟乌迪雅纳国
之巴特玛缴巴斡师驱遗世界中神道罗刹八部精灵鬼
怪无异奴隶乃深通密咒得道之至人师若肯来则鬼怪
可以灭除已汗云如何我能迎师来此堪布博迪萨都云
有可以迎来之因初额讷特珂克之苏喀尚古哩氏女子
曾于玛哈苏喀之尚古哩硕纳尼舒古尔鼐之三姓生育
三子女子没后三子为母建立沙陇喀硕尔塔各行祈福
尚古哩子首云我愿藉此福来世为教中施主转轮大汗
即汗之前世因也次子云我愿藉此福来世为一掌教大
堪布云吾即前世因也三子云我愿此福来世为一灭除
败坏我教之大塔尔尼齐即巴特玛缴巴斡师之前世因
也辅师行事之良友即今雅尔陇之嘉密克哩卜实诺延
此皆前世设愿所以可期必来汗闻言欣悦岁次庚寅年
二十一岁嘉密克哩卜什诺延遣使赴额讷特珂克迎请
巴特玛缴巴斡师师果如堪布博迪萨都从前所言云今
已应我曩昔设愿之期当即往彼不居此矣我前世止能
集益于本身自不如以广益于众生为大因果今已届其
期我身便如大鹏腾空即速飞往若徒事观经断不能飞
腾矣言讫师立地前来至两山险处见一大猛怪迎立巴
特玛缴巴斡师遂于空中趺坐口中念咒降服其怪其怪

即震骇变一大咒忽生旋风扰雪至前师遂持九瓣铁杵向咒面当头力击其咒即遁匿入山去风定雪消云散天霁显露山林日色晶融师乃虔心持诵秘咒一遍掷杵镇住。

由是，以十二紫母①为首，凡土伯特地方之神主，龙神，尽行降伏无遗，役使神鬼为奴隶，遂与人主持苏荣德灿，化水神乌巴南迪为龙王山。岁次辛卯，合罕年二十二岁时，遂破土筑基，依密咒之道，制如大坛城；依三藏之道，制如阿必达尔玛；依经史之道，制如元本齐等，建造金刚圆觉无比之必满殿②，其中所供之群佛，多遵密咒之道塑成。下宫依土伯特之制，中宫依汉地之制，上宫依印度之制，全备四大尊者，其下宫设三门，以相三世之佛，其中宫设一门，以相经教之法身，其上宫设四大门，以相四无量（佛）及四成业之征。在此壮严无比之法轮寺中堂内，供三世本源佛，其四面及四隅，设四大部洲，八小部洲，（后设）罗刹洞窟③，门徽日月天宫，（又）立广力四大觉路及八玛哈噶拉等寺，四大塔及光明塔，共三十余座寺庙。又仿印度海之鄂特丹布哩寺之制，环筑铁轮之院。岁次癸卯，合罕三十四岁时修造完竣。请通彻三世之圣巴特玛缴巴阿、大德堪布博迪萨都、法师达尔玛吉尔迪④等，善为散花开光，设三年欢庆之筵矣。

时，岁次甲辰，合罕三十五岁时，大合罕令其从者二十五人，为受圣巴特玛缴巴阿师精微密咒之术，于普贤菩萨要言八旨之坛城，受七百二十佛之灌顶。乃授以密咒之正法⑤焉。于是虚空藏之格隆⑥能驾日光矣；布特达·音扎纳则能楔钉于岩石中矣；胜妙音尊者则能三扬马嘶之声矣；般若波罗尊胜海慧仙子则能起死回生矣；锡哩·音扎纳母则能役诸仙子矣；威德狮子天神则役罗刹如奴隶矣；毗噜扎纳通事则具般若波罗之慧眼矣；国主合罕则能不使天下动摇矣；玉扎宁博则通彻经教之精义矣；音扎纳·固玛喇则显广大神通矣；荡魔金刚则如风行而无碍矣；音扎纳·郭哈雅则能翱翔于空中矣；锡哩·德瓦则能手执猛兽矣；音扎纳·般若波罗密多则能如鸟飞行矣；锡哩尼达⑦则能行于水面矣；达尔玛哩斯木则能强记不忘矣；锡哩卜·色克巴⑧则能知他人之诡谋矣；锡哩星哈⑨则能使流水倒流矣；德瓦苏迪⑩则能使枯骨化为黄金矣；彻崇罗咱瓦则能手执空中飞鸟矣；赞扎噶⑪则能乘野咒矣；纳干达喇⑫则能如鱼游海水之中矣；玛哈喇特纳⑬则能食砖石如饭矣；锡哩巴咱尔⑭则能驰山峰而无碍矣；拉迪喇特纳则能发雷如矢矣；咱雅萨都⑮则能趺坐于虚空中矣。

如是各显其所修成之能事⑯，更见显其八大弟子，即：虚空藏金刚手真谛佛，大威德金刚雅曼达噶佛，哈扬吉尔巴尊圣马明王佛，国主合罕最胜王佛，尊胜海慧仙子金刚顶佛，威仪狮像举世尊称佛，威德妙慧圣母离尘佛，毗噜札那智藏持咒救世佛等八大宣法之佛颜矣。

【注释】

①紫母:蒙文原文为"巴图·额克斯",此借"紫极""紫宫"之文,译为:紫母。

②……必满殿:沈曾植先生清译本笺证云"《卫藏通志》萨木秧寺(俗称桑鸢寺),拉撒东二日山南,萨木秧地方,藏王曲结松赞·噶木布,第五世曲结赤松特赞,欲修扎玛尔正桑庙,赴甲噶尔延请班第达,择地兴修未成,复令藏地能习经咒之人赴甲噶尔,请祖师白玛萨木巴娃,降收妖邪,仿照甲噶尔阿兰达苏哩庙宇式,修造三顶四面八方,以象星宿,后有噶瓦拜勒孜、觉啰、垒、嘉木参等数千人,教化大行,修立十二处大寺,俱安设喇嘛道士诵经,相传至今一千四十三年。又旧字内载:拉撒东南噶勒丹寺相近,其楼阁、经堂、佛像、与大小昭相似,内供关圣帝君像,传云:唐以前其方多鬼怪为害,人民不安,帝君显圣除之,人始蕃息,土民奉祀,称尊号曰:革塞结波。达赖喇嘛岁至其地诵经。"

③罗刹洞窟:"洞窟"蒙文原文为"额尼格"似是"讷贺",(洞穴)之误。姑译如文。

④达尔玛吉尔迪:张尔田先生清译本校注云"案《西藏史》莲华上坐师,以密教摄西藏土著之旧教,新建桑木秧寺,以萨瓦尼特·拉克沙特为第一代住持。据此则大堪布博第萨都正当是善海大师也。达尔玛谓法,吉尔迪此云声扬,塔尔尼齐见上,此所举皆诸师尊号。"

⑤授以密咒之正法:沈曾植先生清译本笺证云"红教专持密咒,此其始也。"

⑥格隆:蒙文原文为"阿雅噶、塔吉玛里克",是"格隆"的意译词,受大戒之僧号。

⑦锡哩尼达:沈曾植先生清译本笺证云"锡哩威也",不言"尼

达","尼达"是"双重"之意。

⑧锡哩卜·色克巴:蒙文原文为"绰克·扎里·达巴忽尔拉克参"。即"精神倍增"之意,姑还原如文。

⑨锡哩星哈:蒙文原文为"绰克图,阿尔斯兰",即"雄威的狮子"之意。系意译词。

⑩德瓦苏迪:蒙文原文为"伊勒古克参,鄂由图",即"智胜"之意。系意译词。

⑪赞扎噶:蒙文原文为"都喇特噶勒温,鄂克塔尔贵",即,"提念空藏"之意,盖系意译词。

⑫纳干达喇:沈曾植先生清译本笺证云"纳干"梵语"年老"。那么"纳干达喇"即"老救世"了。

⑬玛哈·喇特纳:沈曾植先生清译本笺证云"喇特纳"宝也。那么"玛哈·喇特纳"即"大宝"了。

⑭锡哩·巴咱尔:蒙文原文为"绰克图·瓦齐尔",即"威仪金刚"之意,是意译词。

⑮咱雅萨都:蒙文原文为"德格都·绰哈克·额尔德斯",即"最稀宝类"之意。然而沈曾植先生清译本笺证云"咱雅萨都译言胜心。"

⑯……各显其修成之能事:张尔田先生清译本校注云"案密宗本趣,意在藉咒力加持转移天然法则,以证真空,变本加厉,至红教而极,物理之当然,不足以夺其信心也。"

【附录】

清译本文:历将十二凶暴女魔及土伯特地方土神龙神尽行除灭驱遣鬼怪无异奴隶与汗持苏隆德灿同将龙王乌巴纳迪之地作为龙山辛卯汗年二十二岁欲建庙

筑基分别秘咒之道及大檀城三藏之道仿照阿必达尔玛秘咒及经史之道造成元妙金刚庙宇佛殿三重殿内所供诸佛多缘秘咒之道所成下一层肖土伯特形势中一层肖汉地形势上一层肖额讷特珂克形势四大根本具备其下三门为三世佛像中一门乃法身之像东西四门具四无量四事之像凡此不可思议之转轮元妙大刹中殿内供三世佛四面四角四大部洲八小部洲会萃驱魔之咒日月之像得力四大觉路及八玛哈噶拉之大庙四大浮图并光明塔共三十庙宇环以金轮先是有额讷特珂克潜伏海内之鄂丹达布哩庙宇今皆仿其式建造至癸卯年汗年三十四岁工始完成于是通彻三世大智慧之巴特玛繖巴斡并得道之大堪布博第萨都塔尔尼齐达尔玛吉尔迪等持散天花开大欢喜筵凡三年至甲辰年汗年三十五岁邀集同教法众二十五人向高行巴特玛繖巴斡处练习秘咒求受诸佛言宗旨及七百二十佛之灌顶于是依所请给与秘咒其名虚空藏之格隆能驾日光布特达音扎纳能将铁杵嵌入石峰马明王佛能三作马嘶声尊胜海慧空行母能活死人能抚育德慧空行母等威仪狮子神能驱遣鬼怪无异奴隶必噜咱纳克勒穆尔齐能显慧眼永奉国主于世通彻裕扎宁博之经音扎纳固玛喇能施示神变都特都勒多尔济如风行无碍音扎纳郭哈雅能腾空飞行锡哩德斡能手搏猛兽音扎纳锡喇卜能如鸟飞腾锡哩尼达能浮行水面达尔玛哩斯密能默识不忘锡哩星哈能使流水回溯德斡苏迪

能变枯骨为金彻崇罗咱斡能手捉空中飞鸟赞扎噶能乘猛咒纳干达喇能如鱼游海水中玛哈喇特纳能食砖石如米谷锡里巴咱尔能驰走山峰拉迪喇特纳能发雷如射矢咱雅萨多能于虚空趺坐凡此显示多方得道之验于是始见虚空藏金刚手清净佛慧威罗斡金刚佛尊胜马明王佛持国最胜王佛尊胜海慧空行金刚顶佛威仪狮象世尊称赞佛妙慧空行离垢佛毗卢遮那智藏持咒救护佛等八大佛之光。

由是，为以土伯特语译印度语，教习土伯特儿童以印度语而未得一能学之者。师乃心中大忧，躬自徇行国中，遍寻能学之子。偶至一家门首，则惟有七岁男童，父母俱不在家。师见彼童子，暂留片刻，曰："午息于此可耳。"乃命搭其白帐而坐，召童子来而问曰："汝父何往？"对曰："我父寻言语去矣。"问："汝母何往？"对曰："寻眼目去矣。"云云。无何，父乃沽酒而至，童子见而曰："我所谓父寻言语去者，指此耳。盖饮酒则言多故也。"又其母买灯油而至，童子乃曰："我所谓母寻眼目去者，谓此耳。盖燃灯则虽在夤夜亦能见一切故也。"师闻而大喜，遂携彼童子而去。于是降旨于合罕曰："此子乃昔日阿南达之化身也。其今世之父名曰巴喇古尔根敦，此子名唤巴喇古尔·必啰咱纳①也。"俾学印度语，则习而贯通焉。遂称土伯特之贤者必啰咱纳通事矣。

其后，岁次甲辰，合罕年三十五时，命顶上花尊圣巴

蒙古源流卷二

特玛缴巴阿师为首,印度之必玛拉密迪;巴勒布之只噶玛拉锡拉②;土伯特之贤者巴喇古尔·必啰咱纳通事,卓克啰·垒·嘉勒灿班第,伊锡迪·噶瓦·巴勒则克;汉僧玛哈雅纳等,悉行翻译经咒之文焉。(由是)咸称广法神童文殊之化身,转千金法轮之中咱噶喇瓦抡合罕持苏荣德灿。在位五十七年,岁次戊寅,年六十九岁崩。

其长子穆尼赞博中毒辞世,次子穆噜克赞博则已放之边陲,末子穆迪赞博则丙辰年生,岁次己卯,年二十四岁即合罕位,于琼地建造金刚圆觉寺等三庙,在位三十一年,咸称萨特纳博克准·咱噶尔瓦抡合罕焉。此合罕乃与印度之达尔玛巴拉③,汉地之唐懿宗三人同时所生者也。其后,岁次己酉,年五十四岁崩。

其子昌玛、达尔玛、哩卜崇、垒·罗瑞、伦多卜等五人也。长子昌玛出家为僧,次子达尔玛·哩卜崇·迪④,亦自前戊子纪年以来,二千九百九十九年之丙戌年生,岁次戊戌,年十三岁时,群臣共议拥戴,而即合罕位矣。彼圣主乃于壬寅年,年十七岁时,行兵汉地,击毙唐肃宗合罕⑤,大加掳获,其强盛之势极天之际矣。

【注释】

①巴喇古尔·必啰咱纳:沈曾植先生清译本笺证云"《同文韵统》唐贞观中,吐蕃相阿努亲至中印度国,受天竺字法,依其本音译以唐古特字,以为西域传布经咒之用,至那呼唐罗杂斡复从阿努所译五十字内,考订天竺原规,唱演以授僧徒。那呼唐罗杂斡即此墨

尔根罗咱斡也。又案《彰所知论》之毗卢那罗佉怛,亦即此人。罗佉怛为罗咱斡音讹。毗卢遮那即必啰咱纳也。"

②只噶玛拉锡拉:沈曾植先生清译本笺证云"此噶玛拉锡拉即《彰所知论》之迦摩罗什罗,必字涉上,必玛拉而衍,迦摩罗什罗战胜中国僧所传大乘教,定明中观兼秘密为西藏国教事,具《西藏史》。"张尔田先生校补云"《西藏佛教史》作印度僧迦摩什罗。"

③达尔玛巴拉:沈曾植先生清译本笺证云"印度在唐世有波拉王朝,立国于瞻波迦摩缕波之境,其第一代曰:噶哈巴拉王,第二代曰:达斡巴拉王,第三代曰:拉萨巴拉王,第四世曰:达摩巴拉王,译言法护王即此达尔玛巴拉汗,此王或曰当唐永泰,或曰当唐乾符,此称与唐懿宗同年生,考旧唐纪,懿宗生于太和七年,则达尔玛巴拉上不及永泰,谓为乾符,近之。此说由欧人转译,即前文七巴拉之四也。"

④次子达尔玛·哩卜崇·迪:清译为"次子达尔玛,三子特松",然据蒙文原文,则当如新译文,原文似有遗误。

⑤击毙唐肃宗合罕:张尔田先生清译本笺证云"案特松既生于唐懿宗后,去肃宗时远矣。以上文甲子证之,丙戌为元和元年,壬寅为长庆二年,亦皆在肃宗后。《唐书》赞普乞黎苏笼腊赞死,子挲悉笼腊嗣,广德元年,破邠洲入奉天,东略武功,代宗幸陕,虏入长安,永泰元年仆固怀恩又导吐蕃及回纥等众二十万至醴泉,京师戒严,此盖指其事,而误以为肃宗时也。据西人却尔斯所译《西藏纪功碑》即叙广德一役者,其碑中所见赞普名,以英文求之,音近太松,即此特松对音,颇可佐证。此书惟所言特松前王为太丹却克灿,则与特勒丹租克丹汗音近,而与此穆迪赞博殊异。意者,此书不尽无稽,而唐人传译或有未可尽信者欤!或谓特松为挲悉笼三字之合音,即是前持苏陇德灿亦通,但不得又以为达尔玛之弟耳。"

【附录】

清译本文：由是以土伯特语译额讷特珂克文字虽选土伯特童子教授终不得一善学者巴特玛缴巴斡师甚忧之遂亲往寻善学童子至一家门首见一七岁童子向前询问答云父母俱不在家维时师正欲憩息遂立行幄留憩将童子唤至询以汝父何往答云父往寻言语又问汝母何往答云母往寻眼目少顷其父沽酒至童子指云此是寻言语去者盖谓饮酒后则言语烦琐也又指其母买归灯油云此是寻眼目去者盖谓点灯可照昏夜也师不胜欣悦遂携其童子回汗降旨云此子盖古昔阿南达之化身分为巴喇古尔根敦之子名巴喇古尔必啰咱纳之童子是也遂教以额讷特珂克语未几肄习贯通遂称为土伯特之墨尔根罗咱斡必罗咱纳岁甲辰汗年三十五岁巴特玛缴巴斡师与额讷特珂克之必玛拉玛迪巴勒布之必噶玛拉锡拉土伯特之墨尔根巴喇古尔啰咱斡必啰咱纳卓克啰垒嘉勒灿班第伊锡德噶斡巴勒则克及汉僧玛哈雅纳等将经咒卷帙通行翻译各处传扬为神童子文殊之化身转千金法轮建中之咱噶喇斡抢汗持苏陇德灿在位五十七年岁次戊寅年六十九岁没其长子穆尼赞博中毒被害次子穆噜克赞博遣往边地幼子穆迪赞博生于丙辰年岁次己卯年二十四岁即位于琼地方健立金刚圆觉等三庙在位三十一年称为萨特纳博克俊咱噶喇斡抢汗此汗与额讷特珂克国之达尔玛巴拉汗及唐朝之懿宗三人俱一岁所生岁己酉汗年

五十四岁没其子臧玛达尔玛特松垒罗垒伦多卜等兄弟五人长子臧玛出家为僧次子达尔玛三子特松自前岁次戊子纪年二千九百九十九年之丙戌年所生岁戊戌年十三岁众大臣会议辅立即位岁壬寅年十七岁时行兵于汉地击败唐朝肃宗大有所获威势益增。

由是,建造千座寺庙,令印度之乌巴迪尼察纳密达·锡纳勒达·博迪萨都①;达纳锡拉·博迪密达;土伯特之乌巴迪尼喇特纳喇克斯达;达尔玛锡拉,卓克啰垒,嘉勒灿;衮·巴勒布齐之子衮·垒·旺博②等,尽译前所未译之经卷,每函之端各系一绫(签),每绫(签)之前俾各坐一僧,献以无量之供奉,大加崇奉宗教,以经教之道教养雪地全境之故,维时土伯特国安乐如天堂矣。故称大力金刚手之化身,持喇勒巴展水床王,转千金法轮之末世咱噶喇瓦抡合罕③焉。在位二十四年,岁次辛酉,年三十六岁崩。

自丁未年宗教肇兴之时,至此辛酉年,历四百九十五年④矣。

因其无子,其兄达尔玛⑤——癸未年生——岁次壬戌,年四十岁即合罕位。因于其前世为象时,曾设恶愿⑥之故,灭教相亘二十四年之久,号为朗·达尔玛合罕,上自大乘三藏以下,下至下乘三喀木以上,俾不名三尊四僧之号,其大毁宗教⑦,岁次己酉,当彼罪恶之合罕年六十三岁时,已至其前结缘之分际,尊上荣赞堪布合罕之化身⑧,

拉隆·巴勒·多尔济⑨者,墨涂喀鼎白马为黑马,反着黑里白端罩。匿其弓矢于端罩袖中,前来拜谒合罕,初跪时搭其矢,再跪时引其弓,三跪时射中罪戾合罕之心,乃曰:"吾如风之吹尘,如土之掩水,水之灭火,鸱鹏之制龙君,金刚之洞宝石,天神之制阿修罗,佛之降魔怪,而杀罪恶之合罕矣。"遂濯其衣马而著之,乘之,乘间逃往喀木地方去⑩矣。

【注释】

①察纳密达·锡纳勒达·博迪萨都:沈曾植先生清译本笺证云,《西藏史》拉黎巴赞命印度僧圣慧弟子沙拉·迈达,拉兰达拉,巴迪等六人,西藏僧三人,翻译经典。此札纳玛达当即彼沙拉迈达,拉勒达·博迪萨都当即彼兰达巴迪,于《彰所知论》则札纳玛达即积那弥多,勒达博迪萨即都湿连恒罗菩提也。

②……衮·垒·旺博:沈曾植先生清译本笺证云,锡拉藏语吉祥也,罗垒智慧也,嘉勒灿幢幡也。

③……末世咱噶喇瓦抡合罕:沈曾植先生清译本笺证云"《西藏史》第九代之拉黎巴赞即此持喇勒巴展。《彰所知论》作乞喍倈巴瞻。《唐书》可黎可足即噶喇斡抡音讹也。可黎可即噶喇斡,足则赞普之赞也。"

张尔田先生校补云:"案据《西藏纪功碑》特松生代宗时代,去可黎可足太远,恐难强合。《西域考》唐盟碑前载:文武孝德皇帝与圣神赞普,得知黎赞,陛下"云云。文武孝德皇帝为穆宗尊号,则碑立于长庆二年,吐蕃彝泰七年,所谓"得知黎赞者,即《唐书》之可黎可足,要未可以特松当之也。

④……历四百九十五年:沈曾植先生清译本笺证云"吐蕃佛

教,既称兴于弃苏农,则至达摩时,不得有四百九十余年,此喇嘛纪年不足信之,大者又案《唐书》器弩悉弄即此恭苏陇对音,事实两俱相当。《唐书》器弩之子弃隶缩,亦称乞黎苏笼腊赞者,尚金城公主,此称持苏陇得灿为金城公主所出,则尚公主者,乃四世之特勒丹·租克丹,非三世持苏陇也。此不可强合者一也;持苏陇德灿即《唐书》乞立赞。《彰所知论》谓之乞㗛双提赞对音,恰合为弃苏农下第五世,三书相同。而《唐书》第四世之娑悉笼腊赞,又无可位置,不可强合者二;岂娑悉笼腊赞即乞立赞异写耶?《唐书》乞立赞后第三世为可黎可足,此书持苏陇后第三世为特松。《彰所知论》乞㗛双提赞后三世曰:乞㗛徕巴瞻,此三人事迹相当,名字亦可互证,而《唐书》自器弩悉弄之立调露元年,迄达摩之立太和五年,统凡一百三十二年。此书自恭悉陇即位至达摩即位,乃有二百零四年,此又其不可强合者三;据《唐书》弃隶缩立于武后证圣元年,卒于天宝十四载,前后六十一年,与特勒丹·租克丹在位六十一年确合,而乞立赞起天宝十四载,至贞元十三年,仅四十三年,与持苏陇五十七年不合,足之煎起贞元十三年,尽元和十二年,实二十一年。此穆迪赞博三十一年误多十年,可黎可足起元和十二年,尽太和五年,实十五年,此特松二十五年又多九年。唐时《国信庆吊往来纪事》可信,此书追溯固不能无误也。西藏纪年用支不用干,度此书原本亦当如末卷所谓'九宫值年'云云,仅以十二宫纪年,译者不解十二宫法,悉易以甲子,因此纰漏百出,为此书之大病,读者不可不知。"

⑤兄达尔玛:沈曾植先生清译本笺证云"达尔玛即史之达摩,此言汉兄,彼言赞普弟。"

⑥前世为象时,曾设恶愿:张尔田先生清译本校注云"案即前所记阿兰扎斡尔达象。"

⑦……其大毁宗教:沈曾植先生清译本笺证云"达摩赞普卒会昌二年壬戌,其立盖在太和六七年间,乙酉为咸通六年,此诸年昔以前戊子纪年下推,约略数之,西番历未必与中国同,共和以前,中国积年,各家又别异,约当上移一二十年,与史事乃相直耳。"

⑧荣赞堪布合罕之化身:沈曾植先生清译本笺证云"苏陇赞堪布汗即第一代兴教之弃苏农。"

⑨拉隆·巴勒·多尔济:蒙文原文为"拉隆·绰克图·瓦齐尔,巴勒·多尔济",此中"绰克图·瓦齐尔"是蒙古语词,乃"威仪金刚"之意,其余是藏语词,义同。全句是藏蒙合成复译词。兹姑从清译,用藏语词。

⑩乘间逃往喀木地方去:张尔田先生清译本校注云"案《西藏佛教史》述此事云:乞栗双之次为良克多拉玛,即支那所谓达磨王者,以忌佛教,终废其位,其弟乞栗俫巴瞻代之,保护佛教,此时值唐穆宗时代,后为其兄之徒党暗杀,兄达磨复即位,再排佛教,终为佛教徒暗杀,此书不载特松被杀事,其刺达尔玛者为巴尔多尔姐喇嘛即此拉隆·巴勒·多尔济也。巴勒·多尔济,护法金刚之称,其人名:拉隆。"

【附录】

清译本文:由是建造千座庙宇令额讷特珂克之乌巴迪尼扎纳玛达锡纳勒达博迪萨都达纳锡拉布达及土伯特之乌巴迪喇持纳喇克资达达尔玛锡拉卓克啰垒嘉勒灿衮巴勒布齐之子衮垒旺博等将从前未译经卷俱行翻译按盈烎之数各系一哈达每哈达各座一僧供奉不竭推崇禅教以经典之道惠养土伯特人众维时土伯特国遍享太平因与圣境无别故称其君为末世之大力

金刚手菩萨化身转千金法轮之持喇勒巴展咱噶喇斡抢汗乌逊缴达哩在位二十四年岁辛酉年三十六岁没自丁未年肇兴禅教始至此辛酉年历四百九十五年汗无子其兄达尔玛系癸未年所生岁壬戌年四十岁即位因其从前在世为象时曾设恶愿二十四年之间恶习相沿遂传称为天生邪妄之朗达尔玛汗将大乘三藏以下下乘以上之三乘及四项僧人俱行殄灭残毁禅教岁乙酉绥英阿汗年六十三岁因值其另行设愿之时苏陇赞堪布汗之化身拉隆巴勒多尔济将喀鼎白马用墨染黑反著青里白舞衣匿弓矢于袖中来与汗叩拜初跪时搭矢再跪时开弓三跪时发矢射中汗之心窝于是云是如风之扬尘土之塞水水之灭火大鹏之制龙金刚之破石神之制阿修罗佛之降魔怪故我将绥英汗刺杀遂正穿白衣洗净白马乘逃巴尔喀木地方而去。

由是当朗·达尔玛五十三岁时，其乙亥年所生之子鄂特苏荣①，岁次己酉，年十一岁即合罕位，不奉经教，在位五十三年，岁次丁丑，年六十三岁崩②。其子巴勒古尔赞者，乃父五十一岁时之己丑年所生，岁次丁丑，年十三岁即合罕位，其间信奉经教，建造八大寺庙，敬礼宗教，在位十八年，岁次己未，年三十一岁崩。有二子，一名扎什则克巴③，一名尼迈衮④也。扎什则克巴之三子巴勒德、鄂特德、济特德⑤等，为中部四蒙克地方之诺延焉。尼迈衮之三子巴勒衮、扎什衮、德祖克衮⑥，赴上阿哩三部之地，为古吉合罕之祖源⑦矣。

今言,后兴之宗教,则有二致焉。自上而兴之,自下而兴之。此二者中,先言其自下而兴者。当朗·达尔玛合罕灭教之际,锡勒巴兰咱,库尔纳巴兰咱,锡位木繖巴阿,锡拉玛迪,音扎纳玛迪,巴咱尔·舒瓦喇⑧,兰咱星哈、傲音·阿斯达兄弟二人,乌巴迪尼锡达等十贤者,至日下丹丁地方⑨,见一破庙中,仅一释迦牟尼佛像完存,遂于其前受格隆之戒于汉僧玛哈雅纳座下,由是复归上方来,以圣·拉辰为乌巴迪尼。格韦绹鼐为密宗之师,以释迦牟尼佛,并俱二僧,总为业师而出家,再兴宗教于中部蒙克地方矣。

次言自上而兴者,则尼迈衮之次子。扎什衮有二子,长曰库雷,亦自前戊子纪年以来,三千一百二十三年之庚寅年所生⑩,以其为僧,咸称赉、喇嘛、音扎纳·额也斯密矣。其后三年,岁次壬辰,古吉之罗咱瓦琳辰藏博出生矣。于是彼喇嘛二十五岁时,岁次甲辰,以般若波罗之慧光建造托凌寺,遣罗咱瓦琳辰·藏博等二十五人赴印度,请班第达噶达·噶尔玛·达尔玛;巴玛喇·固巴达等来,译经藏密咒之四传,俾入卷册,以领宗教。其弟荣迪即合罕位,其子博让·沙嘉·鄂特为僧,咸称遵巴·沙嘉依·鄂特矣。继而(复)迁阿纳出罗咱瓦及绰勒吉不·嘉勒瓦二人为首之使者,赴印度南方,请锡咱噶达合罕⑪之子迪巴木噶喇·锡哩·音扎纳焉。此即前戊子纪年以来,三千一百二十七年,甲午岁所生之昭·阿迪沙师⑫也。岁次甲午,(当师)六十五岁时请来,译前所未译之经,以兴宗教[13]。扎什·则克巴之次子鄂特德之子扎什勒迪合罕,请喀齐之班第达音扎纳·锡哩,令崇布之邵尊[14]及固纳罗咱瓦,罗丹·锡喇卜[15]二人译经,大兴宗教矣。

如是,先兴宗教之末叶,自辛酉年后之壬戌年始,至丁亥年,凡八十六年之后。其后,所谓复兴宗教者,则自后一戊子年为始矣。

【注释】

①鄂特苏荣:蒙文原文为"格日勒·萨黑克齐",即"护光"或"司光"之意,是意译词。兹用藏语词。

②……年六十三岁崩:张尔田先生清译本校注云"案《唐书·吐蕃传》达磨于会昌二年死,无子,以妃綝兄尚延力子乞离胡为赞普,始三岁,妃共治其国,大桐结都那见乞离胡,不肯拜,曰:赞普支属尚多,何至立綝氏子耶?用事者共杀之,自是吐蕃遂大乱。乞离胡名不见此书,或以其未成君略之也。"

③扎什·则克巴:蒙文原文为"乌勒哲·达卜忽尔拉克三",即"吉重"之意,是意译词。兹用藏语词。

④尼迈衮:蒙文原文为"那仁,伊特格勒",即"日信"之意,是意译词,兹用藏语词。

⑤巴勒德,鄂特德,济特德:蒙文原文为"绰卓图律,格日勒图律,济尔噶郎图律。"都是藏、蒙合成词,"绰克图,格日勒图,济尔噶郎图"是蒙语,即"有威,有光,有庆"之意,而"律"是藏语词。

⑥巴勒衮,扎什衮,德租克衮:蒙文原文为"绰克图·伊特格勒,乌勒哲·伊特格勒,鄂瑞音伊特格勒"即"威信、吉信、顶信"之意。是意译词,兹用藏语词。

⑦为古吉合罕之祖源:沈曾植先生清译本笺证云"《一统志》西藏之地有四:曰卫,曰藏,曰喀木,曰阿里。阿里所属诸城,曰:布拉木达克喇城,曰:古格扎什鲁木布则城,曰:拉达克城,曰:毕底城,曰:鲁多克城,又:达克喇古格诸城,各遣头目一名,兵一百防御,乃阿里之北界也。所谓阿里三部古格氏汗者,惟此略可参证弃苏农裔西徙者微矣。"

⑧巴咱尔·舒瓦喇:蒙文原文在"巴咱尔·舒瓦喇"下有"兰萨"一词。乃是梵语"大帝"之意。兹从清译而略。

⑨至日下丹丁地方:清译为"尼斡克丹迪克地方"。沈曾植先生笺证云"此尼斡克丹迪克疑当在青海西宁一带,西蕃语川曰丹迪克,然则此尼斡克丹迪克其黄河九曲中之捏工川,今和硕特西后、西前、北左三旗所驻欤?河州,西宁诸地,自唐末吐蕃乱时,为论恐,热尚婢婢攻守之地,乞宋世西凉、折逋、六谷、潘罗支宗哥唃斯罗欺南陵温钱逋青唐董毡称号皆在此,喇嘛诸寺亦蕃育于此,宋代吐蕃诸部始终不出此域也。"

⑩三千一百二十三年之庚寅年所生:沈曾植先生清译本笺证云"庚寅后,唐明宗长兴元年。"

⑪锡咱噶达合罕:蒙文原文为"绰克图·布延图合罕"即"威福王"之意,盖是意译词。兹用藏语词。

⑫照·阿迪沙师:沈曾植先生清译本笺证云"诸本作阿通沙。通字是迪字之误,阿迪沙者克什米尔之沙克姆地印度僧号,吉祥智阿阇黎者也。据《西藏教史》称:阿迪沙凭其门弟子巴拉玛巴克萨哈之力,由印度入西藏,重兴佛教,恢复寺宇。一说藏王遣尼喀塔哈拉特萨学于克什米尔及超巖寺上座宝积,同迎阿迪沙入藏,阿迪沙提唱清净戒行,不喜密乘咒法,赞普于拉萨立拉斯克兰寺居之,后来其派称喀丹巴派,与萨迦寺对立。综自弃苏农兴教以来,必喇

满为大乘显教,巴特玛缵巴斡为大乘密教,阿迪沙重戒行,帕思巴宣咒法,西藏佛教于兹四变,而阿迪沙实行开宗喀巴黄教先河也。"

张尔田先生校补云:"案阿迪沙《西藏佛教史》又译阿特沙迪特,同纽阁本正作迪,诸本皆误通,据改。"

⑬……以兴宗教:沈曾植先生清译本笺证云"《西藏史》西纪一千三百年间,吉祥智阿阇黎阿的沙为迦湿弥罗超巖寺上坐,西藏之拉忒尼克勒阿,及吐蕃所遣译官尼克萨拉沙瓦来往三年,终请阿的沙入吐蕃,阿迪沙时年六十,入吐蕃十四年而寂,西一千三百年,当中国宋仁宗景祐中,尼克萨拉沙瓦即此纳克磋罗咱斡,拉特尼克勒阿即此勒忒木嘉勒斡也。阿迪沙,阿阇黎即此昭阿迪沙,昭为藏语尊称。阿迪沙于景祐五年大改革宗门之著作,建噶尔丹寺,振厉戒行,其徒号为德行派,拜阿闷佛,弥勒佛,自称承无著之法系宗喀巴派,即从德行派出,而又加改订者。"

⑭郤尊:蒙文原文为"讷木都尔,贺齐叶克齐",即"敬经者"之意。盖意译词。兹从清译。

⑮罗丹·沙喇卜:蒙文原文为"特古斯·乌由图·兰咱"。案此"特古斯·乌由图",即"全慧"之意,"兰咱"如上文所注,是梵语词,"大帝"之意。

【附录】

清译本文:朗达尔玛之五十三岁时岁己亥所生子曰鄂特苏陇年十一岁岁己酉即位经教尽废在位五十三年岁次辛丑年六十三岁没其子巴特科尔赞系伊父五十一岁己丑年所生至辛丑年十三岁即位因值敬奉经教中兴之时建立八大庙宇笃好禅教在位十八年岁己未年三十一岁没生有二子一名扎实则克巴一名尼迈衮

扎实则克巴子三人巴勒德鄂特德济特德为卫藏四大地方之汗尼迈衮子三人巴勒衮扎实衮德租克衮前往阿哩等三部落称为古格姓氏汗迨后推广禅教有自下推广自上推广二种其自下推广者乃朗达尔玛汗残毁禅教之时锡勒巴兰咱库尔纳巴兰咱锡拉木䋲巴幹锡拉玛迪音扎纳玛迪巴咱尔舒幹喇与巴兰咱星哈傲依阿斯达兄弟二人及乌巴迪尼锡达等十人前往尼幹克丹迪克地方见一破庙仅一释迦牟尼佛遂于此佛前汉僧玛哈雅纳座下出家由是遂复回来令高行拉辰为堪布格韦绸鼐为阇黎释迦牟尼喇嘛为教授并二僧共为五格隆受持格隆之戒于卫藏四大地方复行推广禅教其自上推广者缘尼迈衮次子扎实衮生二子曰库垒陇吉长子库垒系从前戊子年以来纪三千一百二十三年之庚寅年所生后因为僧遂称为赉喇嘛叶舍依鄂特岁壬辰生固格罗咱幹琳辰藏博至甲寅岁喇嘛叶舍依鄂特年二十五岁建立托凌庙遣罗咱幹琳辰藏博等二十五人往额讷特珂克将班第达噶达噶尔玛达尔玛巴玛喇固巴达请至将经藏秘咒四项纪略尽行翻写谓之推广禅教次子陇吉即汗位其子额卜朗沙嘉依鄂特因其为僧遂称为遵巴沙嘉依鄂特陇吉汗遣讷克磋罗咱幹勒特木嘉勒幹二人往额讷特珂克之南先是锡哩咱噶达之子迪巴木噶喇锡哩宜纳亦系是从前戊子年以来纪三千一百二十七年之甲午年所生彼时昭阿迪沙师已六十一岁亦于甲午年请来遂将从前未有之经翻译

而禅教益推广矣扎实则克巴次子鄂特德之子札实德汗奉请喀齐班第达宜纳锡哩令崇布吹尊固纳罗咱斡罗丹锡喇卜二人翻译经卷尊崇禅教其兴教也约分二会其先兴者起自辛酉壬戌年至丁亥凡八十六年其后复兴则自丁亥戊子年始。

蒙古源流卷三

再谨案蒙古地方汗位之统,则:土伯特之合罕中,至共主尼雅特赞博合罕①七世之孙,色尔持赞博合罕②时,其臣隆纳木谋害而夺其合罕位③,其三子博喇出,锡巴古齐,布尔特齐诺等④,俱各出亡他方,季子布尔特齐诺往恭博地方矣。因彼恭博国人不信,娶名郭娃玛喇勒之女为妻⑤,渡腾吉斯海⑥,趋之东方,至拜噶勒江⑦界之布尔罕·哈勒都纳山⑧,而逢必塔国⑨之众焉。彼等询其来由,则引古印度之众所拥戴之合罕及土伯特共主⑩之后为对,于是必塔国人共议之曰:"此子乃有根基之人也,我等原无首领,立此为君可也。"遂推为诺延,遵其旨意而行焉。

其子必塔斯罕、必塔赤罕⑪二人,必塔赤罕之子塔玛察克⑫,其子忽哩察尔·墨尔根⑬,其子阿固济木·博忽罗勒⑭,其子萨里·噶勒扎固⑮,其子尼格尼敦⑯,其子萨木苏齐⑰,其子哈里·哈尔楚⑱,其子博尔济吉台·墨尔根也⑲,墨尔根及蒙郭勒津高娃⑳所生者陶喇勒津巴延㉑也。

陶喇勒津巴延之妻博罗克沁高娃②所生者都洼索和尔,道博·墨尔根兄弟二人㉓也。都洼索和尔之子托纳依、多克新、额木尼克、额尔克㉔等,为卫喇特之厄鲁特、巴噶图特、和特㉕、赫喇古特㉖四氏矣。

【注释】

①共主尼雅特赞博合罕,蒙文原文为"色格尔·赞达力图合罕,图格勒额津",即前卷之"项床王共主"。此其意译同。

②色尔持赞博合罕:蒙文原文为"达赖·曹宾·阿噜·阿勒坦·锡日格图合罕",即前卷之"海维·后·金床王",此其意译词。

③其臣隆纳木谋害而夺其合罕位:张尔田先生清译本校注云"案前卷云:色哩持赞博汗之子智固木赞博汗,为奸臣隆阿木篡弑,则宜持,博罗咱,布尔特齐诺乃色尔持赞博之孙也。不尔或即智固木赞博之弟,此处译文未晰。"案并非"此处译文未晰",而是上卷译文有误。

④……布尔特齐诺等:沈曾植先生清译本笺证云"蒙古语鹿曰布呼,牡鹿曰岱尔,狼曰齐诺。布尔特齐诺为必塔察干之父,而必塔察干即《秘史》之巴塔赤罕,狼鹿所生,为奇渥温之始祖。两书所言不一,乃其为狼鹿则同。要之,蒙古系出吐蕃,终非其实,则布尔特齐诺名字,亦恐缘《秘史》说而影撰之,此正与《秘史》扎木合烹赤那思大王《亲征录》为"烹狼而食",同一例也。《秘史》蒙文鹿曰马阑勒,茅元仪《武备志·北夷译语》鹿曰补兀,一作补骨。

张尔田先生校补云"案拉施特书,又以蒙古氏族原于乞颜,谓先世与他族战败,男女二人,入阿儿格乃衮山之所遗,与此书所叙硕异,要皆远古相传,无显证也。"

案此书之"布尔特齐诺"与《秘史》云"孛儿帖赤那"之蒙文原

文,本为同一辞,汉译用字不同而已。扎木合之烹赤那思大王者,显然指其部人而言。《亲征录》所载,荒唐可笑,亦是意译之误文,未可同类而语。"布呼,补兀,补骨"皆蒙古语鹿之音译词,汉译用字不同而已。"马阑勒"牝鹿也。"孛儿帖赤那"与"豁埃马阑勒",乃男女二人之名字,皆意译而致误者。足见特定名词不可意译。

⑤娶名郭娃玛喇勒之女为妻:王静安先生校注云"布尔特齐诺《秘史》作孛儿帖赤那。译言苍狼,豁埃马阑勒译言惨白色的鹿。"案皆意译致误。"郭斡玛喇勒"与"豁埃马阑勒"的蒙文原文为同一词,汉译用字不同。兹新译用字与原文词音近。

⑥腾吉斯海:张尔田先生清译本校注云"案腾吉斯湖即里海。"其实"腾吉斯"即蒙古语之"湖",非特定名词。里海是"宽田吉思",田吉思即腾吉斯,"宽"是突厥语"白""宽田吉思"即白湖也。从西藏到里海,再转到蒙古地方,此说无据,不可思议。

⑦拜噶勒江:沈曾植先生清译本笺证云"拜噶勒江盖柏哈儿湖"。张尔田先生校补云"今贝加尔湖"。是。

⑧布尔罕·哈勒都纳山:清译为"布尔干噶勒图纳山"有讹音。沈曾植先生清译本笺证云"今色棱格河东,敖嫩源西,中俄界岭,俄人名之曰:不儿罕哈纳都纳山,克鲁伦源即出其山之东南麓也。"

⑨必塔国:藏语中称蒙古为"必塔或伯忒",或云:盖是汉语"北狄"之音转。似之。

⑩众所拥戴之合罕及土伯特之共主:众所拥戴之合罕即前文之玛哈萨玛迪兰咱;共主即指尼雅持赞博合罕而言。

⑪必塔赤罕:清译为必塔察干。张尔田先生校注云"案《秘史》巴塔赤罕"。是。"巴塔赤"突厥语,"牧人"之意,"巴塔赤罕即牧人之罕"之意。这里反映着重大的社会发展进程。

⑫塔玛察克:清译为"特墨彻克"。张尔田先生清译本笺证云

"案《秘史》塔马察"。是。

⑬豁哩察尔·墨尔根：张尔田先生清译本校注云"案《秘史》豁里察蔑儿干"。有误。

⑭阿固济木·博古罗勒：张尔田先生清译本校注云"案《秘史》阿兀站孛罗温"。有误。

⑮萨里噶勒济固：张尔田先生清译本校注云"案《秘史》撒里合察兀"。是。

⑯尼格尼敦：张尔田先生清译本校注云"案《秘史》也客你敦"。疑此书蒙文原文有讹误。

⑰萨木苏齐：张尔田先生清译本校注云"案《秘史》挦锁赤"。

⑱哈里·哈尔楚：张尔田先生清译本校注云"案《秘史》合儿出"。是。"哈里"似是衍文。

⑲博尔济吉台·墨尔根：张尔田先生清译本校注云"案《秘史》孛儿只吉歹蔑儿干，拉施特书无"。

⑳蒙郭勒津高娃：清译为"蒙郭勒津郭斡哈屯"。张尔田先生清译本校注云"案《秘史》忙豁勒真豁阿"。据本书蒙文原文，读音应如新译文。

㉑陶喇勒津巴延：张尔田先生清译本校注云"案《秘史》脱罗豁勒真伯颜，拉施特书无"。据本书蒙文原文，读音略如新译文。

㉒……博罗克沁高娃：清译为"博罗克沁郭斡哈屯"，张尔田先生校注云"案《秘史》孛罗黑臣豁阿"。据蒙文原文，读音略如新译文。

㉓道博·墨尔根兄弟二人：张尔田先生清译本校注云"案《秘史》都娃锁豁儿，朵奔蔑儿干，朵奔蔑儿干拉施特书作朵奔巴延"。据本书蒙文原文，读音略如新译文。

㉔托讷依、多克新，额木尼克、额尔克：张尔田先生清译本校注

云"案《秘史》不出四子名,仅见此书。"

㉕和特:张尔田先生清译本校注云"案和特即辉特,'和'辉一声之转也。"据蒙文原文,读音略如清译文。

㉖赫喇古特:沈曾植先生清译本笺证云"《秘史》都娃锁豁儿四子,后为朵儿边氏,朵儿边译言四也。此四姓即彼朵儿边,龚之钥《后出塞录》厄鲁特本元人牧奴,其初甚贱,迨元室渐微,厄鲁特强盛,遂叛其主。松漠《从军杂纪诗》中,亦载其说,其实不然,盖蒙古恶之之词,正与唐宋之间回鹘,谓契丹本为回鹘放羊,后乃自立为部,同一例也。契丹达于中国,在回鹘未盛以先。瓦剌即卫剌特,亦即《元·秘史》之斡亦剌。《元史》《圣武亲征记》亦作猥剌、外剌,所居本在金山之北。初与太祖并立,后来降附,其部长尚主者二人(元初尚主者,大都世世尚主)。此元世贵族与畏吾儿、旺古氏等谓之牧奴,岂笃论乎?此以卫喇特为即都娃锁豁儿之裔都尔边氏,虽与《秘史》不同,然其不用蒙古牧奴,元室亡而后自立之说,则为有见也。"

张尔田先生校补云"案张石州《额鲁特总叙》,和硕特、准噶尔、杜尔伯特、土尔扈特此明以来之旧四卫拉特也。和硕特、准噶尔、杜尔伯特、辉特,此新疆未辟以前之四卫拉特也。嗣天山底定,游牧星罗,数其名则有六:厄鲁特也,和硕特也,辉特也,绰罗斯也,杜尔伯特也,土尔扈特也。核其实不过三:和硕特也,杜尔伯特也,土尔扈特也。要其种则自明及今只一,曰额鲁特而已。以此书考定之厄鲁特、辉特,四卫拉特得其二,巴噶图特、奇喇古特无见。又案王静安校《秘史》都娃锁豁儿死了,他的四个孩子,将他叔叔朵奔蔑儿干不做叔叔般看待,撇下了他,自分离起去了,做了朵儿边姓,朵儿边《亲征录》作朵儿奔,居于贝尔湖之东。若四卫拉特即《秘史》之斡亦剌惕,其地在蒙古西北,与朵儿奔无涉,盖因朵儿边之义为四,遂误以为四卫拉特之祖耳。此与先生说亦可互证,四厄鲁特之都尔伯,本书卷五有都尔本,皆朵儿边音转,而东西并峙,同部与否不可知,今之都尔伯特,以额森长子博罗纳哈勒为部祖,其前亦无可考。部族迁徙游牧恒有,似宜存参。"

【附录】

清译本文:古土伯特地方尼雅持赞博汗之七世孙色尔持赞博汗为其臣隆纳木篡夺汗位其子博罗咱宜持布尔特齐诺等弟兄三人俱各出亡季子布尔特齐诺出之恭博地方即娶恭博地方之女郭斡玛喇勒为妻往渡腾吉斯海东行至拜噶勒江所属布尔干噶勒图纳山下遇必塔地方人众询其故遂援引古额讷特珂克人众所推尊之土伯特地方之尼雅持赞博汗语之必塔地方人众议云此子有根基我等无主应立伊为君遂尊为君长诸惟遵旨行事生子必塔斯干必塔察干二人必塔察干生特墨彻克特墨彻生和哩察尔墨尔根,和哩察尔墨尔根生阿固济木博郭罗勒阿固济木博郭罗勒生萨里噶勒济固萨里噶勒济固生尼格尼敦尼格尼敦生萨木苏齐萨木苏齐生哈里哈尔楚哈里哈尔楚生博尔济吉台墨尔根墨尔根之蒙郭勒津郭斡哈屯生都喇勒津巴延都喇勒津巴延之博罗克沁郭斡哈屯生都斡索和尔多博墨尔根弟兄二人多斡索和尔之子托诺依多克新额木尼克额尔克俱为厄鲁特巴噶图特和特奇喇古特四姓卫喇特。

其谓都洼·索和尔之由,乃因额中独具只眼,而能视三程之地故也。彼兄弟二人,正行于布尔罕·哈勒敦上时,乃兄曰:"自推仍山阴,顺通格里克之溪①,徙来一群(人)焉。就中一车内,有一美貌女子,试觇之,娶为汝妻乎!"言讫,二人前往询问之,则对曰:"豁哩·土默特之豁哩台·墨尔根②之妻巴剌忽沁高娃③,生于阿哩克水④之女,名阿隆高娃⑤者,择婿而行焉。"云云。遂聘为其弟道博·墨尔根之妻矣。于是生伯勒格台,伯衮台⑥二子后,道博·墨尔根乃卒。

其后,阿隆高娃夫人,每夜梦一美貌少男来与之共寝,翌晨向曙即起去,因告其事于妯娌及侍婢,如是寡居而生布固哈塔吉,布固萨勒济固,勃端察尔·蒙哈克等三子⑦矣。

由是,其诸子渐长,有怀恶意者谮之曰:"岂有寡居而生子之理乎?汝家有巴雅古特之玛哈赉⑧者常往来焉,盖其所生也!"云云。伯勒格台,伯衮台二人,遂讥诮其母之行,其母阿隆高娃因与其子人各一箭杆,曰:"折之。"则折而弃焉。又以五箭杆为一束与之,曰:"再折之。"则五人皆不能折矣。母乃曰:"我二长子,汝等听他人之言而讥我焉。"遂尽言先时梦中之情由,谓之曰:"由此观之,汝等之三弟,殆天之子也⑨,而今汝等五人若不和睦,各异其行,则如先之一箭,以孤而将为他人所吞乎!相辅同行,则如后之箭束,以众而将不为所害乎!"由是诸子和好。

【注释】

①通格里克之溪:清译为"通格里克呼噜观"。张尔田先生校注云:案观一本作欢,是。《秘史》蒙文统格黎克豁罗罕注:"豁罗罕小河也。""观"音讹,"欢"则近之。"通格里克呼罗欢"即"林荫之溪"之意。见拙作《秘史》该条注。

②豁哩·土默特之豁哩台·墨尔根:清译为"两土默特地方郭哩岱墨尔根"。张尔田先生校注云"案《秘史》豁里剌儿台蔑儿干云豁里秃马敦官人。此土默特即秃马敦三字异译。"案用字不同,不是问题,问题是丢了助词"之","豁哩台"应如《秘史》之豁里(哩)剌儿台",蒙文原文有误。参看拙译《秘史》。

③巴喇忽沁高娃:清译为"巴喇郭沁郭斡"。张尔田先生校注云"案《秘史》巴儿忽真豁阿"。

④阿哩克水:清译为"阿哩克忽逊"。张尔田先生校注云"案《秘史》阿里黑兀孙,阁本忽逊作乌逊。"阁本是。蒙古语"乌逊"即水。"忽逊"即"乌逊"。

⑤阿隆高娃:清译为"阿抡郭斡",据蒙文原文应如新译文。张尔田先生校注云"案《秘史》阿阑豁阿。《辍耕录》作阿阑果火。",《秘史》之用字,音近其原文。与本书用字形态不同。

⑥伯勒格台,伯衮台:清译为"伯勒格特依,伯衮德依"。张尔田先生校注云"案《秘史》别勒纳台,不古纳台。"其实是:不古纳歹,别勒古约歹。

⑦……勃端察儿·蒙哈克等三子:清译遗:"蒙哈克"三字。是,蒙文原文三字衍。张尔田先生校注云"案《秘史》不忽合塔吉,不合秃撒勒只,孛端察儿,《钦定满洲源流考》附载《金史·国语解》"孛论出"胚胎之名,译改"勃端察尔云,从《蒙古源流》改,汉语鼻祖之称。"其实并无"鼻祖"之意,只是人名而已。"孛黑达"才是鼻祖。

⑧巴雅古特之玛哈赉:清译为"连襟玛哈赉"。张尔田先生校注云"案《秘史》作马阿里黑伯牙兀歹家人,不云连襟。"是,清译有误。

⑨殆天之子也:沈曾植先生清译本笺证云"《西域水道记》科河南半里,故回部王吐呼鲁克·吐木勒罕墓。回人库鲁安书云'其部初有女子曰阿郎库勒鲁者,天帝使一丈夫,向女吹嘘白气,感而有身,生子曰麻木哈伊项,为四部王,传至三世,习蒙古法,又传十四世,为吐呼鲁克·吐木勒罕,年二十二嗣为国主,后二岁,猎于阿克苏,遇回人授派噶木巴尔法,返伊犁,又有回民七人者来,教其部众,遂尽返旧俗,在位十年卒。案此回王,是元代诸王无疑,阿郎固库勒鲁,即阿兰果火太后也。西域诸王窝阔台裔,而远朔诸阿兰果火,亦周祖姜嫄之意,麻木哈伊项盖勃端察儿之异称,伊项即可汗矣。此书指蒙古为土伯特之裔,库鲁安书以蒙古始祖本回部王,此正与西人万国之民皆出犹太同意。"云云。怎么都想当蒙古人的祖宗?有意思。

【附录】

清译本文:其得名多斡索和尔者因其印堂中有一眼能视三站之故伊弟兄二人经行布尔干噶勒图纳时其兄云自推朗噶噜迪向通格里克呼噜观以西行走之一起游牧将至车内有一俊雅女子可说为汝室二人向前询问云系两土默特地方郭哩岱墨尔根之妻巴喇郭沁郭斡在阿哩克忽逊地方所生之女名阿抡郭斡寻路行走者遂订与其弟多博墨尔根为妻生伯勒格特依伯衮德依二人多博墨尔根卒后阿隆郭斡哈屯每夜梦一奇伟

男子与之共寝天将明即起去因告其姒娌及侍婢等知之如是者久之遂生布固哈塔吉博克多萨勒济固勃端察尔等三子后渐长成有好事者谮之云从无寡妇生子之理其夫之连襟玛哈费常往来其家疑即此人伯勒格特依伯衮德依二人遂疑其母阿抡郭斡哈屯因给伊子箭杆一枝命折之即折而掷之旋给五干命一并折之竟不能其母云尔等二人误听旁人之言疑我因语以梦中情事且云尔等此三弟殆天降之子也尔兄弟五人若不相和好各异其行即如前一枝箭以势孤而被伤若公同而行即如后五枝箭势众则不能伤之矣由是和好。

（后）析产时，与勃端察尔者，除疮脊秃尾锈鬃兔鹘马外，别无他物。因怒其四兄，独自溯斡难江而去矣。在彼见一雏鹰捕乌雉而食，遂套取而养之，即放而多捕鸭雁，结茅庵而宿，常就其地一群放浪之民①，饮马乳焉。

后，其兄伯勒格台来②寻其弟，询诸彼众，则对曰："汝弟每日来饮马乳焉，其来也，每降雨焉。汝可姑待之。"正言间，天无云而落雨，而勃端察尔倏自旷野中来矣。于是兄弟五人共议，掠彼放浪之民，勃端察尔乃擒一半腹孕妇为妻，其名勃丹也。由是布固·哈塔吉为哈塔斤氏③，布固，萨勒济固为萨勒济固特氏④勃端察尔为博尔济斤氏矣。称彼端美之勃丹夫人腹中之子为扎齐尔台⑤，而为扎齐尔台氏⑥矣。

勃端察尔所生二子，以其（一）为擒来之妻所生，故名之为巴噶哩台⑦,以其(一)有合罕之统,名哈必齐巴噶图尔⑧焉。哈必齐之子伯格尔巴图尔,其子马哈图丹⑨,其子哈齐库鲁克⑩,其子星忽尔·多克新⑪,其子敦巴海彻辰⑫,其子哈布勒合罕⑬,其子巴尔达木巴阿图尔⑭,其子也速该巴噶图尔⑮,捏坤太石⑯,孟格图彻辰⑰,达哩岱斡赤斤⑱四人也。

【注释】

①放浪之民:蒙文原文为:〔ɔgɔrʧag uIus〕,清译为"鄂郭尔察克一族人家"。原文译文并有误,"鄂郭尔察克"的本意是"盗贼",此处则有"劫掠为生的放浪之民"之意。姑译如文。

②其兄伯勒格台:据《秘史》应为"不忽合塔吉"。

③哈塔斤氏:张尔田先生清译本校注云"案《秘史》合塔斤氏,《辍耕录》蒙古七十二种姓氏作合忒乞"。

④萨勒济固特氏:清译为"萨勒卓特氏"音讹颇大。张尔田先生校注云"案《秘史》撒勒只兀惕姓氏"。

⑤扎奇尔台:蒙文原文为"瓦齐尔台",误,清译为"斡齐尔台",从误。张尔田先生校注云"《秘史》扎只剌歹"。

⑥扎齐尔台氏:清译为"以斡齐尔台为氏"亦误,据《秘史》应为"扎答阑氏"。

⑦巴噶哩台:张尔田先生清译本校注云"案《秘史》巴阿里歹为布丹哈屯所生,合必赤为又一妻所生。此巴噶哩台即巴阿里歹对音,拉施特书无合必赤而有布克台,与《秘史》及此不符。"其实《秘史》亦无布丹哈屯之名。

⑧哈必齐巴噶图尔:张尔田先生清译本校注云"案《秘史》作把林失亦剌秃合必赤。多桑引此书布丹察尔三子,其次子又作亦察

郭尔图,与此译异。'汗之后裔'四字,亦不同,疑讹略也。《语解》巴噶哩台哈必齐云,从《源流》改,无此四字,'哈必齐'千户翼名。又案《蒙古世系谱》哈必漆巴图鲁为结发妻所生,朱尔漆代为后掳妻所生,因掳时先有孕,故异其姓。据此知'汗之后裔'四字不误。盖以哈必齐为嫡嗣,故云然也。朱尔漆代即斡齐尔台,'尔漆'音倒,依此正之。巴噶哩台《谱》不载。"案据《秘史》并无所谓"朱尔漆代"者,更非斡(应为"扎"——译注者)齐尔台其人。

⑨马哈图丹:张尔田先生清译本校注云"案即《秘史》蔑年土敦乃合必赤子,而此以为其孙。亦不符。"案盖误书也。

⑩哈齐库鲁克:张尔田先生清译本校注云"案《秘史》合赤曲鲁克。"

⑪星忽尔·多克新:沈曾植先生清译本笺证云"《元史本纪》拜姓忽尔译改拜星呼尔云,依《源流》改正。"张尔田先生校补云"案《秘史》合赤曲鲁克之子名海都,海都三子,长子伯升豁儿多黑申,即此拜星和尔多克新,而此以为合赤曲鲁克子,不见海都,较《秘史》差一代,而合必赤子伯格尔巴图尔,又多一代,此书叙述元氏先世,多同《秘史》,惟此独异,拉施特书孛端察儿有长子布格,此亦不见,不可解。《世系谱》有海都,此疑脱八奇尔巴图鲁同。"

⑫敦巴海彻辰:清译为"托木巴该彻辰"。沈曾植先生笺证云"《史》敦必乃译改敦巴该云,依《源流》。"张尔田先生校补云"案《秘史》屯必乃薛禅,拉施特书之托迈乃也。"案当从《秘史》,此书有误。

⑬哈布勒合罕:沈曾植先生清译本笺证云"《史》葛不律寒,译改噶布勒罕云,依《源流》。"张尔田先生校补云"案《秘史》合不勒合罕"。案当从《秘史》。

⑭巴尔达木巴图尔:张尔田先生清译本校注云"案《秘史》把儿檀把阿秃儿。"译音无大讹,两可。

⑮也速该巴噶图尔：沈曾植先生清译本笺证云"《史》也速该译改伊苏克依云，依《源流》。"张尔田先生校补云"案《秘史》也速该把阿秃儿。"案还是《秘史》译文音近。

⑯捏坤太石：清译为"讷衮泰寔"，张尔田先生校注云"案《秘史》捏坤太子。"《秘史》明译"太子"二字误，当如新译文。

⑰孟格图彻辰：张尔田先生清译本校注云"案《秘史》忙格秃乞颜。"

⑱达哩岱斡赤斤：清译为"达哩岱谔济锦"。张尔田先生校注云"案《秘史》答里台斡赤斤。"还是《秘史》译文音近原文。

【附录】

清译本文：后析产时仅给勃端察尔有迎鞍短尾锈鬃貉皮马一匹外并未给与他物因恼恨四兄独向鄂诺江东去见彼处有一青色鹰攫野鸭而食之结套得鹰即放之而食其所获之鸭结一茅庵栖止度日常于鄂郭尔察克一族人家寻饮奶浆后其兄伯勒格特依前来寻弟访问彼众告云尔弟每日来此饮奶浆伊将来时每每下雨尔姑待之语未毕天无片云阵雨忽至四顾无人惟勃端察尔自荒郊而来弟兄遂会于其地即招服鄂郭尔察克人众内一怀孕妇人勃端察尔娶为妻室名曰勃端哈屯由是布固哈塔吉以哈塔锦为氏博克多萨勒济固以萨勒卓特为氏勃端察尔以博尔济锦为氏布丹哈屯貌美前所孕之子名斡齐尔台遂以斡齐尔台为氏焉布丹察尔既娶布丹哈屯将伊所生之子命名为巴噶哩台汗之后裔哈必齐巴图尔哈必齐之子名伯格尔巴图尔伯格尔

巴图尔生马哈图丹玛哈图丹生哈齐库鲁克哈齐库鲁克生拜星和尔多克新拜星和尔多克新生托木巴该彻辰托木巴该彻辰生哈布勒汗哈布勒汗生巴尔达木巴图尔巴尔达木巴图尔生伊苏凯巴图尔讷衮泰寔孟格图彻辰达哩岱谔济锦等四人。

却说,也速该巴噶图尔偕其捏坤太石,达哩岱斡赤斤二弟,往雪地踏天马踪,见一车辙内之妇人溺痕,曰:"此妇必生一贵子。"①遂依其踪追及之,则塔塔尔之也客赤列都②,自斡勒忽讷特部③迎娶乌格伦④母而归也。及逼近时,乌格伦乃谓赤勒都曰:"汝见适来三人中为长之来势否?"因脱下内著之衬衣而予之曰:"宜急遁去。"言间,彼恶徒已至近。而也客赤列都已逃去矣。追过三河之彼岸,遂掳乌格伦母,也速该巴噶图尔自纳焉。归家途中,乌格伦夫人行且哭之,则达哩岱斡赤斤劝曰:

已涉三道河矣,
已逾三重冈矣,
踏而不见踪矣,
望亦不见影矣,
呼亦不得闻矣。

乌格伦闻其言,吞声而行焉。
自前戊子纪年以来,三千二百九十五年,岁次壬午⑤,

父也速该巴噶图尔,母乌格伦夫人二人,生一瑞相全备之奇儿⑥矣。适值掳来塔塔儿之帖木真乌格时,遂命乳名为天赐之帖木真焉。

与彼帖木真一母所生者乃哈萨尔、哈赤斤、斡赤斤四子⑦,帖木伦高娃公主及达哈氏夫人所生之伯克特尔、伯勒格台二人⑧,共为六人也。

【注释】

①……此妇必生贵子:古来有相面术,是迷信,若说有相尿术,是奇谈。见溺痕而知生贵子,这是哪一门学问?作者萨囊彻辰先生似乎想以此来说明其祖先的神异不群,结果适得其反。下文"塔塔尔氏"应为"蔑儿乞特部。原文误。

②也客赤列都:清译为"伊克齐埒图。张尔田先生校注云"案《秘史》也客赤列都,诸本埒作特,从阁本。"此从《秘史》为宜。

③斡勒忽讷特部:清译为"鄂勒郭讷特地方"。张尔田先生校注云"案《秘史》斡勒忽讷氏,此非地名,乃种名也。"

④乌格伦:清译为"乌格楞"。张尔田先生校注云"案《史》作月伦,《秘史》诃额仑。"

⑤三千二百九十五年,岁次壬午:沈曾植先生清译本笺证云"太祖崩于丁亥,年六十六,生年当为壬午,宋绍兴三十二年也。《蒙鞑备录》称:成吉思甲戌生,则当为绍兴二十四年,孟珙言蒙俗无庚甲,考据其言而书之,则知彼言乃揣测之词,未必实有据也。杨维桢《正统辨》宋太祖生于丁亥,而建国庚申,我太祖降年及建国之岁亦然,其说当有所据,而于《元史》又异,丁亥则宋宝庆三年也。"其实孟珙是赵珙之误。

张尔田先生校补云"案拉施特书,先时蒙兀不谙历算,故帝诞生月日无知之者,惟今可汗懿暨近戚大臣皆知帝寿足七十二岁,未足七十三岁,此以天方历纪算。西域史皆谓太祖生于猪年,死于猪年。其生年《洪氏考异》定为绍兴二十五年乙亥,与孟珙所言相差一年,较为近之。"案孟珙应为赵珙。

⑥瑞相全备之奇儿:沈曾植先生清译本笺证云"《备录》成吉思及将相大臣,皆黑鞑鞑也。大抵鞑人身不甚长,最长者不过五尺二三,亦无肥厚者,其面横阔而上下有颧骨,眼无上纹。发须极少,形状颇丑,惟今达主忒没真者,其身魁伟而广颡长髯,人物雄壮,所以异也。此与'极灵秀'之言,可相发明。"案清译"极灵秀"三字不确。

张尔田先生校补云"案拉施特书,也速该子大率皮色黄,目睛灰色。盖原本国史,所以表异也。亦可互证。"

⑦……斡赤斤四子:张尔田先生清译本校注云"案《秘史》诃额仑四子,帖木真、合撒儿、合赤温、帖木格斡赤斤。合撒儿即此哈萨尔,合赤温即哈济锦,惟谔楚肯对音微异。"

⑧伯克特尔、伯勒格台二人:张尔田先生清译本校注云"案《秘史》别克帖儿、别勒古台。拉施特书不见伯克特尔,盖以其为太祖兄弟所杀,故讳之。别勒古台谓是异母所出,不云原配,亦似讳之。西人书又有谓其母名塔喀式者,与此又异。"其实塔喀式音近达哈氏,清译尽误。

【附录】

清译本文:由是伊苏凯巴图尔携讷衮泰什达哩岱谔济锦二弟往落雪处寻觅天马见一车辙内妇人溺痕以为此妇必生佳儿寻其踪迹乃塔塔尔氏之伊克齐塄图自鄂勒诺特地方娶妻乌格楞前来众近前审视乌格楞向伊克齐塄图云适才三人内其年长之举动曾看出否因

脱所服衬衣嘱云将此急与彼以遣之语未竟已逞强动手伊克齐垿图败走一齐尾追逾河三道遂掳乌格楞伊苏凯巴图尔以为己妻回家之际乌格楞哈屯且行且哭达哩岱谔济锦等劝云过河三道逾山三重寻踪无踪瞭望无际呼之已不闻矣于是乌格楞哈屯吞声前行即从前戊子岁以来越三千二百九十五年岁次壬年伊苏凯巴图尔之乌格楞哈屯生一子极灵秀为之卜名适遇特穆津遂命乳名曰天赐之特穆津云又生特穆津哈萨尔哈济锦谔楚肯等四子并原配图墨垿特郭斡阿巴海哈屯所生之伯克特尔伯勒格德依二子弟兄共六人。（言妹妹生哥哥，译文之误，甚莫过此——译注者）

其后，也速该巴图尔为其子帖木真求亲，前往其舅氏之斡勒忽讷特部，途遇洪吉喇特之岱彻辰①，问曰："却特族②，布尔济斤氏之亲家，欲何往也？"也速该巴图尔对曰："我欲为此子寻亲焉。"则岱彻辰曰："今夜梦一白海青落我手上矣。料必汝布尔济斤氏之族灵神也。俺则自古以来：

以我美貌之女，

多为布尔济斤氏之夫人焉，

以我淑姿之女，

为承命之布尔济特夫人焉。

而今我有一女，名唤布尔德，年方九岁，可配与汝此子。"父嫌其小，则其子曰："终当成此一事，可即成之。"遂敬其礼酒,纳其双马为聘礼,留帖木真而归。

途次,正当塔塔尔部人之宴会。(彼)邀之曰:"有见成之食也,请食。"自忖:"礼不当却之。"遂与其(宴)。则彼念旧仇,合毒于食而与焉。也速该巴图尔遂患疾,困惫而至(家),曰:

入归顺之民家也,
就其甘旨之食焉。
自伤我之性命矣,
速将我帖木真来。

遂遣洪忽坦之蒙古里克③往说之。其间,也速该巴图尔已归天矣。

【注释】
①岱彻辰:张尔田先生清译本笺证云"案《秘史》德薛禅。"案"德"、"岱"读音同,岱彻辰即"大明哲"之意。
②却特:张尔田先生清译本校注云"案《史》称奇渥温,奇渥合音即却字,温则兀惕之变也。洪译贝勒津书,作奇攸特。"案此即史书上常见之"乞颜",其复数形即却特。有人说是"激流"之意。看来似是"光束"之意。
③蒙古里克:清译为"莽古里克"。沈曾植先生笺证云"莽克里克即《秘史》察剌合老人之子蒙力克也。《秘史》蒙文姓晃豁塔氏,此鸿郭丹即晃豁塔。"

张尔田先生校补云"案明人记载土蛮事,东部酋长有慌忽太、

《明史考异》译改鸿和泰。《辍耕录》载蒙古氏族有晃忽摊,晃兀摊皆对音字,抄真子行路甚速,鼻孔出声,因称晃豁坦氏,鸿和铃也,泰有也,命义取此。"案此说不确。

【附录】

清译本文:后伊苏凯巴图尔为特穆津求亲前往伊舅氏鄂勒郭诺特游牧途遇鸿吉喇特之岱彻辰问云却特之嫡派博尔济锦氏亲家何往伊苏凯巴图尔答云我为此子寻亲而来岱彻辰云今夜我梦一白海青落我手中我卜之兆在尔博尔济锦氏自古以来我家之俊雅女子作尔博尔济锦氏之哈屯者最多今有女仪容甚美且命中应作尔博尔济锦氏之哈屯我只生此一女名布尔德甫九岁即与尔此子为妻其父云年纪太小其子云终当成此一事可即成之于是举觞为寿奉双马以为聘礼款留特穆津伊苏凯欲辞去正值塔塔尔旋众宴会之期众邀云现备有肴馔食之再去切勿推却一并留住讵众忽念及旧仇以毒药搀入食物内食之伊苏凯巴图尔疾作急趋入亲家室内云我在诸亲眷房中食物甚甘不期中伤我特穆津何在可来前唤至遂令鸿郭丹之莽古里克照看遣回而伊苏凯巴图尔即卒。

未几,达哈氏夫人相继而卒[①],乌格伦夫人独自养育其六子成长。一日,其贴木真、哈萨尔二子告其母曰:"伯克特尔、伯勒格台二人尝夺我所钓之鱼而食焉。今日又

夺哈萨尔以髌头射死之雀矣,愿弃彼二人。"母乃降旨曰:
"汝等何出此如昔日泰齐果特之乌伯呼高娃五子之言②
乎?汝等其影外更有友乎?尾外更有缨乎?当和睦相
处,岂非长久为友之道乎?"则脱门而出,四人逞恶意来就
伯克特尔、伯勒格台二人,则伯克特尔曰:"欲杀我则杀
之,且勿杀我伯勒格台,乃为汝等效力之人也。"不听,遂
害伯克特尔③来其母处,母乃大怒,责之曰:

"我养以野果野葱之子每,
　将为扬名之英豪焉。
　我养以石松沙葱之子每,
　将为敢战之豪杰焉。
　正当欣喜而期望之时,
　奈何如此杀其一也耶?
　此后汝等其相杀而尽乎!
　如驰于山峰之猛兽焉,
　如龅其胞衣之野狼焉,
　如自冲其影之海青焉,
　如掉尾自击之银鼠焉。
　试观与汝等相伴之者,
　除长蛇蠢蛙更有谁耶?"云云。

【注释】
①达哈氏夫人相继而卒:清译为"元配哈屯亦相继卒"。王静

安先生校注云"《秘史》别勒古台之母与孛儿帖夫人,同为蔑儿乞所掳,非前卒也。"是。

②泰齐果特之乌伯呼高娃五子之言:案据《秘史》所载,应是阿兰豁阿之五子。未知此书言出何典。

③遂害伯克特尔:清译为"遂致伯克特尔于死"。张尔田先生清译本校注云"案诸本皆作'遂杀伯克特尔',于是今从阁本。"据蒙文原文,当如新译文。

【附录】

清译本文:元配哈屯亦相继而卒后惟乌格楞哈屯只身养育六子一日特穆津哈萨尔二子告其母云伯克特尔伯勒格德依二人将我所钓之鱼夺而食之今日又将哈萨尔响箭射得之雀夺而食之意欲杀伊二人其母云尔等何以与从前岱齐果特之谓伯呼郭斡之五子一般议论尔等譬如影之随形尾之在身不可离异者也兄弟相亲相睦岂非长久友爱之道乎伊等掀帘走出由是四人遂与伯克特尔伯勒格德依交恶伯克特尔云要杀我便杀切勿杀伯勒格德依伊是日后给尔等出力之人不允遂致伯克特尔于死其母大怒斥责之曰吾爱惜保护养成将作名臣之子吾辛勤教诲养成将作吾贤臣之子向曾欣然期望何以如此互相杀害此后尔等其欲相杀相残乎殆驰山之狗子欤殆啮胎之豺狼欤殆顾影自搏之海青欤殆掉尾自击之鼠辈欤此与虺蜴奚异则复谁与尔等友爱者。

于兹,泰齐果特忽然以兵来袭①,扬言曰:"不犯汝之他人②,可将帖木真出来。"帖木真闻言搭箭而出,母执而使隐去,入斡难之林中矣。(泰齐果特)知其情,守其入口焉。三宿而后出,则肚带后鞦依旧而其鞍脱落矣。自忖:"肚带松扣犹可,后鞦何得脱落耶?此其天父止之乎?"又三宿,再出时,见一大白石塞其(山)口。自忖:"向无此石,岂天父止之乎?"又三宿,竟经九宿,曰:"今何以处乎!"出,则泰齐果特仍守之焉。遂执去,令带铁链铁镣,徇每家而使囚焉。至仲夏十五日③,泰齐果特张大宴,饮酒至夜,(帖木真乃)扭断其脚镣,以链击彼守者而逃去。于是(泰齐果特)往返共寻之。苏勒德逊之托尔干沙喇④,见其隐伏于水溜道中⑤,自思:"先是我齐拉衮⑥、泰拜⑦二子曾善视之焉。"遂曰:"人子之伏其是矣,我乃充数寻之耳。"言讫而去。(帖木真)自忖:"此好心人也。"乃夜至沙喇家,则其齐拉衮、泰拜二子曰:"逃来之雀,丛尚遮焉。况此投来之博尔济斤天裔乎。若不同情善遇之,则我等有何益哉?"遂以斧破其链,令坐于毛车中隐焉。翌日逐户搜寻而来,搜托尔干沙喇家,搜至其车,则托尔干沙喇之女,温婉之哈塔罕⑧哭曰:"当此炎天,奈何为他人而苦自家人也?"其妻亦阻截之曰:"如此暑热中,岂可隐人于毛中乎?奈何猜疑自家人耶?"搜者遂去。于是托尔干沙喇曰:"汝帖木真子,几使我化为飞灰矣。"遂令乘去右镫之白骒马,杀帖勒羔羊⑨为行粮而遣焉。至其家,见乃母及诸弟,而皆欢然矣。

【注释】

①泰齐果特忽然以兵来袭,清译为"岱齐郭特之兵忽搆衅来攻"。张尔田先生清译本校注云"案此记泰亦赤兀惕禽太祖事,《秘史》所叙较详,岱齐郭特即泰亦赤兀惕异译。"

②不犯汝等之他人:王静安先生清译本校注云"句首当有云字。"张尔田先生校补云"案阁本有,今增。"

③仲夏十五日:张尔田先生清译本校注云"案《秘史》作四月十六日。"

④托尔干沙喇:沈曾植先生清译本笺证云"锁尔罕失喇。"

⑤见其隐伏于水溜道中:张尔田先生清译本校注云"案《秘史》帖木真见人散了,将那小弱的人,用枷梢于头上打倒走了,走到斡难河边林内卧著,恐怕人见,又入斡难河水的涡道里仰卧着。此云哈尔吉图乌逊。乌逊蒙古语水也。哈尔吉图即《秘史》蒙文合尔乞图儿,注云:流道里。"案此乃明译文。参看拙译。

⑥齐拉衮:沈曾植先生清译本笺证云案"赤老温"。此合《秘史》用字。

⑦泰拜:沈曾植先生清译本笺证云"案沈白"。此合《秘史》用字。

⑧哈塔罕:沈曾植先生清译本笺证云"案合答安"。此合《秘史》用字。

⑨帖勒羔羊:吃两母乳之羔羊。

【附录】

清译本文:由是岱齐郭特之兵忽搆衅来攻云不侵犯尔等别人可将特穆津献给特穆津闻之将弓搭箭正欲出

拒被母拉住其箭落扣坠于坐侧遂防守彼众进攻路径至第三日欲出时因马鞍脱落云肚带松扣则有之后鞦何以脱落此系天父止我又隔三日欲出时见一块大白石阻路云向无此石盖天父用此止我又隔三日至九日后云此事何以处之正然瞭望之际被敌所获缚以铁锁桎梏每家轮流看守五月十五日乘岱齐郭特排设筵宴夜饮之际扭断腿上铁锁掷守者之前逃出东西藏躲隐伏哈尔吉图乌逊处苏勒德逊托尔干沙喇虽见之以为此子前曾与我齐拉衮秦拜二子交好此隐伏之人即便是伊我亦佯为我寻之状而已遂去将特穆津以为此是一好心人乘夜逃至沙喇家齐拉衮秦拜二子云禽鸟求救且养之笼中况天命之博尔济锦求救前来若不肯容纳不加爱养日后与我等有何益处随以斧坏其锁藏匿于毳车内至次日逐户搜寻搜至托尔干沙喇家中欲搜其毳毛之车托尔干沙喇之女锡鲁郭斡哈塔干罕云为他人于此炎热时苦刻自己之人耶其妻亦厉词止之云似此夏日炎热时如何将人藏于毳毛车内反疑惑自己之人乎其众始罢去于是托尔干沙喇向铁穆津云为尔几伤我家遂将白骡马之镫松放令其乘骑杀两羊羔以为口粮遣之回特穆津至家与母及诸弟欣然相会。

岁次戊戌,帖木真年十七岁时,娶——丙戌年所生,年十三岁之——布尔德夫人①焉。

惟时,泰齐果特②复来、尽盗其八御马③而去,(帖木真)乃乘伯勒格台猎獭所乘之劣黄马,踏草踪追去,时值阿尔拉特之阿忽巴延④之子博郭尔济牧其马群,遂相遇,博郭尔济乃曰:"喂!却特胤、博尔济斤氏之合罕子汝,从何而来也?"对曰:"曛暮中,贼来盗去我八御马,故踏草踪而来,兹询汝阿忽巴延之子焉。"于是博郭尔济⑤曰:"我向闻汝在艰难之中,男儿之行,乃无异也,⑥而今我愿与汝同往。"遂自乘其呼尔敦呼必草黄快马⑦,使帖木真乘其黑脊青白马⑧,相随而去。比及黄昏追及而窥伺之,则其众人已结圆营而宿矣。俟至夜而入取时,合罕子曰:"我入之。"博郭尔济曰:"吉日从汝博尔济斤之裔焉。岂有临战而避之道乎?"二人乃同入,驱八御马出矣。归来入阿忽巴延之家,则阿忽巴延闻其子所言,相向而笑,向背而泣,曰:"所行良是,男儿之行一也,愿忽忘汝此行。"遂杀帖勒羔羊为行粮而遣归焉。

嗣后,未几,博郭尔济欲从帖木真而来,自是,事无难易,共赞方略而行焉。

【注释】

①帖木真……布尔德夫人:张尔田先生清译本校注云"案太祖原配孛儿帖兀真,兀真又作旭真,皆哈屯异译。《语解》改布尔特格勒津云,从《源流》。"案"哈屯"即"后、妃、夫人"之意。从《源流》是。

沈曾植先生笺证云"《秘史》孛儿帖大帖木真一岁。"张尔田先生校补云"案《秘史》太祖九岁丧父。拉施特书则作十三岁。据此孛儿帖十三岁配匹,孛儿帖既大帖木真一岁,定婚后也速该即死,则拉施特书十三岁丧父之语较确。"

②泰齐果特:清译为"岱齐郭特"。张尔田先生校注云"案阁本郭作果。"案汉字标音不可能完全正确,用字音近即可。

③八御马:蒙文原文为"奈曼、沙尔噶","奈曼"即八,而"沙尔噶"一词,从字面上说是"银合马"之意,但其本义是"御马"之意。然而此时帖木真还未成为合罕,盖系后人之说,本书与《秘史》同。清译为"八匹黄骟马",误,也无法断定都是黄色的。

④阿忽巴延:清译为"阿郭巴延"。张尔田先生校注云"案《秘史》纳忽伯颜,《史·博尔术传》阿尔拉氏。"本书标音近蒙文原文,《元史》不确。当从《秘史》。

⑤博郭尔济:沈曾植先生清译本笺证云"孛斡儿出"。案此合《秘史》用字。

⑥男儿之行,乃无异也:清译为"论丈夫本领,我非平等。"王静安先生校注云"蒙语谓平平曰察黑图,明人译为'酌中',即此所谓平等也。"未解先生所云何事,盖为译文所误。

⑦呼尔敦呼必草黄快马:"呼尔敦·呼必"是马名,是"快得令人称心"之意。王静安先生清译本校注云"忽尔敦忽必快淡黄马。"亦可。

⑧黑脊青白马:清人音译蒙文原文为"乌噜克星呼拉",王静安先生校注云"翰罗黑升忽剌黑脊白马"亦可。

【附录】

清译本文:至戊戌年特穆津年十七岁布尔德哈屯系丙戌年所生甫十三岁遂尔配匹配后岱齐郭特复来选取八匹黄骟马窃之去特穆津遂乘伯勒格德依扑獭所骑之黄马循所践草迹踹踪而前遇阿尔拉特阿郭巴延之子博郭尔济于牧场博郭尔济问云大却特苗裔博郭尔济

锦氏汗之子尔从何来答云日出时我汤黄骟马被盗寻所践草迹前来向尔阿郭巴延之子问询博郭尔济云向闻尔勤于奔走论丈夫本领我非平等今与汝同往自乘呼尔敦呼必之墨鬃黄马将乌噜克星呼拉之貉皮马令特穆津乘骑相随而去及昏觇知众人团绕寝息博郭尔济将欲乘夜潜进不识汗之子肯闯入与否遂问云我以尔系博尔济绵之后裔是有福之人今日相随前来为何犹疑不断二人遂一同闯入将八匹汤黄骟马赶出直赴阿郭巴延家来阿郭巴延闻其子言相向而笑旋背而哭云丈夫本领相同慎勿弃置此人遂杀二羊羔赠为口粮遣回嗣是博郭尔济扶助特穆津事无钜细公同办理。

岁次己酉，合罕子帖木真，年二十八岁，于克噜伦河之阔迭格·阿喇勒即合罕位时，自其三日之前，房前一方石上，每晨落下（一只）似雀之五色鸟，啭声：成吉思，成吉思①。遂中外共称圣雄成吉思合罕，而名扬天下四方矣。

时，其石忽然自裂，内出一玉石宝印，长宽皆一拃，背有龟纽，上盘二龙，镌如浮雕然②。其印，不多不少，能钤纸千张③云。遂即于斡难河源，树其九斿之白纛④，遣人至德里衮·布勒塔黑⑤之地，树其四斿威灵之旗，君临四十邦之必塔国，主乃降旨曰：

"当吾艰难奔走聚敛（百姓）时，
　与共患乐而多为效力焉。

我此如琼珍之必塔国也,
历经艰难而成天下之中焉。
当称众生至上之大蒙古乎!"
从此遂称库克蒙古勒⑥国焉。

由是哈萨尔主与七洪豁坦为党而叛去⑦,因命苏伯格台将军⑧提兵追之也,主上降旨曰:

仰如顶上之月徽,
尊如冠上之簪缨,
盘如珍贵之贲首,
结如磐石之群臣,
围如金汤之圆阵,
列如竹林之众军,
汝等其恭听之!
于彼嬉笑之事也,
当如食指而并行之。
于彼奋勉之事也⑨,
当如兔鹘而搏击之。
于彼戏耍之事也,
当如蚊蝇而破去之,
于彼战阵之事也,
当如鹰鹯而捷击之。云。
则苏伯格台将军奏曰:

"愿竭力以敏勉之,
能否则主上威灵其知之。"

(似有脱文——译注者)言讫,遂行,比及追及之,苏伯格台将军禀哈萨尔主曰:

"离遏其肝脐之亲,
则必为外人所食乎!
离析其同气之亲,
则必为他人所获乎!
生民尽可得也,
肝脐不可得也。
贡民尽可得也,
昆弟不可得也。"

哈萨尔主闻其所奏,然之,遂还而与其合罕兄合⑩矣。

【注释】

①成吉思、成吉思:清译为"青吉斯、青吉斯"。帝号来自莫明其妙的鸟声,自然是无稽之谈,似是佛家思想的反映。

②……镌如浮雕然:清译为"镌有篆字"。张尔田先生校注云"案洪氏《证补》谓:西人曾荟萃众说,以考成吉斯称名之义,一曰即天子之义。别有蒙古人云:即位时有孔雀飞至,振翅有声,似成吉斯音,故以定称。萨囊薛珍云:有鸟鸣声似成吉思,鸟集方石,于石中得玉印,印背有龟龙形,所引即约此文,虽不见国史,足证其说,

实蒙人旧传矣。"

③……能钤纸千张:王静安先生校"《元史·塔塔统阿传》乃蛮大敭可汗尊之为傅,掌其金印,俄就擒,帝问是印何用,对曰:出纳钱谷,委任人材,一切事,皆用之。以为信验耳。"是蒙古初起时,尚未知有玺印,安得有钤纸千张事耶。此非历史,乃传奇耳。"

④树其九斿之白纛:沈曾植先生清译本笺证云"此当是太祖与札木合分离,初称汗号时事,树九脚白纛于阿诺河源。《秘史》明言虎儿年,《本纪》《亲征录》并同,遽牵入此时,误也。"

⑤德里衮·布勒塔黑:张尔田先生清译本校注云"案即迭里温·孛勒答黑,山名也。《史》作跌里温盘陀。"

⑥库克蒙古勒:沈曾植先生清译本笺证云"大蒙古也。"案"库克"即青,借天色以形容其大也。"蒙古勒"音近蒙文原文。"库克蒙古勒"即大蒙古,沈先生是。

⑦由是哈萨尔主与七洪豁坦为党而叛去:沈曾植先生清译本笺证云"《秘史》太祖初起,同立国人有晃豁塔儿朵罗吉歹氏,朵罗吉即此朵罗干,晃豁塔儿即此鸿和坦也。"王静安先生校补云"卷四作多伦鸿郭达,即晃豁坛氏之脱仑扯儿必。"案此指晃豁坦氏蒙力克之七子而言。二位先生所注尽误。

张尔田先生校补云"案太祖破泰亦赤乌部,将阿兀出把阿秃儿子孙杀尽,事在与王罕共破扎木合后。又《秘史》牛儿年,成吉思命速别额台袭脱黑脱阿子忽都等,曾载训词,此似略袭其意。"案据蒙文原文为"岱沁"(叛离之意),清译为"岱齐",已误。张先生更误认为泰亦赤乌部事。自然言不及义。

⑧苏伯格台将军:沈曾植先生清译本笺证云"速不额台",是。

⑨于彼奋勉之事也:王静安先生清译本校注云"会勉当作奋勉"。张尔田先生校补云"案阁本正作奋。诸本作会,误,据改。"

⑩……遂还而与其合罕兄合矣:沈曾植先生清译本笺证云"此书叙太祖兄弟事,于哈萨尔多诬词,自明初,漠北诸部与朵颜三卫不睦,此著书之彻辰乃外蒙人,承其余习故也。叙太祖伐夏时事,又与太祖多诬词,著书之刺麻乃唐古特人,怀其先世亡国之恨故也。至以明太祖为元之叛臣,成祖为顺帝之子,野言仇口,腾说无稽,彼荒陋蒙人,固无由知其伪,中国之人亦信焉。而不察其情则偾矣。"但先生之说,我亦不敢尽信。彻辰并非外蒙人,即其一例也。

【附录】

清译本文:特穆津年至二十八岁岁次已酉于克噜伦河北郊即汗位前三日每清晨屋前方石上有一五色鸟鸣云青吉斯青吉斯叶其详号称索多博克达青吉斯由是名扬于和处矣其石忽开裂内有一玉宝印方广俱五寸许背为龟纽盘龙二条镌有篆字即用是印钤纸千张由是于鄂诺河上树九斿白纛以肃军容径行德里衮布勒塔干地方树扬咸青色四斿纛君临四十万必塔人等降旨云汝等疲于奔走从我服勤总摄有众艰苦备尝乃得休息尔如摩罗尔宝贝之毕塔人众听我指使共著勋劳俾我建中建极其库克蒙古勒乎因号为库克蒙古勒云是时正值哈萨尔汗与多罗干鸿和坦一追同赶岱齐令苏伯格德依巴图尔带兵前往汗降旨训示云锡以尊劳如冠缨之贵首结以理义若盘石之巩固者乃我之臣工如金汤之巩卫如茂竹之森列者乃我之士卒尔等听之嬉笑处应惜食指之招尤奋勉处应效兔鹘之搏击戏耍

处宜鄙若蚊蝇战阵处宜捷于鹰鹯苏伯格德依巴图尔奏言愿竭力奋勉其成与否惟主上之威福是赖遂起程前往苏伯格德依巴图尔谏言于哈萨尔汗云骨肉若分离则被旁人戕害损己之人而为他人掳获动虽全得骨肉不可得属人虽可得弟兄不可得也哈萨尔汗然其言即来寻见随兄聚处。

其后,哈萨尔,别勒古台二人,行甚骄矜,相与讥议之曰:"此君无道而行暴政焉,本以哈萨尔之善射,别勒古台之勇力,方得保其属部,伏彼强横耳,今欲征五族之邦①,除我二人更有何人效力哉②?"云云。主上察知其清,欲隐抑其子弟之骄矜,遂化作一贫贱老者,欲售一张长弓,沿户而行,正值哈萨尔,别勒古台二人,见而鄙之,谓曰:"喂!老儿,汝之此弓,除射沙溜子,更有何用?"老者曰:"汝二少年,未试之前,焉敢鄙视?试然后方知耳。"(二人)讥笑之,别勒古台上弦而力未及,老者上其弦而与之,哈萨尔取过而未能开焉。于是,彼老者眼见中化作一乘青线脸骠之皤然老叟,用其长弓,搭金穿箭,射裂一山峰,谓曰:"咦!二少年,当知大言不如大啖之谚,此非败于老夫欤?"言讫,遂去。二人相议之曰:"此非常人也,盖主上之一化身乎!"此后畏而慎其行焉。

其后,恩古特之乌兰昌贵率三十一营之众叛去③,主上与哈萨尔二人躬自追及之,大战,相持不下,哈萨尔乃乘主上之赛音·萨木津兔鹘马,与托克唐阿,巴图尔台吉者,二人率先冲入,直杀得赛音·萨木津血染成红马,既克而收服讫。惜乌兰昌贵之武艺而赦之。由是卫喇特④、布哩雅特⑤之斡噜出锡古希,自大拜噶勒江⑥捕一鸦鹊来,献于圣主⑦矣,遂俾领布哩雅特之众焉。

【注释】

①五族之邦:蒙文原文为"塔本翁格",清译从之。沈曾植先生笺证云"塔本,蒙语五也,卷五统据五翁格,四郭罗勒,即此翁格,即《秘史》之汪古部,金人所谓白达达也。"诚如先生所言,"塔本"即五也。翁格"是蒙古语"色",并非指汪古部或白达达而言。"塔本·翁格"即五色。蒙古青色,高丽白色,西域黄色,汉地红色,西藏黑色,统称为五色之国,代指当时蒙古大帝国版图内之诸族。犹言五族(众族)之国也。

张尔田先生校补云"案此书为曩古特,有翁格,似以曩古特为忙兀惕,而以五翁格为塔塔儿之总称,塔塔儿与蒙古世仇,故此云然。"按据蒙文原文"曩古特"应为恩古特,并非忙兀惕,五翁格之义,一如上述,亦并非"塔塔儿之总称"。先生亦误矣。

②除我二人,更有何人效力哉:张尔田先生清译本校注云"案《史·别里古台传》帝尝曰:'有别里古台之力,哈萨儿之射,此朕所以取天下也。'因生此说。"

③乌兰昌贵率三十一营之众叛去:清译为"乌兰昌贵三十一鄂托克人众"。张尔田先生校注云"案《西陲要略》汗所属人户曰鄂拓克,台吉所属曰昂吉,犹言部分也。"

④卫喇特:沈曾植先生清译本笺证云"外刺亦即《明史》之瓦赖,王静安校斡亦剌惕。"案王校盖据《秘史》。

⑤布哩雅特:张尔田先生清译本校注云"案史载卫喇特部等遇

我前锋,不战而降,在太祖即位三年征屈出律时,然则上所言曩古特三十一鄂托克者,殆指附乃蛮诸部欤?布里雅特疑布鲁特转音。拉施特书记太祖初征泰亦赤乌,亦有兀鲁特、布鲁特二族来服语。"王静安先生校补云"不里牙惕其说是也。《秘史》拙赤征秃绵斡亦剌,至失黑失惕地面,斡亦剌、不里牙惕等六部投降,事在兔儿年,即太祖即位之二年也。"

⑥大拜噶勒江:清译为"大拜噶勒乌拉"。沈曾植先生笺证云"白哈尔湖"。张尔田先生校补云"案此大拜噶勒江,与前拜噶勒江疑非一地,拜噶勒即布哈尔对音,则此水殆阿姆河也。"按应指贝加尔湖。

⑦捕一鸦鹊来,献于圣主:张尔田先生清译本校注云"案拉施特书兔年秋,遣使于乞儿吉思,先至一部,受其降,继至一部曰野牒鄂伦,二部酋遣使偕来,献猎鸟色白。《亲征录》称,献白海青,名鹰也。此影合其事,所谓先至一部者未出部名其殆此布哩雅特欤?"

【附录】

清译本文:乃哈萨尔伯勒格德依二人矜夸云汗禁止不轨征伐不义恃哈萨尔之射伯勒格德依之强以保属人以化暴戾今欲擒拿塔本翁格除我二人更有何人出力耶后被汗察知欲隐抑其少年之骄矜遂变作一属下老人持一长角弓街市售卖哈萨尔伯勒格德依一见即鄙薄之而云老儿此弓除作打鸟之弹弓并无用处老者言汝二少年尚未试何得鄙之试则知之矣言讫冷笑伯勒格德依不能扣弦老者扣弦付给哈萨尔接过亦不能开正看之际适见一鬓发斑白之老人骑青线脸骡前来以

蒙古源流卷三

弓搭金哨子箭射之射裂一山峰叹云二少年肆言夸诈竟逊老人一筹矣遂去二人念此非常人盖系主上之化身遂一意慎行后出兵收腹囊古特之乌兰昌贵三十一鄂托克人众时汗与哈萨尔二人追赶鏖战哈萨尔骑汗之赛音萨穆津貉皮马有托克唐阿巴图尔台吉者将二人诱进赛音萨穆津貉皮马被血染成赤兔发矢克敌收服乌兰昌贵人众俱服其技艺自是卫喇特布里雅特投降供纳廪给并在大拜噶勒乌拉地方所获之鸦鹊呈献汗前面布哩雅特人众亦内附矣。

由是,岁次庚戌,年二十九岁时,往纵其鸟,自斡勒呼河①趋乌拉河②,则珠尔齐特之旺楚克合罕叛而徙去③。主上怒,调兵往征之,因乌拉河无津不能渡,托克通阿巴噶图尔台吉之子安敦·卿·台吉,连结万马之辔,呐喊而进,渡海围其城,主上乃降旨曰:"若纳万燕千猫,吾即不围汝城矣。"遂如数以输焉。于是系棉于燕、猫之尾,点火而纵之。则燕入房中之巢,猫跳蹿房梁上,由是全城火起,既用此计收服④,合罕遂自纳旺楚克合罕之女雅里海⑤矣,自彼班师之途次,其雅里海夫人乃薨。

即于是年,岁次壬子,年三十一岁时,行兵日出之方,将渡乌纳根江⑥,因乌纳根江涨潮,上即在江之此厢屯驻,遣使告之曰:"纳贡与我,否则请备战。"索伦之察干合罕惧⑦而进献索伦——墨尔格特·岱尔乌逊⑧之女忽兰高娃⑨者,并以虎皮帐房及以布哈斯⑩,索伦二营为媵焉。于是收服察干国之三部索伦矣。

因在彼留驻三年,孛尔帖夫人乃遣阿尔噶逊弓箭手⑪问候之。弓箭手至,请安问候,奏于主上曰:

"汝正妻孛尔帖夫人,
汝诸公主及胤嗣人等,
汝玉宇大朝之政事,
汝广大之国具安在焉。
娑罗树上海青产卵焉,
但赖其树而不自觉也,
为花豹⑫坏其所营之巢,
方被食其卵与其雏矣。
苇塘之中鸿雁产卵焉,
但赖其苇荫⑬而安栖也,
为白超⑭(坏其所营之巢),
方被食其卵与其雏矣。
我有道之主其自鉴之。"云。

上闻其警语而然之,曰:"此言是也。"遂罢兵归国,比及抵家,上乃降旨曰:"未创业前即遇之我孛尔帖夫人,乃神父所配如母之妻也⑮。今出外而纳此忽兰也,难见彼家居之孛尔帖夫人矣。若当属民而生嗔,则吾不堪矣。汝等九乌尔鲁克中⑯,有一人先行,言于孛尔帖夫人乎?"则扎赉尔⑰之木华黎曰:"我愿行。"遂先行。拜谒孛尔帖长夫人而奏曰：

"(主上)有旨云：
未守所创之国朝也，
而期固我国是而行矣。
未从小大之臣言也，
入彼虎帐之花色矣。
为收伏遐方之国也，
而纳忽兰为夫人⑱矣。"云。
孛尔帖·彻辰夫人闻言乃降旨曰：
"孛尔帖夫人之所愿也，
大国人众之志行也。
我主合罕之威力也乎！
主其自鉴好逑之意乎！
苇塘中鸿雁其多焉，
主其自鉴劳指而射乎！
国中妇人女子其多焉，
主其自鉴加恩有缘者乎！
妇人愿更纳妇人焉，
未鞍之马愿加鞍于脊焉。
古言有之曰：
居安乐未可厌其多也，
罹疾患未可善其少也，
唯愿合罕之金带永固，

我辈妇人复何言乎!"云。

木华黎遂迎来以闻,则上喜而然之,乃驻其金宫帐矣。

自彼归来之途次,以阿尔噶逊弓箭手,一夜携御箙别宿之故,上命博古尔济、木华黎二人弃阿尔噶逊弓箭手。二人乃急召阿尔噶逊至,诘朝令持二桶酒来,则上犹未起。博古尔济自(宫)外启曰:

"曦光已入君之明堂矣,
过误者已集于(门)外焉;
敢乞光辉之躯醒起,
昭示乃圣明之旨乎!
旭日已入君之玉殿矣!
敢乞辟君之闼门焉!
负辜者恳俟睿断也,
望降君恩顾之旨乎!"

上乃起,遂执阿尔噶逊弓箭手而入。不待上降旨,博古尔济、木华黎二人努嘴示意[19],则阿尔噶逊乃自奏曰:

"反舌、喜鹊喳喳啼[20],
芝雕、海青冲击来,
敛其声而急避去,

(恰如此言有过违),
命世之主发怒威,
惶恐不知何所为。
自我十岁从我君,
未使知我行不羁。
嗜于酒则诚有之,
未尝心怀相叛离。
我自二十岁从我君,
未使知我性怪癖。
嗜于酒则诚有之,
未尝心怀相害也。"

(合罕)闻奏而降旨曰:"赖其能言而得脱之我阿尔噶逊,赖其利口而得免之我弓箭手也!"遂宥其罪。

【注释】

①斡勒呼河:张尔田先生清译本校注云"案即鄂尔坤河,《秘史》卷八:塔阳顺塔米尔河渡斡儿豁水,即此。"不像。

②乌拉河:张尔田先生清译本校注云"案此乌拉河,似指松花江,著书之蒙人不通地理,歧出如此。"王静安先生校补云"即《秘史》之浯剌河,郭尔罗斯前旗牧地,东至乌拉河,百七十里接白都讷界,松花、嫩江、黑龙三水总汇处。"也不像。

③珠尔齐特之旺楚克合罕叛而徙去:清译为"……背叛来追"。沈曾植先生笺证云"《元秘史》蒙文,凡女真皆称为主儿扯敦,此珠尔齐特即彼主儿扯敦,博西齐所谓女真本名朱里真也。然此所云,

又非征金国事,《元秘史》太祖取中都后,命合撒儿等自大宁经过女真,东征至女真,其主降。蒙文则曰主儿扯歹之主夫合纳降。分中国之金与居东方故土女真如二国。汉人八种,析女真与术里阔歹为二,亦然。故愚尝疑《南迁录》爱王之事,不尽无因。彼之夫合纳,此之旺楚克,明则有东方女真之主,不能以契丹之留哥,海上之万奴当之也。"案此处所引《秘史》文,有误。张尔田先生校补云"爱王事元修《金史》不承之。然颇见采于宇文懋昭书与万奴既擒,而《高丽史》仍见东真同,一可异。"

④……即用此计收服:沈曾植先生清译本笺证云"《俄史辑要》叙俄人攻噶山事,略与此同,殆北方相传之古言,不必有实事也。"

⑤雅里海:沈曾植先生清译本笺证云"疑即《后妃表》之燕里皇后。"

⑥行兵日出之方,将渡乌纳根江:沈曾植先生清译本笺证云"额尔古纳河。"又云"此二年叙事大误,尚未伐金,安得遽用兵于女真与高丽,实则此是征蔑儿乞事。"案据蒙文原文此处并无征女真与高丽事。先生据清译误文而误矣。

⑦索伦之察干合罕惧:清译为"高丽察罕汗惧"。张尔田先生校注云"案据李侍郎《秘史注》,斡勒为金源族姓,《秘史》有阔勒巴儿忽真。阔勒即斡勒,其地当在翰难河源之东,《秘史》又云"顺薛凉格河入巴儿忽真与带儿兀孙叛逃,薛凉格河地望亦合。""然则高丽即阔勒、斡勒转音,李说颇可备一解。此察罕汗殆察浑之对音,蔑儿乞之一种。洪译拉施特书作哈俺者,殆其是欤。"其实索伦与巴尔忽本出一源,此因清译误文而致乱。

⑧索伦——墨尔格特、岱尔乌逊:沈曾植先生清译本笺证云"答亦儿兀孙。"案此《秘史》用词,是。

⑨忽兰高娃:沈曾植先生清译本笺证云"此第二斡耳朵忽兰皇

后,则豁阿思蔑尔乞种答亦儿兀孙所献也,与高丽无干,此书误并二人为一,以锁郎哈妃子冒忽兰之名,而墨尔格特云云,词理重复,又似闻有蔑尔乞之说,不得其解,而强为附会者,此书之不可据,此亦一证也。"案据此书蒙文原文,并无大误,据清译误文,先生若焉。

张尔田先生校补云"案《亲征录》兀花思蔑儿乞部长带儿兀孙,献女忽兰哈敦于上,率众来降。此墨尔格特即蔑儿乞对音,岱尔乌逊即带儿乌孙,事在甲子年。"

⑩布哈斯:张尔田先生清译本校注云"案即豁阿思,《秘史》又作兀洼思,三种蔑尔乞之一。"

⑪阿尔噶逊弓箭手:沈曾植先生清译本笺证云"此人当是《秘史》之豁尔赤,又《秘史》太祖于诃额伦母亲并斡惕赤斤处,委付了古出、阔阔出、种赛、豁儿合孙四个官人,此阿尔噶逊即彼豁儿合孙也。"是。案与豁儿赤无干。王静安先生校补云"《语解》浩尔齐吹口琴人也,又作虎儿赤,奏乐官。"张尔田先生校补云"案下云和尔齐即浩尔齐,阁本此处亦作和尔齐。"案"浩尔齐"是张箭手,并非"吹口琴人或奏乐官"。

⑫花豹:沈曾植先生清译本笺证云"《至元译语》豹子曰撒里。《武备志·译语》花豹曰撒儿。花豹即豹子,盖亦鹰雕之属。"

⑬苇荫:清译为"芦之阴"。张尔田先生校注云"案钞本作芦之阴,诸本误庐,据改。"改也没改对。

⑭白超:清译为"白爪"。王静安先生校注云"《契丹国志》鹰自东海来者谓之海东青,小而俊健,能拴鹅鸯,爪白者尤以为异。"所言似非是。

⑮神父所配如母之妻:原文如此,谓"神父"者,盖因也速该已死故称。"如母之妻"之句,甚奇,相敬过矣。

⑯九乌尔鲁克:张尔田先生清译本校注云"案即后文所言伊逊

乌尔鲁克,伊逊谓九,乌尔鲁克此言部曲。《元史语解》乌鲁克又译作亲戚。"案"乌尔鲁克"并非"乌鲁克","乌尔鲁克"性似"卿士",九乌尔鲁克,犹言九卿也。而"乌鲁克"则如《语解》。但用字不确。

⑰扎赉尔:沈曾植先生清译本笺证云"扎剌儿。"

⑱纳忽兰为夫人:清译为"和兰"。张尔田先生清译本校注云"案据前高丽指辽东地,则此和兰谓呼伦贝尔也。巴尔虎借牧呼伦贝尔,见乾隆间官书,巴尔虎即巴尔忽真,本因地得名,以《秘史》阔勒巴尔忽真证之,则巴尔虎散处于黑龙江一带,旧矣。参以此书,又可知巴尔忽为蔑儿乞种。与东方民族之关系,称之谓高丽,不为无因,考北缴者,似可于此得一线索也。"其实与高丽无干。

⑲……二人努嘴示意:清译为"……二人于是批其颊。"张尔田先生校注云"案阁本无此五字,作'即以鞭责之'。"案据蒙文原文,当如新译文。

⑳反舌、喜鹊喳喳啼:清译为"如窝兰鸟正得意啼鸣"。沈曾植先生清译本笺证云"《天津府志》阿滥鸟似山雀而小,声似画眉,能学各语,即此窝兰鸟也。"按据蒙文原文,当如新译文。

【附录】

清译本文:岁次庚戌年二十九岁出放布哩雅特所献鸦鹘自乌勒呼河至乌拉河适珠尔齐特之旺楚克汗背叛来追汗怒调兵往征过乌拉河无津不能渡托克唐阿巴图尔台吉之子安敦青台吉连结万马之辔呐喊前进渡海攻城上降旨云如给万燕千猫即不攻城立时照数送给于是在其燕猫尾上拴结火绳点火撒放燕往屋内寻巢猫向房间窜跳城内各处渐渐火起用此计收服汗遂纳旺楚克汗之女雅里海自彼旋辕雅里海哈屯已殁岁

次壬子年三十一岁出兵乌讷根江以东地方因江水涨发上即在江边屯驻遣使谕令纳贡如不纳贡则征之高丽察罕汗惧进献高丽墨尔格特岱尔乌逊之女和兰郭斡并以虎皮穹庐及布噶斯高丽二鄂托克之人随嫁于是收服察罕汗之三省高丽在彼留驻三年布尔德哈屯遣阿尔噶逊浩尔齐往看和尔齐请安讫奏云布尔德哈屯请汗安向侍御诸人并童幼等及汗之政治众大臣好并奏言娑罗树上有海青孚雏寄于树间被花豹坏其巢卵雏俱伤苇塘中有鸿雁孚雏寄于芦之阴卵雏俱被白爪所害可奏闻圣上上以为比喻甚是遂撤大兵回国降旨云肇基之始所遇之大哈屯布尔德福晋乃父母所聘结发之妻后于征伐收纳之和兰难见家中布尔德福晋之面倘在众属人前发怒殊觉可耻可于九乌尔鲁克内遣一人先往告知布尔德福晋扎赉尔摩和赉情愿前往先赴大哈屯布尔德处叩头奏言上有旨云不守本业轻弃道统不听大臣献替之言栖止虎皮穹庐收服和兰人众因纳和兰哈屯布尔德福晋贤德哈屯降旨云哈屯布尔德伏思展辟疆土强大其国者在君上之威福其爱载辅翼者惟人主之藻鉴苇塘中鸿雁虽多加之以强弓硬弩任君之意国中女子虽多其禀赋有福者君自察之岂在家久恋女子耶抑或不施控勒而骑生驹耶尝言吉多则无凶灾少即是祥愿汗尊躯坚固我妇人何为也摩和赉即来迎奏汗大喜甚然之驻宿金亭从彼旋辕时阿尔噶逊浩尔齐携金胡琴竟夜住宿他处汗使博郭尔济摩

和赍斩阿尔噶逊浩尔齐伊等即召阿尔噶逊速来次早携酒两瓶而来汗尚未起博郭尔济在外奏言朝彩丽熙朝负辜人待理圣躬辛寤兴伏望降明旨玉殿含旭日金门祈早启深尤俟睿断恩布鸿慈矣汗乃起立召阿尔噶逊浩尔齐入尚未降旨博郭尔济摩和赍二人于是批其颊阿尔噶逊奏言如窝兰鸟正得意啼鸣之际适值海青飞来之恐惧也命世之主发威不胜惶恐之至自十岁随从未敢有放肆之处失于酒则有之寔无恶心至二十岁随从未敢有欺诳之处过于饮有之寔无毒念汗以阿尔噶逊口出善言浩尔齐无虚假而出之以诚遂宽宥焉。

其后，泰赤兀惕之布克·齐勒格尔①，于其房中掘一穴，覆毡于其上，兄弟共设盛宴来请之，曰：

方君幼冲之时也，
无知而尝相争斗焉。
见君之所向无敌也，
知实承天命之圣人矣。
语曰：恕同族人之恶，
其归附则速矣。云，
何须追咎往时之恶乎？
祈请降临我敝舍也！
主上闻言将行，乌格伦母夫人乃曰：语云：
勿以仇敌少而慢之，

勿以毒蛇小而轻之。

当防范而行之。"（成吉思合罕）遵言，曰："我母之命是也。"遂命："哈萨尔持撒带侍坐，别勒格台为司宴，哈赤斤②为掌马，斡赤斤③近我侍坐，九乌尔鲁克各入其室，三百九名宿卫在外守围之。"（分派已毕）遂行。

及至，乃入其室，主上欲坐毡中时，有智斡赤斤引坐于毡边矣。时有一妇人割取上所乘马之右镫而去，布克·伯勒格台见而追之，击断彼妇人之足，则孛里布克挥刀劈伤伯勒格台之肩，泰赤古特之伏兵即出战。神箭哈萨尔矢无虚发，（中者）应弦而倒，九乌尔鲁克护持主上，自左侧扶主上乘科尔沁之托克唐阿台吉之飘骝白马，未几，击败其众而收服焉。

其所以与泰赤古特结仇者，乃因先是巴塔察罕之裔，哈布勒合罕之七子，与巴塔斯罕之裔，阿木拜合罕之三子相恶，阿木拜合罕之十子来袭④哈布勒合罕之七子，杀其弟兄六人，掳其必塔国之八部人众时，巴尔达木巴图尔⑤等五人中三人负伤逃出焉。当时，巴尔达木巴图尔之长子也速该巴图尔，年方一十三岁，射穿全装甲胄之人，夺乘其马，从其父后而出，其妻赛音·玛喇勒·哈雅克（恐是"哈屯"之误——译注者），挈其捏坤，蒙克图，答嘿台等三幼子⑥，步行走脱而相会，自是失其国焉。

【注释】

①布克·齐勒格尔:沈曾植先生清译本笺证云"此即《秘史》不里孛可斫伤别勒古台。《秘史》蒙文解孛可曰:力士。然则布克齐勒格尔、布克伯勒格德依,犹言彼力士齐勒格尔,我力士伯勒格德依也。齐勒格对音与不里不近,'齐'盖贝字之误,俗书齐作峇,略与贝字下半相似,转展过录,遂致此误矣。又一说不里孛可为忽秃黑秃蒙古儿子,齐勒格即只儿哥,以二人同为太祖从兄,误以不里事为只儿哥,如战败王汗首功之人。《史》以为畏答儿。《秘史》以为主儿扯歹,《亲征录》又以为折里麦也。"案此说过于牵强,且有讹误,不足与论。

②哈赤斤:清译为"哈齐津"。王静安先生校注云"哈齐津即上哈齐锦,《元史》作哈赤温。"《元史》是。此从本书蒙文原文。

③斡赤斤:清译为"谔济锦"。张尔田先生校注云"案上文作谔楚肯,即乌济锦。《元史》之斡赤斤也。阁本谔作乌。"此用《元史》文。

④阿木拜合罕之十子来袭:沈曾植先生清译本校注云"泰亦赤乌为俺巴孩之后,阿木拜汗十子亦与俺巴孩同,对音则不近也。此事约略与《元史》海都事相近,盖传述旧闻而不能详也。"王静安先生校补云"阿木拜汗当即《秘史》之俺巴孩汗《元史》之咸补海罕。"王先生是。

⑤巴尔达木巴图尔:沈曾植先生清译本笺证云"能尔坦把图儿。"案"能"为"罢"之误。

⑥……三幼子:王静安先生清译本校注云"太祖祖母之名惟见于此。蒙格图上文作孟格图,塔埋台作达哩岱。"案用字音对即可。

【附录】

清译本文:越时岱齐果特之布克齐勒格尔在屋中刨一穴上覆以毡片弟兄设宴来请而诡云小人等从前无知向汝争竞今见汝所向克成知是天命之圣主从前激之使怒今首先归附幸勿追咎前罪祈降临寒舍汗即欲往乌格楞哈屯谏言勿以敌兵之少而轻之勿以毒蛇之微而忽之须加防范汗然之命哈萨尔持橐鞬坐侍伯勒格德依相势指示行事哈齐津照管马匹乌济锦相随起坐伊逊乌尔噜克入室派兵三百九名在外周围埋伏遂前往至彼入室汗欲坐毡中有智之谔济锦引坐毡边一妇人将汗所乘马之镫皮割断携去布克伯勒格德依追及断妇之足彼众欲斫布克伯勒格德依之肩岱齐果特之伏兵出战善射之哈萨尔矢无虚发应弦而倒伊逊乌尔鲁克等保护汗自左超乘科尔沁托克唐阿台吉之锈鬃白骠马遂击败彼众尽行收服岱齐果特等之所以结怨者从前曾有承袭必塔察干哈布勒汗之七子与承袭必塔斯干阿木拜汗之三子互相攻击阿木拜汗之十子乘马抢战哈布勒汗之七子内弟兄六人被戕八部之毕塔人众被掠巴尔达木巴图尔等五人内二人受伤脱出是时巴尔达木巴图尔之长子伊苏凯巴图尔年十三射一穿铁甲之人仆地即乘其马出而寻父而名赛音玛喇勒哈雅克之妇人挈讷哀蒙格图塔哩台三幼儿步行脱出自是失业之故也。

至此,踏彼凤仇于脚下,收彼妒者于掌中振旅而还。(一日)正坐宫中,忽自天窗落下一玉碗,降于主上手中,内有满盛而不溢,若酒而奇香之饮物,主上独自饮之,则其四弟曰:"主上奈何独享天之所赐也?"上然之,遂赐其所余,四人更相啜之,而未能下咽。四弟乃奏曰:"此乃汝父玉皇天尊赐与汝圣主天子之宝器甘露也,我等过言而争之矣。汝真我等命世之主也。后此行事,愿听令旨。"上乃降旨曰:"以我承皇天之命,曩即合罕位时,赐我以龙君之玉玺焉。而今值此胜凤仇也,天帝赐以甘露矣。以此度之,汝等所言盖是也①。"

即于是年,岁次癸丑,年三十二岁时,纳塔塔尔部也克绰罗②之女,济苏③、济苏凯④姊妹二人为夫人⑤矣。由是,成吉思合罕亲率大军⑥,驱逐契丹之阿勒坦合罕,而夺其国焉。

【注释】

①正坐宫中……汝等所言盖是也:此段文字荒诞不稽,盖佛教徒之所撰也。

②也克绰罗:沈曾植先生清译本笺证云"也客扯连。"是。

③济苏:张尔田先生清译本校注云"案钞本作斯。案《秘史》为也遂。"甚是。

④济苏凯:案《秘史》为也速干。亦是。

⑤姊妹二人为夫人:沈曾植先生清译本笺证云"此事《秘史》在壬戌,后此十年。"张尔田先生校补云"案《秘史》作也遂、也速干,此伊克绰罗与忽阑子也客扯连非一人,彼泰亦赤兀部人,此塔塔儿部

人。《秘史》亦云:成吉思将塔塔儿也客扯连女也速干做夫人,与此同。《秘史》文氏案语甚是。"

⑥由是,成吉思合罕亲率大军:清译为"自是汗率库期大兵"。据蒙文原文应为"全体大军,"原文似有讹字。张尔田先生清译本校注云"案库期疑库伦之讹。《秘史》蒙文作古列额惕,解为圈子,此译为翼,满洲语固伦翻义为国,取此。"案此与"古列额惕""固伦"无干。

【附录】

清译本文:今将先世仇人击败收获振旅而还升坐亭内忽见穹庐顶上有一玉碗盛奇香异味之酒满而不溢降至汗手内汗独饮之四弟言天恩岂可独享也汗然之将所余即递给四人虽饮入口竟不能咽奏言此天父玉皇上帝赐圣天子宝贝碗以盛甘露也前言误矣汝乃命世主可行政治我等随行可也汗降旨云天命在我从前塞北称君即得玉玺今甫降服旧仇上天降甘露由此观之尔等所言是也岁次癸丑年三十二岁聘塔塔尔部伊克绰罗之女济苏哈屯济苏凯哈屯姊妹二人为配自是汗率库期大兵灭金主而建业焉。

岁次甲寅,年三十三岁时,征服离地之国①,八十万契丹人之十三省。天下共称大命英雄成吉思合罕焉。

于是,唐古特之锡都尔固合罕,得闻(成吉思合罕)已取汉地之阿勒坦合罕之国而大惧,乃遣巴延萨尔塔固尔之子多尔通为使,奏请:"愿为君之右手而纳贡。"上许之,赏赉而遣归之。彼使者宿于泰赤古特之雅布哈家②,夜坐叙话中,谓曰:"汝等之合罕诚乃天之子也,奈其诸夫人则不甚佳丽,我古尔伯勒津高娃夫人,其容颜之光,夜不须烛③。"云云。时雅布哈之妻蒙古伦高娃者,适从合罕于行在。雅布哈乃贪缘密奏于上曰:"闻锡都尔固合罕之妻,淑姿古尔伯勒津高娃夫人,佳丽不伦,其容光能羞日月云,我天骄主上,必当取之。"

其后,主上遣使致唐古特之锡都尔固合罕曰:"吾将征讨萨尔塔古勒,汝当为我右手从征。"锡都尔古合罕曰:"即未尽收各国,何以称合罕为?狮者兽中之王也④,君为人之圣雄也,二者焉用友⑤?"于是,主上大怒设誓曰:"此命不替,终不恕汝,天父其鉴之。"洪吉喇特之瓦齐尔彻辰奏曰:"吾主何不降旨谓:生子至于成立,铁镫至于豁口,而自以御命设誓耶?

　　愿君之御命健康,
　　愿君之凶敌败亡,
　　愿君之贡民增殖,
　　愿君之声誉远扬。"

岁次乙卯,年三十四岁时,乃提兵征萨尔塔古勒⑥焉。萨尔塔古勒之扎里雅特苏勒德合罕⑦迎战于萨噶哩,塔尔巴噶台之地。时有苏尼特⑧之吉鲁根巴图尔,莽古特之忽余勒达尔⑨先锋二人冲头阵,攻杀扎里雅特、苏勒德合罕⑩,遂收服五部锡喇⑪萨尔塔古勒国矣。

【注释】

①征服离地之国:蒙文原文为"乌拉干,乌鲁斯","乌拉干"是蒙古语之"红","乌鲁斯"是蒙古语之"国",红国即指汉族之南国而言,姑译如文。清译为"鄂兰乌鲁斯"。张尔田先生校注云"案鄂兰众多之义,乌鲁斯即斡罗斯,此书叙事前后倒置,不足置辨。"案先生之说,"亦不足置辨"也。

②泰赤古特之雅布哈家:清译为"岱齐雅布噶之家"。沈曾植先生笺证云"《秘史》有宿卫人牙勒巴黑,殆即此人。岱齐即岱齐郭特,前哈萨尔追赶岱齐,文与此同。《秘史》无牙勒巴黑氏族,据此则泰亦赤兀氏也。"案前文"哈萨尔追赶岱齐"乃清译误文,未可与此文等同。

③容颜之光,夜不须烛:清译为"面色光莹,夜不须烛"。沈曾植先生笺证云"此疑缘太祖灭乃蛮纳古儿别速事附会之,此事叙在丙辰前,则多尔通当宋、金二史之李安全。"不见得,据蒙文原文应是使臣之名。

张尔田先生校补云"案《秘史》成吉思征合申种,其主不儿罕降,将女子名察合的献与成吉思,说:俺听得皇帝的声名,曾怕有来,如今俺与你做右手出气力。据《史》乙丑帝始征西夏,二年丁卯再征,四年己巳帝入河西,夏主李安全纳女请和。此当是初议征西夏时事,其言古尔伯勒津郭斡哈屯,即缘察合而附会者也。荒裔神话,不能以惇史论。"案先生之附会者亦甚矣。亦复何言?请参看拙作《新译简注蒙古秘史》有关注释。

④狮者兽中之王也:清译为"乃有兽中之猛狮"。张尔田先生校注云"案钞本'乃'作仍,阁本作'汗乃百兽中之狮狮。'"案据蒙文

原文,当如新译文。

⑤……二者焉用友:清译为"二者无须资助"。张尔田先生校注云"案此与太祖借兵唐兀惕主不儿罕征回回,其臣阿沙敢不言:你有气力既不能,不必做皇帝,不肯与军。相同。盖即此事,知其书取材非不见《脱卜察颜》者,但多为野言累之耳。"

⑥萨尔塔古勒:沈曾植先生清译本笺证云"《秘史》回回,蒙文均作'撒儿塔兀惕',此撒儿塔郭勒即撒儿塔兀惕也。"张尔田先生校补云"案洪侍朗引西人说,谓:是土著不逐水草迁徙之义。语出乞儿吉思。盖回回部落之通称也。"西人之说不见得是。似是语出梵语。词义之解亦非。

⑦扎里雅特·苏勒德合罕:沈曾植先生清译本笺证云"札里雅特·苏勒德汗即扎兰丁也。叙征回齐(似是"事"之误——译注者),阙略乃尔。"

⑧苏尼特:王静安先生清译本校注云"苏尼特当即《秘史》之雪你惕。"

⑨莽古特之忽余勒达尔:清译为"莽努特之贵里达尔"。王静安先生校注云"贵里达尔即《秘史》之忽余勒答儿,乃忙忽惕氏,与莽努特之音亦可比附。《秘史》又作忽亦勒答儿。《元史》作畏答儿。"案据蒙文原文,"莽努特"即莽古特之误。莽古特即忙忽惕。

⑩攻杀扎里雅特·苏勒德合罕:张尔田先生清译本校注云"案苏勒德即苏尔滩对音。《语解》作苏勒坦,旧译算滩,扎兰丁父也。扎兰丁称沙恒沙喝,其兵败被刺死,事在太宗即位之三年,详洪侍郎《西域补传》。"案称算滩者颇多,不能都成扎兰丁之父。

⑪沙喇:清译为"沙喇"。沈曾植先生清译本笺证云"西人称回种为沙兰,此沙喇即沙兰也。"未闻萨囊彻辰先生知西人语,难以如此比定。"沙喇"即蒙古语之"黄"。如上文注,蒙古人以西域人为

黄色人。此其是矣。

【附录】

清译本文：岁次甲寅年三十三岁据有鄂兰乌鲁斯中国十三省八十余万户民人之地称号岱岱明索多博克达青吉斯汗其代金主建业之声闻亘相传播土伯特地方之锡都尔固汗巴延萨尔塔固尔之子多尔通闻之甚惧遣使奏言愿纳贡赋以为右翼汗许诺厚赏而遣之其使住宿岱齐雅布噶之家夜坐谈论告以汝汗诚天子也奈哈屯等不佳我之古尔伯勒津郭斡哈屯面色光莹夜不须烛其雅布噶之妻蒙郭伦郭斡曾侍哈屯从汗于行在故雅布噶闻是语密奏云锡都尔固汗之妻锡鲁袞古尔伯勒津郭斡哈屯面色美丽明并日月殆皇天所宠锡主上请收之后遣使于土伯特之锡都尔固汗云朕今用兵于萨尔塔郭勒汝右翼其率兵前来锡都尔固汗答云各国虽未尽兼并乃有兽中之猛狮豪杰中之圣主之二者无须资助汗于是大怒誓之曰此命不亡终不恕彼天父鉴之洪吉喇特之斡齐尔彻辰奏言汗何不谕之曰生子至于成立镫铁至于残坏终必及之奈何轻至尊之身与之发誓愿汗寿域永固元凶尽灭臣民丰裕德望绵远岁次乙卯年三十四岁用兵于萨尔塔郭勒萨尔塔郭勒之扎里雅特苏勒德汗迎战于萨噶哩塔尔巴噶台地方彼时有苏尼特之吉鲁根巴图尔莽努特之贵里达尔和硕齐等二人引战遂杀扎里雅特之苏勒德汗据有五部之

沙喇萨尔塔郭勒人众。

岁次丙辰，年三十五岁时，进兵托克玛克①矣。托克玛克之蒙古力克·苏勒德合罕②，迎战于博克达达·哈苏鲁克之地。时有珠尔齐特之速别格台巴图尔③，珠尔肯之楚勒吉台巴图尔④二人冲头阵，攻杀蒙古力克·苏勒德合罕，而收服托克玛克国矣。

岁次戊午，年三十七岁时，遣使致克列特之王罕⑤曰："昔日娶我孛尔帖长夫人时，曾献衣著之最——貂皮端罩之父秩也。而今合一政令，为父子而相亲乎。"王罕不信，率其克列特部众来攻，遂迎战于斡难河之尾⑥——呼伦贝尔之饮水地⑦。时有卫喇特之都噜勒济太石⑧、乌里扬罕之哲勒墨诺延⑨、苏尼特之吉里根巴图尔⑩之子湍台彻尔必⑪等三人冲头阵，王罕逃遁，遂收服克列特之众⑫矣。

岁次庚申，年三十九岁时，征伐奈曼之图们合罕⑬，时，达延合罕率其八部必特根，以兵八万而进⑭，迎战于沙吉尔河上，时有乌古新之博尔忽勒诺延⑮、阿噜拉特博古尔济之子乌古伦彻尔必⑯、鄂勒固诺特⑰、呼察尔达什⑱三人冲头阵，逐出达延合罕，遂收服奈曼国矣。

岁次壬戌，年四十一岁时，进兵郭尔罗斯部⑲，郭尔罗斯之纳仁合罕，率其二十万郭尔罗斯，迎战于克哩什·库卜克尔之地。时有哈萨尔诺延、洪吉喇特之瓦齐尔彻辰、昂古特之图克德库驸马⑳、巴雅固特㉑之鄂里·阿克塔㉒四人冲头阵，生擒纳仁合罕，遂收服郭尔罗斯国矣。

岁次甲子,年四十三岁时,有哈尔里固特之阿尔萨兰合罕㉓者,乃骄横恃强之合罕也。扬言:"闻有自称圣主之帖木真者,兴兵而取诸国云,未始不来唯我此地也。语云:丈夫乃生于家,死于野者也。"遂兴兵而来。上闻而迎战于萨喇·格古勒之地㉔,时有扎赉尔之蒙古勒诺延。塔塔尔之锡吉呼图克㉕苏勒德斯之咱木拜达尔罕㉖,郭尔罗斯之万户官彻辰伯乞,瓦齐喇特㉗之扎木哈㉘等五人攻入,杀彼阿尔斯兰合罕,遂收服哈尔里古特国矣。

【注释】

①托克玛克:清译为"托克摩克"。沈曾植先生笺证云"此即《秘史》秃马惕。"案此非秃马惕。

②蒙古力克·苏勒德合罕:清译为"莽克里克·苏勒德汗。"沈曾植先生笺证云"莽克里克·苏勒德汗似即《秘史》之蔑力克王,秃马惕部长则歹都秃("忽"之误——译注者)勒也,疑亦误合二事为一。"案此与秃马惕事无关。

张尔田先生校补云"案苏勒德见上,莽古里克为玛里克对音,《秘史》之蔑力克也。苏勒德有威之称,犹言皇帝,曰沙、曰汗、曰玛里克,次之,皆西域王号。"甚是。

③珠尔齐特之苏别格台巴图尔,清译为"……苏伯格特依"。沈曾植先生笺证云"速不额台。"张尔田先生校补云"速不台乃兀良哈氏,非珠尔齐特。大约此书沿明人谬说,以兀良哈为东胡地,故云然也。"推测得有理。

④楚勒吉台巴图尔:沈曾植先生清译本笺证云"出勒古台。"

⑤克列特之王合罕:清译为"克哩叶特之翁汗。"张尔田先生校

注云"案额鲁特三有姓,惟土尔扈特姓不著,土尔扈特元臣,翁罕后。翁罕即王罕,亦即此翁汗,据此则姓克哩叶特矣。不言者殆因王罕为太祖所败而讳之,王罕本非元臣,亦当缘其子孙仕元而称之。土尔扈特世系列下:始祖奇旺·翁罕孙(衍——译注者)子苏赉、孙巴雅尔,曾孙孟克,孟克子二,贝果鄂尔勒克、翁贵。贝果鄂尔勒克二子,卓立甘鄂尔勒克、卫昆察卜齐。卫昆察卜齐子额齐葡台什,孙扎萨克图。卓立甘鄂尔勒克子和鄂尔勒克,和鄂尔勒克二子,罗藏、书库尔岱青,书库尔岱青第三子曰朋楚克,其子曰阿玉奇,孙曰沙克都尔扎布,曾孙曰敦罗布喇什,为渥巴锡父。孟克据《要略》作玛哈齐,孟克为翁罕六世孙,则奇旺去翁罕只隔一世,此世系恐尚有讹,苦无其他显证也。"

⑥斡难河:清译为"鄂诺河"。张尔田先生校注云"案阁本作嫩。"兹用《秘史》文字。

⑦呼伦贝尔之饮水地:张尔田先生清译本校注云"案鄂诺河即拉施特书之鄂尔河。呼伦贝尔今俄图枯伦淖尔。"案据蒙文原文,鄂诺为斡难之误。

⑧都噜勒济太石:沈曾植先生清译本笺证云"《秘史》斡亦剌部长忽都合别乞之子脱劣勒赤,尚火雷公主,即此都鲁勒济也。"

⑨乌里扬罕之哲勒墨诺延:清译为"乌梁罕之济勒墨诺延"。沈曾植先生笺证云"即济拉玛,扎尔楚泰子,见《游牧记》,《秘史》之察乃,《元史》之爪难也。"王静安先生校补云"者勒蔑。"张尔田先生校补云"案王说是也。太祖征王罕,者勒蔑为后哨。《元史·本纪》则云:帝遣折里麦为前锋,先与朱力斤部遇,次与董哀部遇,又次与火力失烈门部遇,皆败之,最后与汪罕亲兵遇,又败之,亦剌合见势急,突来冲阵,射之中颊,遂敛兵而退。《秘史》但详主儿扯歹,不及者勒蔑。此书与《元史》合,者勒蔑扎儿赤兀歹老人子,兀良哈氏。"

⑩苏尼特之吉鲁根巴图尔:清译为"苏尼特古里根"。沈曾植先生笺证云"前文之吉鲁根。元初有怯烈哥者,太祖微时已深自结纳,后率部族来归,太祖以旧好遇之,使为必阇赤长,朝会燕飨皆居上,此古里根疑即其人而氏族不同。"

⑪湍台彻尔必:清译为"博台察尔必"。沈曾植先生笺证云"即巴歹,察尔必官号。《至元译语》宰相曰阇里必。《武备志·译语》千总曰明暗扯力宾,把总曰扯力宾。"张尔田先生校补云"博台阁本作湍台,疑误。"据蒙文原文,似不误。

⑫遂收服克列特之众:清译为"据克哩叶特之众"。张尔田先生校注云"案克哩叶特即客列亦惕,旧作克列,讹略也。翁汗即王罕。呼伦贝尔地方《秘史》李注谓即巴泐渚纳海子,此叙破王罕事。都噜勒济、济勒墨、博台三人首功。《秘史》记此战云:太祖再于巴歹、乞失里黑二人行,将王罕的金撒帐并铺陈金器皿及管器皿的人,尽数与了。所以赏巴歹之功也。虽未及都噜勒济、济勒墨二人,则官私著述,互有详略,此书似可补《脱卜察颜》所未备。"

⑬图们合罕:张尔田先生清译本校注云"案此又记太祖与王罕合兵攻乃蛮事。据拉施特书,乃蛮亦难赤汗卒,有二子,太阳汗、不亦鲁黑汗,兄弟交恶,分国而治。《秘史》之古出古敦即不亦鲁黑汗,当此图们汗,音颇合也。《元史》译改博罗汗。"案此说颇可疑。又古出古敦是加从属格的部族名称,并非人名,亦非称号,且并不合图们汗音。这所谓图们合罕,似是达延合罕之误。

⑭达延合罕率其八部必特根,以兵八万而进:清译为"图们汗命必塔锦将八万兵往取达延汗奈曼之鄂拓克"。沈曾植先生清译本笺证云"必塔锦疑即《史·食货志》之八答子,钱氏说即《秘史》之巴歹,《木华黎传》之拔台,启昔理之弟也。"案此说无凭,附会太甚。必特根当是奈曼部内部之八个分部的总称,因为由八个部组成,所

以称之为奈曼部,"奈曼"即蒙古语之"八"也。

张尔田先生校补云"(达延)案即塔阳汗译音。"又云"案《元史》乃蛮,殿本译改奈曼,奈曼聚落之义。《七十一异域琐谈》村落谓之爱曼。"案奈曼并无聚落之意,亦非村落之名。仅指奈曼部而言,并无他义。爱曼当是爱玛克之误。

⑮博罗忽勒诺延:沈曾植先生清译本笺证云"即《秘史》之孛罗兀勒,《秘史》孛罗兀勒在主儿乞营中拾得。《元史》博尔忽许兀慎氏,与此乌古新音近。"案就是一个东西,标音用字不同而已。

⑯乌古伦·彻尔必:沈曾植先生清译本笺证云"斡歌列《秘史》谓之孛斡尔出之亲人。"其实就是他的兄弟。参阅拙作《新译简注蒙古秘史》注。

⑰鄂勒固诺特:王静安先生清译本校注云"斡勒忽讷兀惕。"

⑱呼济尔达什:沈曾值先生清译本笺证云"九十五功臣之阿只乃,即《宪纪》之和只纳。《元史》阿术鲁斡鲁纳台氏,与此和济尔名氏对音均近,殆即其人矣。"不像。

⑲进兵郭尔罗斯部:沈曾植先生清译本笺证云"用兵郭尔罗斯,盖即征斡鲁斯事,译者不欲言元帝征服所及,出今皇舆之外,故强指为今之郭尔罗斯耳。"按据蒙文原文如此,非译者所言。张尔田先生校补云"张石州《蒙古游牧记》以此为太祖遣弟哈布图哈萨尔征郭尔罗斯事。"似之。

⑳图克德库驸马:清译为"图克德库知济欢"。沈曾植先生笺证云"此人疑即是阿剌忽失的吉惕忽里,图克德库即的吉惕,和济欢即忽里也"据蒙文原文,当如新译文,清译有误,先生之说亦过于牵强。

㉑巴雅固特:王静安先生清译本校注云"巴雅固特当即《秘史》之伯牙兀歹氏。"

㉒鄂里·阿克塔:清译为"乌里·阿克塔"。沈曾植先生笺证云"《秘史》宿卫人豁儿忽答黑。"

㉓哈尔里固特之阿儿萨兰合罕:张尔田先生清译本校注云"案即喀耳鲁克部主阿儿思兰汗,亦西域部落也。喀尔鲁《亲征录》作哈剌鲁,与此哈尔里固特音译尤近。但《秘史》载:太祖命忽必来征合儿鲁兀惕种,其主阿儿思兰即投降了。来拜见太祖,太祖以女子赐他。而此乃以为战败被杀,殊异。"

㉔萨喇·格古勒之地:王静安先生清译本校注云"萨喇格古勒即《秘史》撒阿里客额儿之对音。"其实对不上。

㉕塔塔尔锡吉呼图克:沈曾植先生清译本笺证云"锡吉呼图克即《秘史》失吉忽都忽,《元史》之忽都虎也,其先拾得于塔塔儿营中,故以为塔塔儿氏。"

㉖咱木拜达尔罕:沈曾植先生清译本笺证云"咱木拜即前之秦拜,即《秘史》沈白,达尔罕即答剌罕也。"

㉗瓦齐喇特:清译为"彻辰伯奇斡齐抡"。沈曾植先生笺证云"彻辰即《元史》之薛禅,此伯奇斡齐抡疑即畏答儿之子忙哥。《亲征录》之木哥汉扎,《太宗·本纪》之蒙古寒剳,蘸木曷之兄也。《语解》罕札满语廉也。原作寒札,亦作汉爪。"此译大误,彻辰伯奇是上文万户官之名,与所谓"斡齐抡"无关。沈注从误。肆意附会,读者注意。按瓦齐喇特似是札木哈所属之部扎答兰(之复数形)之误。

㉘札木哈:清译为"扎穆噶"。沈曾植先生笺证云"扎穆噶疑畏答儿之子蘸木曷。今厄鲁特、辉特部之祖,曰元臣扎巴甘墨尔根,姓伊克明安氏,此扎穆噶盖即其人。《武备志·译语·地理门》野克明暗解大一千也。兀出揹明暗解小一千也。野克明暗即伊克明安,《译语》列诸朵颜三卫之间,则明世明安部落犹有在东方者。据

《秘史》忙兀与兀鲁两部,在太祖开国时功绩最多,兵亦最强,据《元史》东方之地,乃颜得其九五、诸侯得其十一、忙兀及兀鲁在其中,则其分地原在东北,乌浪汉是兀鲁,明安即忙兀,其先纳真把都,亦本勃端察尔之后,寔博尔济特氏,而别为一部。若辉特则疑又准噶尔称名之异也。"案此说颇离奇,似与札木合无关。

【附录】

清译本文:岁次丙辰年三十五岁进兵托克摩克有号博克达达哈苏鲁克德格埒托克摩克之莽克里克苏勒德汗者前来迎战于是珠尔齐特之苏伯格特依巴图尔珠勒根之楚勒吉台巴图尔等二人引战遂斩莽克里克苏勒德汗据有托克摩克之众岁次戊午年三十七岁遣使于克哩叶特之翁汗言前取布尔德大哈屯时事之如父母曾以貂裘为献今朕调剂庶政统一治道愿如父子相亲翁汗不信率克哩叶特之众兴兵前来迎战于鄂诺河下游呼伦贝尔地方彼时有卫喇特之都噜勒济台什乌梁罕之济勒墨诺延苏尼特古里根之子博台察尔必等三人首先转战遂降翁汗据克哩叶特之众岁次庚申年三十九岁用兵于奈曼之图们汗命必塔锦将八万兵往取达延汗奈曼之鄂拓克令其迎且守期会于河上彼时有乌古新之博罗郭勒诺延阿噜拉特之博郭尔济之子谔古伦察尔必鄂勒固诺特之呼济尔达什等三人先将达延汗逐出遂据奈曼之众岁次壬戌年四十一岁用兵于郭尔罗斯郭尔罗斯之纳琳汗率二十万郭尔罗斯师来迎战于克哩叶库卜克尔地方彼时有哈萨尔诺延鸿

吉喇特之斡齐尔彻辰衰古特之图克德库和济欢巴雅固特之乌里阿克塔等四人进战生擒纳琳汗遂据郭尔罗斯之众岁次甲子年四十三岁哈尔里固特之阿尔萨兰汗甚骄纵扬言曰汗博克达特穆津用兵于各处断无不来我之疆域者常言大丈夫生于家庭死于原野遂率兵前来上闻之迎于萨喇格古勒地方彼时有扎赉尔之孟郭里诺延塔塔尔之锡吉呼图克苏勒德逊之咱木拜达尔罕郭尔罗斯之图们诺延彻辰伯奇斡齐抡扎穆噶等五人进战遂斩阿尔萨兰汗据有其众。

岁次丙寅，年四十五岁时，征伐土伯特之库鲁格多尔济合罕也，土伯特之合罕乃遣尼鲁呼诺延为首之三百人，贡献其众橐驼，会主上于柴达木之地①，奏请愿降之意，则主上许之，大加赏赉其合罕及其使者而遣焉。上因致书仪于萨嘉·察克·罗咱瓦、阿难达·噶尔贝喇嘛，曰："兹遣还尼鲁呼诺延也，当即请汝，但为我世事尚未完竣。故未请耳。我且于此奉汝（教），汝其在彼佑我乎！"由是，收服格哩三部②以下之三地八十万黑土伯特之众矣。

由是，即其此行，进兵印度也，抵齐塔纳凌岭麓时，驰来一顶生独角名曰萨如之兽，在主上前三屈其膝而拜焉。众皆惊异之间，上乃降旨曰："闻彼印度瓦齐尔图地方者，乃古来降生佛尊、诸菩萨、诸圣君之地也，而今此不能言语之兽类，拜之如人者何哉？若再进，难料其有不意之事，此盖上界天父其止我乎？"遂班师而还营③矣。

【注释】

①柴达木之地：张尔田先生清译本校注云"案《西域赋注》西北又由羊八井至桑托罗海，越红塔尔，过拉纳根山，即腾格哩诺尔，蒙古语天池也。乃达木蒙古游牧之处。即此柴达木疆域矣。今为青海和硕特西右翼中旗牧地。"

②格哩三部：清译为"阿里三部"。张尔田先生校注云"案阿里三部，即前所云古格姓氏汗，弃苏农之支裔也。尝怪太祖兵威震西域，而《史》于西藏乃略无一言，得此差可补遗，《证补》引多桑书，太祖十七年在印度河上游，次年欲从印度东入梯伯特，以征西夏云云。"梯伯特即土伯特，则绥服西藏正当其时，其语必非多桑氏所能臆造，洪氏过信。《西游记》而疑之何也。

③……遂班师而还营：张尔田先生清译本校注云"案《元史·本纪》十九年帝至东印度国，角端见班师，事在征回国后，角端事《辍耕录》《耶律楚材碑》皆载之。"

【附录】

清译本文：岁次丙寅年四十五岁用兵于土伯特之古鲁格多尔济汗彼时土伯特汗遣尼鲁呼诺延为使率三百人前来进献驼只辎重无算会于柴达木疆域汗嘉予之遂大赉其汗及使臣而遣之上因致书并赞仪于萨嘉察克罗咱斡阿难达噶尔贝喇嘛云尼鲁呼诺诞之还也即欲聘请喇嘛但朕办理世事未暇聘请愿遥申皈依之诚仰恳护佑之力由是收服阿里三部属八十万土伯特人众遂进征额讷特珂克直抵齐塔纳凌岭之山脊遇一独

角兽名曰塞鲁奔至汗前三屈其膝而叩众皆骇异上论之曰彼额纳特珂克之斡齐尔图萨固琳者乃古昔降生佛菩萨大圣人之地今此不能言语之兽类乃肖人叩拜者其故何哉我等若到极至之处不知又当何如此盖朕之天父藉此以示禁钦遂振旅而还。

其后,遣使谕萨尔塔克沁之谙巴海合罕①曰:"当即纳贡归附。"该合罕不从,拒之曰:

"攻彼不警之国,
突袭而惯掳者;
误料我谙巴海,
何家居而骄纵乎!"

言讫,遣之。主上大怒,乃降旨曰:"谚有之'与其出大言,莫如大口啖'。

吾奏天父之命,
曾败十二强罕,
唯期国治民安。
今既出此大言,
我天父其鉴之。"

岁次戊午,年四十七岁时出征。谙巴海合罕提兵十万,来迎于拜噶勒江②,大战三日。时主上身先士卒,与阿喇拉特③之博古尔济诺延,扎赉尔之木合里诺延④,苏尼特之吉鲁根巴图尔,莽忽特之忽亦里达尔先锋⑤等率先冲入,杀得积尸如丘,斩谙巴海合罕,尽降其属众矣。

【注释】

①萨尔塔克沁之谙巴海合罕:沈曾植先生清译本笺证云"此亦征西域回回国事。"张尔田先生校补云"案萨尔塔郭斡,前文已见,谙巴海为其王名,音译无征,疑亦苏尔滩事,而传闻异词也。"

②拜噶勒江:张尔田先生清译本校注云"案拜噶勒即《秘史》不合儿城,一作布哈拉,《西域见闻录》布哈拉回国也。在叶尔羌西,即此。又作布哈尔。拉施特书纪围城事最详。"此事颇可疑,待考。

③阿喇拉特:即阿噜拉特。

④木合里诺延:清译为"蒙郭里诺延"。沈曾植先生笺证云"木华黎"。张尔田先生校补云"案木华黎未尝从征西域,与孛斡儿出并举,殊不可解。此役有功者为者别、速别额台二人,殆因此误传。"

⑤忽亦里达尔先锋:清译为"贵里达尔和锡郭齐"。沈曾植先生清译本笺证云"前作贵里达尔和硕齐。"张尔田先生校补云"案吉里别本作古里,阁本作贵里,据改。"其实忽亦里达尔也未尝从征西域。

【附录】

清译本文:遣使谕令萨尔塔克沁之谙巴海汗令谕诚纳贡其汗不从屏使臣而拒之曰安居之众乃加以强掳遂肆意而行耶我谙巴海不畏强侮何有于苟且安居耶遂

遣还汗大怒曰谚有之出大言者招损朕承天父之命曾败十二强汗以期国治民安今彼如此大言天父鉴之岁次戊辰年四十七岁用兵于谙巴海汗谙巴海汗率兵十万迎战于拜噶勒江地方格斗三朝上躬自督兵维时阿鲁拉特之博郭尔济诺延扎赉尔之蒙郭里诺延苏尼特之吉鲁根莾努特之贵里达尔和锡郭齐台等争先进战大败之斩谙巴海尽降其所属遂撒萨尔塔克沁之大兵焉。

征彼萨尔塔克沁之大战后，圣主乃为理大国之政事，自九乌尔鲁克以下，凡效力者，分别轻重，依次赐与大爵重赏厚禄，命为百户、千户、万户，督万户之官。虽赉及广大人众，而未言及博古尔济诺延。乃夜命伯琴奴守卫而入息也。孛尔帖彻辰夫人在帐中进言曰：

"当君在孤穷之时，
相逢而终为良友；
克成君艰辛功业，
不惜其身命者非博古尔济乎？
君既为人主合罕，
广施恩泽于大众；
讵忘效力出众者，
为人杰之博古尔济耶？"

上乃曰"吾非忘之,唯欲使忌妒者知博古尔济之德耳。伯琴奴汝其往觇之,彼断不怒我,殆在其家作善言乎!"言讫,遂遣伯琴奴去,则适闻其妻特古斯根高娃言曰:

"得遇于未成立之前,
辅弼其所有之政事,
成就其凡百功业,
效力多于他人者也。
忘汝生身之父母,
抛汝怀抱之妻孥。
每谓:为我主效力,
今虽辛劳终获福焉云。
(今)圣主之恩及于众庶,
称与否尽为千户、万户,
未提及汝博古尔济焉。
凡为博尔济斤效力者,
均当以汝为戒。"云云。
博古尔济闻言对曰:
"有恩赐则未可贪饕,
当向前则更益效力,
有俸给则未可争先,
当效力则永为从赞。
汝妇人之髻头短而所见者浅也,

唯愿我主之金统永固，
愿其玉宇大国太平，
则今虽未获（赏赉），
其必赖及后世子孙，
何须急首而怨望也！
更当奋勉效力乎！
盖欲试出何言语耳，
吾主岂能忘我哉！
圣主心中必别有深意也！"云云。

伯琴奴悉奏其言于主上，则主上曰："吾非言之乎！先则效力出众焉！今则无显隐不晦其诚信而言焉。难料彼庸人之嫉妒也，诘朝当宣告博古尔济此德于众，而加大赉乎！"翌晨俟大众毕集，主上乃降旨曰："昨我施恩赏众时，却忘博古尔济焉。故此，（昨）夜孛尔帖夫人责怪我，适有僮仆过博古尔济之家，以博古尔济、特古斯根二人之言告我焉。"遂尽述博古尔济夫妻二人所言，且降旨曰：

"至令破敝其股皮撒袋，
仍出善言之我博古尔济；
值乱世而善事相从，
未悔其心之我博古尔济。
至令破败其毛皮撒袋，
多劳相从之我博古尔济；

值争战而舍死相从,
未惜其命之我博古尔济。

是故我九乌尔鲁克等群臣,汝等众庶人等,未可怀嫉妒之心。若夫不重赏彼多劳效力之人,则不足砺后世效力之人也。惟因博古尔济先遇而多劳,兹所以重赏之由也。"群臣乃咸奏曰:"主上顷降赏于不及彼者,并不提及博古尔济诸延者何也?共料以主上之明,当别有一意焉。原来其意若是,我等何敢忌妒,此旨宁非爱我众人之意乎!"云云。

于是,主上乃降旨:"在内则守我玉宇大统,在外则主我五族之国①,守我宏声之画角者,九部之长、其人杰博古尔济②乎。"赐与其妻特古斯根高娃夫人以太夫人之号③,封博古尔济为九乌尔鲁克之首,九部之长④焉。

【注释】

①五族之国:清译为"塔本翁格之众"。张尔田先生校注云"案木合黎作左手万户,孛斡儿出作右手万户,西边直至金山皆归孛斡儿出管,故此云据有五种塔塔儿之众。翁格即汪古对音。"案翁格并非汪古对音,详见前文注。

②人杰博古尔济:清译为"库鲁克博郭尔济"。张尔田先生校注云"案库鲁克超群之称,又作乌鲁克,译义为大。"案库鲁克不能"又作乌鲁克",详见拙作《新译简注蒙古秘史》该条注文。

③……太夫人之号:王静安先生清译本校注云"阎复《太师广平贞宪王碑》太祖视博尔术夫人蔑里乞真,不废丘嫂礼。"

④封博古尔济为九乌尔鲁克之首,九部之长:清译为"封博郭尔济为伊逊乌尔鲁克之长,九部落之诺延。"沈曾植先生笺证云"伊逊九也,乌尔鲁克部落也,诺延官长也。下句即译上句意。"案乌尔鲁克犹言"卿士",非"部落也"且下句并未译上句之意。

王静安先生校注云"此卷记蒙古事,事实错误,年月颠倒,蒙古人之不能纪远如是。"这算是说对了。但只作者之误而已,并非蒙古人皆如是,先生之说亦误。

【附录】

清译本文:汗以伊逊乌尔鲁克以下效力有名人众俱为国效力著有勋劳编次美号显爵重赏厚禄以施恩行赏至于百十万亿皆作诺延并大赉所属大国亦复如是而弗及于博郭尔济诺延夜晚当入息时巳饬博郭勒巴沁迨入息布尔德福晋彻辰宿台哈屯在寝室曰汝途穷之时扶持交结扫除僭乱成汝大事奋不惜命者得非博郭尔济乎明主人君普惠泽于大众徒劳绩宣著效力出众之博郭尔济奈何忘之汗曰朕非忘之欲使忌妒者知博郭尔济之德也谕近侍博郭勒巴沁曰汝往觇之彼断不怨朕殆安居好言以待之耳遂遣博郭勒巴沁前往伊妻特古斯恩郭斡云遇于未兴之前竭力辅政成其万难之事我等效力过于众人汝忘生身父母抛去妻子不分尔我效力于汗汝以为今虽劳苦终可安乐今主上施恩众属赏逾千万而并未提博郭尔济此辈之效力博尔济锦者非由尔之指示乎博郭尔济答曰饮食则无事贪饕护卫则期以尽力虽未得一体受恩不必怀怨恨惟窃自赞

助宣力效劳是图尔量浅妇人所见者短我汗尊躯永固据此大宝一统太平当时虽不加恩于我必施及后世子孙无烦急切怨望益当奋勉效力汗盖试我耳断不忘我此必别有深意也博郭勒巴沁将此悉行奏闻汗曰朕不云乎伊从前曾出众效力今无分隐显出言肫诚不移不似寻常人等少怀嫉妒之心明日将博郭尔济如此之德宣谕于众大施恩赏至次日集众属降旨曰曩昔朕施恩赏众遗忘博郭尔济至晚布尔德福晋哈屯坐谈怨朕有近侍过博郭尔济之家将博尔济特古斯恩二人坐谈之语悉皆奏朕遂述博郭尔济夫妻二人问答之言且曰股皮撒袋至于破坏而仍出好言者博郭尔济是也扶持颠危而终怀好意不贰其心者博郭尔济是也有毛撒袋至于朽烂而分外效劳者博郭尔济是也舍死鏖战奋勇不惜身命者博郭尔济是也今伊逊乌尔鲁克等大臣官员至于众人尔等勿生忌妒似此出众效力之人若不重赏则阻将来报效之路博郭尔济首先遇合宣力效劳朕将施恩重赏以旌异于众众大臣官员奏云顷蒙汗宠锡并不提及博郭尔济盖汗之明有意存焉以此观之良有以也我等何敢忌妒此旨非所以爱我众人也汗曰其赐号为内而辅助朕之大统外而据有塔本翁格之众董率震动山岳师旅之九部落诺延库鲁克博郭尔济其妻特古斯恩郭斡赐号曰太夫人又赐封博郭尔济为伊逊乌尔鲁克之长九部落之诺延。

蒙古源流卷四

由是主上乃降旨曰：
"奏我上界玉皇天父之命，
收服天下十二强逆合罕；
令暴乱横行之诸小罕归正，
辛劳开辟我大国之疆域焉。

世事已大略就绪矣，而今聊可息养我身心乎！"遂自戊辰纪年至丙戌年之十九年间，休养生息，制理其大国之政，奠定其玉宇之基，俾得手有所置，足有所踏，安居而乐业，致大国于康乐之境。当此之时也，合罕及其众庶，共享如天堂之福矣。

其后，主上降旨曰："一则先曾设誓焉。一则而今独有唐古特国尚未伏焉。"因闻锡都尔固合罕有一黑喙长毛黄犬，能晓预兆，圣主乃树其九斿之白纛，行兵三年，且行且营之。其犬之吠也，声若平善，则无敌，吠若嗥啕，则有敌。因已知主上将行兵,嗥嗥三年矣。而(锡都尔固合罕)以我此犬已老,不能示预兆,遂安居不惕①。

岁次丁亥,三月十八日,行兵唐古特国之途中,围猎于抗爱山也,主上已先知而降旨曰:"即此猎也,将有一草黄母鹿,一苍色狼,二者被围,则当放生,其勿杀之。将有一骑青马之黑人被围,则即生擒之来。"遂遵旨纵被陷围之苍狼,草黄母鹿二者,执彼黑人,解至主前。主上问曰:"汝属何人,何为而来者也?"对曰:"我乃锡都尔固台罕之人也,锡都尔固合罕遣我侦探也。

我乃全唐古特莫比之一
称"驰者哈剌布通"②也,
我黑首殆落地之时欤?
眼见中已束手就擒矣。
凡有足者不可追及之一
称'善走之钢足青马'也,
其四蹄殆拳跼之时欤?
竟未能动转而就擒矣。"云。

主上降旨曰:"此可谓真英雄也。"遂未杀焉。又问曰:"闻汝合罕有神通,其变化何如?"对曰:"俺合罕清晨则化为黑花蛇,日中则化为斑斓虎,曛暮则化为淡黄色童子,彼乃不可擒者也。"

由此,进军中,僮仆伯禽奴③奏曰:"君之弟哈萨尔于会饮中,曾握忽兰夫人之手焉。"主上遂遣伯琴奴,向哈萨尔索取皂雕翎。(哈萨尔)曰:"虽为天下之共主,取皂雕翎则弗如我也。"遂与皂雕翎焉。然谓虫蛀,不取而还。命杀宾鸿④来,而复遣之。适见宾鸿飞过,(哈萨尔)乃问伯琴奴曰:"自为首者,当射第几?"对曰:"射其黑黄之间。"遂射断其喙而与焉。(又)曰"理当献合罕以皂雕之翎,此非是,乃宾鸿也,且已血污矣。"不受而还。于是主上于怒中见穆纳山⑤而降旨曰:

"盖此地也,
将亡之国可以寨之,
太平之国可以营之。
饥饿之鹿可以果腹,
老耄之人可以息止。"

正言间,忽见一鸥鹑栖于树杪而鸣,主上心疑,曰:"哈萨尔!射死此恶物!"哈萨尔即(奉命)射之,则适鸥鹑飞去,中一喜鹊而被杀矣。于是主上乃责之曰:"先时汝曾同七晃忽坦叛去焉。言及今日,索皂雕翎时吝惜焉,而今令杀此恶声之鸥鹑,则反杀此告喜之喜鹊焉。"遂命执缚哈萨尔,令四人守之。于是乌尔鲁克诺延等奏曰:"窃闻,善者常被恶者侵,上德常因下行损。此告喜之喜鹊为恶证之鸥鹑所侵矣。愿吾主释御弟哈萨尔。"主虽然之,因思先入谗僭之言,而未释焉。

【注释】

①……遂安居不惕：清译为"未加防范"。沈曾植先生笺证云"锡都尔固汗即《亲征录》之夏主失相儿忽，庚午纳女请和者也，蒙古伐夏，前后经历四主，十八年，初纳女者为安全，继之者曰遵项，遵项传位于子德旺，德旺卒，睍立一岁而国亡。《秘史》始终称之曰不儿罕，此则前后皆称锡都尔固汗，不儿罕华言为佛，锡都尔固当亦梵语嘉称，盖夏主世世称之，如西辽之古尔罕也。《黑鞑事略》云：霆尝见王檝（疑作王楫）言，向随成吉思攻西夏，西夏国俗，自其主以下皆敬事国师，凡有女子必先以荐国师，而后敢适人，成吉思既灭夏，先脔国师，国师者比邱僧也。""此成吉思荼毒河西僧人之事。此书叙伐夏事，于成吉思多诬词，由喇嘛先世怀蓄旧怨，俗语不实，流为丹青，其徒世世传之，信焉不疑。不罕儿既佛，称锡都尔固，又有呼必勒罕之目，与史所载安全，遵项行事殊不相符，国主、国师本是二人，传者殆并而一之，无从证辨矣。"案"锡都尔固"并非梵语，更非嘉称，乃是蒙古语"忠顺"之意。详见拙作《新译简注蒙古秘史》注文。

张尔田先生校补云"案《秘史》卷十四云"将不儿罕改名失都儿忽、命脱仑杀了。据此书则失都儿忽乃其原号，失都儿忽者胡图克图之对音，谓再来人也。或太祖轻蔑佛教，夏主既降，乃以喇嘛所给之遵号加之，作史者遂以为改名矣。《亲征录》作失相儿忽。"相"是都字之误，当据《秘史》校正。案"锡都尔固（失都儿忽）"的词意如上文注，并非胡图克图之对音。"胡图克图"者犹言真人也。下文应据《秘史》校正，参阅拙作《新译简注》本注。

②驰者哈喇布通：清译为"善驰之黑野豕"，此乃人之名号，属于特定名词，故未可意译，且其意译亦误。"哈喇"诚然是"黑"的意

思,而"布通"在这里却无"野豕"之意,乃是指仅次于巴图尔(将军)之将佐而言。全句则犹言神行太保也。

③伯琴奴:清译为"博古勒巴沁",案"博古勒"即蒙古语之奴隶,"伯琴"即此奴之名。沈曾植先生笺证云"此即《秘史》所载蒙力克子帖卜腾格理潛哈撒尔事,博古勒即蒙力克,误以其子事属诸其父。《武备志·译语》端公曰卜。此所谓博古勒巴沁如言博古勒端公也。《秘史》称蒙力克之子曰天巫,此称博古勒曰端公,传闻小异,其为妖妄一也。"案此段注文,用典混乱,牵强无理,先生其醉矣乎?

④宾鸿:蒙文原文为"哈喇,哈勒真",即宾鸿也。清译为"骨顶",误。

⑤穆纳山:王静安先生清译本校注云"纳穆当从下文作穆纳。《明史·鞑靼传》阿鲁台后为脱脱不花所袭,妻子死,挚畜略尽,独与其子失捏干等,徙居母纳山,察罕脑剌等处,又《瓦剌传》也先复逼徙朵颜所部于黄河,母纳地。穆纳即母纳,其地当在河套左右。"张尔田先生校补云"案阁本作穆纳,诸本皆倒,今改。"案穆纳山似指今之大青山或贺兰山而言。

【附录】

清译本文:由是汗降旨云承玉皇大帝汗父之命驾驭天下十二强汗平定诸恶劣小汗有劳大臣官员等赞成大事今须养息身心自戊辰起至丙戌年安居一十九年政修统叙鸿章巩固上下安居君臣黎庶共享太平又降旨云一者先曾有言布告二者今惟唐古特人众尚未归附先是锡都尔固汗之黑鼻黄犬能知先兆将九斿白纛请出设立行兵三年其犬若无敌时则好声缓吠若遇有敌

则嚷因知汗欲加兵遂嚷三年而锡都尔固汗以此犬既老无先兆矣未加防范岁次丁亥三月十八日行兵唐古特之便于杭爱之地方设围汗以神机降旨云今围中有一郭斡玛喇勒有一布尔特克沁绰诺出此二者毋杀有一骑青马之黑人可生擒前来遂遵谕将郭斡玛喇勒布尔特克沁绰诺放出将黑人拿至汗前汗问曰尔系何人所属因何至此答云我乃锡都尔固汗属人遣来哨探者我名超诸唐古特素号善驰之黑野豕今殆我黔首将灭之时乎束手就擒此青马素负库斯博勒特之名众畜莫能及今岂四蹄疲软乎何并未动转遂尔被擒汗降旨云此人果系大丈夫遂未杀又问云人言尔汗向称呼必勒罕彼果如何变化答云我汗清晨则变黑花蛇日中则变斑斓虎晚间则变一童子伊断不可擒忽于途间有近侍博古勒巴沁者以汗之弟哈萨尔会饮之际曾握和兰哈屯之手奏闻于汗汗遂遣博果勒巴沁向哈萨尔索取大皂雕翎哈萨尔云今以临御大众之君索取大皂雕翎因将上好大皂雕翎呈献云是旧物不受而去又命射取骨顶哈萨尔见骨顶飞来问博果勒巴沁云自为首者起当射第几对云于黄黑之间射之因射断鼻梁以献之而却之日汗所喜者索取大皂雕翎耳此系骨顶且被血污又不受而去汗于是发怒发见穆纳地方降旨云此乃废国当隐避太平当优游宜猎捕麋鹿以为休息老人之地正谈论间忽一鸱鸮鸣于树杪汗疑之呼哈萨尔云为我射此恶鸟哈萨尔遂射之矢发适鸱鸮飞去适有一鹊落下

遂被射杀汗因嗔责云前此尔与多伦鸿郭达同专征伐曾索取大皂雕翎吝惜弗予今令杀此恶劣鸱鸮反杀祥瑞之鹊因缚执哈萨尔派四人看守之尔时乌尔鲁克诺延奏云吾主亦知妙绘每变色于恶染贤德多受惑于小人之私乎将以恶劣鸱鸮移祸于祥瑞之鹊乎乞将弟哈萨尔恕免汗虽以为是因为释先入谗谮之言未赦。

由是，至唐古特，围图尔默海城①三重而攻之。时，其咒者哈喇刚噶媪，登上城楼，摇动黑旗而咒之，则人马成群倒毙焉。苏伯格台巴图尔乃奏于主上曰："我主！大军人马将尽矣，今可放出哈萨尔令试射之乎？"主上准奏，命哈萨尔乘其飞翼黄骠马来，使射之，则哈萨尔主射裂彼媪之膝盖眼而杀焉。

于是锡都尔固合罕化为蛇，则主上化为飞禽之王鹍鹏；及其化为虎，则主上化为兽中之王狮子；及其化为童子，则主上化为玉皇上帝②焉。锡都尔固合罕遂势穷而被擒矣。锡都尔固合罕曰："杀我则害及汝身，赦我则害及汝嗣。"主上曰："不妨害我此身，善于我子孙可也。"或射之，或砍之，俱不能伤。锡都尔固合罕曰："汝等他刃毋能伤我，唯用我靴底所藏之三折叠卷密萨哩钢刀③方可。"取出其刀时，又曰："而今汝等杀我焉，我身若出乳，则害及汝身，若夫出血，则害及汝嗣。再者，汝若自纳我古尔伯勒津高娃，当细细搜检其全身。"云。于是，用其密萨哩钢刀断其颈而杀之。则其颈出乳焉。

既如是杀锡都尔固合罕,纳其古尔伯勒津高娃夫人,
并收服密纳克④,唐古特国。共议欲往阿勒台山之阳⑤,哈
喇江⑥畔避暑。时众皆惊异古尔伯勒津高娃夫人之妍丽,
古尔伯勒津曰:"我之容颜,前此则更胜于今,此为汝军之
战尘所蔽而减色矣。若得沐浴于水,可复先时之光颜
矣。"(主上)曰:"然则,汝其自便浴之。"古尔伯勒津高娃
夫人遂欲往哈喇江畔沐浴,及至,则其父家所饲之一鸟在
焉。待彼鸟翔来其上空时执之。乃曰:"我羞于汝等众从
者,汝等且止兹,我将独往沐浴。"言讫而去,乃作书曰:

> 我将投此哈喇江而死矣,其勿顺流寻我尸,当溯
> 水而寻之。

书毕,系于鸟颈而纵去。浴毕而归,则其光艳果增
矣。及夜,寝后,遂伤主上,金体不预。古尔伯勒津高娃
夫人乘间逃去,投哈喇江而死矣。从此至今,遐迩皆称哈
喇江为哈屯额克(母夫人)⑦江矣。

其后,居汉地宁夏城之乃父,赵氏沙克扎旺节,依其
女所言而来,寻其尸而未获,仅得其镶珠袜一只,人各添
掷一锹土葬之,遂称为铁丘之岗⑧云。

【注释】

①图尔默海域:清译为"图尔默格依城"。王静安先生校注云
"友尔《马哥波罗游记》注谓:萨囊彻辰屡说西夏之衣儿格依城,今
此书纪西夏城邑仅两举图尔默格依城,不知汉译西译何以互异,衣
儿格依城《元史》作斡罗孩城,《地理志》作兀剌海城,《秘史》作额理

合牙,又作兀剌海。"

张尔田先生校注云"案此说非是辨见下。静安又引屠氏说,谓即灵州,则与余合。"案据《秘史》图尔默海即灵州。所谓衣儿格依者乃《秘史》之额理合牙,即今之银川也。余皆蛇足参差不类。

②……则主上化为玉皇上帝:此等变化之说,盖佛教僧徒无稽之谈,上文下文亦多荒唐之说,自然不足凭信。无奈作者不辨真伪而笔诸青史,不免鱼目混珠,读者未可信从也。

③密萨哩钢刀:张尔田先生清译本校注云"案蒙文社本引《蒙古史要》云:有三折肚带,以此勒死。"案蒙文社本并无此种引语。

④密纳克:沈曾植先生清译本笺证云"《武备志·译语》满剌曰忒四蛮。"满剌即此密纳克,忒四蛮即《元史》之脱思马也。明末火落赤所据地曰莽剌川,莽喇亦满剌之异文。

⑤阿勒台山之阳:清译为"阿勒台汗山之阳"。张尔田先生校注云"案阿勒台汗山即阿尔布坦山,在鄂尔多斯右翼中旗西北。"王静安先生校注云"阿勒台汗山当是贺兰山,《秘史》作阿拉筛。"案据蒙文原文为:阿勒坦合罕",这里的"合罕"是大山之意,非指帝王而言。故清译"汗"字误衍。其他说词,亦当考证。

⑥哈喇江:张尔田先生清译本校注云"按哈喇江蒙古语喀喇乌苏,译言黑水也。即吃那河,为无定河之别源。《游牧记》引元朱思本《河源记》吃那河源自古宥州,东南流过绥德州,凡七百里,与黄河合。《全边略纪》所谓东胜边外哈喇河是已一说,拉施特书哈喇没辇,洪氏《证补》谓是黄河,此哈喇江当亦指黄河也。"据传闻当指今之黄河一支流。

⑦哈屯额克(母夫人)江:此似佛教僧徒附会之妄说也。考蒙古语词义,罕(或汗)山指高山而言,非帝(或王)山之意。反之,哈屯河则指深水(或大河)而言,非后(或妃)河之意。蒙古兴起之初,

命名黄河为哈屯河,盖因其当时所见最大河之故欤?

⑧……铁丘之冈:清译为"铁芦冈",颇感费解。张尔田先生校注云"案此真齐东野人之谈,可以作蒙兀儿小说观。据拉施特书,太祖崩时,合申主乞降而未至,更不容有此事,盖此书本私撰。拉施特亦不免间有讳略。似仍当以《秘史》为信。"所见甚是。

【附录】

清译本文:至唐古特地方将图尔默格依城围困三层有善法术之哈喇刚噶老媪在女墙上摇动青旗施镇压之术倒毙骟马二群苏伯格特依巴图尔奏汗曰吾主今军中骟马将尽试令哈萨尔出射之汗以为然将备用之淡黄马给哈萨尔乘骑令其发矢哈萨尔即指老媪之膝盖射之应弦而毙锡都尔固汗遂变为蛇汗即变为鸟中之王大鹏又变为虎汗即变为兽中之王狮子又变为童子汗即变为玉皇上帝锡都尔固汗势穷被擒遂云若杀我则害于尔身若免之则害及尔后裔汗云宁使我身被害愿我后裔安善因用箭射刀砍俱不能杀锡都尔固汗云任尔以诸般锋利之物砍我无妨惟我靴底中藏有三折密萨哩刚刀方可刺砍遂搜取其刀又云尔等杀我若我身乳出则害于尔身若血出则害及尔后裔再古尔伯勒津郭斡哈屯尔若自取可将伊身边详细搜看遂将彼之密萨哩刚刀砍其颈杀之乳出即取古尔伯勒津郭斡哈屯并占据密纳克唐古特人众汗欲在彼阿勒台汗山之阳哈喇江岸边过夏其古尔伯勒津郭斡哈屯甚美丽众多奇异之古尔伯勒津郭斡哈屯云从前我之颜色尚胜

于此今为尔兵烟尘所蒙颜色顿减若于水中沐浴可复从前之美丽于是令其洗浴古尔伯勒津郭斡哈屯前往哈喇江岸边沐浴时有其父家中豢养一乌绕空飞至因获住向随去人曰吾为尔等羞尔俱留于此吾独往沐浴言讫遂往写书云我溺此哈喇江而死毋向下游寻我骨殖可向上游找寻因将书系于乌颈而遣之出浴而回颜色果为增胜是夜就寝汗体受伤因致不爽古尔伯勒津郭斡哈屯乘便逃出投哈喇江而死从此称为哈屯额克江云后其父因宁夏赵姓女子沙克扎旺节所寄之信来寻骨殖不获仅得纯珠缘边袜一只令每人掷土一撮遂称为铁芦冈云。

由是,主上伤重,沈疴弥留,乃降旨曰:
"我元配孛儿帖贤德夫人,
我宠幸之忽兰、济苏、济苏凯①三人;
我俊杰良友博古尔济诺延,
我善事赞力之九乌尔鲁克。
我坚若铁石之四弟,
我俊若良骥之四子,
我如铜卮之众官诸诺延②,
我充盈之府库及广大之国,
我玉宇朝堂我诸后妃子孙,
我仆从人众我可爱之故土!"

言讫,昏厥。时有苏尼特之吉鲁根巴图尔奏曰:
"君所爱敬之孛尔帖夫人其死乎!
君所创基之玉宇大统其将乱乎!
君弟哈萨尔、伯勒格台将忧而别乎!
君之大国属众其将离逖而去乎。
君元配孛尔帖彻辰夫人其死乎!
君之崇隆朝政其将式微乎!
君之斡歌台、托雷③二子将为遗孤乎!
君所劳置之属众其将损减乎。
君所遇之孛尔帖彻辰夫人其死乎!
君弟鄂赤斤、哈齐斤将忧而别乎!
君所聚置之属众其将离逖去乎!
君之宰首博古尔济、木哈黎二人其痛悼乎!
至彼杭爱山之阴也,
君之后妃御裔其群哭而来乎!
将问其主君合罕何往已乎!
愿我主其恩顾而降临焉!"
奏毕,则主上坐起而降旨曰:
"与我遗孀之孛尔帖彻辰夫人,
与我遗孤之斡歌台、托雷二子;
当勉以忠贞之心而辅佐之,
当永无退悔之心而效力之。
若夫玉石之无皮也,
若夫纯铁之无胶也,

惜乎人生之无常也,
当怀坚贞无悔之心以勉之。
事所尚者克成其业也,
人所重者践言之诚也,
当小心行事以和人众,
噫!我此身将辞此世矣!
忽必烈儿出言不凡④焉,
汝等当遵其言而行之;
日后可望彼能如我在时,
必致天下于安乐之境乎!"

言讫,岁次丁亥,年六十六岁之七月十二日,于灵州城升遐⑤矣。

于是,奉其金柩辇舆,凡所属大众人等嚎啕而行时,苏尼特之吉鲁根巴图尔献颂辞曰:

"吾主其如鹰隼而扬去乎!
吾主其如磷然之辋而去乎!
吾主其果遗弃妻孥而去乎!
吾主其果弃乃众庶而去乎!
吾主其如鸦鹘而翔去乎!
吾主其如浮萍而飘去乎!
吾主其享年六十六岁时,
致九族之国于安乐而去乎!"

如是赞颂而行,至穆纳冈时,车轮陷嵌,挺然不动矣。遂以五族人众之马驾而挽之,亦不能移动,凡所有人众,正自忧虞中,苏尼特之吉鲁根巴图尔复奏曰:

"奉苍天之明命而生者,
人中之狮我圣主天子,
既弃汝普国之大众,
乃超生返往上界乎!
君所际遇之元配夫人,
君所创基之国家统绪,
君所治理之人间朝政,
君所经营之大众在彼焉。
君所亲昵之元配夫人,
君所(居止)之金阙宫殿,
君所经营之清平国朝,
君所聚集之隶民在彼焉。
君生身之地沐浴之水,
君之投下蒙古国人众,
君之宪宰诸延诸大臣,
君之生地斡难之德里衮孛勒答黑⑥在彼焉。
君所制枣骝马鬃(鬉)之战旗,
君所用之鼓饶画角诸器,
君所整备之金阙宫殿,

君所即位之克噜伦之曲雕阿兰⑦在彼焉。
君所先遇之孛尔帖彻辰夫人，
君在吉祥布尔哈图山⑧之大众营地，
君之忠仆博古尔济、木哈黎二人，
君所置备之典章制度在彼焉。
君所神会之妃忽兰夫人，
君之胡笳胡琴等诸般乐器，
君之济苏、济苏凯二美夫人，
君总揽天下之金阙宫殿在彼焉。
君主岂以哈尔固纳山为温暖，
岂以获外邦唐古特之人众。
岂以古尔伯勒津高娃夫人貌美，
而弃却君之蒙古故国乎？
虽未能保君上之金命，
奉送君如珍宝之圣躯；
俾君之孛尔帖夫人瞻视，
慰君普国大众之所望乎！"

奏毕，则合罕之（神主）降恩，辇舆辚辚而动，群下人众感戴欢喜，遂送合罕于大葬之地⑨焉。

于是，以诸后妃、诸皇子为首，均极嚎啕致哀，因不能请出其金身，遂造永安之陵寝，并建天下奉戴之八白室⑩焉。乃葬主上之金身于阿勒台山阴，肯岱山阳，也客斡特克之地云。

如是即终,遐迩咸称:圣雄大命成吉思合罕矣。

【注释】

①济苏、济苏凯:即《秘史》之也遂,也速干二夫人。此书似误。

②我坚若铁石之四弟,我骏若良骥之四子,我如铜卮之众官诸诺延:清译为"奴库德尔等四弟,奴库德尔等四子,以及奴库哩之官员诺延等。"此不符合蒙文原文,也不知在说什么!沈曾植先生笺证云"三奴字本皆误,如今改奴库德尔,即《元秘史》蒙文之那可惕,《至元译语》之祢哥儿,言伴甚也。《御制准噶尔纪略》作弩库尔。"案"伴甚"为"伴当"之误,蒙文原文并无此词。都是牵强附会之瞎说白道。

③斡歌台、托雷:清译为"乌格德依、托垒"。张尔田先生校注云"案乌格德依,后又作谔格德依,即太宗斡歌歹,托垒即睿宗。"

④忽必烈儿出言不凡:清译为"幼子呼必赉言语简明"。张尔田先生校注云"案呼必赉即世祖,不得言幼子。太祖崩时,世祖方十余岁,即遗命窝阔台为主,岂有复及世祖之言,缘饰之词,殊异信史。"

⑤于灵州城升遐:清译为"殁于图尔默格依城"。张尔田先生校注云"案《本纪》二十二年丁亥,秋七月壬午,帝不预,己丑崩于萨里川哈老徒之行宫。《证补》谓鄂尔多斯右翼前旗西南,有河曰哈柳图,即其地,其河会金河水入榆林边。蒙古名曰锡喇乌苏,即萨里对音矣。与《圣武录》之萨里河同名异地,时帝亲征西夏,崩于行宫。王君静安谓在克鲁伦河上游,恐未然也。上云,至唐古特地方,将图尔默格依城围困三层,《秘史》蒙文,灵州城作朵儿蔑该巴剌合速,此图尔默格依与朵儿蔑该音译尤近,当即指灵州而言,非西夏都城额里合牙者也。"

⑥斡难之德里衮字勒答黑：清译为"鄂嫩德里衮布勒塔干"。张尔田先生校注云"案敖嫩即斡难河。"又云"《秘史》迭里温孛勒答黑，太祖诞生处。"

⑦克鲁伦之曲雕阿兰：清译为"克鲁伦地方"。沈曾植先生笺证云"据鄂嫩德里衮布勒塔干，克鲁伦云云。是知太祖葬地，所谓起辇谷者，必在漠北创业之地。张石州指为鄂尔多斯地，误无疑也。起辇亦怯绿连之合音。又按徐健菴《一统志》凡例云：元朝陵寝，史书云在起辇谷者，至遵遣人灵觅，皆得其处，俟临时奏请编入。又《蒙古则例·设官篇》青吉思汗园寝专设扎萨克一员。"

张尔田先生校补云"案《游牧记》又引土默特德贝子语云：元太祖葬地在榆林边外极西北，地名察罕额尔格。察罕白也，额尔格帐房也。额尔格即鄂特克，又作鄂托克，译言部分亦即帐房之义引伸，此非地名，何能确指，先生之言谅已。《蒙古世系谱》西斋案语：相传太祖真陵在布尔汉噶尔丹之地，布尔汉在哈尔哈之汗凹拉山，或曰在阿尔泰山后，恳忒汗山前，地名衣克衣都克者，未知孰是。伊克昭之说，即由衣克衣都克而误，无疑，今有指为鄂尔多斯扎萨克旗额津霍拉者，更不足据。"案额津霍洛非其葬地，乃其死地也。

⑧吉祥布尔哈图山：清译为"布尔喀图汗"。蒙文原文似有误。王静安先生校注云"不峏罕哈勒敦"。张尔田先生校补云"前作布尔干噶勒图纳，此略也。汗谓汗山，即大肯特山东南干山。"也算一说。

⑨遂送合罕于大葬之地：清译为"遂至所卜久安之地"。张尔田先生校注云"案拉施特书，先时帝至一处，见孤树爱之，盘桓树下良久，谓左右曰：我死即葬于此，其后有人述前命，遂卜葬树下。据云：葬后树皆丛生，不辨墓在何树之下，虽送葬者亦莫能识。此书但云：在阿勒台山阴。哈岱山阳，大鄂托克地方建立陵寝，阿勒台

山即阿尔泰山(此书所云之阿勒台山,皆指杭爱山而言),哈岱山当即肯特山异译,曰山阴山阳,要皆泛指,《礼部则例》嘉庆十四年,谕嗣后遇应致祭元太祖,元世祖时,著于清河以北,昌平州以南,择地举行,著为令。使伊克昭盟果有太祖陵寝,不应仍沿望祭之礼,详拉施特书,他子孙皆别葬,语或是。元后帝诸陵传者不察,遂误以为太祖耳。一抔之土,陟降无灵,固无为贵辨也。"

⑩八白室:清译为"白屋八间"。张尔田先生校注云"案《史》至元三年,丞相安图巴延言,祖宗世数,尊谥、庙号、法服、祭器等事,皆宜定议,命平章政事赵壁等集群臣议定为八室。"

【附录】

清译本文:汗自受伤后渐至沉重弥留之际降旨云命矣夫静好之布尔德福晋墨尔根哈屯宠眷之和兰济苏济苏凯三人辅翼可嘉之库鲁克博郭尔济诺延同著劳绩之伊逊乌尔鲁克奴库德尔等四弟奴库德尔等四子以及奴库哩之官员诺延等我府库之充盈我国家之大统我之哈屯后裔我之仆从诸人我之土地均可惜也语竟遂尔昏晕苏尼特之吉鲁根巴图尔奏云尤可惜者布尔德福晋墨尔根哈屯其死矣大统其乱矣兄弟哈萨尔伯尔格特依其心怀离愁矣属下黎庶其流散各处矣结发之布尔德福晋墨尔根哈屯其死矣崇隆之政体其凌替矣噫乌格德依托垒二子其孤矣萃集之仆从诸人其减矣布尔德福晋彻辰哈屯其死矣兄弟谔济锦哈济锦二人殆不聊生矣教养可恃之人众其离散矣负异出众之博郭尔济摩和赉其苦矣前至杭爱山之阴妻子皆涕泗

来迎矣汗今何往众皆哭望汗之降临矣汗复苏降旨云孀居之布尔德福晋墨尔根哈屯失恃之乌格德依托至二孤子尔其殚正直之心竭诚辅翼永远勿替在尔等美玉无玷纯铁无锈甚可珍惜此身无常要当坚持刚强不退缩之念尔等果克成其事即事之始也言语果极其实即心之诚也尚其小心奉行共襄和顺噫我辞世去矣幼子呼必赍言语简明大小事宜尔等共遵其言而行日后自能令尔等安居悉如我身在时降旨后殁于图尔默格依城时岁次丁亥七月十二日享年六十六岁于是以辇奉柩属众人等步行哭送苏尼特之吉鲁根巴图尔哭云我君其如鹰扬而高飞乎我君岂以此辈污秽而升遐乎我君果遗弃妻子乎我君果抛置仆从乎我君如鸦鹊之搏击而去乎我君如纤草之因风飘荡乎我君享年六十六岁岂临莅九色人等而逍遥以往乎啼泣而行至穆纳之淖泥处所车轮挺然不动虽将五色人等之马驾挽亦不能动举国人等正切忧虞苏尼特之吉鲁根巴图尔又奏曰永承天命生此人主今遗弃大统及仆从人等圣主其超生长往乎君原配之福晋所治之统叙所立之政事所都之国邑俱在彼处天命之福晋金阙殿宇纯备之制统收集之人众与习居之地沐浴之水统属仆从蒙古人等九乌尔鲁克众官员等游牧之鄂嫩德里衮布勒搭干等处枣骝马鬃所制之神位聚集各种适意中节之鼓铜锣画角唢呐金亭登基之克鲁伦地方亦在彼处发祥之光所遇之布尔德福晋哈屯有福之布尔噶国汗游牧处

所宠眷优渥之博郭尔济莫和赉二人并极盛之政统亦在彼处蒙神幸遇之和兰哈屯福晋及胡笳胡琴诸般乐器汗之德美济苏济苏凯二福晋并一切金亭华屋亦在彼处岂以哈尔固纳汗山融暖以唐古特人等众多以怀蓄恶念之古尔伯勒津郭斡哈屯美丽反将昔日之属众蒙古等弃掷乎今万金之躯虽不能保但请将如宝玉灵奇之枢使大福晋布尔德哈屯一见以慰属众之望祈汗仁爱鉴照奏毕辇因徐徐转动于是群下咸感待称奇遂至所卜久安之地自哈屯福晋以及台吉属众均哭泣极哀因不能请出金身遂造长陵共仰庇护于彼处自立白屋八间在阿勒台山阴哈岱山阳之大谔特克地方建立陵寝号为索多博克达大明青吉斯汗其名遂留传至今云。

其子察合台、拙赤、斡歌台、托雷四人，并彻辰彻彻肯公主[①]共五人也。主上在世时，长子察合台为萨尔塔忽勒之合罕，次子拙赤为托克玛克之合罕[②]，中子斡歌台守其合罕位，末子托雷守家业，然于合罕在世时已薨[③]。

斡歌台合罕乃丁未年生，岁次戊子，年四十二岁即合罕位，欲请萨嘉·托克巴·嘉木灿而耽延，逾六年，岁次癸巳，年四十七岁崩[④]。其子古余克[⑤]、库坦二人也。长子古余克乃乙丑年生，岁次癸巳[⑥]，年二十九岁即合罕位，甫六阅月，即于是年崩。其弟库坦丙寅年生，岁次甲午[⑦]，年二十九岁即合罕位[⑧]。岁次乙未，因患龙君作祟之症，无人能治愈。共议:"闻西土蒙克地方,有一全备五蕴,大有灵验之萨斯嘉·恭噶·扎勒灿⑨云,若请彼来,庶有救乎!"遂遣韦玛古特之道尔达达尔罕为首之使者请焉。

彼萨斯嘉·班第达者⑩,系自前戊子纪年以来三千三百七十五年,岁次壬寅降生,岁次午辰,年二十七岁时,赴印度,与异端之六师辩难论驳。获班第达之号归来后,乃叔扎克巴·札勒灿者曾预言告之曰:"此后,有一时,自东方来:冠若栖鹰,靴以猪鼻,房如木纲,凡三四语后,每发'额齐格因'之音者——乃蒙古国主,菩提萨都瓦之化身,库坦合罕,遣道尔达使者——来请汝。届时汝必前往,则汝之教义在彼大兴焉云。"遂忖:"所命今已验矣。"岁次甲辰,年六十三岁时首途。岁次丁未,年六十六岁时,谒见合罕,遂塑狮吼观世音菩萨像,收伏龙君,并授合罕以该项灌顶,作佛事之故,合罕之病即时痊疴,众皆欢喜焉。

此后,一遵萨斯嘉·班第达之旨,首兴宗教于边远之蒙古地方。岁次辛亥⑪,萨斯嘉·班第达年七十岁时得涅槃之道⑫,库坦合罕在位十八年,亦于此辛亥年崩。享年四十六岁。喇嘛与施主合罕二人,同年逝于膜拜之地云。

【注释】

①彻辰彻彻肯公主:沈曾植先生清译本笺证云"《史·表》有雪雪的斤公主,未言何帝之女,疑即彻彻肯。"

②拙赤为托克玛克之合罕:张尔田先生清译本校注云"案李侍郎《秘史》注,据《源流》云云,则察干岱即察阿歹,其封地为俄罗斯。

珠齐即拙赤,其封地为托克玛克。既以察阿歹为长子,拙赤为次子,而托克玛克又不能实指何地。惟泰西人所著《四裔年表》云:宋理宗宝庆二年,蒙古成吉思汗卒,以属地分王四子,第三子察噶台立国于波斯之土阒。是则托克玛克即波斯地,以波斯人记本国事,胜于蒙古之耳闻。即以波斯分与察阿歹,自以俄罗斯分与拙赤,则源流之误,乃少长之混淆,一将名字互易,而长次分地,本自不讹,又瞭然于托克玛克,确为今之波斯,盖波斯为回回祖国,即《元史·旭热兀传》所谓建庭于忽里模子之地也。窃谓此托克玛克即卷六之托克摩克,亦即卷五之通玛克,其地在西尔河上游,仍属俄罗斯,忽里模子对音不近。李说似微误,俄罗斯地方则波剌斯之异译也。《世系谱》太祖四子,长曰朱漆,封在天竺国,为沙征汗,次曰察哈代,封叶尔克睦国为汗。沙征即沙恒译言,诸王之首也。叶尔克睦即忽里模对音,此书长次误倒,当据以正之。"

③末子托雷守家业,然于合罕在世时已薨:清译为"幼子图类守户,汗在时即殁。"张尔田先生校注云"案图类即托雷,前文又作托垒,太祖崩后,托雷监国,迎太宗嗣位,四年九月薨,安得云汗在时即殁?"

④……年四十七岁崩:沈曾植先生清译本笺证云"太宗在位十三年,崩年辛丑。"

⑤古余克:清译为"库克"。沈曾植先生笺证云"定宗名据《秘史》为古余克,《元史》截上二字音为贵由,此约首末字音为库克,正与舒穆噜氏辽称述律,元称石抹同例也。"张尔田先生校补云"案别本作库玉克,对音校备,阁本亦作库玉克,又作库裕克。"案据蒙文原文,当为古余克,库玉克或库裕克亦可。

⑥岁次癸巳:沈曾植先生清译本笺证云"此太宗五年。"

⑦岁次甲午:沈曾植先生清译本笺证云"此太宗六年。"

⑧……年二十九岁即合罕位:沈曾植先生清译本笺证云"库腾即《史》阔端太子也。未尝即帝位,此之无稽可笑。"张尔田先生校补云"太宗之后,六皇后称制者四年,定宗崩,皇后斡兀立海迷失摄国,又几四年。此数年中史事最略,殆因此致误。"案似作者据藏文资料而致误。阔端是早期接触青、藏地方之人,盖藏人误以其人为合罕矣,正如宋人之误以木华黎为成吉思合汗然。

⑨萨斯嘉·恭噶·扎勒灿:沈曾植先生清译本笺证云"《百丈清规》帝师拔合斯八,法号惠幢贤吉羊,土波国人也。父曰唆南绀藏。初,土波国有国师禅咀罗吉达,得正知,见《具大威神累叶相传》世为国师,十七传至萨斯加哇,即师之伯父也。师天资既高,复礼伯父为师,秘密伽陀,过目成诵,七岁演法,辨博纵横,年十又五,岁在癸丑,世祖在潜邸,师驰诣王府,上与中闱、东宫,皆禀受法戒,师生己亥岁,四月十三日卒。至元十七年,十一月二十三日。"

⑩萨斯嘉·班第达:清译为"帕克巴巴喇密特"。沈曾植先生清译本笺证云"《语解》唐古特语帕克巴圣也。"张尔田先生校补云"案《史》作八思巴,巴喇密特即班弥怛对音字。《辍耕录》巴思八帝师,法号曰:皇天之下一人之上开教宣文辅治大圣至德普觉真如佑国如意大宝法王;西天佛子,大元帝师,板的达·巴思八八合失。阁本作往请萨斯嘉·班第达者,下同。疑译成后,又追改者也。"

⑪岁次辛亥:王静安先生清译本校注云"辛亥宪宗元年。"

⑫萨斯嘉·班第达,年七十岁时得涅槃之道:清译为"帕克巴巴喇密特,年七十岁圆寂。"沈曾植先生笺证云"《史·释老传》帝师八思巴者,土番萨斯嘉人,挨款氏也,又称曰班弥怛,年十五谒世祖于潜邸,中统元年尊为国师,十一年请告西还,以弟亦邻真嗣,十六年卒,亦邻真嗣为帝师六年,十九年卒,答儿麻八剌·乞列嗣,二十三年卒,亦摄思达真嗣,三十一年乞列·斯八斡节儿嗣,成宗大德

七年卒。辇真监藏嗣,明年卒,都家班嗣。皇庆二年相儿加思嗣,延祐元年卒,公哥罗古罗思监藏班藏卜嗣,至治三年卒,旺楚儿监藏嗣,泰定二年卒,公哥列思八冲纳思监藏班藏卜嗣,其年卒,天历二年辇真吃剌失思嗣,殿本达尔玛巴拉实里(答儿麻译改)伊特扎实琳沁(亦摄思),策喇实巴鄂尔嘉勒(乞剌斯),桑嘉依扎实(相儿加思),班珠尔戬藏(旺出儿),衮扎克喇实(功嘉葛剌思),果达麻实里(古达失利)。

【附录】

清译本文:所生察干岱珠齐谔格德依图类四子并彻辰彻彻肯公主共弟兄五人汗在时合长子察干岱于俄罗斯地方即汗位次子珠齐于托克玛克地方即汗位三子谔格德依留守汗位幼子图类守产汗在时即殁谔格德依系丁未年降生岁次戊子年四十二岁即汗位欲往请萨斯嘉扎克巴嘉木灿因事耽延逾六年岁次癸巳年四十七岁殁子库克库腾二人长库克乙丑年降生岁次癸巳年二十九岁即汗位在位六月是年即殁次库腾丙寅年降生岁次甲午年二十九岁即汗位岁次乙未因龙祟侵魔患病多人胗视不能痊愈术穷因议及西边地方有奇异通晓五识名萨斯嘉恭噶嘉勒灿喇嘛延请医治庶几有益遂令韦玛郭特之道尔达达尔罕为首往请帕克巴巴喇密特者系自前戊子年以来三千三百七十五年岁次壬寅降生至戊辰年二十七岁往额讷特珂克与左道六师之异端讲论辨难穷其词获班第达之号而归其叔父扎克巴嘉勒灿喇嘛曾告之云日后有东方帽若栖

鹰靴似猪鼻屋似木纲娓娓长音语须三四译者系蒙古国君博第萨多之化身名库腾汗遣使名道尔达者请汝汝必往行当于彼处大兴修教因示卦验适与之合时六十三岁于甲辰年起程至丁未年六十六岁与汗相见造成狮吼观音收服龙王仍与汗灌顶顷刻病愈众皆欢喜即遵萨斯嘉班第达之言而行所有边界蒙古地方创兴禅教岁次辛亥帕克巴巴喇密特年七十岁圆寂库腾汗在位十八年亦于辛亥年殁享年四十六岁喇嘛与汗二人同年而逝。

托雷主之苏尔哈台伯启太后①生蒙克②、忽必烈③、额哩克④、布克⑤等四子。长子蒙克,丁卯年生,岁次壬子,年四十六岁即合罕位,在位八年,岁次己未,年五十四岁崩⑥。

其弟忽必烈彻辰合罕,乙亥年生,岁次庚申,年四十六岁即合罕位,岁次甲子,自年五十岁始,至辛未年之凡八年间,夏则消暑于上都——开平轮城⑦,冬则盘居于大大都城⑧,并有阿勒塔北之山阴察罕城⑨,额尔楚吉之朗亭城⑩,共造四大都城⑪,治理大国之众,平定四方之邦,四隅无苦,八方无挠,致天下以井然,俾众庶均安康矣。

萨斯嘉·班第达之侄,玛迪·都瓦咱者,乙未年生,岁次丁未,年十三岁时,同其叔来,岁次甲子,年三十岁时,道君忽必烈彻辰合罕之神后⑫,秦贝高娃夫人⑬奏于合罕曰:"此玛迪·都瓦咱者,乃我尊上喇嘛之嗣也,愿受其威德喜金刚之灌顶焉。"合罕虽是其说,然谓之曰:"我何可坐彼孺子之下乎?可问彼孺子,若我居床上,彼孺子居下座而授灌顶,则可。若不可,何可受其灌顶乎?"于是,后诣玛迪·都瓦咱告禀合罕之旨,则彼降旨曰:"古来凡修行灌顶之道有二乘焉。一曰入金刚乘门,二曰修解脱之道。俾得菩提之道者,乃彼金刚救世显化之大德喇嘛也,我何可居合罕之下乎?"云。以二人所言相左,秦贝夫人心中大忧,乃建言曰:"今传经授灌顶时喇嘛居上座,合罕居下座,施行朝政时,喇嘛合罕二人平居上座则何如?"则二人皆以为可,曰"此姑可也。"

于是,合罕降旨曰:"明日且与玛迪·都瓦咱托音我二人,试演《威德喜金刚传》之本义乎!"翌日乃反复辩难之,则合罕所问之言,玛迪·都瓦咱一无所知焉。于是玛迪·都瓦咱心忧,谢以:"明日再说。"而去。此乃因萨斯嘉·班第达所持之《喜金刚传》之经卷,在合罕手中,玛迪·都瓦咱未曾见之故也。

其夜,玛迪·都瓦咱心忧而不能寐,倏而困倦,忽见一状如婆罗门,白发皤然,髻间插人骨画角之老人来,曰:"咦!吾儿其不必忧心,姑点一盏灯待之。"言讫,不见。一霎时,老人持一部书来曰:"速阅此,记于心,黎明前我须还置(原处)。"言讫,又不见矣。于是,孺子玛迪·都瓦咱读竟三遍而牢记之。甫黎明,彼老人复来,曰:"阅毕则将书来,当还置之。"又曰:"咦!吾儿汝昨因奉(想)我喇嘛于南天,面向而论,故穷矣。今日当奉(想)我喇嘛于顶上,背向而争之,则彼大罕将不能敌矣。当顶礼喇嘛时,面向(而思之),当争辩时,背向而思之。"言讫,不见。此乃《威德萨斯嘉父子本源经》之护法,威德玛哈噶拉之神,以幻变之法,前往合罕处,盗来《威德喜金刚传》者也。

次日,争辩时,大合罕遂不能敌玛迪·都瓦咱矣。于是合罕甚为敬服,而受威德喜金刚通慧之四灌顶,封以土伯特语:喀木苏木,却济,嘉勒布,喇嘛,帕克巴;汉语:三省大王国师;蒙译则谓:古尔班,噶扎特,达乞,诺们合罕,乌勒木济喇嘛之号,以秦贝夫人之父,墨尔格特之苏尔哈图·玛尔噶察所献之大如驼羔矢之无孔珠,置于百两精金坛上,以金制须弥山、四大部洲、日月、七珍八供置于千两精银坛上,又献金银琉璃等诸宝,绫缎绵绣等币帛,象马骆驼等诸畜无数,并于锡剌木齐诚⑭,献有功地方之人众焉。由是蒙昧之蒙古地方,升起宗教之日光。自印度请来佛、佛骨、四玛哈冉咱所献之钵盂、旃檀佛像等。以行十善福事之政,平定四海,致天下以康乐之境矣。故天下咸称转千金法轮之咱噶喇瓦尔第·彻辰合罕焉。在位三十六年,岁次庚申,年八十二岁崩⑮。

【注释】

①苏尔哈台伯启太后:沈曾植先生清译本笺证云"《史》作唆鲁恬尼。《秘史》作莎儿合黑塔泥。"

②蒙克:清译为"莽赉扣"。沈曾植先生笺证云"蒙哥。"

③忽必烈:清译为"呼必赉"。沈曾植先生笺证云"忽必烈。"

④额哩克:沈曾植先生清译本笺证云"阿里不哥。"

⑤布克:沈曾植先生清译本笺证云"末哥。"

⑥岁次己未,年五十四岁崩:清译为"岁次乙未殁,享年五十四岁"。张尔田先生校注云"案乙未当作己未,宪宗九年己未秋七月崩,寿五十二。"

⑦上都、开平轮城:清译本据满文转译其蒙文原音为"上都克依绷库尔图城"。沈曾植先生笺证云"今多伦诺尔厅,元上都地也。城东有克依绷河,南流入上都河,即此克依绷也。""案克依绷之音译即开平。"库尔图"则蒙古语"轮"或"园"之意。

⑧大大都城:张尔田先生清译本校注云"案《史·地里志》大都路初为燕京,世祖至元元年改中都,四年始于中都之东北置今城,而迁都焉。九年改大都。"

⑨阿勒塔北之山阴察干城:清译为"阿勒台北之察罕巴勒噶逊"。张尔田先生校注云"案《世祖纪》冬驻于哈喇八剌合孙之地,译改哈喇巴勒噶逊,哈剌黑也,其地近开平,而此云白城,在阿尔泰山之北,未详。《古北三厅志》白城开平故城东北六十里,周二里余,东西南门各一,遗址尚存,当即此。"

⑩额尔楚吉之朗亭城:清译为"额尔楚吉地方之兰亭"。张尔田先生校注云"案周伯琦《立秋书事诗注》上京之东五十里有东凉亭,四百五十里有西凉亭,其地皆饶水草,有禽鱼山兽,置离宫。此所谓兰亭者,盖其类欤?"

⑪共造四大都城:张尔田先生清译本校注云"案似指中都、大都、上都及和林而为四也。然与土白城兰亭又不细符,无可确证。"

⑫神后:清译为"呼必勒罕"。王静安先生校注云"呼必勒罕即上呼必赉彻辰汗,此复出。"其实并未"复出",先生误矣。

⑬秦贝高娃夫人:清译为"秦贝郭斡哈屯"。沈曾植先生笺证

云"秦贝郭斡哈屯即世祖昭睿顺圣皇后察必也。《三史语解》译改彻伯尔,此作秦贝,译字各异。后为弘吉剌氏按嗔那颜之女,而此乃言其父氏默尔格特,名苏尔噶图·玛尔噶察,所未详已。"

⑭锡勒木齐城:清译为"塞勒木济城"。沈曾植先生笺证云"塞勒木济城即后卷六所谓锡勒木济之三河交会地方。"

⑮……岁次庚申,年八十二岁崩:王静安先生清译本校注云"据上下文,庚申当作丙申,《元史》至元三十一年,甲午春正月癸酉帝崩于紫檀殿,在位三十五年,寿八十。"

【附录】

清译本文:其图类汗之苏喇克台伯启太后生莽赉扣呼必赉额哩克布克等四子长莽赉扣系丁卯年降生岁次壬子年四十六岁即位在位八年岁次乙未殁享年五十四岁次呼必赉彻辰汗乙亥年降生岁次庚申年四十六岁即位岁次甲子年五十岁越八年辛未夏则居上都克依绷库尔图城冬则居大岱都城并阿勒台北之察罕巴勒噶逊额尔楚吉地方之兰亭共造四大岱都城居住整肃属下平定四大国四境不累八方无挠服驭有众与群黎共享太平再帕克巴巴喇密特之侄玛迪都斡咱系乙未年降生岁次辛未年十三岁时随伊叔父而来岁次戊子年三十岁呼必赉彻辰汗之福晋呼必勒罕秦贝郭斡哈屯奏汗云此玛迪都斡咱乃嗣续我喇嘛之人可令其特受喜金刚之灌顶汗虽然之自嫌坐于此童子之下令询此童子若我坐于床上令其坐于下面给与灌顶则受之不然如何可受灌顶于是哈屯前往降汗旨谕于玛迪

都斡咱彼云从前以灌顶治化入于金刚藏嗣复得解脱
二乘菩提道之大利益喇嘛显属斡齐尔达喇佛如何可
坐于汗之下由是枘凿不入矣秦贝哈屯心甚忧之复向
喇嘛云传经持受灌顶之时喇嘛坐于床上令汗坐于下
面办理政事之时汗与喇嘛俱坐于床上似此如何彼此
俱以为可由是汗降旨云自明日为始玛迪都斡咱托音
我二人可将功德喜金刚根本之义讲解演说于次日互
相问难乃汗所问之言玛迪都斡咱不能领悉意甚彷徨
遂谢以明日再讲起而去盖因帕克巴巴喇密特所持之
喜金刚根本经卷在汗处玛迪都斡咱未曾得见竟夜愁
思不寐倏而困倦见一皤然白发老人髻上插一人骨画
角形似婆罗门警之曰尔勿忧心可点灯一盏预备言讫
而去少顷又见前老人持书一本前来云将此速看留心
记忆天明以前我仍须持去安放言讫复不见玛迪都斡
咱反复详阅三次正在存记已至黎明果见老人前来云
此书看完我即持去安放又云尔昨日注想将喇嘛请坐
于南向空中对面相向故讲究时未能制胜尔明日应注
想将喇嘛请于顶上其面向外如此讲究则汗不能与汝
为匹矣祷祀喇嘛时则对面相向讲究时可想其面向外
言讫又复不见此乃有根基之萨斯嘉师徒之护法绰克
托玛哈噶拉之神神奇变幻将汗处之功德喜金刚根本
经持取前来示之也次日讲究时大汗未能与玛迪都斡
咱为匹汗于是心甚笃诚将通备功德喜金刚之四灌顶
承受赠以土伯特语谓之喀木苏木垂济嘉勒布喇嘛帕

176

克巴汉语谓之三省大王国师蒙古语谓之古尔班噶扎特达奇诺们哈罕乌勒木齐喇嘛满洲语谓之伊兰巴伊诺们汗绰勒郭罗科喇嘛封号将秦贝哈屯之父默尔格特之苏尔噶图玛尔噶察所献圆大如驼矢无瑕无孔之珠设于百两金坛城之上呈献复于千两银坛城之上设金制须弥山四大部洲日月七珍八宝又将金银琉璃等宝以及绫缎绵绣财物并象马驼只等牲畜呈献无算并塞勒木济城之人众一同献纳由是昏昧之蒙古地方佛教昭然如日矣自额纳特珂克地方将佛并佛之舍利四天王所献之钵盂旃檀木制造之昭佛请至遵照经文施行十善福事以治天下安享太平人咸称为转千金法轮之咱噶喇斡第彻辰汗在位三十六年岁次庚申年八十二岁殁。

咱噶喇瓦抡彻辰合罕之美貌秦贝夫人生多尔济①、莽噶拉②、青吉木③、诺木罕④四子⑤,一公主乃齐齐克⑥也。

先是,岁次庚辰,彻辰合罕六十六岁时,帕克巴喇嘛四十六岁,将归时,合罕降旨曰:"我四子中,谁人送我此神圣喇嘛,则彼可承我此合罕位。"其二兄曰:"俺不去也。"三子青吉木台吉曰:"我愿往,以报父恩。"遂送帕克巴喇嘛而薨于蒙古地方矣。于是,(彻辰合罕)曰:"我曾有旨已矣。"其合罕祖乃躬自查考青吉木台吉之三子噶玛拉⑦、达尔玛巴拉⑧、乌勒哲图⑨等,曰:"此乌勒哲(图)能当政乎!"遂躬自在世时,岁次甲午,年八十岁令乌勒哲图即其合罕位矣。

彼乌勒哲图合罕乙丑年生,岁次甲午,年三十岁即合罕位⑩,乃祖升遐后,自丁酉年始亲政,奉萨斯嘉·满珠郭哈雅·喇达纳·格都喇嘛为师,遵旧制,整修二政,以四大治道,致大国于太平,亲政十一年,岁次丁未,年四十三岁崩⑪。

嗣达尔玛巴拉之子库鲁克合罕⑫,辛巳年生,岁次戊申,年二十八岁即合罕位,命却济·鄂特色尔罗咱瓦僧⑬翻译经咒之大半,以二政抚天下之众,在位四年,岁次辛亥,年三十一岁崩。

其弟布延图合罕⑭,乙酉年生,岁次壬子,年二十八岁即合罕位,奉萨斯嘉·锡哩·巴达喇嘛为师,亦遵旧制,致玉宇于太平,在位九年,岁次庚申,年三十六岁崩。

其子格根合罕⑮,癸卯年生,岁次辛酉,年十九岁即位,奉萨斯嘉·布特达·锡哩喇嘛为师,以政教二道致天下于安乐,驱杀唐古特之青桑诺延⑯,平定密纳克国人,在位三年,岁次癸亥,年二十一岁崩。

其后,噶玛拉之子也逊帖木尔合罕⑰,癸巳年生,岁次甲子,年三十二岁即位,命萨斯嘉·布尼雅·巴达喇嘛及蒙古师锡喇卜僧格通事二人,翻译前所未译之诸经,在位五年,岁次戊辰,年三十六岁崩。

库鲁克合罕之长子喇察必纳合罕⑱,庚子年生,岁次己巳,年三十岁即合罕位,在位四十日,即于此己巳年崩⑲。

其弟库色勒合罕,乙巳年生,岁次己巳,年二十五岁即合罕位,在位一月又二十日,即于此己巳年崩⑳。

其后,布延图合罕之子济雅噶图合罕㉑。甲辰年生,岁次己巳,年二十六岁即合罕位,奉萨斯嘉·阿难达·巴达格热喇嘛为顶上花,以释迦牟尼佛尊为首,大施金银珍宝于上方,敬奉佛教,修明政教二道,在位四年,岁次壬申,年二十九岁崩。

库色勒合罕之子仁沁巴勒合罕㉒,丙寅年生,岁次壬申,年七岁即合罕位,在位一月而崩。

【注释】

①多尔济:沈曾植先生清译本笺证云"朵尔只王"。

②莽噶拉:沈曾植先生清译本笺证云"安西王怛哥剌,《表》次三。"

③青吉木:清译为"精吉木"。沈曾植先生笺证云"真金太子,《表》次二。"

④诺木罕:沈曾植先生清译本笺证云"北安王那木罕。"

⑤四子:沈曾植先生清译本笺证云"《史》世祖十子。"

⑥齐齐克:张尔田先生清译本校注云"案世祖女见于史者兀鲁真、囊加真、月烈忽都鲁、揭里迷失,齐齐克无考。《元史语解》齐齐克花也。"

⑦噶玛拉:沈曾植先生清译本笺证云"晋王甘麻剌,即显宗。"

⑧达尔玛巴拉:沈曾植先生请译本笺证云"答剌麻八剌太子,即顺宗。"

⑨乌勒哲图:清译为"铁木尔"。沈曾植先生笺证云"铁木尔即

成宗。"

⑩……三十岁即合罕位:沈曾植先生清译本笺证云"校《史》差前一年。"

⑪……年四十三岁崩:张尔田先生清译本校注云"案《史》成宗在位十三年,寿四十二。"

⑫库鲁克合罕:清译为"海桑"。沈曾植先生笺证云"武宗海山库鲁克汗。"

⑬却济·鄂特色尔罗咱瓦僧:蒙文原文藏语词中杂出蒙文意译词"诺们""格日勒""克勒木尔齐"等,今删去。只留藏语词,郤济即蒙语之诺们,鄂特色尔即蒙语之格日勒,罗咱瓦即蒙语之克勒木尔齐也。

⑭布延图合罕:清译为"阿裕尔巴里巴特喇汗"。沈曾植先生笺证云"仁宗爱育黎拔力八达,译改阿裕尔巴里巴特喇。"

⑮格根合罕:清译为"硕迪巴拉汗"。沈曾植先生笺证云"英宗硕德八喇。"

⑯青桑诺延:清译为"持卜赞汗",蒙文原文似有误。

⑰也逊帖木尔合罕:清译为"伊逊特穆尔汗"。沈曾植先生笺证云"泰定帝也孙铁木儿。"

⑱……喇察必纳合罕:清译为"和锡拉汗"。张尔田先生校注云"案明宗和世㻋,《元典章》诏书作忽失剌。"

⑲……在位四十日,即于此己巳年崩:张尔田先生清译本校注云"案《史》明宗正月即位,八月暴崩,年三十。"

⑳……在位一月又二十日,即于此己巳年崩:张尔田先生清译本校注云"案库色勒汗于史无征,似指泰定帝子阿束吉八,年九岁,丞相倒剌沙于上都立之为帝,改元天顺,蒙古人不甚持成君未成君之辨,凡称尊号者则记之,故其书法如是。又案《蒙古世系谱》不见

库色勒汗,或即是和锡拉汗异译重出也。"

㉑布延图合罕之子济雅噶图合罕:清译为"阿裕尔巴里巴特喇汗之子托克特穆尔汗"。沈曾植先生笺证云"文宗图帖异木尔,译改图卜特穆尔。"张尔田先生校补云"案文宗武宗次子,明宗弟,此以为仁宗子,误。"

㉒仁沁巴勒合罕:清译为"额琳沁巴勒"。沈曾植先生笺证云"宁宗懿璘质班,译改伊埒哲伯。"张尔田先生校补云"案《史》宁宗明宗次子。"

【附录】

清译本文:彻辰汗之秦贝哈屯生多尔济莽噶拉精吉木诺穆罕四子一女齐齐克先于庚辰年彻辰汗年六十六岁时帕克巴喇嘛年四十六岁将回家汗降旨云我四子内谁往送此宝贝喇嘛至家日后令即汗位二兄俱不愿往惟第三子精吉木台吉云我愿报父恩前往遂送帕克巴喇嘛行至蒙古地方而殁汗云我前已有成命于精吉木之三子噶玛拉达尔玛巴拉特穆尔弟兄三人为亲谛视以特穆尔克承治统遂将第三孙特穆尔于汗在时令其即位特木尔汗系乙丑年降生岁次甲午年三十岁即位后伊祖殁自丁酉年起缵承治统供奉有名之萨斯嘉满珠郭喀喇特纳格都喇嘛照前所立之政以四大道致民人于太平缵绪十一年岁次丁未年四十三岁殁嗣达尔玛巴拉之子海桑辛巳年生岁次戊申年二十八岁即位命有名之托音垂济鄂特色尔之罗咱斡僧人将史咒各经翻译大半以道教惠养大众在位四年岁次辛亥年

三十一岁殁弟阿裕尔巴里巴特喇汗乙酉年生岁次壬子年二十八岁即位供奉有名之萨斯嘉锡里巴特喇嘛仍遵前政宏图永固在位九年岁次庚申年三十六岁殁子硕迪巴拉汗癸卯年生岁次辛酉年十九岁即位供奉有名之萨斯嘉布特达锡哩喇嘛以道教休养大众驱逐唐古特之持卜赞汗以定密纳克之众在位三年岁次癸亥年二十一岁殁嗣噶玛拉之子伊逊特穆尔汗癸巳年生岁次甲子年三十二岁即位令萨斯嘉布尼雅巴达及蒙古师罗咱斡锡喇卜僧格二人将从前未翻译之经翻译在位五年岁次戊辰年三十六岁殁海桑汗之长子和锡拉汗庚子年生岁次己巳年三十岁即位在位四十日即于是年殁弟库色勒汗乙巳年生岁次己巳年二十五岁即位在位二十日即于是年殁嗣阿裕尔巴里巴特喇汗之子托克特木尔汗甲辰年生岁次巳巳年二十六岁即位敬奉有名之萨斯嘉阿难达巴达喇嘛崇祀昭释迦牟尼佛于上方福地大施金银宝贝于释迦牟尼佛法极加敬重修明道教在位四年岁次壬申年二十九岁殁嗣库色勒汗之子额琳沁巴勒丙寅年生岁次壬申年七岁即位在位一月殁。

济雅噶图合罕之子托欢帖木尔·乌哈噶图合罕①,戊午年生,岁次癸酉,年十六岁即合罕位。奉萨斯嘉·阿难达·玛第喇嘛为师,一遵旧制,平行政教二道而安居焉②。岁次甲申,汉人朱氏之翁家,生其子朱葛时,其家显出五彩霓虹焉。时,昔日阿尔鲁特部博古尔济诺延之后拉哈之子伊拉呼丞相奏合罕曰:"凡人之生也,宁有此兆乎?此别种之人,当乘其年幼时弃之。"合罕闻奏而非之,未杀。伊拉呼丞相又奏曰:"今不从吾言,恐终将授汝首乎!此子长成后,恐祸患丛生矣。"

后,其子长成,合罕见其聪慧多智,心甚爱之,遂降旨曰:"有托克托噶,哈喇章父子二人③,见领我右省之众焉。朱氏翁之子朱葛,布哈兄弟二人④,可领我左省之众矣。"遂令据其左省⑤焉。于是,彼朱葛诺延遂又与汉人内侍洗马平章,深相结纳,互为心腹⑥,令彼夤缘奏于合罕曰:"托克托噶太师心怀不轨,似有肆行勾结外人之事。"洗马平章如是常谮浸之。

其间,合罕一夜梦见:一铁牙牡野猪突入城中,肆意走啮众人,因无地可入,左右奔走之间,日月并没矣。诘朝命汉人王参政解之,则对曰:"此乃将失合罕位之兆也。"合罕自忖:"奈何出此不详之言耶?"遂言于阿尔拉特之伊拉呼丞相,则对曰:"但愿逢凶化吉,前此我非言之乎!此乃所在悉起烽烟之徵也。"合罕自忖:"此幼童,何所知?"遂召洪吉喇特之托克托噶太师⑦来,问之,则太师对曰:"铁牙猪者,朱姓人倡乱之兆也。日月并没者,合罕与其所属,二者不分之兆也。"合罕曰:"而今如之奈何?"对曰:"前此伊拉乎丞相所言甚是,今当依其言杀朱氏,此外无他策也。"合罕自忖:"此太师乃老人也,盖以我抬举朱葛诺延之故,意恶眼相看耳。"遂未杀。

【注释】

①济雅噶图合罕之子托欢帖木尔·乌哈噶图合罕：清译为"托克特穆尔汗之子托欢特穆尔乌哈噶图汗。"沈曾植先生笺证云"妥欢帖木儿：案太祖、世祖之外，独纪顺帝汗号，译人表微之笔。"案据前文，并无所谓"独纪"，所以也无所谓"表微之笔"。

张尔田先生校补云"案《史》顺帝为明宗庶长子，蒙古谥惠宗。"

②一遵旧制，平行政教二道而安居焉，清译为"遵依从前道教而行，遂赖道教获享安逸。"张尔田先生校注云"案《史》称哈玛尔及图鲁特穆尔等，阴进西天僧于帝，行房中运气之术，号延彻尔法，又进西番僧善秘密法，帝皆习之。《元史类编》帝行西僧秘密运气术，号演揲儿法。又以宫女十六人作天魔舞，遇宫中赞佛，则按舞奏乐，宫官非受秘密戒者不得预，顺帝信奉喇嘛，于兹可见。所谓房中术者，盖尼波罗教一流，或史家故加之以为讥耳，此不能以佛教论。"

③托克托噶、哈喇章父子二人："哈喇章"清译为"哈里常"。张尔田先生校注云"案托克托噶即脱脱，哈里常其长子哈喇章，哈喇章于脱脱死后授中书平章，分省大同，见《史》。"

④朱葛、布哈弟兄二人：张尔田先生清译本校注云"案布哈即右丞相别儿怯不花，史称其欲陷脱脱。而以为朱葛弟兄，可笑。"案朋党弟兄，亦可称之，似无甚可笑。

⑤遂令居其左省：张尔田先生清译本校注云"此叙明太祖事，荒唐可笑。蒙人抱亡国之戚，增饰野闻，抒其蓄愤，固应尔尔。"案先生此评，过于轻率。应当重新考虑。这其中似乎有别的意思。据史实看，朱洪武虽然推翻了元朝，但未能消灭蒙古国，蒙古人最后亡国于满洲人之手。"朱葛"音近蒙古语的"朱衮"（东）。那么

"朱葛(衮)诺延"即东方老爷了。似以明之朱姓为掩盖物,实指自东方来之满洲人而言。据下文脉络看,东省似指东蒙,西省似指西蒙而言,然后去南方而归者影射清兵之征服全国也。

⑥朱葛诺延遂又与汉人内侍洗马平章,深相结纳,互为心腹:清译为"朱葛诺延与一汉人号司马平章之内大臣夤缘固结"。沈曾植先生笺证云"朱葛诺延、司马平为似影附《三国演义》章云者,喇嘛能读翻译《演义》,惜其不知《明史》也。"张尔田先生校补云"案霍儿渥特《蒙史》评此书谓:叙蒙古起源至顺帝朝事,多采自断烂不全之汉书,未可尽恃,斯固史家通识,然其中要须分别有传闻异词,而蛛丝马迹转足以佐证正史者,读者安可忽之?若此之类,或别有寄喟,则姑置之可也,求述作之才于侏僸之文,亦大难矣,更何责乎蒙人。"沈先生过于牵强,此文与《三国演义》毫无关系。张先生颇示雅量,但也是无意义的。这类言行,在科学上都是无价值的。洗马平章的"洗马"二字,可能是满洲语"黑牙"(侍卫)之误书。

⑦洪吉喇特之托克托噶太师:张尔田先生清译本校注云"案《史》脱脱蔑儿吉舅氏。"

【附录】

清译本文:托克特穆尔汗之子托欢特穆尔乌哈噶图汗戊午年生岁次癸酉年十六岁即位供奉有名之萨斯嘉阿难达玛第喇嘛遵依从前道教而行遂赖道教获享安逸岁次甲申汉人朱姓之子朱葛生时其家见五色红光彼时阿拉特之博郭尔济诺延后裔拉哈之子伊拉呼丞相奏于汗云常人生时能有此兆乎此子必异人也应乘其年幼杀之汗以其言为非未杀其子伊拉呼丞相又奏云今不听吾言恐为害于将来矣若此子长成祸将丛生

后其长成赋性警敏汗甚爱之降旨将右省人众令托克托噶哈里常父子二人为长以领之将左省人众令朱姓之子朱葛不哈弟兄二人为长以领之因将左省占据于是朱葛诺延与一汉人号司马平章之内大臣夤缘固结令其在汗前以托克托噶太师心蓄异念构结外人之语以谗谮之是夜汗复梦见一铁牙野豕突入城中欲啮众人之际因不得路遂各处抵触奔走又见日月同坠次早即是梦告知汉人王先生令其详解伊云此将失汗位之兆也汗恚以何为出此怪异之语遂询问阿尔拉特之伊拉呼丞相伊拉呼丞相云固为好徵我前未尝言之乎在在飞尘并烽烟四起汗以此童子年幼何知因召洪吉喇特之托克托噶太师询问太师答曰铁牙之豕朱姓为乱之兆日月同坠乃汗与奴仆无分之兆也汗问云今当何以禳之乎答云前伊拉呼丞相之言甚是今从照伊之言惟将朱姓之人杀戮此外别无他策汗意以太师乃大人盖亦侧目我重用朱葛故为此以谮之耳遂不杀。

朱葛诺延得闻此等言语后，除前所结纳之洗马平章外，更以其他心腹人等，再三交相潜刻之。托克托噶太师闻之，屡谏合罕（不听），乃曰："数谏合罕而不能取信，似此安得有善报乎？"遂益惕防之。

其间，朱葛诺延遣人试觇托克托噶太师，太师知其事，乃预设一计也，门前置一贮水之盘，上置数块松木砍片，上置剃刀一把，长毛一撮焉。差人来而见之，返白曰：

"并无他言,唯见其门上置有如此这般物事。"则朱葛诺延亦知之,乃曰:"其所贮之水,则喻如海之大国也。其(松)木砍片,则喻海上之舟,(舟中之)合罕、太师、诺延、宰相等也。剃刀、长毛二事,则喻利胜剃刀、细胜毛发之合罕之法度也。"自忖:"当用何策除此害乎!若其不除,以其能察知一切,当彼在时,未可(举事)也。"乃令洗马平章使他人转奏之,曰:"托克托噶太师之怀恶意于合罕者,盖已实矣,请合罕试召彼入朝,彼必不来,据此即可知也。"(合罕)遂遣洗马平章往召太师,则彼中途而返曰:"太师不奉召。"合罕曰:"若诚无所疑,奈何不至,其心怀恶意,已信矣。"遂遣洗马平章提兵往杀托克托噶太师。洗马平章即前去,留其众军于锡罗干城①,独自往见太师曰:"有旨欲与太师密语。"复潜告之曰:"有人奏合罕,言大诺延怀恶意合罕云,未知其虚实,故降旨召太师而商之也。"云云。太师虽已知之,然因时运已至,势在必往,(又)因先时合罕之宠信,心疑此言或许是真。遂行。

时,洗马平章曰:"我且先行备骑乘,迟到恐合罕见罪也。"遂先行而备其后焉。俟太师入(城),即杀之。归奏其事于合罕②,合罕乃降旨曰:"而今左右省之人众,咸由朱葛诺延领之,内府之政,则由洗马平章领之。"云。

于是朱葛诺延奏曰:"我承主上莫大知遇之恩,何可安居家中耶?若遣微员行事,恐累我大众,我请亲往科敛国赋。"合罕深然之,曰:"是也。"朱葛诺延一去三年不返。合罕大怒,乃严勅阍者曰:"此朱葛诺延去已久矣,若彼来,则勿令入城。"

其后,又一夜合罕梦见一白发老人来,大怒数责之曰:"汝弃自家守城之犬焉,今有恶狼自外来侵焉。汝所思之对策何如?"言讫,倏忽不见。诘朝合罕惮其梦警,自忖:"谓自家之犬者,其杀我托克托噶太师之谓欤?谓外来之狼者,其朱葛去之谓欤?"遂闻于阿难达·玛策喇嘛焉。喇嘛默然片刻,然后降旨曰:"我昔日之顶上花尊上喇嘛,至彼了悟之终极者,圣萨斯嘉·班第达所著之《善言宝藏经》中云:'以友为敌,则仍有益,以敌为友,则必有害。'此梦乃弃汝如守城犬之托克托噶,信彼如来侵恶狼之朱葛之预兆也。"合罕乃曰:"今将何以救之?"则喇嘛降旨曰:"昔日汝先君圣忽必烈彻辰合罕之世,我尊上法王帕克巴喇嘛曾哭三日。时合罕问:'我喇嘛汝何为而如此大哭之耶?'对曰:'合罕乎!非为俺二人之世也,自俺下传至九或十世之时,将生名托欢之合罕焉,其时将毁俺二人之此政教乎!是以哭耳。'则合罕曰:'咦!我喇嘛汝年幼若是,何以知此远事耶?'对曰:'我尚知先时此地曾降七日血雨之事。'于是合罕命检寻古籍之库,有一本中载有:昔日汉之唐太宗合罕之世,此地曾降血雨七日焉。时有印度托克默特师之弟,苏尼都师③之弟子,汉文通事唐元奘④曰:'事非在君之此世也,至君之后十余世时,君族中将生唐英袭王合罕,则君之国运将终,此其兆也。'合罕见其书敬奉益笃焉云'如彼圣人之预示,而今时运将终,谁复能止之耶?然而,唯有敬礼君之尊上喇嘛,皈依三宝,敬乃护法,庶可获益乎!"

则因合罕之心,已为鬼魔所祟。乃大怒于喇嘛,降旨曰:"喇嘛!而今汝可归汝原地矣。"喇嘛乃大喜曰:"当此合罕之金统尚安,玉宇大朝太平之际,令我归原地者,非合罕之旨也,乃喇嘛之德也。"遂起程归去矣。⑤

【注释】

①锡罗干城:王静安先生清译本校注云"干城即汗城,下卷云大岱都汉城,锡罗蒙古语黄也。"其实"锡喇"才是蒙古语的"黄","锡罗"不是黄的意思,"干"亦难以说成是"汗"。"锡罗干"是蒙古语"土"的古语词复数形。所以"锡罗干城"应是"土城"之意。也许是指某个小镇而言,不一定实有此地。

②……归奏其事于合罕:张尔田先生清译本校注云"案脱脱为哈麻等潜贬而死。《元史类编》载:至正二十六年,台臣言奸邪搆害大臣,以致临敌易将,国家兵威不振,从此始,设使脱脱尚存,天下安得有今日之乱。朝廷是其言,未及报而国亡,是元之丧邦,当时颇有追咎于脱脱之死者。此书拾舆人之谈,因附会而为此说。"

③苏尼都师:清译为"苏班都师"。清译是,蒙文原文有误。

④汉文通事唐元奘:清译为"唐朝之汉僧元奘罗咱斡"。张尔田先生校注云"案罗咱斡已见卷二,疑皆路伽邪异译,西土称玄奘为木义提婆,又曰大乘天。"案藏语之罗咱瓦即蒙古语之克勒木尔齐,汉语之翻译者也。故译如文。

⑤……遂起程归去矣:张尔田先生清译本校注云"案龚定庵据此谓:帕克巴巴喇密特六传至顺帝时,阿难达·玛第喇嘛与帝争政事,怒而归于唐古忒,不知此书叙巴思八事,时代已差。武宗供养托音垂济鄂特色尔之罗咱斡僧人,近屠敬山先生说,托音垂济朵甘

思异译,鄂特谓部,色尔谓黄。宗喀巴之前,本无黄教,或是西藏佛教之别支,未必巴思八正传也。此段所言皆喇嘛自诩先知之诞词,其人元传次,不尽可凭。"案张先生所引屠先生之说,乃是以藏语词作为蒙古语词解释的。藏语之"邰济"即蒙古语之"诺们",犹言明经;藏语之"鄂特色尔"即蒙古语之"格日勒",意即"光"也。两词合起来即为"经之光"之义,此乃人名,属特定名词,不宜作意译。"托音"即"僧","托音邰济"即明经之僧也。把藏语之"鄂特色尔"一词,分作蒙古语之"鄂特"和"色尔"两个词,付以"部"和"黄"之意,已嫌过于滑稽,由此更扯到宗喀巴的黄教,说长论短,未免太荒唐。混撰书者与瞎解释者,二者倒颇合拍,但其误人则甚矣。

【附录】

清译本文:朱葛闻其言与前结好之司马平章并委心腹肆行谗恶托克托噶太师闻之屡言于汗因汗不信从乃云此我厄运非吉徵也遂益加防范讵朱葛诺延差人往试托克托噶太师太师预知乃设一计于门前用一木槽贮水水中贮砍碎木植数块块上置剃头刀一把并牛毛一缕所遣之人即来至审视而去白日并无别言唯门上贮放上项物事云云朱葛诺延会其意曰木槽所贮之水有如大海乃訾言大国是也砍碎之木如海内之舟乃訾言汗与太师诺延宰桑等是也剃刀牛毛乃言其利如剃刀其细如牛毛訾言汗之法度是也又转念似此有智之人如不用计杀之伊诸事皆能洞知断不可留遂告知司马平章令复转奏云托克托噶太师实有恶念于汗试召伊前来齐集看其来否则可知矣遂遣司马平章往召太

师至半路而回云召太师不至汗曰此有恶念信矣不然何为不至耶于是令司马平章带兵往杀托克托噶太师司马平章将众兵留于锡罗干城独往见太师云有密旨潜告云有人奏汗言大诺延有恶念于汗因未知虚实降旨令召太师商议太师虽知其计因时已至不可避遂往司马平章曰我先往预备牲畜若有迟滞则汗怪我遂先往备兵太师至遂引入杀之回奏于汗汗降旨将现在左右省所有人众令朱葛管辖令司马平章参知政事朱葛奏云承汗惠爱重恩我岂忍安居于室若令微员前往未免扰累属众我愿亲身往收贡赋汗甚喜悦允其行由是朱葛三年不至汗怒甚严谕司阍人云朱葛去久伊若来时勿令入城汗一夕梦一白发老人来云尔自杀守城之犬任狼自外驰来是何意见因大怒嗔责瞬目不见次日汗因梦疑惧思所谓自己之犬者其杀托克托噶太师之谓欤所谓外面之狼者其朱噶外出之谓欤遂告知阿难达玛第喇嘛喇嘛良久无语徐奏云按曩昔我尊胜喇嘛具五识极至之帕克巴巴喇密特所造法语宝藏素布锡达内有虽将己有为仇尚属有益若将他仇为友殊为可畏之语今将如守城之犬托克托噶太师杀害将如驰走之狼朱葛信任此梦之预示凶兆也汗问曰今如何方能济之喇嘛奏曰从前呼必赉彻辰汗时我崇上法王帕克巴喇嘛坐泣三日汗问曰喇嘛尔何故大泣答云汗非为我二人之时也后九世十世时降生托衮汗伊等必毁灭我二人之教是以哭泣汗曰喇嘛尔如此少年何以知此

远事答云汗不独此也且知曩时此地曾下七日血雨汗遂捡查古书一册内载昔时中国唐太宗时此地曾下血雨七日故额讷特珂克之托克默特师之弟苏班都师之徒向唐朝之汉僧元奘罗咱斡云非尔之时也尔后十余世尔之戚中降生唐英袭王汗方为运行尔道之兆其书一册阅讫汗较前益加敬奉信服似此圣卦示验至时谁能阻抑耶惟愿汗向高明喇嘛祷祝诚礼三宝虔祝本身护法庶为可挽汗怒降旨令喇•尔今且回原处喇嘛喜甚云当此金瓯永固玉烛常调之时令我回家非汗之旨乃喇嘛之幸也遂束装而去。

蒙古源流卷五

彼朱葛诺延住南京城者三年,与八十八万汉人坚结盟约,乃还朝摺奏合罕曰:"臣遵共主合罕之旨,科敛贡赋而来,以珍宝财帛取悦阍者而入①,载至九万车珍宝财货矣。"及卸其所载时,曰:"前三万车中载有各色珍宝财帛,中三万车中载有干戈,后三万车中载有饮食之属。"遂先卸前三万车,则真珍宝财帛也。后六万车中乃全装甲胄,而具干戈之军士也,并有大炮三尊,裹之以蜡,(诡)称:"恐卸不完多车所载之物,以备夜用之蜡也。"原约:其蜡燃尽,火接炮药,闻其炮声,车中之兵乃出云。甫卸完前三万车,炮声一响,其后突出攻战,众皆惊恐,无人能敌。合罕乃入前梦中所见之洞,袖其玉玺,携其后妃皇子而出。阿尔拉特之伊拉呼丞相②,阿尔曼之布哈丞相③,哈萨尔裔之图忽勒呼巴图尔·台吉等七人力战得脱。此乌哈噶图合罕于癸酉年即位,在位三十六年,岁次戊申,年五十一岁,因偏溺谄佞,使其大都城陷于敌,失其玉宇之大政矣。

自威灵成吉思合罕降生之壬午年始,凡二百零七年。岁次己酉,自成吉思合罕即位之年始,凡一百八十年,至戊申年,蒙古合罕传位凡十五朝。

自是合罕由古北口出亡,悔叹而泣曰:
以诸宝装成之我大大都城④,
应时纳凉而居之我上都开平轮城⑤,
古来列圣避暑之我上都黄甸⑥。
惜乎!误失我大国之政矣,
戊申乃吾衰败之岁也乎!
以九宝装成之我大都城,
执理九十九政之我上都开平,
泽及众生之我政教福庆。
惜乎!为天下共主之我大名声,
(兹有脱文——译注者)
晨起而登高眺望灿烂朝霞,
自南自北观之则皆成美景。
不分冬夏常居而不生厌,
威德彻辰合罕所建之我大都宝城⑦。
列祖所爱居之我大大都城,
我相得之君臣,我所属之民众。
未从伊拉乎丞相言乃我之恨也,
偏信叛亡之朱葛诺延乃我之愚也。

误杀我聪睿之托克托噶太师,
驱逐我尊上神喇嘛者乃我之孽也。
惜乎! 号称天下共主之我名声,
惜乎! 我享用无边之大福庆。
忽必烈彻辰合罕所百计经营——
宿有福祉之我大都城,
被汉人朱葛诺延席卷而去矣!
耻辱之恶名临我托欢帖木尔矣。

哭叹如是⑧,由此络绎而行,且战且退而出,四十万蒙古中,得脱者惟六万,其三十四万(皆)被围而陷矣。遂聚前后脱出之六万人,至克鲁伦河之界,筑巴尔斯城而居⑨,岁次庚戌,年五十三岁崩⑩。

【注释】

①以珍宝财帛取悦阍者而入:此句是叙事文,不应是奏摺中语。但原文结构如此,姑从之。

②阿尔拉特之伊拉呼丞相:张尔田先生清译本校注云"博郭尔济后裔拉哈之子伊拉呼丞相。《元史·氏族表》博尔术后人有阿鲁图嗣木剌忽,为广平王太傅中书右丞相。至正十一年出守和林,卒官。对音略近。"其实不近,事与本书亦无关。本书所载盖系传闻之说。

③阿尔曼之不哈丞相:张尔田先生清译本校注云"史称别儿怯不花,燕只吉台氏,前卒,未尝随帝北狩,此段所言无一实者。"亦似传闻之说。

④大大都城:王静安先生清译本校注云"大岱都汗城是也。《马可波罗游记》称大都为汗八里克,译言汗城也。"是。亦可译为帝都,"岱都"即大都之蒙语读音。故译如文。

⑤应时纳凉而居之我上都开平轮城:清译为"应时纳凉之尚都海绷古尔都城"。张尔田先生校注云"尚都即上都,海绷古尔都城,前卷作克依绷库尔图。海绷,克依绷皆开平译音。"对。"库尔都"即"轮",似佛教用语。"库尔都城"犹言主宰世界之转轮王所居之城也。抑或是"古里延"之意。此姑译略如文。

⑥古来列圣避暑之我上都黄甸:"黄甸"原文为:"沙喇塔拉"。张尔田先生清译本校注云"此沙喇塔拉在上都,疑即答儿海子,至元七年斡罗陈请于上都东北三百里答儿海子驻夏之地,建城邑以居,世祖从之,遂名其城为应昌府,顺帝北奔,曾驻跸于此。"按此"沙喇塔拉"应指当时开平城所在地,即今之多伦、正蓝旗一带地方。似与应昌府无关。再说"答儿海子"之说也难以成立。"甸子"怎么成了"海子"了呢?这个"黄甸"有"御甸"之意。

⑦威德彻辰合罕所建之我大都宝城:张尔田先生清译本校注云"似指和林,和林故城今额尔德尼招,额尔克图彻辰汗乃成宗汗号。"按大都应是北京,不是指和林;"额尔克图"即"有权威者"之意,姑译如文。"额尔克图彻辰汗",应指忽必烈而言,不应是成宗。成宗铁穆耳皇帝的蒙古语尊号是:完泽笃合罕,不是什么"彻辰汗。"

⑧……哭叹如是:张尔田先生清译本校注云"案《明史》扩廓帖木儿传赞云:元归塞外,一时从臣必有赋式微之章于沙漠之表者,惜其姓字湮没不得见于人间,此歌托之元帝自作,苍凉悲愤,彷佛遇之,孰谓朔漠无文耶!"按朱葛诺延之说,既似传闻之谈,托欢帖木儿之歌,亦似假托之辞。而尔田先生慨叹备至,余谓此等文字尚

⑨筑巴尔斯城而居:张尔田先生清译本校注,"案龚之钥《后出塞录》,达赖贝子所属境内,有城名巴喇河屯,译言虎城也。城内废寺甚大,达赖即车臣汗固山贝子达哩,其牧地在克鲁伦河之南,博罗布达即是城矣。和坦即哈逊,翻为城,《元典章》驿站有脱脱禾孙,巴尔斯蒙古语虎也"云。如据史实而论,此"巴尔斯和坦"(虎城)当指应昌府,其地在今昭乌达盟克什克腾旗境内。"和坦"并非"哈逊"与驿站之"脱脱禾孙"更无关系。《元典章》不能成为依据。

⑩年五十三岁崩:张尔田先生清译本校注云"案《史》,帝寿五十一,《故宫遗录》庚申心知不可为,已因泣数行下,未几以痢疾崩。"然而《元史·顺帝纪》云"帝驻于应昌府,又一年四月丙戌,帝因痢疾殂于应昌,寿五十一,在位三十六年。"与本书各异其说。待考。

【附录】

清译本文:朱葛住南省三年与彼处八十八万汉人固结盟好乃摺奏云遵汗之旨已征收赋税携带前来闻人见有财帛不胜欣悦使之入奏云满载九万车财帛而至检查赍至之物据称前三万车内装载各色珍宝财帛中三万车内装载各项器械后三万车内装载各品饮食之物及卸看前三万车所载之物实系珍宝财帛随后之六万车内则系披坚执锐之兵并炮三尊如蜡烛裹饰一同装载诡言恐车内装载之物一时不能卸完置此蜡烛以备夜间燃照遂将蜡烛俱已点灼先已约定燃至炮线闻炮声则车内伏兵即发至是前三万车中之物将次卸完炮

声一振兵丁突出攻击众皆惊溃无一人能敌于是汗悟前梦乃袖玉玺携福晋皇子俱出奔并携同阿尔拉特之伊拉呼丞相阿拉玛之布哈丞相哈萨尔之后嗣多勒和巴图尔台吉等七人力战而出此乌哈噶图汗于癸酉年即位在位三十六年岁次戊申年五十一岁因好谄佞以致建都之岱都地方一旦堕于凶顽之诡计永失统业自威力青吉斯汗降生之壬午年起凡二百零七年岁次己酉青吉斯汗即位至戊申凡一百八十年蒙古汗等传位共一十五世自是汗由古北口出亡感悔而歌曰以诸宝装严之大岱都城以应时纳凉之尚都海绷古尔都城与我烈祖避暑之尚都沙喇塔拉际此戊申以致败亡遂失大统且九色宝物装严之大岱都城执掌九十九政之尚都海绷泽溥众生道极黎庶一统君主之赫赫名誉晨起登高眺望则清光灿烂有时前后观览则威仪赫奕留憩于此虽历冬夏而无郁闷又额尔克图彻辰汗创立之宝贝岱都祖宗安居之大岱都城并抚有汗众宰桑以及所属民人之众多乃不听伊拉呼丞相之谏者是我之遗恨也信任叛去之朱葛者是我之遇昧也误杀乌哈图托克托噶太师逐去宝异尊上喇嘛者是我之罪愆也居汗之名誉可惜究之大可惜者际此升平之时呼必勒罕彻辰汗百计经营而得此骈集福祉之岱都城以予狂惑而失于汉人朱葛之手愚顽之名我多衮特穆尔其难辞矣歌声既哀继之以泣方大乱时各处转战蒙古人等四十万内惟脱出六万其三十四万俱陷于敌于是先后脱出之

六万人聚集于克呼伦河边界起造巴尔斯和坦城居住岁次庚戌年五十三岁殁。

其子必力克图合罕①,戊寅年生,岁次辛亥,年三十四岁即位,在位八年,岁次戊午②,年四十一岁崩。其弟乌萨哈勒合罕③,壬午年生,岁次己未,年三十八岁即位,在位十年,岁次午辰,年四十七岁崩④。其子恩克卓里克图合罕、额勒伯克·尼古埒苏克齐合罕、哈尔克楚克·都古仍·洪台吉三人也。恩克卓里克图合罕己亥年生,岁次己巳,年三十一岁即位,在位四年,岁次壬申,年三十四岁崩。

其弟额勒伯克合罕,辛丑年生,岁次癸酉,年三十三岁即位,举国称额勒伯克·尼古埒苏克齐合罕焉。因其忽然鬼迷心窍,一日雪地(行猎),射死一兔,见其血滴雪上,乃降旨曰:"其有面白如此雪,颧红如此血之妇人乎?"卫喇特·扎哈明安之浩海·达由⑤(对)曰:"合罕之弟,哈尔古楚克·都古仍·洪台吉之妻,鄂勒泽图·洪高娃妃子⑥之美,容光犹胜于此。"于是合罕曰:"致我之所言,成我之所思者,我浩海·达由也。汝其使我见彼,则我封汝为丞相,俾领卫喇特四部⑦乎!"浩海·达由乃(奉命)伺都古仍·洪台吉之出猎,诣洪高娃妃子曰:"合罕有旨谓:汝之佳丽,为众所羡,我至汝家,愿得一见。"云云。妃子大惊曰:

岂有天地相合之理乎!

岂有合罕之尊见弟妇之道乎!

宁闻乃弟哈尔古楚克·洪台吉之恶耗乎!

(合罕)兄其为黑狗矣乎!

于是,浩海·达由(归)来,具奏其所言,则合罕(大)怒,遂截杀其弟,纳彼怀孕三月之弟妇矣。乃弟哈尔古楚克·洪台吉癸卯年生,岁次己卯,年三十七岁遇害⑧。

【注释】

①必力克图合罕:清译为阿裕锡哩达喇汗。张尔田先生校注云"案即爱猷识理达腊,《蒙古世系谱》称必力克图汗。"此其是矣。本书所载盖据此谱。

②岁次戊午年:沈曾植先生清译本笺证云"洪武十一年"。

③乌萨哈勒合罕:清译为特古斯特穆尔汗。张尔田先生校注云"案据《明史·外国传》脱古斯帖木儿为爱猷识理达腊之子。当以此书为正。成祖谕本雅失里,有太祖遣脱古斯帖木儿归嗣为可汗语,《史》盖缘之而误。《蒙古世系谱》称乌萨哈尔汗。"此其是矣。"尔"为"勒"之误。

④年四十七岁崩:沈曾植先生清译本笺证云"特古斯特穆尔尝为明擒,此书不叙,知蒙古人讳之,其卒在洪武二十一年,与此合,不言为也速迭尔所弑者,不详其事,亦讳之也。《明史·太祖记》二十二年,也速迭尔弑其主脱古斯帖木儿而立坤帖木儿,与《外国传》异,又与《成祖诏》:顺帝后至坤帖木儿,六传皆不善终、异。当据此证之。王静安校《明史》脱古思帖木儿既遁,将依丞相咬住于和林,行至土剌河,为其下也速迭尔所袭,众复散,独与捏怯来等十六骑偕适,咬住来迎,欲共依阔阔帖木儿,大雪不得发,也速迭尔兵猝至,缢杀之,并杀其子天保奴。"

⑤浩海·达由：沈曾植先生清译本笺证云"浩海氏扎哈明安，其后为准噶尔，准噶尔疑亦由扎哈音转也。"

⑥妃子：清译为拜济。张尔田先生校注云"拜济即必济，蒙古语贵妇也。一作必姬，明人译作比妓，亦有作妣吉者，对音无定字。台吉妻曰必济，汗妻曰伯寄太后，伯寄，别乞对音，尊称。"

其实"拜济"或"必济、比姬、比妓、妣吉、伯奇"皆汉语词"妃子"之蒙古语读音。所用汉字之音，亦不尽一致。"台吉"为汉语词"太子"之蒙古语读音。此时之词意亦略同，合罕妻及台吉妻皆可谓"妃子"，与汉法同。帝母为"太后"，亦汉语借词，然其用法不确。盖因当时之蒙古人不甚明了其词意故也。惟"别乞"一词，未可混淆。据《蒙古秘史》之用法，乃"公主"之意也。

⑦卫喇特四部：沈曾植先生清译本笺证云"《藩部要略》厄鲁特旧分四部杜尔伯特，姓绰罗斯，为元臣孛罕之后，孛罕六世孙曰额森。案孛罕不知何时人，以此书所载额森先世推之，额森之父托欢，托欢之父巴图拉，巴图拉之父浩海达裕，浩海达裕上溯孛罕，仅隔一代，然则孛罕盖亦元季时人。《元史·氏族表》有孛罕左手万户兀罗带氏，其人当在元初，与此孛罕是一、是二不能知也。御制《准噶尔纪略》孛罕背正妻与他妇野合，生子曰乌林台巴靼太师，其母弃之泽中，孛罕收养之，遂统部落。乌林台巴靼太师为孛罕之子，又为准噶尔部祖，恐即浩海达裕父矣。《西域图志·准噶尔世系》云，绰罗斯属，第一世为孛罕，元臣脱欢后，自脱欢至孛罕，世次不可考。孛罕之子曰乌林、巴达台什，乌林台巴达台什子曰达耀，达耀子曰鄂尔鲁克诺颜，鄂尔鲁克诺颜子曰巴图兰青森，巴图兰青森子曰额森诺颜。按此书译成于乾隆四十二年，《图志》告成亦在是年，而彼此抵牾，不可关照。《图志》之达耀即此浩海达裕也。巴图兰青森即巴图拉丞相也，此以巴图拉为达裕之子，彼以为其孙，

一出于准噶尔自述其祖先，一出于蒙古喇嘛叙其仇敌。揆以情理，自当以准噶尔之说为可凭，又此以额森为巴图拉孙，彼以为子，中间巴噶穆即脱欢一代脱去，未晓其故。《明史》记当时准噶尔数先代，此书亦本蒙古旧史言之，皆不容有舛讹，而乖违如此。甚矣！谱学之难言也。"

张尔田先生校补云"案先生后说，又以巴图拉为巴都孛罗，瓦剌三酋，其分支不可详，彼此异说，所当并存。"

按"乌尔鲁克"一词，犹言"卿"或"相"，"诺延"即"官老爷"之意，"故乌尔鲁克诺延"犹言"卿爷"或"相爷"也。而"青森"或"青桑"为汉语词"丞相"之蒙古语读音，亦即蒙古语之"乌尔鲁克"。由此观之，"乌尔鲁克诺延"即指"巴图拉丞相"而言。故《图志》所载"乌尔鲁克诺延子曰巴图拉青森"误甚，自己不能成为自己的儿子。再说"巴图拉青森子曰额森诺延"亦误甚，爷爷不能直接生出孙子来。中间丢了巴图拉之子，额森之父脱欢。此种舛讹，盖因撰书者不解词意之故。可不必怀疑，本书记载正确。

⑧年三十七岁遇害：王静安先生清译本校注云"三十七岁当作三十一岁。"未申其由，不知何据。

【附录】

清译本文：子阿裕锡哩达喇汗戊寅年生岁次辛亥年三十四岁即位在位八年岁次戊午年四十一岁殁弟特古斯特穆尔汗壬午年生岁次己未年三十八岁即位在位十年岁次戊辰年四十七岁殁生子恩克卓里克图汗额勒伯克尼古埒苏克齐汗哈尔古楚克都古楞特穆尔鸿台吉弟兄共三人恩克卓里克图汗己亥年生岁次己巳年三十一岁即位在位四年岁次壬申年三十四岁殁弟

额勒伯克汗辛丑年生岁次癸酉年三十三岁即位举国上尊号称为额勒伯克尼古埒苏克齐汗忽被鬼怪所迷一日于雪内射一兔见血点落于雪上乃曰安得有面色洁白似此雪颧额红艳似此血之妇人乎卫喇特扎哈明安之浩海达裕答云汗之弟哈尔古楚克都古楞鸿台吉之妻鄂勒哲依图鸿郭斡拜济颜色较此尤为都丽汗云浩海达裕尔果能惬我意使彼与我一见我即令尔为丞相管辖四卫喇特浩海达裕乃伺都古楞鸿台吉出猎后往见鸿郭斡拜济说云奉汗之旨谓尔都丽众皆称异欲来尔家看视拜济大惊云天地岂有混淆之理乎汗之贵重岂有觑弟妇之理乎哈尔古楚克鸿台吉己与之乎兄岂为黑犬乎浩海达裕以其言尽行具奏汗怒截杀其弟于路而纳怀孕三月之弟妇哈尔古楚克鸿台吉癸卯年生岁次己卯年三十七殒命。

其后,合罕驾行鹰猎后,洪高娃妃子闻浩海·达由为受丞相之封,备宴而至,坐待合罕于野外。遂遣哈尔古楚克之仆多克新锡喇者语曰:"汝奈何坐野外?来家中候合罕可也。"遂招之来,大加礼敬也,以银酒海斟醇醪,更加黄油以捧之,洪高娃妃子乃曰:

致我贱躯于高贵,
致我微身于尊荣矣;
俾我洪妃子为后主,

俾我台吉妃为合罕后矣。

我复何言,其难尽言汝德也。降大恩之事,由合罕裁之,兹仅酬杯酒以报德耳。(浩海·达由)信之,饮其酒,不觉昏倒。遂令置浩海于床上,自断其发辫之一股,又自搔破身上数处,召集居近之众百姓以示之,因遣哈尔古楚克之仆多克新锡喇往迎合罕矣。俟合罕来,背面坐而哭之。合罕入来,(问)曰:"汝何为而哭耶?"因尽言前此为浩海捧酒所道之言,且曰:"彼饮我酒醉后,肆出邪言亵我,因不从,遂伤我如是矣。"云云。(浩海)卧而闻其言,(急)起乘马而逃矣。于是,合罕曰:"以浩海之逃察之,(所言)盖真也。"追及之,则拒战而射断合罕之小指矣,因就地围擒而杀之,命苏尼特之旺沁太保剥取浩海脊皮,归来付与妃子焉。妃子曰:"此不足以代也。"乃餂合罕小指之血,又曰:"试看人皮何等。"再餂浩海皮上之油,曰:

"既餂黑心合罕之血,
又餂进谄浩海之油矣,
我虽妇人报我夫之仇矣,
今即就死亦无憾矣。
寇合罕其可速绝我!"

合罕以洪妃子之色,不怒。谓浩海之子巴图拉①曰:"误杀汝父矣。"因赐其长夫人库伯衮岱妃所生之萨木尔公主,拜为丞相,俾领卫喇特四部焉。

卫喇特·克呼古特②之乌格齐·哈什阿曰:"此合罕杀其弟哈尔古楚克·洪台吉,娶其媳洪高娃妃子为夫人,肆行不道,为妃子所欺,杀我臣浩海而耻之,知有我在,竟令我所属之巴图拉领四部耶?"合罕闻其不胜愤怒,遂与其婿巴图拉丞相二人计议,欲杀乌格齐·哈什阿时,其长夫人库伯哀岱,遣(使)告(此事)与乌格齐·哈什阿矣。乌格齐·哈什阿即起兵来,弑额勒伯克合罕,自纳鄂勒泽图洪妃子,降蒙古国之大半矣。

额勒伯克合罕癸酉年即位,在位七年,岁次己卯,年三十九岁时害哈尔古楚克,阅四月,即于是己卯年为乌格齐·哈什阿所害。合罕纳乌勒泽图·洪高娃妃子时,已孕三月,及乌格齐·哈什阿纳时,已孕七月而行,又三月,岁次庚辰,生一子,取名阿寨③,乌格齐·哈什阿抚养为己子焉。巴图拉丞相令阿速特之名乌格德勒库者负篓拾粪,命名为阿噜克台④以役使之,嗣后,暂统蒙古国焉。

【注释】

①巴图拉:沈曾植先生清译本笺证云"巴图拉盖即《明史》之把秃孛罗,永乐时封安乐王者也。与马哈木异部,今以为巴噶穆之父,所未详已。"既然"未详",应以本书为准。

②克呼古特:沈曾植先生清译本笺证云"克呼古特当作额勒克彻古特,王静安校卷三作奇喇古特。"案古呼古特与奇喇古特,其蒙文原文之形态相近,词义相同,汉译之用字不同而已。王先生校的是。

③阿寨:沈曾植先生清译本笺证云"阿寨台吉为额勒伯克汗幼子,额勒锥特穆尔汗为额勒伯克汗次子,故永乐中成祖谕本雅失里诏曰:也孙台与思力赤肺腑亲也。又案据后文,永乐庚寅阿寨台吉从阿岱汗行兵于卫喇特,距庚辰才十年耳。其年太稚,恐此事尚在建文元年前也。"据本书前文阿寨台吉乃哈尔古楚克,洪台吉之遗腹子,并非额勒伯克合罕之子。下文与此处之叙事无涉。近乎废话,且看下文。

④阿噜克台:沈曾植先生清译本笺证云"《西域图志·故事》厄鲁特准噶尔别出,有元之阿鲁台部,其后声讹为额鲁特,散出西北,国初有顾实汗者,于天聪、崇德间遣使入贡,其支裔今居青海。又《世系》云,和硕特以阿勒萨噶勒代诺延为第一世子,乌鲁克特穆尔为第二世子,博罗特布古为第三世子,博罗特特穆尔为第四世子,都楞代博为第五世子,图古堆为第六世子,那郭代为第七世子,赛谟勒呼为第八世子,库绥为第九世子,鄂博克博贝为十世,鄂博克之子曰雅代青山,博贝之孙即顾实汗也。《藩部表》云:元太祖弟哈布图·哈萨尔,七传曰:阿萨克噶勒泰生二子,长曰:阿鲁克特穆尔,为内蒙古科尔沁诸部祖;次曰:乌鲁克特穆尔,为和硕特诸部祖。据《故事》顾实为阿鲁台后,则《世系》之阿萨克噶勒代即此之阿萨特。阿鲁克台即《明史》之阿鲁台,而其长子阿鲁克特穆尔即此书后文之阿里玛丞相也。官书每不相检,会而于外藩所自述,尤慎言之,如脱欢、巴噶穆之抵牾,即其比例。今以三书相校,音证了然,系世可奠,常疑瓦剌,蒙古历世相仇,何以顾实为卜尔亥后人,此一支在明世,与吉囊、俺答所部杂居青海,彼此相安,审为阿鲁台后,乃知其别出已久,且哈萨尔后而忠于阿岱,固宜其子孙东西并盛也。"张尔田先生校补云"案卜尔亥一作卜儿孩《明史》称为小王子部长。以内乱奔据西海。《一统志》嘉靖间,亦卜剌与阿尔秃斯

居青海，西宁苦寇患。惟卜儿孩一支敛众自保，盖虽合于瓦剌，而仍自为部者。且其人青海也，实较前于永邵卜诸部，先生疑顾实为其后人，与后引《秦边纪略》之说微异，当以彼说为长。《秦边纪略》明初置四卫于沿海为外藩，故洮河、庄湟无夷患，四卫之废，则亦卜喇为之，亦卜喇败，惟卜儿孩一部独全，夷推为卜失兔汗，今漫延于青海间者，旨卜失兔之苗裔也。"又云"今之达赖黄台吉卜儿孩之子，麦力干达尔加黄台吉，皆卜儿孩之孙。此青海卜儿孩遗部之可考见者。"案此处注文，问题甚多。如沈曾植先生据清译之"阿萨特之子乌格德勒库负筐拾粪取负筐之义命名为阿鲁克台"一段误文，累得他说了很多没头没脑的话。据蒙文原文"阿萨特"为"阿速特"之误，而"阿速特"是部族名，并非人名。盖《秘史》之"阿速惕"，《元史》之"阿速部"是也。原名乌格德勒库之阿噜克台即属此部人；"阿噜克台"直译则为"负篓者"之意，清译"筐"为"篓"之误；先生将《世系》所言"阿勒萨噶勒代"之误书，《藩部表》之"阿萨克噶勒泰"二者等同起来了。"阿勒"即"大红"之意，"萨噶勒代"即"有须者"之意，"阿勒萨噶勒代诺延"即"有红须的老爷"之意，犹言"赤髯公"也。"赤须公"自然不是"阿速部"。说"阿噜克台即《明史》之阿鲁台"是对的，但"阿噜台"并非"阿勒萨噶勒代"，不能冒充为"阿鲁克特穆尔"之父，更不是什么"阿里玛丞相"。"阿里玛"（应为阿速特）是部族名，并非人名，无法当"丞相"。诸如此类，馀不赘述。

【附录】

清译本文：迨后汗出放鹰浩海达裕为请名号备宴以至在外坐候汗驾鸿郭斡拜济闻知遣哈尔古楚克之仆人多克新沙喇谓之曰尔为何坐于外可入我室中候汗乃唤入大加礼敬鸿郭斡拜济以奶油和奶酒盛于银杯内

云尔自卑污致我于尊荣贱驱已为贵体以称拜济之人而为伯奇太后由台吉之拜济得为汗之福晋我深感尔恩主上亦谅知此大恩今特把盏以酬尔之德耳浩海受而饮之不觉醉仆于地拜济于是将浩海置之椅上采已发一缕掷之各处仍自毁其面传集库尔新之大众看视遂遣哈尔古楚克之仆人多克新沙喇迎往奏汗汗至见其背坐而泣问云尔何为而泣乃将酬谢浩海之言一一告知且云伊饮酬酒一杯醉后肆言因袭我不从即如此伤我浩海一闻此言急起乘马遁去汗云观浩海之遁斯言诚然矣遂追去浩海拒战将汗小指射断当将浩海围住擒杀交苏尼特之旺沁太保剥取浩海之皮给与拜济拜济尚不惬意既吮汗小指之血又以人皮何似取而观之併恬浩海皮上之油乃曰既得吮怀蓄恶念汗之血并恬献谗佞口浩海之油虽系妇人夫仇已报今即就死无憾矣汗其速令我回汗慕鸿拜济之色并不加怒反向浩海之子巴图拉云误杀尔父矣遂降库伯衮岱大福晋所生之萨穆尔公主妻之授为丞相令管四卫喇特时卫喇特克呼古特之乌格齐哈什哈闻之云汗政治不端杀弟哈尔古楚克鸿台吉以弟妇鸿拜济为福晋淫虐乱法复被拜济所欺杀臣浩海以有此耻乃既有我在而令我属人巴图拉管辖四卫喇特耶不胜愤怒汗闻之与婿巴图拉丞相议杀乌格齐哈什哈讵库伯衮岱大福晋致信于乌格齐哈什哈乌格齐哈什哈即乘马而来既弑额勒伯克汗乃娶鄂勒哲依图鸿拜济为妻蒙古人众大半降之

额勒伯克汗癸酉年即位在位七年岁次己卯年三十九岁杀哈尔古楚克甫四月即于是年为乌格齐哈什哈所弑汗占鄂勒哲依图鸿拜济为福晋时已怀孕三月及乌格齐哈什哈娶时怀孕已七月又三月岁次庚辰生一子取名阿寨乌格齐哈什哈爱养如己子而巴图拉丞相复令阿萨特之子乌格德勒库负筐拾粪取负筐之义命名曰阿噜克台以供使役自是与蒙古人众不相能矣。

额勒伯克合罕之长子琨特木尔①丁巳年生,岁次庚辰,年二十四岁即位,在位三年,岁次壬午②,年二十六岁崩。无子,弟鄂勒泽特木尔己未年生,岁次癸未,年二十五岁即位③,在位八年,岁次庚寅④,年三十二岁崩⑤。其子德勒伯克合罕⑥乙亥年生,岁次辛卯,年十七岁即位,在位五年,岁次乙未,年二十一岁崩。是年,乌格齐·哈什哈心怀前仇,杀浩海达由之子巴图拉丞相,遂会盟卫喇特四部,有与会之三人,途遇阿速特之阿噜克台拾粪而行,乃问曰:"大人等会盟,其事若何?"(三人)讥之曰:维贤者,既结项索,而忧大国之事者,其斯之谓欤!"又曰:

瞬将筑彼名城矣,
将以丧棒击花豹矣。
将举阿寨台吉为合罕矣;
将命阿噜克台儿为太师矣。

云云。待彼等过去后，阿噜克台乃卸其篓而置于地，曰："此非汝言，盖天之命也，于我庶人何有哉！阿寨台吉天裔也，彼天父其鉴之。"祷毕，向天而拜焉。

无何！乌格齐·哈什哈死。其后，即于是乙未年，乌格齐之子额色库，丁卯年生，岁次乙未，年二十九岁即位，纳巴图拉丞相之妻萨木尔公主，称额色库合罕⑦，役使鄂勒泽图·洪高娃妃子，阿寨台吉母子及阿速特之阿噜克台太师三人于家中焉。彼额色库合罕，自乙未年，在位十一年，岁次乙巳，年三十九岁崩。萨木尔公主心恨乌格齐·哈什阿之恶行，匿出鄂勒泽图·洪妃子、阿寨台吉、阿噜克台太师三人⑧，遣往母家蒙古地方去也，谓之曰：

其额色库合罕已死矣，
额尔和彻古特之众乱其首矣⑨！
当向汝君父叩首请命⑩，
乘其此机庶可加兵乎！

正语间，其子巴噶木⑪曰："虽云母家，乃他人也，何得出此言？"其母惧而语塞。其时，科尔沁之斡赤斤诺延之裔，阿岱台吉君临所余蒙古之众。彼等至而尽述公主之言矣。

阿岱台吉丙辰年生，岁次庚寅，年三十五岁，纳鄂勒泽图·洪妃子，在主（灵）前即合罕位⑫，赐阿噜克台以太师之号。阿岱合罕遂与阿寨台吉⑬、阿噜克台太师三人统兵征卫喇特四部。战于扎勒满山⑭,掳获巴图拉丞相之子巴噶木⑮而还。阿寨台吉曰:"当报我姊之德,可释其此子也!"阿噜克台太师曰:"语云,狼子不可饲也,敌子不可养也,当日我等出来时,此子非出恶语乎!"阿岱合罕以阿噜克台之言为然。将之来,则阿噜克台太师曰:"昔日汝父巴图拉丞相令我负篓,名之曰阿噜克台,使为贱役焉。当此日转政换,报父仇于其子乎!"遂覆巴噶木于釜下,名之曰托欢⑯,役使于家中焉。

【注释】

①琨特木尔:张尔田先生清译本校注云"案即《明史》坤帖木尔,自顺帝数之,至坤帖木尔适六传。"

②岁次壬午:王静安先生清译本校注云"壬午建文四年。"

③鄂勒泽特木尔……年二十五岁即位:沈曾植先生清译本笺证云"额勒锥即《明史》之鬼力赤,译改郭勒齐者也。史言其篡立,又云非元后,与此异,恐史文为信。永乐时,迤北酋豪,降者不绝,史据当时所述书之,固当较喇嘛所记旧事确实也。永乐元年遣使谕鬼力赤,六年鬼力赤被杀,也孙台为部下所杀,迎元后本雅失里为可汗(译改布尼雅实里,于别失八里立之,七年本雅失里徙居胪朐河,八年亲征,败本雅失里于兀儿古扎(盖额尔古纳河),追,败诸斡难河,自此本雅失里西奔与阿鲁台分,十一年本雅失里为瓦剌,马哈木乘其衰弱灭之,得传国玺,立答里巴为可汗,自后瓦剌张于西,阿鲁台张于东。至宣德末,脱脱不花(译改托克托布哈),始见答里巴,他无所见,亦不知其终。又本雅失里为别失八里元裔,而对音与此书后文卫拉特之巴噶图特·锡赉汗相近。"

⑤年三十二岁崩：沈曾植先生清译本笺证云"鬼力赤被弑，《明史》一称永乐三年，一称六年，其为阿鲁台所杀，则无异说也。"

⑥德勒伯克合罕：沈曾植先生清译本笺证云"此即《明史》之答里巴，今译塔里巴者，瓦剌所立，此为西汗。"

⑦额色库合罕：张尔田先生清译本校注云"案《明史》，瓦剌蒙古部落也，众分为三，其渠曰马哈木，曰太平，曰把秃孛（应是"孛"——译注者）罗，宣德元年太平死，子捏烈忽嗣，此额色库若当捏烈忽，则乌格齐即《明史》之太平也。而巴图拉又与把都孛罗音似，盖即此三人事，而叙述岐异如此。"

⑧匿出……三人：沈曾植先生清译本笺证云：明成祖屡征阿鲁台不应，阿鲁台至洪熙后始从瓦剌中脱出，此之谬误较然，易知永乐元年遣使谕鬼力赤诏中太保枢密院"阿鲁台与马尔哈咱、也孙台并列，阿鲁台之强盛久矣。此诸事，盖皆在洪武末。"

⑨额尔和彻古特之众乱其首矣：张尔田先生清译本校注云，"案《明史·瓦剌传》脱欢内杀其贤义、安乐两王，尽有其众，欲自称可汗，众不可。所谓大乱者指此。而叙事前后不伦，殊难互证。王静安校卷三云：多斡索和尔之子託诺依、多克新、额木尼、额尔克，俱为厄鲁特、巴噶图、和特、奇喇特四姓之卫喇特。是卫拉特之先有名额尔克者，故卫喇特亦称为额尔克彻古特，下文又作额尔克楚特，卷四又作额里克特。王说颇可备一解。《蒙古世系谱》卫喇四姓作威勒忒、巴图忒、徽特、克烈忒。徽特即辉特，克烈忒即客列亦特，亦即奇喇古特，为土尔扈特旧姓。此额尔克彻古特盖奇喇古特异译也。"

⑩当向汝君父叩首请命：沈曾植先生清译本笺证云"萨穆尔公主之父则额勒伯克汗也。久已被杀，安得复向请兵。"案"君父"的蒙文原文为〔eǰen eʧegtə〕清译本误为"萨穆尔公主曾向其父极

力叩请。"这个"君父"是指国君而言,并无萨木尔公主父亲之意,而且这里是对其遣往蒙古地方的三人嘱咐之语,并非萨木尔公主说自己的父亲。

⑪其子巴噶木:沈曾植先生清译本笺证云"巴噶穆即《明史》顺宁王马哈木也,是脱欢之父,而以为托欢原名。"

⑫在主(灵)前即合罕位:这个"主"盖指成吉思合罕而言。沈曾植先生清译本笺证云"是时德勒伯克汗尚未卒,一时而二汗,与《明史》称永乐十年阿鲁台立阿台为可汗,马哈木亦立答里巴为可汗,自此达达有二汗,合本雅失里以八年西奔,阿岱以八年立,盖阿鲁台立之,此为东汗。"张尔田先生校补云"案下云阿岱汗庚午年生,岁次丙午,年三十七岁即位,谓即汗位,此叙即君位之年,而不言即汗位者,以德勒伯克汗在也。然与下文甲子不合,疑有一误。"案蒙文原文谓"即合罕位"并不言"即君位",似是无误。

⑬阿岱合罕遂与阿寨台吉:沈曾植先生清译本笺证云:"《四夷考》永乐元年遣使谕鬼力赤(译改郭勒齐)并勅其太师右丞相马尔哈咱,太傅左丞相也孙台,太保枢密知院阿鲁台各赐文绮。也孙台即阿寨台吉也,也孙台本依瓦剌,故阿台即败,而瓦剌立其子脱脱不花,其得立由此,其被弑亦由此。'政由宁氏,祭则寡人。'蒙古之不兢,盖至此极矣。"

⑭扎勒满山:沈曾植先生清译本笺证云"此汗不知为卫拉特之汗,抑卫喇特所立元裔蒙古汗。《明史稿》谓部帅纷拏者指此,其事则即明人所记,谓阿鲁台杀本雅失里者,由此致讹也。"这才是瞎说哩!清译"济勒满汗"的"济〔dyi〕"为"扎〔dya〕"之误。这个"汗"是指高山而言,不是说帝王之类。

⑮巴噶木:沈曾植先生清译本笺证云"《明史概·大事记》阿鲁台攻破瓦剌贤义王太平,部众始盛。《明史稿·鞑靼传》永乐十四

年阿鲁台败瓦剌来献俘,未几马哈木死,宣德元年太平死。九年脱懽袭杀阿鲁台,前后不见顺宁为阿鲁台攻败之事,然《史概》正统十一年补给也先原赐驼纽金印注云"祖马哈木为顺宁王时所赐,以仇杀失去,请补。则马哈木、脱懽之世疑必经丧败,或即是阿鲁台兵也。"无据,难说。

⑯……名之曰托欢:沈曾植先生清译本笺证云"《明史·瓦剌》马哈木之子为脱欢,朝贡使命时通,上国不容。脱欢是马哈木之改名,此亦书中之巨谬。"本书所载正确,不谬。张尔田先生校补云"案《元史语解》托欢釜也。"

【附录】

清译本文:额勒伯克汗之长子琨特穆尔丁巳年生岁次庚辰年二十四岁即位在位三年岁次壬午年二十六岁殁无子弟额勒锥特穆尔己未年生岁次癸未年二十五岁即位在位八年岁次庚寅年三十二岁殁子德勒伯克汗乙亥年生岁岁辛卯年十七岁即位在位五年岁次乙未年二十一岁殁是年乙未乌格齐哈什哈怀记前仇杀浩海达裕之子巴图拉丞相由是四卫喇特前往会盟适有三人而回路遇阿萨特之阿噜克台拾粪问云大人会盟之事若何三人讥之云墨尔根项负绳缆而为大统忧劳且笑曰今已击谗佞浩海之皮阿寨台吉称汗名阿噜克台者为太师大兴政治矣迨三人去依阿噜克台取粪筐置于地云此非若靠之言也盖天命耳我乃属下之人于我何有惟阿寨台吉乃天子之裔惟天神鉴之而已乃向天叩拜维时乌格齐哈什哈已死乌格齐之子额色库

丁卯年生岁次乙未年二十九岁即位娶巴图拉丞相之妻萨穆尔称为额色库汗乃令鄂勒哲依图鸿拜济阿寨台吉母子及阿萨特之阿噜克台太师三人于额色库汗家中使役额色库汗在位十一年岁次乙巳年三十九岁殁由是萨穆尔福晋怀记乌格齐哈什哈作恶之仇将鄂勒哲依图鸿拜济阿寨台吉阿噜克台太师三人匿而出之遣往母家蒙古地方额色库汗殁后额尔克彻古特人众大乱萨穆尔公主曾向其父极力叩请以为此际正可用兵其子巴噶穆闻之云母现有母家他人何得出此言耶其母畏惧遂无语其时科尔沁乌济锦诺延之子阿岱台吉已占据前所馀剩蒙古人众及三人至彼尽述公主之言阿岱台吉系丙辰年生岁次庚寅年三十五岁携鄂勒哲依图鸿拜济即君位与阿噜克台以太师名号阿岱汗阿寨台吉阿噜克台太师三人为首加兵于济勒满汗征伐四卫喇特俘掳巴图拉丞相之子巴噶穆既至阿寨台吉云公主姊曾加惠于我等今释放此子以报之何如阿噜克台太师云狼子不可养敌嗣不可育昔放出我等时此子曾有恶言阿岱汗以阿噜克台之言为然遂将巴噶穆羁留阿噜克台太师谓之曰昔日尔父巴图拉丞相曾令我负筐拾粪呼为阿噜克台以供使役今日所值诚如日月旋转今将昔时尔父之仇即报之于尔因取覆于釜中之义命名曰托欢役于家中。

阿噜克台太师之妻,格哹勒·阿噶念系公主之子,甚怜之。一日,格呼勒·阿噶为托欢梳发时,蒙郭勒津之蒙古拜①来见之,曰:"阿噶!与其梳彼发,何如断彼命?"言讫而去。其后萨木尔公主亲来,求取其子托欢太师而归焉。托欢甫归,乃言于(卫喇特)四部之主事人等曰:"今之蒙古国,与昔之我辈同,已乱其首领焉。乘此加兵,必胜无疑。"其母萨木尔公主曰:"此儿因身受(其难),故出此复仇之言耳,何必以暴易暴。"不听,兵出,遇阿岱合罕于猎中,时阿岱合罕令卫喇特之二子赛木沁,萨勒木沁者,佩以插梅针箭之撒袋,自佩插四枝大披箭之撒袋以行猎也,其二僮识其卫喇特四部之人,叛去。合罕以其撒袋中四大箭,(射)倒四人而遁,避于主上之宫中,因无箭戈而被围,遂遭捕而遇害②。

托欢太师乃乘密尔伞③之黄骐,绕主上宫帐三匝,冲之,砍之,而言曰:"汝为威灵身之八白室乎!我乃威灵后之裔托欢也④。"云云。都沁·都尔本⑤二部之父老相议曰:"此圣主非仅为蒙古之君,乃总领五族之国,四方之邦⑥者。昊天之子也。对此将有一报应乎。"言于(托欢)曰:"汝之言行狂悖之甚,当拜圣主,乞汝性命。"(托欢)不听,曰:"我自身之性命,更求于何人,而今蒙古国尽为我所有,我依蒙古诸罕之制,取罕号可也。"及其致祭于主(灵)而还也,但闻主上之金箭壶铮然有声,近侍人等见中眼内之一叉披箭战战而动,其时托欢太师之口鼻冒血而慌骇,众(复)见其衣自绽,两胛之间显如中箭之痕矣。又看主上箭壶时,中眼内之一叉披箭铁镞有血迹。都沁、都

尔本二部之众曰:"此主上之不悦所致也。"云云。(托欢)
召其子额森来曰:

"英雄之威灵显其英雄也,
威灵后未能护其裔矣。
一恃威灵后而行之我,
为圣主所害如是矣,
已芟尽汝之芒刺焉,
所余者惟蒙郭勒津之蒙克拜也。"

言讫,气绝。彼阿岱合罕庚午年⑦生,岁次丙午,年三十七岁⑧即位,在位十三年,岁次戊午,年四十九岁,为托欢太师所害⑨。阿岱合罕、托欢二人,同年相继而逝。

【注释】
①蒙克拜:张尔田先生清译本校注云"案蒙古拜《蒙古世系谱》谓是阿鲁克台之弟。"
②因无箭戈而被围,遂遭捕而遇害:沈曾植先生清译本笺证云"《明史》阿鲁台宣德九年为托欢攻杀;阿台,正统三年乃为脱脱不花所击杀。"
③密尔伞黄骐:建都于撒马儿罕城之帖木儿合罕子孙中多有称"迷尔咱〔mirza〕"者,与此密尔伞偕音。此系哈萨克语,犹言阁下、官人,但未知其指哪一位迷尔咱而言。其所乘之马,盖系称西马之大宛马欤? 托欢何由得此马,事亦不详。
④我乃威灵后之裔脱欢也:清译为"我则索多之后裔托欢也"。

沈曾植先生笺证云"索多盖卫喇特之远祖,后文哈尔固楚克谏岱总言,索岱之后嗣,伊等之太师丞相与此相应,索俗即索多之异文也。亦或其种人自称,如蒙古之自称必塔者,以当缘其祖之名以为称也。其人当在孛罕前身,系索多室,从白色,如言身托卫喇特,仪号从蒙古耳,轻之之词。"

张尔田先生校补云"案《蒙古世系谱》拖懽欲自立为汗;乘伊拉斯黄马,至清机思汗陵寝,绕园林数匝,以刀砍壁曰:咄咄!清机思陵寝若是其尊显乎!余苏泰后不汝弱也。《谱》所叙与此同,而译语特显明。"

案"索多 sɔdɑ"一词,具有"杰出、超群、英明、伟大"等含义,而"索岱 sudei"或"苏泰 sutai"是其女性用词。其意同。"索多"指成吉思汗而言,而"索岱"盖指成吉思汗家族之女,为卫喇特部之老祖母者而言。据《秘史》载称:以成吉思合罕女扯扯亦根公主嫁斡亦剌惕(卫喇特)部忽都合别乞之子亦纳勒赤;以拙赤女豁雷干公主嫁亦纳勒赤兄脱劣勒赤。这里或许指此事而言。

⑤都沁,都尔本:张尔田先生清译本校注云"案都沁、都尔本及阿苏特、永谢布皆蒙古旧部落《秦边纪略》蒙古四十八部落,尚见都儿木(应为"本"——译注者)名,今哲里木盟杜尔伯特是也。《元史》作朵鲁班,都沁颇疑即阿噜科尔沁旧号也。"

其实"都沁"即蒙语的"四十",指蒙古部而言。"都尔本"即蒙语的"四",指卫喇特四部而言。"都沁"(四十)是个概数,前文称:元之时,托欢帖木尔北奔,四十万蒙古之三十四万陷于围,得脱者仅六万云云。这里仍用其传统的"四十万蒙古"之语,别无他意。

⑥五族之国,四方之邦:王静安先生清译本校注云"翁格即弘吉剌,郭罗勒即豁罗喇斯。"张尔田先生校补云"案前卷五翁格,先生谓指注(应为"汪"——译注者)古部,王说非。"

其实,"翁格ӧngae"是蒙语"色"的意思,"五翁格"即"五色"。什么样的五色呢?其说不一,有一种说法是:蒙古青色,汉族红色,高丽白色,回族黄色,藏为黑色。总之,这"五翁格"(五色)是泛指成吉思汗的蒙古大帝国所属之诸民族而言。不是什么"弘吉剌",也不是什么"汪古部"。其下句蒙文原文为"都尔本哈哩〔dərben xarc〕",清译为"四郭罗勒",亦误。"都尔本"是蒙语的"四","哈哩"这个蒙语词,泛指本民族以外的各民族或部族而言。所以,"五翁格""四哈里"是形态和读音不同的同义词。亦即指成吉思汗的蒙古大帝国所辖之诸族而言。

⑦阿岱合罕庚午年生:张尔田先生清译本校注云"案庚午洪武二十二年,蒙文社本作庚寅。即前即君位之年也。前已言生年,此不当复出,句必有讹。"

⑧岁次丙午,年三十七岁:张尔田先生清译本校注云"案前已云'岁次庚寅,年三十五岁',则丙午不得为三十七。下云'戊午,四十七岁',虽与此合,而与前亦不符,疑皆误也。"

⑨为托欢太师所害:沈曾植先生清译本笺证云"《四夷考》阿鲁台既死,所部阿台王子朵儿只奔窜居亦集乃路,屡寇甘、凉,败我兵。睿皇帝立,招之不从。正统二年冬,命尚书王骥督师剿阿台王子朵儿只伯,明年破之于石城,斩三百馀级,擒其左丞脱罗,阿台与朵儿只奔以数骑遁去。追,破之梧桐林,至黑泉而还,平章阿的干以馀党降。赵安出他道,复破之刁力沟,擒右丞等三十人,出塞千馀里,虏众几尽。未几瓦剌破杀阿台及朵儿只奔。按阿台王子即阿岱汗,其称王子,正与后来鞑靼汗皆称小王子同,实阿鲁台之主,明人以为阿鲁台所部,误也。朵儿只伯即都尔本部,详当时情事,阿岱汗盖为明人所迫逐,托欢乘其败而杀之。"

张尔田先生校补云"案《明史·鞑靼传》阿鲁台既死,其故所立阿台王子及所部朵儿只伯等复为脱脱不花所窘,以阿台为阿鲁台所立,足正明人记载之误。"

【附录】

清译本文:阿噜克台太师之妻格呼勒阿哈念其系公主之子甚怜之一日格呼勒阿哈与之栉发适蒙郭勒津之蒙克拜往看见之曰阿哈与其栉伊之发辫何如阁之为当言讫而去迨后萨穆尔公主亲来恳求太师将托欢带回托欢于四卫喇特为首人众之前告之曰今蒙古等即如我从前之乱此时若用兵必能取胜萨穆尔公主云此小儿盖因己身受困为此复仇之言耳何必作恶谏之不听兵出正遇阿岱汗行围阿岱汗令赛穆沁萨勒穆沁二卫喇特佩带插梅针箭之撒岱自佩插四枝大尖披箭之撒岱以猎其时四卫喇特之台噶特四人叛去汗用撒袋内之四枝大尖披箭将四人射仆败去藏于汗之亭内汗既回徒手并无器械遂被弑托欢太师乘密尔伞之黄色良马将亭绕走三次云尔身系索多室从白色可耳我则索多之后裔托欢也都沁都尔本二部落人众皆曰此乃圣主非仅为蒙古等之君乃统据五翁格四郭罗勒之汗玉皇上帝之子也报应甚速今观尔之言语动作甚属背谬当作速叩祷圣主以求救命不听而曰我自身性命向谁求乞今众蒙古等俱为我有其照从前蒙古汗等尊上汗号耳遂致祭于汗回时骤闻上之金撒袋铮然有声近侍之人见中壶内所插挑远箭一枝颤动又见托欢太师

鼻口流血正惊骇间大众复见太师血浸透衣两琵琶骨间正如箭痕浮露于外而中壶内之挑远箭一枝带有血迹其都沁都尔本二部落人等惊惶以为上不悦所致云随召其子额森至嘱之曰丈夫中之丈夫索多可谓出类拔萃惜乎不能保身因涉险寻母索戴为汗所害我已芟尽尔之芒刺所余者仅蒙郭勒津之蒙古拜而已言讫即殁阿岱汗庚午年生岁次丙午年三十七岁即位在位十三年岁次戊午年四十九岁为托欢太师所杀阿岱汗与托欢太师二人同年而殁。

　　托欢之子额森，丁亥年生，当年即戊午年，三十二岁，在主（灵）前即合罕位①，遵其父言，杀蒙郭勒津之蒙克拜，当日即统都沁、都尔本二部（之众），行兵于汉地也。一夜，额森合罕梦自身之转生，共谓："今谁养此耶？（或曰）除阿速特之阿噜克台太师之子，阿里玛丞相之妻阿噶之外，更有何人养之。"云云。遂言其梦于众，曰："汝等解之。"则卫喇特之巴噶图特・锡贲合罕、必锡琨者解之曰："愿擒获大明合罕，付与阿速特之阿里玛丞相也。"于是进兵大同地方，擒大明正统合罕。曰："此梦之验也。"遂付与阿里玛丞相，命置于六千乌齐叶特②之暖地养之。及其归也，乃传令曰："谁若以擒此大明合罕之事先于我而告我母，则（必）杀其人③。"由是至（其家），拥其母曰："我母重生我矣。"其母对曰："吾儿！汝此言擒大明合罕之事乎？"乃问曰："此谁所言耶？"曰："永谢布之布克・索尔孙欢喜而言于我矣。"额森合罕遂不听其母劝止,竟杀布克·索尔孙,悬于驼树之上矣。于是蒙古、卫喇特之父老相议曰:"此次大出征时,杀一人焉,班师时又杀一人焉,屠戮是务,未免不祥。"又蒙古之小民相议曰:"前此杀蒙古拜、今(又)杀索尔孙矣。由此观之,必将尽杀我蒙古人乎!"遂纷纷叛走,大半归来矣④。

【注释】

①额森……三十二岁……即合罕位:张尔田先生清译本校注云"案阿克敦《德荫堂集·准噶尔歌诗注》额参太师者噶尔丹策凌之先祖。明正统之蒙尘,乃额参收蒙古以后事,今蒙古记载甚详。"《明史》曰"也先盖汉译番言额参之误也。所言蒙古记载甚详,即指此书。又额参此时未尝称汗,后乃自立,此但云'即君位'亦特笔。"案蒙文原文为:"即合罕位。"

②乌齐叶特:似指三蔑儿乞特之兀都亦惕部人而言。

③则(必)杀其人:沈曾植先生清译本笺证云:"皇甫庸《近峰纪略》云:英宗土木之变几不免矣,也先之母告其子曰:吾苏州人也,随夫戍边,被汝父掳回,与之生汝。吾昔居中国,为今天子臣,臣无杀君之理。"跪泣以请。也先从之。据此额森母中国人也。又《野获编》正统中赐瓦剌衣服,也先有母妃五人,妃四人,并有绣衣表里之赐。

④遂纷纷叛走,大半归来矣:"叛走"是指脱离额森的队伍而言。"归来"是指回到原籍蒙古地方而言。

【附录】

清译本文:托欢太师之子额森丁亥年生本年戊午年三

十二岁即君位遵其父遗言杀蒙郭勒津之蒙古拜本日带领都沁都尔本二部落行兵于汉地额森汗夜梦伊身转生闻有人云谁人养此有人答以除阿索特阿噜克台太师之子阿里玛丞相之妻格呼勒阿哈之外谁复扶养耶遂令所属详解此梦卫喇特之巴噶图特锡赉汗必锡古勒解之曰可擒获大明汗付与阿苏特之阿里玛丞相由是加兵于大同地方擒获大明正统汗谓应梦兆交与阿里玛丞相留养于六千乌济叶特之高阜和暖地方及归令云谁若将捉获大明汗之事先我告知我母我必杀之至家抱其母云重生我矣母问尔试言擒获大明汗情形诘问此系何人所言答以永谢布之布库索尔逊喜极所言额森汗不听其母劝止竟杀布库索尔逊挂于树间于是蒙古卫喇特之酋长共相议论以为此次出兵之前杀一人及撤兵回又杀一人屠戮是务未免不祥又属下蒙古等议云前此既杀蒙克拜今又杀索尔逊由此观之必将尽杀我蒙古人等矣由是纷纷背叛散离大半。

阿寨台吉三子之长岱总台吉,生于壬寅年,其次子阿噶巴尔济台吉,生于癸卯年,其末子满都古勒台吉,生于丙午年。岁次己未,岱总年十八岁,自即合罕位①,阿噶巴尔济十七岁,使即济农②位,满都古勒台吉十四岁。后弟兄三人统兵征伐(卫喇特),卫喇特四部迎战于吐鲁番之哈喇地方③,相议互夺大战之认旗④,须使二将先见阵。蒙古出乌尔哈特之锡古苏台将军,卫喇特出布里雅特之珪林齐将军矣。二将相向,各通姓名,彼此知悉,乃曰:"我二人者,前此太平时之安答也,曾记一日共坐饮酒时,相语之谓:'倘或都沁、都尔本二部起衅兴戎、冲头阵者,除我二人,更有谁? 若然则,当我二人相逢时,何以相处。'时珪林齐曾言:'我善射,汝虽擐甲亦能射穿。'锡古苏台言:'我善劈,能自汝顶劈至汝骑。'"云云。至是锡古苏台将军身擐重铠出阵,遥相呼曰:"善远射者,试射破之。"珪林齐将军遂先射而透其重铠矣。(锡古苏台)离去后鞍桥。复前坐而劈之。则至珪林齐之骑矣⑤。因时已曛暮,虽约以诘朝再战。其夜相拒而宿焉。

卫喇特四部临战大惧,相议曰:"今其奈何? 降之乎?"时特凌古斯⑥之阿卜都拉·彻辰曰:"蒙古人见识不济,我试往谮之,我若得归,宜荣我身,我若被杀,宜恤我后。"言讫而去。自忖:岱总合罕有智,或能察,阿噶巴尔济济农性愚,可试谋之,惟哈尔古楚克小子可畏,必能知。何计而可? 亦由命也。至而入济农家,谓曰:"额森太师遣我传言:若济农独取,则我辈愿降,若与合罕二人分取,则难降,不若战而死于锋镝云。"(又曰):"闻汝合罕兄常欺汝,为兄者坐食而不与其弟云。"济农(闻言)即夜自相计议之曰:阿卜都拉之言诚然也,我合罕兄初授我以济农,遣往西部万户时,只与(我一)黑盲儿驼装行焉。今番征进中,(又)夺我僮阿剌噶齐惕·察罕矣。我将安称彼为兄而相从乎? 今可与卫喇特四部合力而逐之。"则其子哈尔古楚克进言曰,语云:

"护其姻家则将衰,
护其同胞则将兴,
护其岳家则凌替,
护其君上则为贤。

额森太师我岳翁也,为我父之声名而进此言焉,何可信外人之语乎! 就此敌之相侵,当斩之。"济农曰:"孺子其妄言矣。"即夜命索伦之忽都巴哈、辉察古特之蒙克二人与阿卜都拉·彻辰同去,联合卫喇特四部,翌晨即统卫喇特兵来攻,其兄岱总合罕虽奋勇拒战,无奈其兵已溃败,合罕乃叹曰:

锡古苏台将军多显其(能)矣!
天命之认旗眼见已叛矣!
阿噶巴尔济为阿卜都拉所欺矣!
惜哉! 玷辱我好名声矣!⑦

岱总合罕乘其黑松黄马败走,直奔肯特山,渡克呼伦河而逃。

【注释】

①岱总年十八岁,自即合罕位:沈曾植先生清译本笺证云"岱总事不见《明史》,盖虽正统得立,势本微弱,方与瓦剌内讧,不能自

通于中国也。以后文,为瓦剌所破,为彻卜登所杀,考之,岱总即脱脱不花也。脱脱不花是其名,岱总乃称号耳。"这称号是什么意思呢?

②济农:此为汉语"君王"之蒙语读音,类如成吉思合罕之封木华黎为"国王"。意即仅次于国君之大官,与汉语词之原义不同。

③吐番鲁之哈剌地方:张尔田先生清译本校注云"案哈喇火州《明史·西域传》土鲁番介于阗、别失八里诸大国间,势甚微弱,后侵掠火州、柳城,皆为所并,其酋也密力火者,遂僭称王,以景泰三年遣使入贡。此书叙岱总汗与瓦剌相斗在正统间,岂其时火州属瓦剌欤!《蒙古世系谱》作明千(应为"干"——译注者)哈拉图。明干即明安,其地当在厄鲁特部内,与此译异,达延未统一漠北以前,东则都沁、都尔本二部落,西则瓦剌,实互相消长而皆奉小王子为正统,此可以补《明史》者。"

其实"都沁"(四十)是指蒙古部而言,"都尔本"(四)是指卫喇特四部即瓦剌部而言,并非"东则都沁、都尔本二部落,西则瓦剌。"

④相议互夺大战之认旗:原文为〔jəhə bairi-in tugərig bəlijalduhʊ həmən〕清译为"众议欲夺大队纛顶",〔tugərig〕一词亦可译为战旗,所谓"纛顶"盖即此意,姑译如文。

⑤则至珪林齐之骑矣:原文为〔guilintʃi-in ɔnɔgan dʊrinu hurbai〕清译为"竟至珪林齐衣襟"〔ɔnɔgan〕一词,并非"衣襟",而是"衣骑"。前文又译为"踵",更误。

张尔田先生清译本校注云"案《世系谱》寿苏忒裹两层坚甲以待归林漆张弓射之,矢彻复甲,伤肤,几堕马,乃回刀砍归林漆,自顶直下,划然两开。译意与此不同。"其实相同,只是用字不同而已。

⑥特凌古斯:王静安先生清译本校注云"特凌古斯即《秘史》蒙

文之田列克，《亲征录》之帖良兀，拉施特书之帖良古惕。乃林木中百姓之一种也。"张尔田先生云"案准部十二鄂拓克有特椤古特，即此。"

⑦……惜哉！玷辱我好名声矣：此四句之原文为两付对联，但其断句有误，故清译亦尽误。兹姑译如文。

【附录】

清译本文：阿赛台吉生三子长子岱总台吉生于壬寅年次子阿噶巴尔济台吉生于癸卯年幼子满多固勒台吉生于丙午年岁次己未岱总年十八岁即位阿噶巴尔济年十七岁令为济农满多固勒年十四岁弟兄三人督率行兵四卫喇特迎战于吐鲁番之哈喇地方众议欲夺大队纛顶务须选派勇士于是蒙古派乌尔哈特之巴图鲁锡古苏特卫喇特派布里雅特之巴图鲁珪林齐是二人彼此询问名号之后乃云我二人于太平时为友曾记一日在此地坐饮约云若都沁都尔本二部落起衅兴戎除我二人之外谁复肯出彼时我二人相遇其如之何哉珪林齐云我善射能穿尔之盔及甲锡古苏特亦云我善砍能劈尔之顶及踵至是巴图鲁锡古苏特乃服重铠而出遥呼曰善射之人尔试射之巴图鲁珪林齐遂先射之将锡古苏特之重铠射透稍创躯体缘侧身于鞍后躲过遂复前进砍之竟至珪林齐衣襟因日落天晚约诘朝再战是夜相对扎营四卫喇特甚惧议云其降之耶抑何为耶特凌古斯之阿卜都拉彻辰云蒙古人见识恶我试往诱之若我身能回即尊显我我若死可善待我后裔言讫遂

往以为岱总汗聪智必能觉察阿噶巴尔济济农愚昧尚可计取其子哈尔固楚克有威可畏而材智过人何可用计赚之耶惟听命而已于是至济农之室说之曰济农尔若独取则我等俱欲顺从若汗与尔二人分取将何所归附与为尔等所制不若死于锋镝之为快今额森太师遣我前来闻汝之兄汗轻尔过甚尔兄一人坐食从不分惠与弟故乘夜密商之耳济农云阿卜都拉彻辰之言确而有理汗兄授我为济农差往西图们之时止与一黑色跛足儿驼今于野地又将我仆人阿勒噶齐特察军夺去我何故复视彼为兄而助之乎今与四卫喇特会合以避彼可耳其予哈尔固楚克谏云尝闻人若狎匿戚匪则将下流亲护同胞则能发达亲护岳父母则人讥之亲护君上则人贤之额森太师虽我之岳翁我则为父之名誉而言与其倚仗外人不若杀此侵我仇人之为愈也济农云孺子安得妄言干渎是夜遂与阿卜都拉彻辰遣索伦之和托巴噶辉察固特之蒙克二人会合四卫喇特次早领卫喇特兵来战其兄岱总汗虽奋力以击而兵众纷乱竟不能军汗云败矣异哉巴图鲁锡固苏特叛矣为腾格哩因图古里克阿卜都拉彻辰所欺矣阿噶巴尔济济农凶顽负恩叛逆惜哉名也岱总汗乃骑塔奇淡黄马败走奔往肯特汗山渡克呼伦河。

先是，曾遣郭尔罗斯、彻卜登之女阿勒塔噶勒沁，判令大归。此番逃遁中，途遇彻卜登，则其父彻卜登曰："语云,有仇之人,邂逅相遇。当杀之。"其女谏曰:"原过属我,害及博尔济斤,罪莫大焉,今因其惫而助之,则为有德之行矣。"不听,竟弃之①。岱总合罕自己未年即位,在位十四年,岁次壬申,年三十一岁,遭彻卜登之手而崩。

时,阿噶巴尔济济农与卫喇特四部合并,谓曰:"昨我悍子哈尔固楚克言:乘此外人疲惫而逐斩之,以报昔日之仇云。我吓而止之焉。"卫喇特,蒙古之众(闻之),私相讥笑之曰:"俺此济农,必非济农,乃鸣风之蹇驴耳②。试观汝之行藏也。"云云。阿噶巴尔济济农之驴称始于此。

其后,卫喇特自相计议之曰:"此济农之为人,类若畜牲,哈尔固楚克台吉乃能复仇之人也。活狐岂可捎驮乎!我都尔本部之结仇于都沁部者多矣。若其怀仇,今何可存活此辈耶,弃此父子二人可也。"额森合罕护其婿,乃谓之曰:"其父虽有过,逐其兄而与我合矣,其子则可以为友之善人也,何须杀此辈?"阿卜都拉·彻辰曰:"其父则逐其兄而谮其子,不识亲亲之道者,岂能与我等仇敌为友乎?其子乃毒行之伧,尤不可养育,未闻逞其毒言乎!"众皆然之,计议停当,阿卜都拉·彻辰乃依议诣济农奏曰:"我等都沁、都尔本二部均为汝之贡民矣,今我主济农,汝当即合罕位,愿将此济农号赐我额森太师可也。"(济农)依奏曰:"汝等此言甚是。"待彼等出后,哈尔固楚克台吉谓曰:"青冥高天有日、月二也;下土有合罕、济农二也;彼有威灵后之裔太师、丞相二也③;奈何自以名爵予他人乎!"乃父济农(闻而)斥责之。则哈尔固楚克台吉曰:"原无与罕父抗言之理,惟惜汝正名玉宇而言焉,必欲陨汝之黔首耳!必欲苦汝之全蒙古耳!"言讫而出,去。遂召集都沁、都尔本二部,阿噶巴尔济农即合罕位,以额森太师为济农矣。

【注释】

①……不听,竟弃之:沈曾植先生清译本笺证云"郭尔罗斯之彻卜登,即明人所称兀良哈之沙不丹也。沙不丹所杀为瓦剌所立之脱脱不花,彻卜登所杀为阿寨之子岱总汗,此为不同。《明史》言阿台汗为瓦剌所逐,逃于亦集乃,脱脱不花杀之。此蒙古东西二汗相攻之事,此书虽不见二汗之文,然阿岱为科尔沁诺延之子,崛起东方,不承前汗之统,又与阿鲁台太师相依,实与《明史》情事相合,而此书叙阿岱即位之年,先后两歧,阿鲁台事又不具,颇疑《明史》得其真。此不足信也。"

②……乃鸣风之蹇驴耳:张尔田先生清译本校注云"案额里只干蒙古语驴也。"对,又云"玛喇勒疑蒙合黑对音,此译为愚,《金史语解》又作漫都訽。"

其实"玛喇勒"是蒙古语"大叫大嚷"的意思,这里即无知的蠢驴得意鸣风之意。并非"蒙合黑"的对音,更与《金史》无关。

③彼有威灵后之裔太师、丞相二也:沈曾植先生清译本笺证云"索岱疑即后索多汗之索多,皆算丹音转,瓦剌居西域,故有西域之称名,其后蒙古又因瓦剌之称而称之。"

案"索多"一词,具有"杰出,超群,英明,伟大"等含义。而"索岱"是其女性用词,其意同,并非"算丹"之转音。姑译如文。

【附录】

清译本文:途遇郭尔罗斯之彻卜登缘从前曾将彻卜登之女阿勒塔噶勒沁出离令回母家此行正与仇遇彻卜登欲杀之女谏曰从前我之过若害及博尔济锦罪莫大矣今彼困顿跋涉若加保护将来自必有益不听杀之自己未至壬申在位十四年年三十一岁终于彻卜登之手由是阿噶巴尔济济农会同四卫喇特告以昨吾强悍之子哈尔固楚克曾与其倚仗外人何若逐出杀之以复前仇之语我以威吓之而止卫喇特之众蒙古等闻之私相讥诮云此济农非真济农乃玛喇额勒济根应食其肉者也阿噶巴尔济济农额勒济根之称由此始矣迨后四卫喇特等密议云济农为人无异畜类若哈尔固楚克台吉乃将来必能复仇之人活狐安得系于鞍上乎我等与都沁都尔本结仇至深伊等若怀记此仇何得养育伊等耶遂欲杀其父子额森汗袒护其婿乃云伊父虽有过愆然逐其兄而与我合若论此子尚系好人可以为友何必杀之乃阿卜都拉彻辰告于众曰逐父兄而讼己子不慈不友似此仇人我等何可留之若养其子则尤不可其人之险言语之狠岂未闻之乎众皆然之因相计议令阿卜都拉彻辰往告济农云都沁都尔本两部落已为属下今请济农为我等汗即将济农之号赏给额森济农云尔等之言甚是即照所言而行伊等出哈尔固楚克台吉谏云上天日月二也下土汗济农二也索岱之后嗣伊等之太师丞相二也奈何以己之名与人耶斥责其非不听哈尔固

楚克又云原无与汗父抗言之理乃为汗之名誉大统而言惜乎岂自欲殒其黔首乎盖欲所属蒙古人众底于败之耳遂出由是聚集都沁都尔本二部落奉阿噶巴尔济即汗位以额森太师为济农。

其后,卫喇特四部设谋,建相连之二大室,后室内掘一大坑,复以大毡,备盛大宴席,狡徒阿卜都拉·彻辰乃诣济农奏曰:"济农已即合罕位于都沁、都尔本二部之上,又赐俺额尔克楚特以济农之号,多施大赉矣。故汝甥额森济农备宴为贺,遣某来请阿舅合罕焉①。"合罕遂即临幸之。则曰:"请以合罕为首诸弟兄各以从者二人鱼贯入坐,以便我等依次把盏。"遂命余众置远处,俾合罕以从者四人,台吉等各以从者二人唤入,待前者甫入,伪为迎唱,齐声大呼,尽擒而杀之。随掷于后室之坑内、屠尽其三十三簪缨者时②,哈尔固楚克台吉知觉,潜遣其僮奈曼之伊纳克·格尔③者侦之,则伊纳克·格尔还报曰:"殊不见一人,惟见后室之东帷下流血。"哈尔固楚克台吉曰:"欲卧者卧之矣,欲死者死之矣。"乃携其僮伊纳克·格尔逃去。有卫喇特勇士三十人追及时,已避之于翁哀哈雅之峡④焉。时见卫喇特之破虏将军图林等三人,身擐重铠越山而来。伊纳克·格尔(引弓)射之,透其重铠,偕其二从者滚落矣。于是土尔扈特之察拉斯·图尔根擐三重铠,持枪越山而来,伊纳克·格尔曰:"此非吾所能也,请台吉射之。"台吉乃指其心窝,射透三重铠,透出背后,察拉斯·

图尔根仆,余皆窜去。于是二人相议曰:"我等步行,能去何处!"伊纳克·格尔遂去,乘夜而入,盗取额森合罕之赛雄驼大黑马,不驹黄海骝骒马来,俾台吉乘其黑马,伊纳克·格尔自乘不驹黄骒马,谓:"通玛克罕乃拙赤之裔,我同族也。"遂往通玛克(地方)⑤,途遇一通玛克之富人阿克·蒙克者,台吉遂与之同居。谓伊纳克·格尔曰:"额森太师尚在否?都沁、都尔本二部之情势如何?试往探之,若无人娶,有隙可乘,则试迎吾妻齐齐克来。"言讫遣之。时,额森已即合罕位,统领都沁、都尔本二部矣。

其后,彼富人行猎中,遇黄羊十只,台吉赦其一,尽杀其余。阿克·蒙克之弟章锡蒙克者,怒之以目,责其误而射杀焉⑥。

于是,其僮伊纳克·格尔来,野执阿克·蒙克之牧马者问之,则告曰:"如此这般杀汝台吉矣。"遂立杀其人,驱马一群归来,谒其夫人齐齐克妃子,告以情状而共哭之。(再)谒额森合罕曰:"通玛克人害我台吉而役我以贱务焉,(乘其间)逃归矣⑦。"云云。

【注释】

①遣某来请阿舅合罕焉:沈曾植先生清译本笺证云:"阿赛台吉之福晋卫喇氏,见后额森称甥舅以此。"

②屠尽其三十三簪缨者:沈曾植先生清译本笺证云:"《四夷考》景泰三年春,脱脱不花与也先不相能,其妻也先姊生子,也先欲立为太子,脱脱不花不从,也先亦疑其主与中国通,疑己,遂治兵相攻,不花王败走,依兀良哈(《类函》也先攻普化,普化败走,依兀良

哈沙不丹即此事)弑死,也先尽收其妻子,杀元裔几尽。即此书所述岱总汗及济农事,盖脱脱不花即岱总汗,所谓杀元裔几尽者,即杀济农事也。又是岁初,与也先书,尚称为太师,其冬也先使来,乃自称大元田盛大可汗,田盛华言天圣也,言往者元受天命主夷夏,今已得其位,尽得其国土人民,传国玺云云。乃下廷议,议其称号。然则也先之篡杀济农,必在秋冬之交矣。据前文卫拉特之巴噶图特锡赍汗云云。是卫拉特自有汗。据《明史·四夷考》自宣宗初,脱欢并有贤义、安乐两王之众,急击杀阿鲁台,悉收其部,欲自立为汗,众不可,乃行求元后脱脱不花王为主,以阿鲁台众归之,居漠北,喀喇嗔等部俱服属焉。及英宗北狩,也先之主仍为脱脱不花,至景泰初乃被弑,则瓦剌之汗即蒙古之汗,此十余年中,脱欢、也先所奉,止此一人,此不可强合者。要之,岱总、济农兄弟之事,皆与脱脱不花相当。此时瓦剌贡使常来,杨善等亦尝奉迎北使,脱脱不花之名必非无稽妄撰,当以《明史》补此书,不可以此书斥《明史》无疑也。"

③奈曼之伊纳克·格尔:张尔田先生清译本校注云"案《世系谱》谓是其舅,不言仆人,《谱》又云:厄僧为改名厄劣那哈楚。"厄劣"鹞鹰名,"那哈楚"舅也。则《谱》为是,此译盖略。"

案《黄金史》亦称厄劣·纳哈楚,"厄劣"即鹞鹰,但又有"邪魅"之意。此用后者之意为是。"那哈楚"即舅也。"伊纳克·格尔"则为"亲家"之意。蒙文原文如此。

④已避之于翁衮·哈雅之峡:张尔田先生清译本校注云"案哈卜察该蒙古语山隘,哈雅山墙也。翁衮无可证实。今喀尔喀扎萨克图汗中左翼左旗西北,有地名翁洪,殆其是欤!"

其实"哈卜察该"有"山谷,山隘,峡谷"等含义,姑译如文。"翁衮、哈雅"即此峡谷之名,特定名词,本不可意译。其词意"翁衮"则有"墓地、祭祀地"或"放归自然使其自由"之意。在人则谓"达尔罕",在草木或牲畜则谓"翁衮"。"哈雅"即墙,这里指陡峭之山势而言。

⑤通玛克(地方):王静安先生清译本校注云"成吉斯汗在时,令次子珠齐于託克马克地方即汗位,此通马克即託克马克。"案"珠齐"即拙赤。乃是成吉思汗长子,并非次子。

⑥责其误而射杀焉:张尔田先生清译本校注云"案《蒙古世系谱》,此上有雅克诗孟克谓其兄:吾观哈尔古察克台吉之目非长者也,宜杀之。不从,更妻以女,于情事较备。香獐《谱》作黄羊。"是。

⑦谒额森合罕曰"……逃归矣":张尔田先生清译本校注云"案《世系谱》衣那克格勒匿必济所,萨睦尔公主语其孙厄僧曰:衣那克格勒至,汝杀之否?厄僧一曰:将食其肉而饮其血也。公主曰:若其杀哈尔古察克而来,则如之何?曰:诚若是则宥之。公主令衣那克格勒见厄僧曰:我已杀哈尔古察克,截其辫发并其乘马奇萨里西尔哈为验。厄僧果宥其死,名之为厄劣那哈楚。"案此说与《黄金史》所载略同。

【附录】

清译本文:讵四卫喇特设计联络二大室于后室内掘一大穴覆之以毡大备筵宴遣利口之彻辰往奏济农以都沁都尔本二部落因济农已为汗又赏给我等四额尔克楚特济农之号大施恩惠今甥济农额森备筵以贺遣令来请舅汗汗许之往及汗往临诡云随来之诸兄弟等各带二人随入我等逐一把盏遂将大众置之远地令汗带四人台吉等各带二人随入乃先作按人数算之状及进众大呼按次擒戮皆掷于后室所掘穴内其为羽翼之三

十三人亦尽被杀戮哈尔固楚克台吉知觉密令仆人伊纳克格尔前往侦看以室内并不见一人惟见后室东边毡帐缝内流血之语告之哈尔固楚克台吉云谓之睡则睡矣乎谓之死其已死矣乃带伊纳克格尔逃出适卫喇特遣勇士三十人往追遂匿于翁衮哈雅哈卜察该山有卫喇特之色勒必斯巴图尔图林等三人身穿重铠登山而来伊纳克格尔射透重铠及其后二人皆滚仆嗣托尔郭特之察拉斯图尔根服三重铠甲持枪而上伊纳克格尔云我非此人敌手台吉试射之台吉乃指其心窝射之直透三层铠甲箭出背后察拉斯图尔根既仆余人窜去于是二人商议我等步行可往何处是夜伊纳克格尔盗取额森汗名博郭喇哈卜伞黑马名额尔默克锡尔噶沁线脸骒马黑马与台吉乘骑自乘锡尔噶骒马以通玛克汗珠齐之后嗣原系姻戚遂投往通玛克地方适遇通玛克之阿克蒙克富人台吉遂与彼同居谕令伊纳克格尔往探额森太师存否都沁都尔本二部落人众近状若何探明以告再有闲暇往看我妻齐齐克如未适人即接来与我相见其时额森汗已即位占据都沁都尔本矣其后被富人行围驱有香獐十只而至台吉赦其一馀皆杀之阿克蒙克之弟章锡蒙克变色以为大谬因射杀台吉维时台吉之仆人伊纳克格尔既归捉获阿克蒙克牧马之人询之告以台吉被杀情状遂杀牧人取马一群往见齐齐克拜济哈屯哈屯问其故哭诉云我台吉被通玛克人所杀将我折磨役使我今逃出来归额森汗

初,乃父(额森)令其女齐齐克妃子更适他人,(齐齐克)曰:"不闻哈尔固楚克之死,不适(他)夫。"怀孕七月而离哈尔固楚克①,越三月,于本年壬申分娩。乃父额森合罕曰:"齐齐克所生,其女也存之,其男也弃之。"其女闻之,乃曳其子之胞向后系而示之,来视者②曰:"女也。"而去。其人去后,齐齐克妃子将察哈尔、呼拉巴特营之鄂推媪之女来,置于摇车内③,诣其曾祖母萨木尔公主诉其故。公主遂命取其子来,赐名曰:巴延蒙克,付索伦部之桑噶勒都尔妻,哈喇克沁太夫人④哺养焉。乃孙额森合罕⑤(仍)欲杀其子,祖母萨木尔公主谓之曰:"汝以其日后长成,难料为何如人而相仇耳,此固系我裔,宁非汝之甥乎?吾子托欢若在,亦将如我所言,谓汝额森害其孙乎!"责而斥之。乃孙(额森)惧,默然出去,曰:"本欲绝博尔济斤之后者,奈祖母不可,今须背公主而潜杀之。"伊纳克·格尔闻而言于公主矣。公主乃曰:"若有可信之人,可出而遣往蒙古乎!"伊纳克·格尔曰:"卫喇特之乌格岱太保尝有怨言,谓彼十三岁始即为前哨,效力良多,而未尝加惠于我云云。我请试探其词。"言讫而诣之,曰:"乌格岱将军,今额森欲弃齐齐克妃子之三岁子焉。汝若求富贵可禀公主,送其子往蒙古地方,则非但汝此身,至汝子孙,为蒙古国之贵人,自不待言矣。"乌格岱太保然其说,遂诣公主曰:"闻汝孙额森欲弃此子,我愿护送至汝母家。"公主喜甚,乃曰:"诚如所言,则甚善。"乃遣卫喇特之中军千户乌格岱太保、蒙古喀喇沁之博贲太师⑥、萨尔塔郭勒之巴延台·墨尔根、洪吉喇特之额则雷太傅⑦等四人送⑧焉。途中有鄂罗忽特之斡罗出少师⑨以其女锡吉尔奉与巴延蒙古台吉为中宫,曰:"愿送往其所余之同族人。"遂为辅而居焉。

【注释】

①怀孕七月而离哈尔固楚克:沈曾植先生清译本笺证云"岱总被逐为彻卜登所杀在景泰三年,济农被杀而后哈尔固楚克出奔,与齐齐克拜济相离,亦仍在景泰三年,则济农代立曾无几时,《明史》阙而不叙,当时盖以其不成君略之,而其事总括于杀元裔几尽一语之中,即此书但称济农而无汗号,亦可知其未正汗位即被杀也。杨守谦《大宁考》引于肃愍奏议,礼部译出泰定卫番字表文,称脱脱不花王弟男无了。有帖古思太子,脱赤知院,纳哈帖木儿左丞两起反出去了,说也先太师在阿剌忽马乞可兰海子,卜鱼儿海子等处住扎,又一道,在先也先留住之兀捏帖木儿,如今放他回来了。他每道:也先因脱脱不花王的亲属有几个反出去了,恐我边上攻打那营盘,住近边。所谓'脱脱不花王弟男无了'者,弟即济农,子即哈尔固楚克,二人被杀事也。"

②……来视者:张尔田先生清译本校注云"案《蒙古世系谱》来看之人为额森使者阿巴布尔吉。"案《黄金史》所载略同。

③置于摇车内:张尔田先生清译本校注云"案《蒙古世系谱》必济随以其儿易察哈尔·呼拉必斯妇额退之女置寝所以待,阿巴布尔吉复至,启寝视之果女也,遂反命。此译语意不完,大抵《谱》叙此事较《源流》为详,情节前后亦微有不同,而此皆略之,不知是原文如是,抑译人删润也。"原文如新译文。不但与《谱》有所不同,与

《黄金史》亦有出入。

④……哈喇克沁太夫人：张尔田先生清译本校注云"案《蒙古世系谱》作娑龙古斯部桑古尔代之妻，哈拉克亲太卜津。娑龙古斯即前特凌古斯，盖由娑龙古斯讹为锁郎哈，译者遂改成高丽也。"

其实，"娑龙古斯〔solonggos〕"，即"索伦"之复数形，写成"锁郎哈斯"亦可。译为高丽则误。

⑤……乃孙额森合罕：王静安先生清译本校注云"额森汗之孙犹云蒙力克父，乃蒙古语法如此。汉译当云：孙额森汗。详言之。当云：公主之孙额森汗也。"其实蒙古语法并不如此。乃清译之误。

⑥博赉太师：沈曾植先生清译本笺证云"《西域图志》准噶尔前后十二鄂拓克中，有明阿特鄂拓克，有喀喇沁鄂拓克。明阿即明安。《史》天顺五年与字来书，以太师称之，然则此太师博赉是字来也。又案岷峨山人《译语》胡房割据北荒，名称不一，东迤密云诸边者曰：花当，其酋首曰：革兰台，近袭都督曰：呆留，东北曰：把儿威，曰：塔崩，曰：祖希，曰：莽晦，尚未纳款，莽晦者《元史》忙兀部之遗人。《续通攷》所谓满会王。《武备志译语·地理门》有野克明暗，兀出肯明暗，序于朵颜之次，《蒙古源流》伊克明安，中明安、茂明安、奈曼明安皆其种落也。东西塞外与蒙古、瓦剌杂居皆有之，今厄鲁特、辉特部尚有明安氏，而在东者并入蒙古部不可考矣。'祖希'原本如此，不能辨为何字，以字形及《明世译语》常用之字推之，当是'袄'之坏字，'袄希'即浩齐特，亦即《通考》之好陈察罕儿"，又疑"澳希"即《武备志》之"我著，《通考》之'尔嗊'，以所云：呆背，即《志》之往流。《考》之冈留。兀良哈即《志》之王雨暗，《考》之罕哈也。"未解先生所言何事。

⑦额则雷太傅：沈曾植先生清译本校注云"额塞垒当作额垒塞。即《明史》之阿罗出。"据蒙文原文，额塞（应是"则"或"色"——

译注者)雷无误。《明史》之阿罗出,当是后文斡罗出。似不应以额则雷当之。

⑧……等四人送焉:张尔田先生清译本校注云"案《世系谱》巴颜孟克逃去,厄僧闻之,使阿巴布尔吉、衣那克格勒等追之未及,阿巴布尔吉以其所乘赭黑良马与衣那克格勒曰'汝乘此速速追之。'倭格德台布等见追者至,弃巴颜孟克而奔,衣那克格勒挈之上马追及倭格德台布等还之。故为对射状而去。衣那克格勒俟后队追至,指地下遗矢示之,众遂不疑而返。《谱》叙伊纳克格尔忠智极详尽,可补此书所未及。"是。《黄金史》所叙亦详,亦当参照。

⑨鄂罗忽特之斡罗出少师:张尔田先生清译本校注云"案《世系谱》作无量汉之呼图克少师。"

【附录】

清译本文:初齐齐克拜济其父曾欲令其再适矢誓以未闻哈尔固楚克之死断不适人怀孕七月与哈尔固楚克相离越三月本年壬申分娩其父额森汗云齐齐克若生女则留之若生男则杀之齐齐克闻之乃将其子之胞系掣缚臀后来看之人误以为女而去其人既出齐齐克拜济即将察哈尔之呼拉巴特鄂托克之鄂推妈妈之女置于摇车内前往萨穆尔公主妈妈处诉其故公主遂取其子命名巴延蒙克付与高丽之僧格勒都尔之妻哈喇克沁代福晋乳哺养育后额森汗之孙欲杀此子萨穆尔公主妈妈谓之曰尔以其将来长成不知为何如人以为仇耳然既系我裔岂非尔之甥乎我子托欢若在亦向我如此言乎额森之孙尔欲害我之孙乎怒以责之额森之孙

惧默然而出又议以欲绝博尔济锦之后妈妈不允今须背公主潜杀之伊纳克格尔闻知告知公主公主云若有妥实之人可遣往蒙古地方伊纳克格尔答以十三岁时曾率领本旗效力于卫喇特之乌格特依太保彼以未尝施惠于我为憾今我前去试探其言遂往见巴图尔乌格特依谓之曰尔欲建功今齐齐克拜济三岁子额森欲杀之尔若告知公主将其子送往蒙古地方不但尔之一身以及尔之后世可为蒙古之巨擘矣乌格特依太保然其言往见公主诉云闻额森欲杀此子我愿送往汝之母家公主喜甚谓之曰诚如汝言善无过于此者乃令卫喇特中明安之乌格特依太保喀喇沁蒙古之博赉太师萨尔塔郭勒之巴延岱墨尔根洪吉喇特之额塞垒太保四人送往并有鄂罗郭特寻来助给口粮将伊女锡吉尔许与巴延蒙克台吉为妻公同保护遣令归宗从此得安居矣。

当此之时,卫喇特右翼之阿拉克丞相①、左翼之帖木尔丞相②二人来,谓额森合罕曰:"汝已为都沁、都尔本二部之合罕矣,今当以太师之位与阿拉克丞相。"对曰:"我未料汝等出此言,先已与吾子矣。"二人愤然曰:"此乃赖阿卜都拉·彻辰之计,巴图拉·巴图尔之谋,尼根台·墨尔根之力,取得蒙古之国耳,岂汝一己之能乎!看汝父子二人之执都沁、都尔本二部之政。"言讫而去,旋即兴兵来袭,额森合罕出奔,遂(尽)虏其妻子、民众、畜群矣。额森合罕只身逃出,途遇前述布克·索尔孙之子巴忽者,擒而杀之,悬于库克山麓之树上矣③。

初,阿速特之阿里玛丞相,配额森所获之大明正统合罕以名摩罗之妻,名之曰:察罕·秀萨④而役使于家中⑤,时其国中天灾疾疫繁衍焉。一夜,当察罕·秀萨之睡卧中,阿里玛丞相之一婢,(早)起挤牛乳,见自察罕·秀萨之碗内⑥现出明黄色之光芒,向右盘旋,乃言于其夫人阿噶答赉矣。由此相传,众皆观之,共相惊异曰:"此必大福之人也。自收此人以来,凡事不利,今尤示不凡之兆,当送还之也。"遂送还大明正统合罕,以故自大都之帑藏中,出彼乌齐叶特不胜负荷之黄白物矣。彼正统合罕在蒙古所娶之妻摩罗所生之子朱太子⑦,即阿速特之塔勒拜塔布囊云,盖是矣。

嗣后,岱总合罕之小夫人萨木尔太后所生之子,名默尔古斯格斯者,闻额森合罕已殁。年方七岁,乘皮橐行兵,其母萨木尔太后躬自提刀。马、牛、步兵齐发,攻卫喇特四部,战于崆奎雅巴罕之地,大加掳掠还营,遂奉七岁之默尔古斯格斯台吉即合罕位⑧,号乌珂克图合罕⑨统领所余之蒙古人众焉。岁次癸酉,年方八岁时,为七土默特之多郭朗台吉所害⑩。

初,岱总合罕遣归阿勒塔噶勒沁夫人时,所曾留居之三岁子,乃丁巳年所生之摩仑台吉也⑪。彻卜登谓:"此吾甥也。"乃抚养之。(摩伦台吉)十六岁时,彻卜登殁,郭尔罗特之忽巴齐尔役使于家中也,其国忽发灾眚,问巫卜,则曰:"无理于博尔济斤之报也。"共议之曰:"此其是矣。"惧而遣克木齐古特⑫之塔噶台,郭尔罗特之摩勒泰二人,送往翁里郭特⑬之摩里海王⑭处矣。由是众皆曰:"大国之祚由汝定乎!今汝可即合罕位。"遂俾乘奎苏图黄马,与之插金刚顶,引诣主(陵)⑮之前,岁次癸酉,十七岁即合罕位焉。

【注释】

①阿拉克丞相:沈曾植先生清译本笺证云"阿拉克即《明史》之阿剌知院,《史概·大政记》庚酉阿拉知院为其部下所杀。"

②帖木尔丞相:沈曾植先生清译本笺证云"恩衮绰罗氏详见下文,助阿拉知院杀也先者,有知院秃革帖木儿,院判阿麻火者,此特穆尔其即秃革欤?"

张尔田先生校补云"案《世系谱》作阿拉克忒睦尔丞相,哈滩忒睦尔。"

③悬于库克山麓之树上矣:沈曾植先生清译本笺证云"也先死在天顺初。"张尔田先生校补云"案《明史》景泰六年,也先为阿拉知院所攻杀。"

④察罕、秀萨:张尔田先生清译本校注云"《蒙古世系谱》作穆呼儿小厮。"《黄金史》亦同。"察罕秀萨"是"白小厮";"穆呼儿小厮"是"秃小厮"。大概剃掉了他的头发,也就是做了奴隶。

⑤役使于家中:沈曾植先生清译本笺证云"《东华录》康熙四十八年谕旨云:正统间事,史书所载不明确,其在沙漠曾生一子,今其裔孙尚在旗下。明人记北狩事皆云:奉上皇者伯颜帖木尔,其妻曰阿达剌阿哈(名见北狩事迹),此以奉事正统汗者为阿里玛丞相,其妻曰格呼勒阿哈,截然不同,可合一,然以情理度之,自当以明人目睹身接者为信。"张尔田先生校补云"案《世系谱》今阿苏忒,他尔拜

他布囊,镶黄旗蒙古旗下,阿达哈哈番,班珠尔塞楞等,皆正统后,他尔拜即此阿萨特之女塔勒拜,而又转为塔布囊,知蒙人之讹传旧矣。"这大概是瞎说吧!"塔勒拜"怎么又转为"塔布囊"了呢?

⑥碗内:《黄金史》作"眼睑",似之。

⑦朱太子:清译为"朱泰萨"。张尔田先生清译本校注云"案《世系谱》译作大哥子。"

⑧默尔古斯格斯台吉即合罕位:沈曾植先生清译本笺证云"《四夷考》之马古可儿吉思王子即蒙古勒克呼青古斯,其名为脱思,承小王子统。小王子为孛来所立脱脱不花子也。"

⑨乌珂克图合罕:张尔田先生清译本校注云"案《世系谱》云,因汗系于驼,故号曰乌克克图汗。"是。即本文中所谓"乘皮橐"也。

⑩为七土默特之多郭朗台吉所害:沈曾植先生清译本笺证云"马古可尔吉思为孛来所弑,然则多郭朗其孛来欤?(孛来亦称孛来癞王子)此书所记,自是二人,不必强其合于《明史》。《元史语解》多果朗癞也。此多郭朗台吉亦跛足人欤?又案《今言类编》屡称孛来事,一称孛来癞王子,读当为孛来一人,癞王子又一人,杀其主者非孛来,乃癞王子,即多郭朗台吉也。"

张尔田先生校补云"案先生原稿有两说,今无从折衷一是,并载之。多郭朗《世系谱》称为噶初古之后,噶初古诺楚因异译,即翁牛特部祖。"

⑪摩伦台吉:张尔田先生清译本校注云"案此即明无名氏《四夷馆考》所称小王子长子阿尔伦台吉,而误以为巴图蒙克兄,卜赤父。王静安校《明史》,景泰中鞑靼部长孛来,复攻破阿拉,求脱脱不花子麻儿可儿立之,麻儿可儿即此摩伦台克也。"

⑫克木齐古特:沈曾植先生清译本笺证云"《通谱》有克穆齐特氏,世居鄂谟克地方,克穆楚特氏世居兀鲁特地(此兀鲁特是五喀

尔喀之一部,居西喇木伦地方),不知孰为克木齐古特遗人也"。

⑬翁里古特:沈曾植先生清译本笺证云"翁里郭特盖元世之雍古特,前所谓五翁格者盖亦指此,古回纥之后裔,今已亡灭,无可考矣。其后来之喀尔喀五鄂拓克,盖其遗民(《通谱》之黄古台氏,当是翁里古特裔)。"如上文所注:五翁格(五色)系指蒙古大汗国所属诸族之泛称,与翁里郭特无关。翁里郭特盖今翁牛特之先,与元世之雍古特似亦无关。

⑭摩里海王:张尔田先生清译本校注云"案张石州谓即《明史》之毛里孩孜,异译改玛拉噶。《世系谱》称摩里海王为布库博尔格太之后,盖太祖弟别勒吉台裔矣。王静安校《明史》阿剌死而字来与其属毛里孩皆雄视部中。毛里孩即摩里海也。"

⑮……引诣主(陵)前:张尔田先生清译本校注云"案《世系谱》毛礼海王以所乘魁苏图黄马与之乘,而加金顶于其冠,引之至清机思汗陵寝前,叩首即位。"

【附录】

清译本文:卫喇特右翼之阿拉克丞相左翼之特穆尔丞相二人前来告于额森汗云尔已为都沁都尔本二部落之汗矣今可将尔太师之号给与阿拉克丞相汗答以我未计及尔等出此言巳与我子矣二人大恚云尔不过仗阿卜起拉彻辰之计巴图拉巴图尔之谋尼根德墨尔根之力承受蒙古之统耳岂以尔之善乎试看尔父子二人承受都沁都尔本之统言讫而去旋乘马来战额森汗败走遂虏其妻子房产额森汗只身逃出被布库索尔逊之子巴郭擒杀肆诸库克汗山树上初额森汗擒获大明正

统汗有阿萨特之阿里玛丞相将女摩罗给与正统汗命名察罕秀萨于家中使役自是本处旱潦灾害遂多一夜察罕秀萨睡卧阿里玛丞相之婢晨起挤取牛乳见察罕秀萨碗内现出霞光盘旋告知哈屯哈屯等互相传说众皆往看共相骇异以为此乃大有福之人自将伊擒获以来颇为不利今复有此兆显系非常之验可将此人送回其国遂将大明正统汗送回并出六乌齐业特盛以大都之金银大库内难以负任之什物与之正统汗所娶蒙古地方之女名摩罗者生子朱泰萨为阿萨特之女塔勒拜之婿后闻额森汗已殁岱总汗续娶之福晋萨睦尔太后生一子名蒙古勒克呼青吉斯丙寅年生年七岁贮所皮柜以马负之伊母萨睦尔福晋持刀带领骑马乘牛及步兵出师由库奎扎巴哈往伐四卫喇特大有俘获撤兵而回即奉蒙古勒克呼青吉斯台吉即位维时七岁称乌珂克图汗抚绥所余蒙古人众岁次癸酉年八岁为多伦土默特之多郭朗台吉所害初岱总汗离异阿勒塔噶勒沁福晋时曾留其三岁子系丁巳年生名摩伦台吉年十六岁彻卜登谓系己甥收养之岁次癸酉彻卜登既殁乃役于郭尔罗斯之和巴齐尔家缘本国忽有大警令筮人卜之云是尔等害博尔济绵之报也因有其事众甚畏惧遂遣克木齐古特之达噶泰郭尔罗斯之摩勒泰二人送往翁里郭特之摩里海王处于所是有人众咸云国祚惟汝奠定之今奉汝即汗位遂备奎苏图黄马插金杵牵至上前上是时十七岁即汗位。

其后,索伦之忽都巴哈①诣摩伦合罕曰:"摩里海王与其萨满岱夫人起兵来伐汝矣。"摩伦合罕不信,曰:"彼既助我矣,今安加害耶?"遂遣人往瞻之,适值摩里海王行猎于其家之左近,遂见其扬尘,中道而返,曰:"此真矣,扬尘焉。"(合罕)曰:"然则应战乎。"于是率军往迎。忽都巴哈乘隙先往而告曰:"摩伦合罕欲杀汝,取汝国,已起兵来矣。"摩里海王不信,曰:"我曾助彼,未尝加害,彼安得伐我?"(忽都巴哈)曰:"若以我为妄,试遣人哨探之。"摩里海王曰:"其必妄乎!亲登高试观之。"遂乘马登高望之。乃擐甲向天、向主(陵)酒奠②之,曰:

长生高天其知之,
圣主之灵其知之,
我曾助罕之后裔,
而今反加害于我,
金族之摩伦合罕,
贡民之摩里海王,
请判二者之黑白,
爱憎之旨君其知之。

祷毕,兵虽少,战而戕摩伦合罕矣。摩伦合罕自癸酉年,在位二年,岁次甲戌,年十八岁崩。时摩伦合罕之蒙古彻尔夫人恸哭之曰:

惜乎！玷辱我好名声，
使离我主君之忽都巴哈，
毁我方成立之国朝，
使离我共主之忽都巴哈，
暗算离间彼摩里海王，
使离我主君之忽都巴哈。

摩里海王得闻其哭诉，悼悔摩伦合罕，割忽都巴哈之舌而杀焉。

摩伦合罕无嗣③而崩，乃叔阿寨台吉之卫喇特夫人，丙午年所生之子，名满都古勒者④，岁次癸未⑤，年三十八岁即位，为乌珂克图合罕复仇而行兵，杀哈齐金⑥族之多郭朗台吉⑦收复七土默特之众矣。适有先时送其族孙巴延蒙克台吉，锡吉尔妃子二人⑧之四臣，与其岳翁斡罗出少师共送来矣。叔祖之满都古伦合罕喜极，遂降旨曰："此可续博尔济斤之嗣矣。"遂封巴延蒙克以博勒呼济农之号⑨。为复摩伦合罕之仇，征伐摩里海王，时有鄂罗忽特⑩之锡古希台将军之子乌纳博罗特王，乘其直耳兔鹘马。为先导而进，追而杀焉。

【注释】

①索伦之忽都巴哈：沈曾植先生清译本笺证云"此和托卜罕当即前之和托巴噶辉，而彼曰索伦，此云高丽，其族不同。蒙语有肃

良哈无高丽,而肃良与索伦音近,译文于此有误也。"案肃良哈即索伦并非高丽,所言甚是。

张尔田先生校补云"案《世系谱》作鄂尔多斯部之孟克和托布哈,此译高丽误。"是。

②撷甲向天,向主(陵)酒奠之:张尔田先生清译本校注云"案《世系谱》作仰天奠酒,呼火祖汗(应为"太祖汗"——译注者)而祝,方与下'君汗鉴察'句相应。"但均与蒙文原文不合。此译如文。

③摩伦合罕无嗣:张尔田先生清译本校注云"案据《明史》马古可儿吉思即承摩伦汗(应为"汗"——译注者)之统者,此事叙在蒙古勒克坍青吉斯被害后盖追述之词,所以起下文。"

④名满都古勒者:沈曾植先生清译本笺证云"此即前文之满多固勒,《明史》之满都鲁"。张尔田先生校补云"案满都古勒乃摩伦汗之叔,此须一句读。"

⑤岁次癸未:沈曾植先生清译本笺证云"天顺七年。"张尔田先生校补云"案据阁本后文,自癸亥至丁卯,在位五年,则此癸未当作癸亥,宏治十六年也。然阁本所书甲子亦有不足据者,今姑两存之。"

⑥哈齐金:沈曾植先生清译本笺证云"哈齐锦即成吉思之弟,《元史》之斡赤斤也。朵颜本元斡赤斤裔,辽王阿扎失里之后。"

案此"哈齐金"似是《秘史》之"合塔斤"。"哈 ha"与"合 he"古音同。"塔 ta"与"齐 tʃi"同用。故言"斡赤斤"者,似无据。

⑦多郭朗台吉:沈曾植先生清译本笺证云"《明史稿·朵颜传》成化元年其头目朵罗干等,以兵侵孛来,大入辽河,已复西附毛里孩,数入塞,朵罗干其即此多郭朗台吉欤? 计年则前后差二年,然此书与《明史》岁月不合者多,祗能据其大略言之,无从与求密合也。"

张尔田先生校补云"案据《谱》多郭朗乃噶初古之后,噶初古又译哈济锦,而此称为姻亲,似误。"据蒙文原文,只言"同族",并无"姻亲"字样。案《秘史》合赤温为成吉思汗三弟。原文是,清译误。

⑧巴延蒙克台吉,锡吉尔妃子二人,沈曾植先生清译本笺证云"满都古勒为岱总汗弟,巴延为岱总汗侄孙,亦满都古勒侄孙也,谓为表弟异甚。"蒙文原文为"侄孙"或"族孙",为"表弟"者乃清译之误。

⑨封巴延蒙克以博勒呼济农之号:沈曾植先生清译本笺证云"博勒呼济农,盖明人所称为孛罗忽者。"

⑩鄂罗郭特:沈曾植先生清译本笺证云"前文作乌尔哈特,据后文称科尔沁之乌纳博罗特王。则鄂罗郭特是科尔沁之别部名也。或疑《明史》之博罗乃即此乌讷博罗特,知者以乌讷博罗特为哈萨儿裔,而孛罗乃入贡于明,自称齐王。据《元史·宗室世系表》齐王乃哈萨儿嫡嗣封号也。博罗特孛罗乃对音又略近。"

张尔田先生校补云"案锡古苏特即前砍珪林齐者。《世系谱》谓其后为额森所杀。鄂罗郭特《谱》作吴鲁忒。"

【附录】

清译本文:其后高丽之和托卜罕来告摩伦汗以摩里海王与萨满岱福晋计议欲伐尔已带兵前来摩伦汗云伊与我相好今并无间隙何以交恶不信其言遣人往瞰之适见摩里海王在其家左近行围扬起飞尘遂中道而回告称实有尘迹扬起汗云果尔可即迎战于是带兵往迎汗乘马之际和托卜罕忽逸去先告云摩伦汗欲杀尔以掳掠尔之仆役人众业已兴兵前来摩里海王以曾加惠于彼未尝作恶何以搆兵于我耶不之信和托卜罕又以

我言为虚试遣哨探人往看为之请摩里海王自思此误传耳欲亲自登高眺望遂乘马登眺果见踪迹乃急裹甲向天祷云上天垂照君汗鉴察我曾大有裨益于汗之后裔今反以恶报我贵裔摩伦汗与鄙人摩里海王二人无论贤否为憎为爱惟君汗鉴之遂以少兵交战竟戕及摩伦汗摩伦汗自癸酉至甲戌在位二载年十八岁殁摩伦汗之蒙古彻福晋恸哭云使咁可惜之盛名使我离异君汗者和托卜罕也使盛业废堕属众皆离异我君汗者和托卜罕也私向摩里海王献谗以离间君汗者和托卜罕也摩里海王闻之为摩伦汗悼悔将和托卜罕割其舌而杀之摩伦汗无嗣殁后其叔阿寨台吉之卫喇特福晋所生一子名满都古勒台吉者系丙午年生岁次癸未年三十八岁即位为乌格克图汗复仇兴兵杀哈齐金之姻亲多郭朗台吉收抚多伦土默特适于彼邂逅表弟巴延蒙克台吉锡吉尔拜济二人与原送往之四大臣及伊岳父同赍口粮而来满都古勒汗甚为欣悦以为此可以续博尔济锦之嗣矣遂给巴延蒙克博勒呼济农名号满都古勒汗为与摩伦汗复仇加兵于摩里海王时鄂罗郭特巴图尔锡古苏特之子乌纳博罗特王乘萨尔党貉皮马引导追杀之。

由是，满都古勒合罕与其弟①博勒呼济农二人和好如一，尽统其六万之众焉。满都古勒合罕有二夫人，大夫人乃卫喇特·伯格呼森太师之女，大鼻子中宫②也。小夫人乃恩衮·绰罗斯拜·帖木尔丞相之女,满都海·彻辰夫人也。时,博勒呼济农之猎獭者洪忽赉,进谗于满都古勒合罕,奏曰:"君之弟③博勒呼济农,欲加害合罕,以取大鼻中宫云。"合罕不信,将洪忽赉之语,言于博勒呼济农,则济农曰:"安得有此孽言?"合罕曰:"当惩戒谗谮于长幼之间者。遂割洪忽赉之唇而戮之。

其后,永谢部之伊斯满太师④言于合罕曰:"惜哉!洪忽赉之言本真,无罪而就戮矣。"言讫,诣济农曰:"汝合罕兄⑤已信洪忽赉之前言,欲加害汝焉。"济农不信。因而又曰:"汝若不信,侦汝之人将来矣。"遂返。合罕自度:此言已闻两番,其真矣。又遣二使者,谓曰:"合罕使问,汝何得仇我若是?或言如洪忽赉所言云。"济农以其遣侦属实,怒未与言。使者返报曰:"济农怒未予言。"合罕信而怒曰:"我博若克沁,伊锡格二(女)外,并无子嗣,国本迟早为彼所有,今既急心如此,何可待耶?"遂遣伊斯满太师为将伐之。济农逃去,未被所获,遂尽掳其国之畜群,永谢布之伊斯满太师纳锡吉尔太后矣。

先是,锡吉尔太后与博勒呼济农,于甲申年生一子,名曰巴图蒙克,付巴勒噶沁之巴海者育之焉。

满都古勒合罕之博若克沁、伊锡格二公主,乃满都海·彻辰夫人之所生也。大鼻子中宫无所出。以博若克沁公主下嫁于卫忽特之伯格哷森,以伊锡格公主下嫁于蒙郭勒津之车库特之浩赛塔不囊⑥焉。满都古勒合罕自癸亥年始⑦,在位五年,岁次丁未,年四十二岁崩⑧。而巴延蒙克博勒呼济农,自二十九岁之戊子年,阅三年,岁次庚寅,年三十一岁,为永谢布之克里叶·察罕、帖木尔·蒙克、哈喇班第等五人所害⑨而薨。

【注释】

①满都古勒合罕与其弟:这个"弟"是晚辈子弟之意,并非"弟兄"之意。

②大鼻子中宫:清译为"伊克哈巴尔图钟金"。沈曾植先生笺证云:蒙古语大曰"伊克",小曰"兀出干","伊克"元人多书"也可"。张尔田先生校补云:诸本"钟金"作"铿金",下同,从阁本。案"钟金"似是汉语"中宫"二字之蒙语读音,姑译如文。

③君之弟:这与第一条所释之"弟"字同。

④伊斯满太师:张尔田先生清译本校补云"案《全边略纪》乜加思兰房酋之桀黠者,有智术,其初部下止四五百人,在迤西土鲁番地称雄,善用兵,贡使苦之,天顺间勅赏招抚,乃移近哈密城外巴儿思竭之地,自是渐犯边,成化初入河,与孛罗忽、猛可、斡罗出合,既而与孛罗忽并猛可,欲杀斡罗出,觉而避之乜加思兰与众谋立孛罗忽太子为可汗,不敢当,让满都鲁。乜加思兰乃以女妻满都鲁立为可汗,自为太师,有众数万,进止惟其所命,此伊斯满太师当即乜加思兰,所言'欲杀斡鲁出'疑即此往擒博勒呼事也。《史·外国传》乜加思兰杀孛罗忽并其众,益专恣满都鲁部脱罗干,亦思马因谋杀之,寻满都鲁亦死,约略相合。"

⑤汝合罕兄:这个"兄"是长辈之意。不是"哥哥"。

⑥浩赛塔不囊:沈曾植先生清译本笺证云"案明《文献通考》称满官嗔为火筛之遗人,满官嗔为蒙古勒津。则此科赛即火筛也。《馀冬序录》平江伯陈锐,性好饮凉酒,京师语曰:平江不饮热酒,怕

火腮,已而奉命出师,迤北酋火筛,赤面颀伟,骁勇善战,平江畏之,竟以逗留获罪朱建,《古今治平略》火筛脱罗干之子小王子部落也。狡黠善用兵,劫诸部,屡寇边,获财富,日强盛跋扈,与小王子争雄长,弘治时边患日炽,皆此虏。正统四年后,小王子与火筛仇杀,其后又有亦卜剌西奔事。"

张尔田先生校补云"案据此书,达延汗无与火筛相仇事,先生原注引此,盖以备异说。"

⑦满都古勒合罕自癸亥年始:沈曾植先生清译本笺证云"成化三年。"张尔田先生校补云"案钞本皆作自癸未至丁亥,据阁本则作自癸亥至丁卯,丁卯当正德二年,事迹与史不合。"据蒙文原文则如新译文。

⑧年四十二岁崩:张尔田先生清译本校注云"案《续文献通考》也先既死,孛来擅王子为雄,屡寇边,成化五六年间,孛来始衰,大酋毛里孩、阿罗出少师、猛可皆与孛来相仇杀,遂立脱思为王,由是毛里孩、阿罗出、孛罗忽三酋入河套,已而阿罗出结乩加思兰、孛罗忽结毛里亥合立党,出入套中。成化二年,乩加思兰杀其党阿鲁出,遂并其众,以结满都鲁自立为可汗,以乩加思兰为太师攻之。此书多不相应,盖明人记事详于部落酋长,以其接于我者而书之。其于蒙古内部事,自不能无传闻之误,此书则注重传统之汗,而略于他事。《史》言小王子稀通中国,传世次多莫可考,幸赖此书得窥梗概,至部酋交通则《史》文可信。又未可执一而论也。又许进《平番始末》野乜克里凭译人言:我每川哥等俱系野乜可力坐营大头目亦剌思王部下,有亦剌思王,因是外边大达子常要来抢,胁逼我每与领路抢肃州,我每不肯,他将我每抢了。遂要来抢,我每亦剌思王将带马一千、驼二百、羊一千与他陪话去了。"又云"野乜克里原是北虏乩加思兰暨恩赤办疑思作马因遗落部种,一向潜住甘肃迤

北亦集乃等处地方,自成化以来,时引外寇突出甘州、山丹、高台、镇夷等处掳掠,前后贼杀官军不下二百员,今又向化云云。其书成于弘治八年,所载西陲虏情可资参考。附载之。"

⑨……等五人所害:张尔田先生清译本校注云"案《世系谱》济农逃匿其姑博罗克沁公主处,公主恐其夫伯格尔僧知,遣去,至永奢布界,遇克列察汉、忒穆尔孟克、哈拉巴太,欲得济农金带,遂被杀。"《黄金史》所载亦略同。似可信之。

【附录】

清译本文:由是满都古勒汗与博勒呼济农兄弟二人和好其散佚之六万人众俱收抚矣满都古勒汗有福晋二人大福晋乃卫喇特之伯格呼逊台吉之女称伊克哈巴尔图钟金小福晋乃恩衮绰罗克拜特穆尔丞相之女称满都海彻辰福晋乃博勒呼济农之哈里克沁鸿郭赉向满都古勒汗谮闲以汗弟博勒呼济农欲加恶于汗以取伊克哈巴尔图钟金汗不信云博勒呼济农断不出此恶言似尔如此谮闲我兄弟之人须惩治之遂削鸿郭赉之唇而杀之迨后永谢布之伊斯满太师奏汗以鸿郭赉之言本真乃无罪就戮实属可悯又赴济农告以尔兄汗已信鸿郭赉前言欲加恶于尔济农不信又云尔如不信试汝之人将来矣遂出汗前后闻是言遂以为实遣使二人往见之曰尔因何与我如此结仇或曾告我以鸿郭赉之言为实汗使言毕济农以为遣人探我果如人言遂怒不出一语使人回告济农发怒并无回言汗以为实怒云今我除博罗克沁伊锡克二女外并无子嗣将来我之仆从

人众皆为彼有今不速发尚何待耶遂遣伊斯满太师率众往擒济农逃避未获遂掠其产其锡吉尔福晋永谢布之伊斯满太师占为妻先是博勒呼济农娶锡吉尔娶锡吉尔福晋时于甲申年生一子名巴图蒙克交巴勒噶沁之名巴该者藏匿养育满都古勒汗之博罗克沁伊锡克二公主俱系小福晋满都海彻辰所生伊克哈巴尔图钟金无所出以博罗克沁公主下嫁于鄂尼郭特之伯格呼森伊锡克公主下嫁于蒙郭勒津察库特之科赛塔布囊满都古勒汗自癸未至丁亥在位五年年四十二岁殁岁次戊子博勒呼济农年二十九岁时生巴延蒙克岁次庚寅年三十一岁为永谢布之克哩叶察罕特穆尔蒙克哈喇班第等五人所害。

其子巴图蒙克方四岁时，伊斯满太师娶其母锡吉尔太后，生二子名曰：巴布岱、布喇孩。待伊斯满太师之行也，以管城者巴海抚养巴图蒙克不善。（令）唐拉噶尔之帖木尔·哈达克夺取而育之。然因自幼离其父母，遂患痞症。帖木尔·哈达克之妻赛海者，摩捺疗之，至穿银碗底①方愈。

时，科尔沁之乌纳博罗特王②欲娶满都海·彻辰夫人，则满都海·彻辰夫人曰：

"若夫主上之嗣已尽绝，
因此王亦主上之族，姑似可，

但闻共主亲孙巴图蒙克者,
见在帖木尔·哈达克之手云,
若不绝望于彼,则吾不适也。"

阿剌克出特之桑海乌尔鲁克深然其说,未行而姑待焉,满都海·彻辰夫人且问郭尔罗斯之萨岱曰:先是科尔沁之乌纳博罗特王曾有建言,而今此子至矣,若此二人,当适谁乎?萨岱对曰:"与其候幼子,莫若适乌纳博罗特则有益于大众。"又如前问于桑海乌尔鲁克之妻扎罕·阿噶时,扎罕·阿噶对曰:

若适哈萨尔之裔,
将引人黑暗之途,
离逖汝举国之众,
将失后妃之名乎!
若守合罕之后裔,
将获上天之佑护,
得主汝举国之众,
扬汝后妃之名乎!

彻辰夫人以扎罕、阿噶之言为然,怒于萨岱而责之曰:

汝岂以合罕之裔幼冲,

而以哈萨尔之裔年富，
以我后妃之身为孤孀，
戏侮而谰言如是者乎！
遂倾热茶于其顶矣。

即于此庚寅年，巴图蒙克年方七岁，乃携其手来，命家臣蒙肯·伊喇古洒奠之，亲奏于天后③之前曰：

挈（马）自不辨黑白之地云，
谓合罕裔博尔济斤族细弱也，
哈萨尔裔乌讷博罗特行聘时，
自来我天后母之宫前焉。
挈自方辨花马之地云，
谓君嫡孙之尚幼冲也，
哈萨尔叔之裔相侵时，
自不畏舍命而来此焉。
若夫轻君闳闼之门楣，
若夫低君尊崇之槛阈，
以乌讷博罗特王年长而适，
则乞我天后母试观奴媳也。
若夫践我诚心奏后母之言，
而守候君之弱嗣巴图蒙克，
则乞赐七男于我内襟中乎，
则乞赐独女于我外襟中乎！

若夫准我所奏之此言,
将名之以七博罗特,
以奉主君之香火乎!

奏毕,归去,乌讷博罗特闻言深然之而感泣,遂息其言而退矣。叔曾祖母之满都海·彻辰夫人,戊午年生,年三十三岁,巴图蒙克则甲申年生④,年七岁时,定为夫妻而相依,是年,岁次庚寅,望其为全国之共主,号达延合罕⑤,使即合罕位于天后(灵)前。聪睿之满都海·彻辰夫人,髻其垂髫之发,以皮橐载国主达延合罕,自为前部先锋,攻伐卫喇特四部,战于塔斯博尔图之地,大加掳获焉⑥。

其后,满都海·彻辰夫人孪生图噜博罗特、乌鲁斯博罗特二子;次后孪生图噜勒图公主、巴尔斯博罗特二人⑦;次后,生阿尔苏博罗特一人⑧。次后,于阿勒楚博罗特、瓦齐尔博罗特二子之妊娠中,卫喇特四部来袭,满都海·彻辰夫人逃去时落马,有洪吉喇特之额色里太保,哈真之济忽儿·达尔罕⑨。管城者巴延布克,阿速特之巴图博罗特四人,奋勇向前,俾乘巴雅古特,赛罕之好黄马,护骑而出时,即孪生其二子矣。次后,又生阿尔博罗特一人焉。众议之曰:"此乃奉天后之恩旨,而由满都海母诚心所致也。"乃设大筵而庆贺焉。

【注释】
①摩捹疗之,至穿银碗底方愈:张尔田先生清译本校注云"案

· 259 ·

《世系谱》汗自幼育于巴海家,有失调护,得痞疾,忒睦尔哈达克妻鄂云达尔,日以银碗盛驼乳摩其患处,至银碗穿,痞下如萍者七枚始愈。"案《黄金史》所载亦略同于此。

②科尔沁之乌讷博罗特王:张尔田先生清译本校注云"案科尔沁蒙古旧部表传,哈萨尔十三传至图美尼雅哈齐长子奎蒙克塔斯哈喇,游牧嫩江,号嫩科尔沁,次子巴衮诺延,游牧呼伦贝尔,巴衮诺延长子昆都伦岱青,号所部曰:阿噜科尔沁。昆都伦岱青天聪四年来归,以世代数之,其徙牧东方,当与博迪卜幕察哈尔相先后。张石州据《明史》阿鲁台败走,兀良哈驻牧辽塞而疑正在其时者,不足信也。此书所言皆未徙以前事,乌讷博罗特亦不知当哈萨尔几世孙。《世系谱》称之为吴鲁忒,殆即乌喇特部祖布尔海之先世欤?"

③天后:蒙文原文为:〔əsihatun〕〔əsi〕,是天干的"干",人伦的"伦";"哈屯"即"后妃,夫人",姑译如文。这位天后,盖指成吉思汗之大妇孛儿帖皇后之灵而言。

④巴图蒙克则甲申年生:沈曾植先生清译本笺证云"据后文达延卒于嘉靖,癸卯,则其生年当为天顺八年,甲申;据前文博勒呼济农卒于成化六年,先二年生达延,则当为成化之戊子。"张尔田先生校补云"案诸本皆作甲辰,惟阁本作甲申,不误。今据改。"

⑤望其为全国之共主,号达延合罕:沈曾植先生清译本笺证云"据此文,欲占达延国,故称达延汗。语意则'达延'正文,径当依《明史》大元。"张尔田先生校补云"案史称达延汗为小王子,其自通曰:大元大可汗巴图蒙克,为蒙古中兴烈祖,其得立实由于满都海福晋,故此段叙述皆用重笔。明无名氏《四夷馆考》巴图蒙古讹作阿著,其书疏略不足据。又云:小王子三子,长阿儿伦台吉,次阿著,次满官嗔。阿尔伦为太师亦不剌所弑,有二子,长卜赤,次乜

明。与《续通考》略同,盖传闻之异,此书叙述蒙古初期,特多野言。而右翼世系,乃其亲历,不容有误,恐为明人所惑辨之。"

案"达延"即全体之意,与《秘史》之"塔阳"是同一词,仅标音所用之汉字不同而已。"达延汗"即全体之汗,亦即天下共主之意,并非"大元"二字之音译。

⑥大加掳获焉:张尔田先生清译本校注云"案《世系谱》达延汗与满都海赛音哈屯,亲统骑兵征威勒兊,使克式克滕部阿来通开道,至忒思布尔都之地,与威勒兊战,大胜之,服其四万威勒兊,下令:房舍不得称殿,称宅,冠缨不得过四指,居常许跪不许坐,食许啮不许割,改乌苏克(酸奶)之名为扯格。其部众次食肉用刀请,许之,余悉如令。至今威勒兊犹奉行焉。"案《黄金史》所载,与此略同。

⑦孪生图噜勒图公主、巴尔斯博罗特二人:张尔田先生清译本校注云"案《世系谱》满都海次生巴尔斯博罗特、阿尔斯博罗特,最后生阿尔博罗特及图鲁勒图公主,此伯尔色疑即阿尔博罗特,而误巴尔斯博罗特。据后文图鲁勒图与巴尔思均一年所生,则又与《谱》不同。未知孰是。"本书所载似不误。

⑧次后,生阿尔苏博罗特一人:张尔田先生清译本校注云"案似脱阿尔博罗特,一人当作二人。"按应是一人。

⑨哈真之济忽儿·达尔罕:"哈真"蒙文原文为〔sətʃəm〕,清译为"彻辰"。但原文似有误,据另钞本改如文。"济忽儿"清译为"齐古尔"与蒙文原文音讹。故译如文。

【附录】

清译本文:先是其子巴图蒙克四岁时其母锡吉尔福晋为伊斯满太师所娶生巴布岱布喇该二子伊斯满太师

去时以巴勒噶沁之巴该不善抚养巴图蒙克乃取回交
唐拉噶尔之特穆尔哈达克养育此子因幼离去父母遂
得膈症特穆尔哈达克之妻赛海恬穿银碗底以治之获
痊由是科尔沁之乌讷博罗特王欲取满都海彻辰福晋
满都海彻辰福晋云君之后裔若俱已断绝则此亦君属
族似乎可行但闻君之侄巴图蒙克现在特穆尔哈达克
处既有伊在我断不适他人阿勒噶察特桑该乌尔鲁克
然其言遂止不语满都海彻辰福晋询问郭尔罗斯之萨
岱昨科尔沁之乌讷博罗特王曾有言道及今此子至若
此二人往何处为善萨岱云与其等候幼子不如往适乌
讷博罗特于大众有益复问桑该乌尔鲁克之妻扎哈阿
海如尔询问扎哈阿海答以若适哈萨尔之子则引入恶
途离却属众恐败福晋之名若守汗之子则上天保佑尔
等据有国众可以表扬福晋之名誉彻辰福晋以扎哈阿
海之言为是而责萨岱云尔谓汗之子幼冲以哈萨尔之
子年富是以我福晋寡居故以言戏侮耳遂取热茶一盏
自顶上倾灌之其年庚寅巴图蒙克年已七岁携其手引
至令家宰蒙肯伊喇古祈天祷祝毕向母老福晋云埋没
于善恶不分之处今特闻世传汗位博尔济锦后裔之名
因访知哈萨尔之子乌讷博罗特意欲娶我故恚而来求
于福晋母氏之亭昔以花马为赞乃谓此侄冲幼大叔哈
萨尔之子可来此资养岂以母氏之门庭轻薄阀阅低微
而来乎抑谓以所仰望非若乌讷博罗特之盛大而不去
乎祁老母福晋鉴察愚媳之诚心竭诚具奏母后嘉其坚

心不移等候幼子巴图蒙克婚配爱而怜之俾其左生七男右生一女循此以生名七博罗特庶使生齿繁衍遂令之回乌讷博罗特以其言为是泣下遂息尔言不及一字较前和好有加矣满都海彻辰福晋系戊午年生年三十三岁巴图蒙克系甲申年生年七岁定为夫妇次年庚寅因欲占据达延国遂称为达延汗于老福晋前即汗位由是聪睿满都海彻辰福晋将发向上缠裹将国主达延汗贮于皮箱内以马负之加兵于四卫喇特大战于塔斯博尔图胜之掳获无算其后满都海彻辰福晋一乳生图鲁博罗特乌鲁斯博罗特二子其次一乳生图噜勒图公主与伯尔色博罗特二人次生阿尔苏博罗特一人又其次一乳生阿勒楚博罗特斡齐尔博罗特二子迨后兴兵往征四卫拉特时满都海彻辰福晋坠马洪奇喇特之额色垫太保彻辰齐古尔达尔罕巴勒噶沁之巴延布库阿萨特之巴图博罗特等四人保护乘骑巴雅古特之上好黄马卫之而出由是养成二子又取阿尔苏博罗特一人教养之奉老福晋之命此其母满都海胧诚善念之所致也乃大设筵宴以庆贺之。

蒙古源流卷六

又有扎赉尔·呼图克少师之女①,苏密尔夫人生之格呼博罗特台吉、格呼森扎台吉二人;卫喇特,巴噶图特·巴噶尔欢营地之阿拉克丞相之子孟克赉②·阿古勒呼之女,固实夫人生鄂卜锡衮·青台吉③、格呼图台吉二人,共为十一诸罕④矣。

后闻永谢布之伊斯满太师肆行寇掠,遣郭尔罗斯之托郭齐少师,率兵奇袭,杀伊斯满太师⑤促锡吉尔太后上马时,因哭悼伊斯满太师而不发,托郭齐少师大怒,曰:

岂以汝偶赛音济农为恶乎⑥!
岂以汝子达延合罕为恶乎!
岂以汝国察哈尔部为恶乎!
岂以仇敌伊斯满太师为善乎!

言讫,探其刀时,方惧而行焉。众皆嗤责锡吉尔太后矣。托郭齐少师遂纳伊斯满太师之郭罗泰·讷由欢,接锡吉尔太后来,俾见合罕焉。

【注释】

①呼图克少师之女:张尔田先生清译本校注云"案《世系谱》作无量汉呼图克少师之孙女"。

②……孟克赉:沈曾植先生清译本笺证云:"孟克类即《续文献通考》之少师猛可。"张尔田先生校补云"案《明史》作伯颜猛可王。准部十二鄂托克有阿巴噶斯哈丹与巴噶尔观音近,巴图特即巴噶图特。"

③鄂卜锡衮·青台吉:沈曾植先生清译本笺证云"后文乌巴伞察·青台吉即此人。"

④共为十一诸罕:张尔田先生清译本校注云"案当作共生十一汗,《世系谱》达延汗十一子一女。"按这个"汗"是诸侯之意,故译如文。

⑤杀伊斯满太师:沈曾植先生清译本笺证云"成化二十三年事。"

⑥赛音济农为恶乎:张尔田先生清译本校注云"案'赛音'唐古忒语好也。"其实是蒙古语,其义同。

【附录】

清译本文:其扎赉尔呼图克实古锡之女苏密尔福晋生格呼博罗特台吉格呼森扎台吉二人卫喇特巴图特巴噶尔观鄂托克之阿拉克丞相之子孟克类阿古勒呼之女古实福晋生鄂卜锡衮青台吉格呼图台吉二人共历十一汗俱系永谢布之伊斯满太师专擅事权郭尔罗斯

之托郭齐实古锡闻此倡义遣兵往掠遂杀伊斯满太师令锡吉尔福晋乘马乃哭悼伊斯满太师逡巡不前托郭齐实古锡怒甚谓之曰得毋以结发之赛音济农为下贱乎得毋以亲生之子达延汗为庸恶乎得毋以所属之察哈尔土默特为陋劣乎得毋以肆行结仇之伊斯满太师为嘉美乎言讫拔刀相向始惧而上马众皆嗤笑托郭齐实古锡遂娶伊斯满太师之妻郭罗泰为妻以锡吉尔福晋与汗完聚。

无何，自右翼土默特处，有鄂尔多斯·哈尔哈坦之拜音绰古尔·达尔罕、永谢布·布里雅特之珠尔噶岱·墨尔根、土默特·茂明安之多郭兰阿忽勒呼等三臣，率从者三十人来，曰：

我承运之主已即罕位，
讨平其不臣之仇敌，
赖所遇满都海彻辰夫人，
祷祝而诞七博罗特矣。

故为于圣主之八白室前，燃煌煌之大烛，焚馥馥之（高）香，为科敛六大国之贡赋，请君一子为承制之济农而来矣。"云。以合罕、夫人为始，众皆然之。遂以乌鲁斯·博罗特为右翼三土默特之济农，遣郭尔罗斯之巴巴海乌尔鲁克从行焉。

于是,阿巴海①至任,曰:"今奉主命为济农也,诘旦其拜主(陵)乎!"时,永谢布之伊巴哩太师②、鄂尔多斯之满都赉阿忽勒呼③二人计议之曰:"我等何须上官,当自主,自行其事可也。今弃此阿巴海乎。"遂唤司鹰者④博勒卓木尔唆之曰:"诘朝大众齐集主(陵)前叩谒时,汝可谓阿巴海所乘之马原属我而争之。俟争斗至剧,我等齐犯之。"三人计议停当,翌晨(阿巴海)乘马来时,博勒卓木尔依前言,谓:"此吾马也。"而夺阿巴海马缰。则阿巴海曰:"且放!容后商之。"执而不放,阿巴海怒,以腰佩之剑劈其首矣。于是伊巴哩、满都赉二人大怒曰:"今甫至,即为害如此,日后我等将无噍类矣,杀此阿巴海,就此举事可也。"鄂尔多斯·哈尔哈坦之拜音绰古尔·达尔罕谏曰:"大众公议,既遣(使)言:'众庶何可无主,请遣一子来。'而作恶于主君,则天将不佑我乎!"不从谏止,伊巴哩、满都赉二人为首,擐甲而来时,洪吉喇特之库呼孙将军下其所乘之红沙马与之,曰:"群情变矣,且宜避去。"然(敌)已至,而不及矣。遂避于白室而战之,鄂尔多斯万户之巴雅里衮者,射穿伊巴哩之胸,阿巴海正自击倒一人中,在其背后之人射而杀焉。

【注释】

①阿巴海:沈曾植先生清译本笺证云:"阿巴海蒙古语叔父也。此阿巴海、巴巴岱,即前卷锡吉尔福晋归伊斯满后所生之巴布岱,伊斯满为郭尔罗斯、托郭齐实古锡所杀,而取其妻郭罗泰,意巴巴

岱从而归之,故曰:郭尔罗斯之巴巴岱也。与达延汗同母,故谓之乌鲁斯之叔父。"

张尔田先生校补云"案巴巴岱,钞本作巴罗该,阁本作巴海该,阿巴海指乌鲁斯博罗特。"是。

其实"阿巴海"并非叔父之意,乃是"少爷,公子"之意,这里则是"世子"之意,指鲁斯博罗特而言。"巴巴海"亦非"巴布岱",而是位至卿士之另一人,故称"乌尔鲁克"(卿士)。沈说尽误。

②永谢布之伊巴哩太师:沈曾植先生清译本笺证云"《秦边纪略》云,墨尔根黄台吉他素定之子,或曰永邵卜之孙,或曰亦不剌之后。要之,青海中盘据之遗孽,按他素定者,青海厄鲁特多罗贝勒纳木扎勒之祖,《表·传》之土谢图车臣岱青、墨尔根黄台吉者纳木扎勒之父墨尔根台吉也。瓦剌本非元后,而和硕特部独祖哈萨尔,与他部祖翁罕孛罕不同。《明史》纪青海诸酋,亦有火落赤,假称瓦剌他卜浪之语,如青海本无瓦剌,则亦何自假称? 而套部自隆庆后络绎西行。瓦剌又何从窃据淮。墨尔根是亦不剌后之语,乃知顾实一枝之入青海,尚在套部之先,明时尚制于套部,不能自达,而根蒂盘结,部落实蕃,故国初甫收归化城、土默特及鄂尔多斯,而和硕特之兴也勃焉。其部众为瓦剌,其汗族则蒙古,正如喀喇沁之有昆都力哈后人也。《表·传》叙顾实汗世系仅三世,至博贝密尔咱而止。意和硕特因其先人得罪达延,不欲远称伊巴里,既久遂忘之耳。"张尔田先生校补云"案伊巴里即《明史》之亦不剌。张石州以乩加思兰当之,盖误。近见王先谦《五洲地理志略》,其鄂尔多斯条云:天顺间蒙古酋长阿勒绰尔与玛古里海始入河套,嘉勒斯赉复纠合们都尔,倚为巢穴,宏治中和实复入其中,套西吉囊部落击破,和实居此,是为鄂尔多斯。阅之殊不得其解,既而思之,阿勒绰尔即阿罗出,玛古里海即毛里孩,嘉勒斯赉即乩加思兰,们都尔即满都

赉,和实即火筛。此亦本之《明史》,与《游牧记》略同,盖掇拾异译而未加订正者。恐后人传习不察,故附论之。"

③鄂尔多斯之满都赉阿忽勒呼:沈曾植先生清译本笺证云"明人所谓西海之阿尔秃厮,即此满都赉,不审其名,以部称之。"

④司鹰者:张尔田先生清译本校注云"案锡巴郭沁即后文之锡包沁。"是,意即"司鹰者"。

【附录】

清译本文:旋据右翼三万人处遣鄂尔多斯之哈尔噶坦之拜音珠固尔达尔罕永谢布之布哩雅特之珠尔噶岱墨尔根图们茂明安之多郭兰阿固勒呼等三大臣带领三十人前来请曰有洪福君汗业已即位旦夕击灭仇雠幸及见上天符应满都海彻辰福晋祝辞衍庆诞育七博罗特君汗所有供奉八白室中之莹莹高烛时然馥馥美香杂出六大处属众之贡赋仍须永久承治之济农请于君汗之诸子中简畀汗与福晋大众佥许之以乌鲁斯博罗特授为右翼三万人之济农令郭尔罗斯之巴巴岱乌尔鲁克随往称为阿巴海至汗之陵墓欲于次日叩谢立为济农之恩时永谢布之伊巴哩台吉与鄂尔多斯之满都赉阿都勒呼二人密商以为我等之上何用管主我等行事自作主宰可也我等其杀此阿巴海遂密教锡巴郭沁之名博勒卓玛尔者俟至翌日我等齐集叩谒时尔以阿巴海所乘者系尔等之马与之争斗我等当以言吓之次日三人依约值阿巴海乘马前来博勒卓玛尔进前以所乘之马系伊之马遂牵其缰阿巴海虽从容分辨不允

阿巴海发怒抽所佩顺刀以砍博勒卓玛尔之头伊巴哩满都赉二人大怒云伊今初到即如此举动日后殆欲除尽我等乎遂欲杀阿巴海举事之际鄂尔多斯哈尔噶坦之拜音珠固尔达尔罕谏云此乃公同商议以众庶无主难以行事因恳请君汗遣一子前来今若作恶于阿巴海不畏上天鉴察耶伊巴哩满都赉二人不从首先著甲而至是时洪吉喇特之巴图尔库呼逊以其所乘红沙马给阿巴海云众人之情形殊异阿巴海其避出迨不能拒遂藏匿于白室之内当其交战时鄂尔多斯之多伦图默特巴雅里衮者射穿伊巴哩之腹阿巴海正在令人擒缚之际脊背被射而殒。

时，巴尔斯·博罗特、赛音·阿拉克就养于其姑姊额锡格公主①之手，寄居蒙郭勒津②，彻库特之浩赛·塔布囊③家也，当乃兄为济农时，巴尔斯·博罗特谓："愿往叩拜主（陵）。"浩赛·塔布囊曰："此何可信之时耶？可令此子乘彼黄骏马，鄂尔多斯之帖木尔，汝当随行。"令讫，遣焉。比及相恶也，赛音·阿拉克乘其黄骏马，与帖木尔二人逃出矣。于是，额锡格公主、浩赛·塔布囊二人计议曰："我等不能庇此子矣，当送还其父所。"遂访护送之好心人时，有鄂尔多斯·库伯克特之帖木尔；乌格新之巴克苏固尔弓箭手，达拉特之垂·图尔根；乌喇特之推玛克，布喀斯之恩古尔；星忽尔之阿哈岱；蒙郭勒津之毕里克图等七人愿送云。乃以一妇人从赛音·阿拉克之博达斯夫人,携三岁之衮必里克而去,留阿勒坦于蒙古勒津之锡尼凯·乌尔鲁克、额伯该阿噶二人处,遂投奔其合罕父去矣。

以(途中)食尽,遂采山韭野葱充饥而行,(幸)帖木尔杀一野骡,以为食而至,则达延合罕赐帖木尔以太师之号,其同行七人均封为大达尔罕。遂起兵征伐西部万户④,自翁观山口入⑤,沿图尔根(河)而下也,有达拉特之讷古哹凯将军,缘岩驱群牛,吹号角而来。则左翼三部闻牛蹄声(误)为甲胄声,只当有旗有角之兵来,纷纷逃去间,达延合罕之有角黄马,跃过河水时,倒落中流,合罕之盔顶插入淖泥而不起矣。时别速特之托欢呼曰:"御儿马陷矣。"有扎古特之察罕,彻格哲二人回身下马救出,使乘马前行,至夜不得谷口,其越山阿而行也,马鞍多为之脱落,遂名曰英噶尔察克之岭矣。

当时讷古哹凯将军曾作歌曰:
无端来侵之左翼土默特,
天帝其已判明是与非矣,
图尔根河已训教而使倒矣。
已使离散其大金屋矣云⑥。

【注释】

①……就养于其姑姊额锡格公主之手:王静安先生清译本校注云"上卷作伊锡格。"案额锡格公主,从其父满都古勒合罕方面

说,是巴尔斯博罗特的姑曾祖母,从其母满都海彻辰夫人方面说,则是巴斯博尔罗特的姐姐。蒙文原文为〔hagai əgtʃi〕,即姑姊,故译如文。

②蒙郭勒津:沈曾植先生清译本笺证云"蒙古勒津《通谱》作蒙古尔济氏,注云:此一族世居科尔沁、土默特地方。"

③彻库特之浩赛·塔布囊:沈曾植先生清译本笺证云"郭锡即前卷之科赛,有功于达延甚巨。《明史稿》所谓弘治八年以后,小王子与火筛相依日益强大者,于情势最为得之。《史稿通考》皆不言其终。《名山藏》谓火筛与小王子相仇杀,火筛死,而后亦不剌奔西海,恐是传闻之误也。"

④遂起兵征伐西部万户:沈曾植先生清译本笺证云"《续文献通考》纪鞑靼西部诸营甚详,可与此书互相证明,今录其文而释之,其所纪皆右翼下属部阿拉克汗以后事也。其文云:西部长曰应诏不,曰阿鲁秃斯,曰满官嗔。应诏不下分十营,曰阿速,曰哈剌慎,曰舍奴郎,曰孛来,曰当剌罕儿,曰失保慎,曰八儿厩,曰荒花旦,曰奴母嗔,曰答不乃麻,旧属亦不剌,亦不剌遁海西,遂分散。惟哈剌慎,营独全。按应诏不即此书之永谢步也。所属之阿速即阿苏特,哈喇嗔即喀喇沁,后文所谓巴雅思哈勒,占据永谢布之七鄂拓克喀喇沁而居也。当剌罕儿即此书唐拉噶尔,失保慎即后文拜桑固尔所占据之锡包沁,孛来疑下文之布喇哈特。又云:阿鲁秃厮部下分七营,旧亦属亦不剌,今属吉囊,合为四营,曰孛合斯,曰偶甚,曰叽哈思纳,曰打郎,众至七万。按孛合斯者此文之布喀斯也。偶甚者乌格新之音转。打郎者达拉特也。又云:满官嗔部下分八营,旧属火筛,今从俺答。合为六营,曰多罗土闷,曰畏吾儿,曰兀甚,曰叽要,曰兀鲁,曰土吉剌,众可四万。按多罗土闷者此书之多伦土默特,后文所谓阿勒坦汗占据十二土默特,而居今归化城之土默特,

喜峰口之土默特皆其后也。满官嗔即此书之蒙郭勒津，为火筛之遗人，与永谢布、鄂尔多斯并大俺答资以盛强，可补此书所不备。此书原详吉囊略俺答，又彼以蒙郭勒津统土默特，此殆以土默特统蒙郭勒津也。畏吾儿即后文之卫郭尔沁，兀甚当即下文之土默特杭锦。叭要者蒙古之巴岳特部属，屡见于国初绥服蒙古之时，土吉剌者王吉剌之误，即下文之鸿吉剌特，与乌古新皆元时旧部也。兀鲁即国初绥服之兀鲁特部，乌喇特今在四十八旗之列。《通考》此节，向来号难读，今乃于右翼三万人一一证明之与西部云云。若合符节，此可见明人所纪未可厚非，而此书之可宝贵者，乃在于可与旧史互明，无取乎以之诋毁旧史横生疮痏也。又案荒花旦颇疑即《元史》之晃忽檀，此库伯特转音亦相近也。《郑洛传》万历十九年，洛奏青海事云：扯力克西行，而青把都兄弟之在宣府者，并未东窥辽、蓟，兀慎、摆腰、五路之在新平者，驯服如故。所谓兀慎者，即此满官嗔部之兀慎，摆腰即叭要，五路即兀鲁也。《武备志》卜赤兔求封秦王，益市焉，涂宗濬诘之曰：尔以守边为功，我将自山西，水泉至得胜堡与素囊守，自得胜至新平与摆腰，兀甚守，自新平至新河与五路守，自五路至宣镇与白洪太守（白洪太明人称黄台吉长子老把都之孙，其弟即五路台吉）。所称诸部，自西而东，形势了然，尤足与《通考》相证。《明会典抄略》俺答互市于大同得胜堡，黄台吉等于朔州新平堡，昆都力哈于宣府张家口堡，多罗土蛮委兀慎于山西水泉营，隆庆五年议准。所谓多罗土蛮即《通考》多罗土闷，委兀慎即畏吾儿，即卫郭尔沁也。"

⑤自翁观山口入：沈曾植先生清译本笺证云"翁观山即翁衮山，即归化城北之大青山，《元史》之官山也。《元史语解》翁观神祇也，旧作汪古。然则翁观山谷，其金、元之际，汪古部所居，所谓以一军守南北之冲者欤？"

⑥……已使离散其大金屋矣云:这首歌词蒙文原文断句有误。清译尽误。

【附录】

清译本文:其后巴尔斯博罗特赛音阿拉克养育伊姊额锡格公主噶海之手曾住于蒙郭勒津察库特之郭锡塔布囊之家巴尔斯博罗特因伊兄授为济农欲叩谢上恩郭锡塔布囊以此时难以遽信令其乘上好黄马往依鄂尔多斯之特穆尔处由此相恶而乱生矣赛音阿拉克乘上好黄马与特穆尔一同避去而额锡格公主郭锡塔布囊二人商议此子我等既不能护养可送与伊父即咨询护送之亲信人当令鄂尔多斯库伯古特之特穆尔乌格新之巴克苏固尔浩尔齐达拉特之吹图尔根乌喇特之推玛克布喀斯之恩库尔星和尔之阿哈岱蒙郭勒津之毕里克图等七人往送又令一妇人随赛音阿拉克之博坦福晋并将三岁之衮必里克带往仅留阿拉坦蒙郭勒津之锡尼凯乌尔鲁克额伯格衣阿哈二人自是往寻汗父途中口粮断绝采野葱且食且行特穆尔复杀一野骡以接续口粮遂得寻至达延汗乃特赐特穆尔太师名号其余七人均施恩复其家焉旋带兵以征右翼三万人甫入翁观山谷急欲出谷驻营乃达拉特之巴图尔纳古呼凯赶牛吹海螺行走左翼三万人疑牛蹄践踏之声为甲胄之声以为兵至纷乱逃避达延汗之额伯尔黄马涉河半渡倒落汗之盔缨陷入泥淖极深不能起立因呼曰号

巴苏特托观之糖红儿马陷住札固特之察军彻格济二人回身救出乘马而行因黑夜不辨谷口越矮山行去众人之马鞍俱各脱落遂名此山为英噶尔察衮岭云适有巴图尔讷古呼凯作歌曰静坐之人无异一梦其随来之左翼土默特是欤非欤惟帝天鉴之以理教诲者图尔根哈屯也匆遽扰攘者大金屋也。

于达延合罕班师还营后，伊巴哩，满都赉二人率三万骑而出，时浩赛·塔布囊匿二人于其军中，遣往告知达延合罕焉，遂纷纷迁走，（伊巴哩，满都赉等）尾追至噶海额勒孙之地，攻掠其克什克腾、克木齐古特二部而还。

浩赛所遣之二人，奏于合罕曰："君之兵来而归时，我讷古呼凯将军曾作如此歌焉。"云。合罕闻言大怒，降旨曰：

"本往拜天（帝），主（陵）也。
伊巴哩，满都赉二人突起恶念而为敌矣。
乌鲁斯，博罗特阿巴海无故而被害矣。
讷古呼凯将军出大言而相责难矣。
愿我天帝君父其鉴证而断处之。"

既祷告天帝，酒奠拜毕，遂率左翼三万及阿巴噶、科尔沁等部出征。

时，右翼三万得闻合罕出征，乃迎于达兰·特哩衮之地,接战时,合罕降旨曰:"鄂尔多斯乃守主上八白室,受大命之国也。乌梁罕亦系守主上金枢,受大命之国,其与科尔沁·阿巴海叔共当之。十二土默特则由十二部喀勒喀当之。大永谢布则由八部察哈尔当之。"计议已定,接战时,科尔沁之鄂尔多浩海诺延之子布尔海巴图尔台吉、乌梁罕之巴雅海将军、扎古特之赛音彻格哲、五部喀勒喀之巴哈孙·塔布囊①、克什克腾之乌噜木将军五人为前部而进也,喀勒喀冲动土默特,察哈尔冲动永谢布时,有鄂尔多斯·哈尔哈坦之拜音绰古尔达尔罕,奎图特之达尔玛达尔罕,哈里郭沁之乌特哈齐昆都伦②,土默特·杭锦之阿勒楚赍阿忽勒呼,洪吉喇特之库哩逊将军,永谢布·布尔哈特之索克唐皋、布喇杭皋,喀喇沁之莽郭勒岱先锋等七人会合,唱名而来,为首攻入乌梁罕军中。冲杀过来时,巴尔斯·博罗特、赛音·阿拉克(亲)率四十员战将而入③,杀过土默特军中,自鄂尔多斯军背后扑袭而至,正冲杀间,鄂尔多斯军之旗手蒙库库,知是赛音·阿拉克,乃曰:"君合罕之黑纛也,当归罕裔者。"遂执纛反戈来投矣。于是赛音·阿拉克仍令持纛立于原地。则追逐乌梁罕之鄂尔多斯军,望纛误投而多半死焉。于是右翼三部之内或有降者,达延合罕直追至青海湖,尽收其三万之众④。杀鄂尔多斯之满都赉阿忽勒呼于阿津·柴达木⑤之地。故后名为阿忽勒呼·柴达木焉。永谢布之伊巴哩太师,只身逃走,困惫而行,入白帽之哈密城,为人所杀矣。

于是,达延合罕尽行收服右翼⑥(之众),平定其六万大国于一统,于主(陵)之八白室前宣告其合罕号也,谓曰:"由此我十一子中之博迪⑦,当守我合罕位,因我有功之巴尔斯·博罗特,躬自为我收服右翼三部之地,故令为右翼万户上之济农乎!"遂令赛音·阿拉克⑧为镇右翼三万之济农⑨矣。又赐护送博勒呼济农之四人;助满都海彻辰夫人之四人,效力于赛音·阿拉克之七人;夺取达延合罕而善为抚育之唐拉噶尔之帖木尔·哈达克;害阿巴海时曾谏止之哈尔哈坦之拜音绰古尔达尔罕;奉献阿巴海以自乘之红沙骏马之洪吉喇特之库哩逊将军;献刀与阿巴海而使避之于主(陵)之家臣鄂尔都忽特太师⑩;射穿伊巴哩胸之巴雅里衮·达尔罕;于达兰·特哩衮战阵中,为前部而冲入之右翼万户之五人为首,凡所效力之人等以大达尔罕之尊号⑪,并赐通行之大红金印讫。以满都海彻辰夫人之独生女图噜勒图公主,赐与扎鲁特之巴哈孙·达尔罕·塔布囊矣。

【注释】

①巴哈逊·塔布囊:沈曾植先生清译本笺证云"后称扎鲁特之巴噶逊塔布囊。"是。但"噶"应作"哈"。

②哈里郭沁之乌特哈齐:沈曾植先生清译本笺证云"方孔炤《全边略记》嘉靖三十四年,辽东边外属夷,孙宾稳克等以俘斩虏级献功,给赏如例。先是北虏虎剌哈赤、魁孟磕、打来孙等,欲假道东夷内侵,不遂。魁孟磕乃率所部攻捏哈寨,孙宾稳克与战败之,请于义州大康堡筑墙以御。按《藩部表》科尔沁、扎赉特、杜尔伯特、郭尔罗斯四部,皆以哈萨尔裔奎蒙克为祖。魁孟磕即奎蒙克无疑,

其所称虎剌哈赤疑即此哈里郭沁之乌特哈齐,部名、人名对音并近也。"其实,案蒙古语称土匪(或敌人、小偷)为虎剌噶齐,此颇似之。似与哈里郭沁之乌特哈齐无关。

③……率四十员战将而入:张尔田先生清译本校注云"案四十人当从《世系谱》,作四千。"据蒙文原文,言"四十"为是。

④尽收其三万之众:沈曾植先生清译本笺证云"《明史》正德五年,小王子与亦不剌自相仇杀,亦不剌因窜亚海,与阿尔秃斯合,逼胁洮西属番。《西域传》彭泽将集众捣巢。九年,阿尔秃斯闻之遁去。嘉靖十二年吉囊破亦不剌。《续通考》叙小王子与亦不剌仇杀事,在正德十年。

⑤阿津·柴达木:张尔田先生清译本校注云"案今黄河冒带津西百二十里,有水名滔赉昆兑,源出敖柴达木西北,流入黄河,卷八云:林沁额叶齐回至萨囊彻辰洪台吉国之达木地,即指此。"

⑥达延合罕尽行收服右翼:沈曾植先生清译本笺证云"《武备志》正德四年亦不剌入西海,七年遣人入肃州求地住牧,且请婚哈密,议招充扞房,不果。明年夏再来请,甘肃巡抚张翼赂使远徙,虏遂掠乌思藏据之,转掠洮、岷、松、潘无虚岁。嘉靖四年,亦不剌复驻牧贺兰山后,八年北房由镇羌入西海,与亦不剌结亲,谋内犯。十一年,北房以数万人渡河而西袭卜儿孩,大破之。此后亦不剌遂不见。盖袭卜儿孩即吉囊,亦不剌之走死,即在此时也。"

⑦我十一子中之博迪:案博迪为达延合罕长子图鲁·博罗特之子,许是达延合罕之长孙,并非其十一子中的一个。原文有误。沈曾植先生清译本笺证云"博迪即汗位于八白室前,而《明史稿》叙小王子之徙幕东方,在嘉靖十一二年间,其时达延汗尚未没,然则南迁之渐,即在右翼收服之初,至库登汗而后定居为察哈尔,非库登汗始迁也。"

张尔田先生校补云:"案王氏《地理志略》,嘉靖中,布希驻牧察哈尔之地,因以名部,后徙幕辽东边外,亦本《明史》。布希即博迪汗,亦作卜赤。"

⑧赛音·阿拉克:沈曾植先生清译本笺证云"赛音·阿拉克即巴尔斯·博罗特也。语意殊嫌复混,阿拉克下疑脱"之号"二字。"是。"巴尔斯·博罗特"是其正名,"赛音·阿拉克"盖系其号。"赛音"是"好"的意思,"阿拉克"一词有"①斑驳,②区别对待,③半成品,④化为乌有,⑤手掌,⑥选优,⑦杰出。"等含意。这里似属第⑦种意思。那么"赛音·阿拉克"即"好汉"之意,犹言"良驹"也。

⑨……镇右翼三万之济农:清译为"……为管三万人之济农"。张尔田先生校注云"案此八字疑衍,王静安校赛音阿拉克即巴尔斯博罗特之别名。此处文字犯复……意蒙古语自有此种文法也。"其实上一句是"言",下一句是"行",并非蒙古语的文法如此。新译文即如原文。

⑩鄂尔多忽特太师:张尔田先生清译本校注云"案诸本误作鄂尔多郭特太师,阁本同。"其实,据蒙文原文"鄂尔多忽特太师"并不误。反是清译"特木尔太师"误。

⑪……大达尔罕之尊号:张尔田先生清译本校注云"案达尔罕有勋劳,免差役之谓。岱达尔罕大达尔罕也。《辍耕录》答剌罕言一国之长得自由之意,非勋戚不与焉。"对。

【附录】

清译本文:达延汗既旋师驻跸后伊巴哩满都赉二人为首派三万兵前往而浩锡塔布囊于队内藏匿二人遣往致信于达延汗云分散之后追赶克锡克腾克木齐古特二鄂托克直至噶海额勒苏地方而回乃浩锡所遣之二

人以行兵既回之后我之巴图尔讷古呼凯曾如此作歌
之语奏闻于汗汗大怒向天叩拜而祝曰忽起恶念前来
征伐者因伊巴哩满都赉无故加害乌鲁斯博罗特阿巴
海之故也而巴图尔讷古呼凯肆言讥诮者何也祈帝神
质此以鉴焉向天告祭祷讫遂令巴噶科尔沁等带领左
翼三万人前往征之而右翼三万人闻汗行军前来迎会
于达兰特哩衮地方汗降旨云鄂尔多斯者乃为汗守御
八白室之人乌梁海者乃为汗守金鼓仓库之人均属大
有福者其令科尔沁阿巴海阿巴噶岱御之十二土默特
与十二鄂托克喀尔喀同为辅助俱于大永谢部处与八
鄂托克察哈尔相会谕讫科尔沁之鄂尔多固海诺延之
子布喇海巴图尔台吉鄂哩延之巴图鲁必扎该扎固特
之赛音彻格济五鄂托克喀尔喀之巴噶逊塔布囊克锡
克腾之巴图尔乌鲁木五人引入使喀尔喀击土默特察
哈尔击永谢布于是鄂尔多斯之哈尔噶坦拜音珠固尔
达尔罕奎图特之达尔玛达尔罕哈里郭沁之乌特哈齐
昆都楞土默特杭锦之阿勒楚赉阿固勒呼洪吉喇特之
巴图尔库哩逊永谢布布喇哈特之索克唐谔布喇杭谔
喀喇沁之芬郭勒岱和锡郭齐七人呼名而来会合引入
由乌梁海中间纵横突战巴尔斯博罗特赛音阿拉克带
领巴图尔四十人前来引入由土默特中间鄂尔多斯背
后来援袭战之际鄂尔多斯之孟库库托克齐知系赛音
阿拉克乃云赖君汗威福汗之后裔前来遂举纛投降由
是赛音阿拉克建立大纛立于其下而误认纛形追赶乌

梁海前来之鄂尔多斯之兵大半死焉因此右翼内或有投降者其馀被达延汗驱至青海将之万人尽行收服于阿津柴达木之上将鄂尔多斯之满都贵阿固勒呼杀死遂名为阿固勒呼柴达木云永谢布之伊巴哩太师只身迷路入于白帽之哈密城被其人所杀达延汗遂收服右翼平定六万兵民大众于君汗之八白室前称汗号十一子内令博迪承袭汗位因巴尔斯博罗特带右翼之三万人投来即令为管右翼三万人之济农并授赛音阿拉克为管三万人之济农其资送博勒呼济农之四人帮助满都海彻辰福晋之四人以及效力于赛音阿拉克之七人护持达延汗被掳时之唐拉噶尔之特穆尔哈达克戕害阿巴海时谏劝之哈尔噶坦拜音珠固尔达尔罕给与阿巴海上好沙马乘骑之洪吉喇特之巴图鲁库哩逊给与阿巴海顺刀护卫阿巴海之格伦诺延鄂尔多斯特木尔太师射穿伊巴哩腹之巴雅里衮达尔罕领头目七十人入队左翼三万人内五人以下凡有出力一切人等俱赏给岱达尔罕名号敕谕金印其札鲁特之巴噶逊达尔罕塔布囊以满都海彻辰福晋所生之图鲁勒图公主降焉。

　　由是，因乌梁罕之格根丞相，托噶台·哈喇·呼拉特等为首之乌梁罕万户叛走①，达延合罕率察哈尔、喀勒喀二部征讨，并遣使告知其子巴尔斯·博罗特济农，则率右翼三万而来助战，即与乌梁罕万户相接；由左翼万户之喀勒喀·扎鲁特之巴哈孙、达尔罕、塔布囊，察哈尔、扎固特之赛音·彻格哲之子讷克贝·昆都伦,哈什哈二人,右翼(三)万内出鄂尔多斯、哈尔哈坦之拜音绰固尔·达尔罕,土默特、杭锦之阿勒楚贲·阿忽勒乎二人,命此四人率前部接战,破乌梁罕之行军大阵,收取其馀众,并入五部之中,俾入其万户之名矣。

由是,达延合罕统领其六万之众,致大蒙古国于太平和乐之境,在位七十四年,岁次癸卯、年八十岁归天矣。其子图噜·博罗特、乌鲁斯·博罗特二人,壬寅年生;图鲁勒图公主、巴尔斯·博罗特二人甲辰年生;阿尔苏·博罗特②、斡齐尔·博罗特二人庚戌年生;札拉尔夫人③之格呼·博罗特壬寅年生;格呼图台吉(辛)亥年生。图噜·博罗特岁次癸未,年四十二岁,合罕在时已薨,其子博迪台吉,甲子年生,岁次甲辰,年四十一岁即合罕位。

【注释】

①……乌梁罕万户叛走:沈曾植先生清译本笺证云"此即《续通考》所谓:北有兀良哈一营,故小王子北部因隙叛去,至今相攻者也。岷峨山人《译语》东北曰:兀良哈,甚骁勇。负瀚海而居,虏谓之黄毛,亦呼花当为黄毛,西北一部落,亦曰:兀良哈,性质并同,但以红帽为号,兵合不满数万,好畜马驼。小王子等利所有,累岁侵夺,战死者过半,余则引与俱归。又云:蒙古旧无诞诈,今已不然,小王子集把都儿纳林台吉、成台吉、血剌台吉、莽晦俺探、己宁诸酋兵,掠西北兀良哈,杀伤殆尽,乃以结亲给其余,至则悉以分诸部,啖以酒肉醉饱,尽杀之,此其一事也。按《译语》所记,即达延征乌梁海事,把都即巴雅斯哈,纳林台吉即巴延达剌·纳林台吉,成台

吉即乌巴伞察青台吉,血刺台吉疑即黄台吉,俺探即俺答,已宁即吉囊,所谓致信于巴尔斯之子,一一吻合。"张尔田先生校补云"案此指科布多西境之乌梁海,在喀尔喀西北,或以唐努山部落之分支也。上云:由乌梁海中间纵横突战。又云:乌梁海为汗守金毂仓库之人,拉施特书《太祖纪》守墓者为乌梁海人,乌梁海本非蒙古,与大宁北境之兀良哈似不能相混,大宁以北之兀良哈,或元初曾以之处其人,其后三卫分据,遂以蒙古而冒乌梁海之名矣。《译语》所谓东北兀良哈者,殆亦指其遣人欤?何乔远《名山藏》兀良哈古东胡地。此但以地言,而不考其种,似误以兀良哈为乌梁海,明人史学粗疏,大抵如是,不足辨也。"

②阿尔苏·博罗特:沈曾植先生清译本笺证云"后文作阿尔珠,《表·传》作阿尔楚。"案此处蒙文原文为阿尔苏。

③札拉尔夫人:张尔田先生清译本校注云"案即前苏密尔福晋。"是。

【附录】

清译本文:越时乌梁海格根丞相托噶台哈喇呼拉特为首以乌梁海万人谋叛达延汗率察哈尔喀尔喀两部落之兵往征之并致信于巴尔斯博罗特济农之子带右翼三万人前来攻入遂与乌梁海万人交战左翼三万人内则有喀尔喀扎鲁特之巴噶逊达尔罕塔布囊察哈尔扎固特赛音彻格济之子讷克贝昆都楞哈什哈二人右翼三万人内则有鄂尔多斯哈尔噶坦拜音珠固尔达尔罕土默特杭锦之阿勒楚费阿固勒呼二人此四人与头队之兵拒战破乌梁海大队收其余众并入五万人内称为

六万人此达延汗将六万人全行收服致蒙古国于太平之原委也在位七十四年岁次癸卯(嘉靖二十二年)年八十岁而殁其子图鲁博罗特乌鲁斯博罗特二人系壬寅生图鲁勒公主巴尔斯博罗特二人系甲辰年生阿尔苏博罗特斡齐尔博罗特二人系庚戌年生札拉尔福晋所出之格呼博罗特系壬寅年生格勒图台吉系辛亥年生图噜博罗特于汗在时岁次癸未年四十二岁殁子博迪台吉生于甲子年至甲辰年(嘉靖二十三年)年四十一岁即位。

科尔沁之摩罗寨将军建言曰:"右翼三部,其益于谁者耶?或可攻取而遣散之,或可谋而合入左翼万户中分之乎。"博迪·阿拉克合罕然其说,方议征右翼三部时,其母察噶青·安桑太后降旨谏阻之曰:"汝等计议欲图(右翼)三部焉。昔日,科尔沁之苏尔洮海雅王,大破达兰·特哩衮之阵后。奏曰:'若使此右翼三部聚居,将为我子孙之患乎!若将察哈尔、巴雅尔二中部合而为一,合大永谢布于我二十万科尔沁,合十二土默特于十二部喀勒喀,则可久安矣。'时,汝贤祖父降旨责之曰:'寻获杀吾子之仇人,已视伊巴哩、满都赉二人之恶果矣。昔日之四十万蒙古,所余仅此六万之国矣。若其坏之,则吾为天下共主,又有何功哉。'云。今汝自谓生得胜于汝贤祖父而毁其旨乎?又欲吞右翼三部焉。一则何可毁汝贤祖父所定之大国,太平玉宇之大政耶?一则闻赛音·阿拉克之长子衮必里克·墨尔根济农之仲子,布扬浩赉·都噶尔大卿者,见敌则不能自抑其身,压而摆甲,冲阵不可制之猛将云。其仲子伊勒特·阿勒坦之子,僧格·都古仍·帖木尔者,著全付甲胄而能腾越台拉克驼①云。墨尔根济农之一子,诺木·塔尔尼·高瓦台吉之子,库图克台·沙津台吉②者,能知过去未来之贤哲云。布扬浩赉·都噶尔大卿之一子,伯勒格·太平台吉者,张弓时两胛相撞,故常带背垫而行,能按节射断驰狐之尾云。其弟布尔赛·哈丹·巴图尔③者,能射穿三重铁锹云,若夫与之起衅后,能则固善,否则,将彼此同归于尽矣!"其子博迪·阿拉克合罕④,乃遵母旨,遂止其所谋之事,致力于大国之太平⑤,在位四年,岁次丁未,年四十四岁崩。

【注释】

①著全付甲胄而能腾越台拉克驼:所谓"台拉克驼"是指三至五岁尚未去势之雄驼而言。汉语中无此词,故用原文音译词。沈曾植先生清译本笺证云"是时俺答已纵横塞上,兵势强甚,博迪安能当之,此察噶青太后之言,真识时务者也。《名山藏》黄台吉劝俺答无臣土蛮,土蛮伐之不能克,嘉靖间事。黄台吉即僧格·都古稜·特穆尔也。太后之言于斯验矣。"

②库图克台、沙津台吉:沈曾植先生清译本笺证云"即后文之库图台·彻辰·鸿台吉。"张尔田先生校补云"明人称库图克台·彻辰·鸿台吉为切尽台吉。即此沙津对音。《世系谱》作呼图克台塞臣台吉。塞臣即彻辰,与切尽音尤近。"

③布尔赛·哈丹·巴图尔:沈曾植先生清译本笺证云"后称布

尔赛·彻辰岱青。"案"岱青"盖系"大卿"之蒙古语读音。

④博迪·阿拉克合罕：沈曾植先生清译本笺证云"博迪即《续文献通考》之卜赤，阿拉克汗即所谓亦克罕也。"如前文所注，"阿拉克"一词，有"选优"或"杰出"之意。那么"博迪·阿拉克合罕"即是杰出的合罕之意。"亦可"是"大"的意思，"亦克罕"即"大罕。沈先生误。

⑤致力于大国之太平：张尔田先生清译本校补云"案钱牧斋《送董汉儒总督宣大诗注》嘉靖十二年，元顺帝十七传卜赤立为小王子，其别部赛那剌有七子，长吉囊，壁河套，名袄尔都司（即鄂尔多斯,）次俺答，壁大同外之丰州滩，二人雄黠善兵，卜赤从父行也。其弟老把都，一名昆都力哈，壁宣府外之张家口，地名哈喇慎，诸部落百十处，各有分地，名尊小王子实不受其约束，卜赤遂徙壁东方，夺福余卫地居之，号土蛮，其所居地名插汉，当时右翼之强，亦渐非小王子所能控驭，博迪之卜幕察哈尔，殆以避套部也。此书以相忍为美谈，似非实录，土蛮卜赤孙。《注》盖终言之。"

【附录】

清译本文：科尔沁之巴图尔摩罗齐建议右翼原系强干之俦或征掠以离散之或酌量入于左翼均分之博迪阿拉克汗然其言正欲往征右翼之际察噶青安桑太后降旨曰尔等议以均分此三万人乎从前科尔沁之苏尔塔该王即破达兰特哩衮之大队后奏曰此右翼三万人若仍留一处必贻患于后嗣若将两部落人等兼摄于察哈尔巴雅尔而令大永谢布之二十万与我科尔沁和同将十二土默特合并于十二部鄂托克喀尔喀庶可久安我

烈祖曾降旨诘责曰戕害我子之仇人业已寻得伊巴哩满都赉二人之恶业已败露若将此四十万蒙古所余之六万人尽灭之岂得为人主之功乎今尔自以为胜于我烈祖乎乃违其旨而欲吞此右翼三万众耶一则我烈祖所定永固升平之大统岂得毁坏二则曾闻赛音阿拉克之长子衮必里克墨尔根济农之子布扬郭赉都噶尔岱青人称为见敌则不退缩击之则披坚死战勇于战斗之大巴图尔其伊勒特阿勒坦之子僧格都古稜特穆尔则称为能著全付盔甲跳越台拉克之驼只墨尔根济农之子诺木塔尔尼郭斡台吉之子库图克台沙津台吉则称为能知既往未来之墨尔根布扬郭赉都噶尔岱青之子伯尔格岱绷台吉则张弓能两臂相向遂称为鄂勒博克图鄂库克能将驰狐之尾按节射断伊弟布尔赛哈坦巴图尔能穿射三锹今若相残能之固善如不能则人已皆致骚动矣因降旨谏阻子博迪阿拉克汗遵母后之言遂止不行以致大国安享太平在位四年岁次丁未年四十四岁殁。

其子达赉逊台吉①、库格珠歹台吉②、翁衮·都噶尔③（三人）也。长子达赉孙库登台吉甲辰年生④，岁次戊申，年二十九岁，于白室前称合罕号，与右翼三部敦睦结盟而归，时，阿拉克之次子阿勒坦迎来，请曰："汝取君主合罕之号，已平定天下矣，今有藩屏合罕朝而称失图⑤合罕之诸小罕焉。祈赐此号与我，愿为大国之藩屏。"合罕许之，遂赐阿勒坦以失图合罕之号而还。而库登合罕之号称扬天下,由是玉宇平定,致大国于熙攘矣。然因大限已至,岁次丁巳⑥,年三十八岁崩。

其子图们台吉⑦、达赉巴噶达尔罕、岱青台吉三人也⑧。图们台吉己亥年生,岁次戊午⑨,年二十岁即位。岁次丙子⑩,年三十八岁时,诣见盘刀者格尔玛喇嘛,乃入教门,聚六万之众,宣布大政,命左翼万户中,察哈尔之阿木台洪台吉⑪、喀拉喀之卫征索博海⑫;命右翼万户中,鄂尔多斯之库图克台·彻辰洪台吉,阿速特之诺木达喇·高拉齐诺诞,土默特之楚噜格洪台吉等人执政。天下称扎萨克图合罕,致其大国于太平,征赋于珠尔齐特、额里古特、达吉忽尔三部⑬,使人民乐业。在位三十五年,岁次壬辰,年五十四岁崩。

其子布延台吉⑭,弟兄十一诸罕⑮也。长布延台吉,乙卯年生,岁次癸巳⑯,年三十九岁即合罕位,天下称彻辰合罕,以政教致大国于太平。岁次癸卯,年四十九岁崩。

其子莽忽克台吉、喇不格尔台吉、茂吉塔特台吉三人⑰也。长子莽忽克,其父在世时已薨。

其子陵丹·巴图尔台吉、桑噶尔济·鄂特罕台吉⑱二人也。兄陵丹·巴图尔台吉,壬辰年生,岁次甲辰,年十三岁即合罕位,天下称为库图克图合罕⑲,自迈达哩法王卓尼绰尔济等处,受精深密乘之灌顶,扶持宗教。岁次丁巳⑳,年二十六岁时,会萨斯嘉·班禅·希喇卜胡图克图,又受精深密乘之灌顶,并修释迦牟尼尊者为首之寺庙多项，一夏之间，赶工告成，内中佛像亦俱塑就，依旧制整建（政教）二政焉。然因五百年之末运已近，疏居六大国之达延合罕子孙，诸罕亲族及所属大国中，多生背离朝廷之事体，故不拥其太平天下之政矣。古谚有之曰：合罕怒则毁其政，大象怒则毁其城㉑。因合罕心中生嗔，而化六国于乌有。在位三十一年，岁次甲戌，年四十三岁而天禄永终㉒。此乃达延合罕长子图噜博罗特所传诸罕之政统也，次子乌鲁斯·博罗特无嗣。

【注释】

①达赉逊台吉：沈曾植先生清译本笺证云"其别子为浩齐特，其后为苏尼特。"

②库格珠歹台吉：沈曾植先生清译本笺证云"库格珠特台吉《藩部表》作库克齐图墨尔根台吉，苏尼特部祖。《明史·李成梁传》土蛮从父黑石炭即库克齐图也。"

③翁衮·都噶尔：沈曾植先生清译本笺证云"翁衮·都噶尔《藩部表》作翁衮都剌尔，为乌珠穆沁之祖。"

④达赉逊库登台吉甲辰年生：王静安先生清译本校注云"甲辰当是甲申之讹。"案据蒙文原文当仍甲辰为是。

⑤失图合罕：原文为"〔sodʋ hagan〕。"清译为"索多汗"，与原文一致，然而原文之〔sodʋ〕为〔situ〕之误。〔situ〕（失图）即〔mətu〕（蔑图）的同意词，失图合罕即蔑图合罕，汉译则即为"如合罕"也。张尔田先生清译本校补云：案"索多《世系谱》译作"矢韬"。"矢韬"音同"失图"，《世系谱》译文是。

⑥岁次丁巳：沈曾植先生清译本笺证云"嘉靖三十六年。"

⑦图们台吉：沈曾植先生清译本笺证云"范景文《昭代武功录》土蛮打来孙长男也。所部皆朵颜、莽惠、伯户、鹅毛、壮兔等控弦之士六万,最精壮,嘉靖中徙居黄河北。"张尔田先生校补云"案图们即蒙古语土绵,此言万也。明人译作土蛮。"

⑧……达赉·巴噶达尔罕、岱青台吉三人也：沈曾植先生清译本笺证云"案天命七年,察哈尔扎尔布、色冷自科尔沁来谒,扎尔布之父岱青林丹汗叔祖也,林丹汗立,尽夺其石纳明安部,岱青率六子札尔布、色冷、公格、石达答、葛尔马、兀尔古奔科尔沁,《表传》叙浩齐特世系仅云："库登汗再传曰德格类,不言库登汗之子名,何据图们袭汗,岱青台吉为石纳明安部,则浩齐特是达赉巴噶达尔罕裔无疑也。"

⑨岁次戊午：王静安先生清译本校注云"戊午嘉靖三十七年。"

⑩岁次丙子：沈曾植先生清译本笺证云"万历四年"。张尔田先生校补云"案阁本作壬子,其生年作乙亥,岁次癸卯,二十九岁即位,与诸本不同,以后文在位三十五年,岁次壬辰,年五十四岁推之,则诸本为是,阁本未可据也。"

⑪阿木台洪台吉：沈曾植先生清译本笺证云"此人即《明史》脑毛太。"

⑫卫征索博海：沈曾植先生清译本笺证云"《李成梁传》插汉部土蛮之弟有委正,大委正数为边患。委正即伟征音转,亦作卫征,蒙古贵人称号,非人名也。捡《要略》内蒙古诸贝勒之先,惟奈曼部有额森卫征诺颜,亦达延汗四世孙,与图们兄弟,其他有伟征号者或疏族或远部,不相当也。此喀尔喀之伟征索博该为图们执政,或可当两委正之一,索博该即《明史》之速不孩,《藩部表》巴林之先苏巴海也。又案此喀尔喀,即后文所谓内五鄂拓克喀尔喀,国初谓之五卫喀尔喀,巴林、札噜特二旗是其人也。《武陵山人译语》所谓塔

奔者,盖亦指此五鄂拓克。"

⑬珠尔齐特、额里古特、达吉忽尔三部:沈曾植先生清译本笺证云"《续通考·三卫门》载唐顺之奏疏:嘉靖二十九年,把都儿、打来孙二虏,收属东夷而居其地,遂巢穴辽蓟间。案达赉逊库登台吉,即《藩部表》库登汗,巴林三部之祖,亦即明人所称徙牧东方之小王子打来孙也。图们台吉即明人所谓土蛮,既已南徙度漠,故取供赋于珠尔齐特三部落也。或疑三部落即指三卫,珠尔齐特者福余也,存参王静安校:珠尔齐特者女真也。额里克特者卫拉也。

张尔田先生校补云"案珠尔齐特指海西诸部,达奇鄂尔无考,颇疑鄂尔当作果尔即古格异译,盖谓西藏也。《世系谱》作朱尔漆忒、纳里古忒、搭吉古尔咸纳贡臣服。"案"搭吉古尔",拟指"达斡尔"。

⑭布延台吉:沈曾植先生清译本笺证云"布延台吉即明《李成梁传》所称土蛮子卜言台周。"

⑮弟兄十一诸罕:沈曾植先生清译本笺证云"《昭代武功录·李宁远破土蛮篇》土蛮或名土蛮罕,或名土买罕,或名察罕儿,或名插汉儿,生八子,长卜言台周,次宰桑兀儿,次伯言户儿,次把哈委正,次额参,次先银,次烧花。又言生四子,长卜彦伯吉,次柏太,次布彦兔。按《武功录》所称八人者,核其名仅得七人,四人者仅得三人,盖纪录有缺失,合计得十人,图们十一子惟一人无可考耳。"

张尔田先生校补云"案卜言台周即卜彦伯吉,实数仅得九人。"

⑯岁次癸巳:沈曾植先生清译本笺证云"万历二十一年。"张尔田先生校补云"阁本误作丁巳。"

⑰茂吉塔特台吉:沈曾植先生清译本笺证云"崇德八年林丹汗之叔茂奇塔前奔科尔沁者来归,即此茂奇塔特也。"

⑱桑噶尔济·鄂特罕台吉:沈曾植先生清译本笺证云"天聪八

年林丹走死。不(?)妹夫朵齐额尔克楚琥尔杀桑噶尔寨,携林丹汗所娶叶赫女,逃入明国,桑噶尔寨即此桑噶尔济也。"

⑲库图克图合罕:沈曾植先生清译本笺证云"明人称林丹汗曰虎墩兔即库图克图。"张尔田先生校补云"案史称虎墩兔祖打来孙,始驻牧宣塞外,俺答方强,惧为所并,徙帐于辽,四传至虎墩兔,遂益盛,盖不数莽和克也。"

⑳岁次丁巳:张尔田先生注云"案万历四十五年。"

㉑合罕怒则毁其政,大象怒则毁其城:张尔田先生校注云"林丹汗与套部相残,详见《明史》,著书之萨囊系出吉囊,故言外有隐痛焉。"其实这是在总结亡国的教训。志大才疏,不识时务的林丹合罕,犯了政治路线错误。自恃其强,一味用兵,孤立了自己,帮助了敌人,导致了亡国的结果。作者在这里有说不出的话,"隐痛"二字,用得很好。这是本书的要害。

㉒年四十三岁而天录永终:沈曾植先生清译本笺证云"《秦边纪略》明季插汉于天启元年入河套,吞并套部,扰榆林,犯凉州,攻甘州,所向无前。于甘病滞,下至祁连城而死,祁连城在大草滩。"

张尔田先生校补云:"案《世系谱》灵丹汗率其倾国之众,亲征图伯特,西行至西拉他拉殁。"

【附录】

清译本文:生子达赉逊库登台吉库格珠特台吉翁衮都噶尔三人长子达赉逊库登台吉甲辰年生岁次戊申年二十九岁于白室前称汗号与右翼三万人和睦相会而旋阿拉克第二子阿拉坦来迎向汗求赐号云今统治已平原有护卫汗治索多汗小汗之号祈即将此号赐我我情愿护卫大统汗然之遂与以索多汗之号由是库登汗

之号遍处称扬平治政统俾大蒙古国安享太平因为时命所夺岁次丁巳年三十八岁殁生子图们台吉达赉巴噶达尔罕岱青台吉二人图们台吉己亥年生岁次戊午年二十岁即位岁次丙子年三十八岁往见盘结腰刀之噶尔玛喇嘛遂授禅教聚集六万人传示大政令左翼三万人内察哈尔之阿穆岱鸿台吉喀尔喀之卫征索博该右翼三万人内鄂尔多斯之库图克彻辰鸿台吉阿苏特之诺木达喇古拉齐诺延土默特之楚噜克鸿台吉执政理事遂称为扎萨克图汗共致大国统治太平由珠尔齐特额里克特达奇鄂尔三部落取其供赋俾大众安戢在位三十五年岁次壬辰年五十四岁殁生子布延台吉等兄弟共十一汗长布延台吉乙卯年生岁次癸巳年三十九岁即位大众称为彻辰汗以政治佛教致大国于太平岁次丁卯四十九岁殁生子莽和克台吉喇卜噶尔台吉茂奇塔特台吉弟兄三人长子莽和克台吉于父在时即殁生子陵丹巴图尔台吉桑噶尔济鄂特罕台吉二人长子陵丹巴图尔台吉壬辰年生岁次甲辰年十三岁即位大众称为库图克图汗从迈达哩诺们汗卓泥绰尔济等承受秘密精深之灌顶扶持经教岁次丁巳年二十六岁又遇萨斯嘉班辰沙喇巴胡土克土复承受秘密精深之灌顶创修昭释迦牟尼佛庙以及各项庙宇于一夏季趱赶建造所有牌位神坐俱已造成照前整齐经教因至五百年末运遂分为六大国而称君焉达延汗之子孙及汗族属民众因背道违理肆意而行故不能身享太平譬之

谚云君一怒而失国众一怒而破城也汗一味恚怒不悦欲收六大国之统治在位三十一年岁次甲戌年四十三岁以寿终此达延汗之长子图噜博罗特历代相传之政统也次子乌鲁斯博罗特无子。

(先是),巴尔斯·博罗特·赛音·阿拉克①据右翼三部之大部;阿尔萨·博罗特·墨尔根洪台吉据七万之众;阿拉珠·博罗特②据内五部喀勒喀③之地;格呼森扎据外七部喀勒喀④之地;瓦齐尔·博罗特⑤据察哈尔八营克什克腾⑥之地;格呼·博罗特据察哈尔之敖罕、奈曼⑦之地;阿尔·博罗特据察哈尔之浩齐特之地,乌巴伞察据阿速特·永谢布二部;格呼图台吉则无子也。

彼巴尔苏·博罗特之子衮必里克墨尔根济农、阿勒坦合罕⑧、拉布克台吉、巴雅斯哈勒·昆都伦合罕⑨、巴延达喇·纳琳台吉、博迪达喇·鄂特罕台吉,塔喇海台吉七人⑩也。长子衮必里克墨尔根济农丙寅年生⑪,据鄂尔多斯万户之地,阿勒坦合罕丁卯年生,据十二土默特⑫之大部,拉布克台吉己巳年生,据土默特之乌古新⑬之地,巴雅斯哈勒庚午年生,据永谢部之七营喀喇沁⑭,巴延达喇壬寅年生,据察哈尔之察罕·塔塔尔⑮之地,博迪达喇甲戌年生,幼时曾戏作歌云:"愿阿济、锡喇二人相攻,我据阿速特、永谢布二部。"之语,果如所言,乌巴伞察青台吉之子(阿济)锡喇兄弟二人相攻,因阿珠杀其弟而罪之,而锡喇无子被害,众以为歌谣之验,遂使博迪达喇据阿速特、永谢布之地⑯矣,塔喇海幼时已亡⑰。

【注释】

①巴尔斯·博罗特·赛音·阿拉克:沈曾植先生清译本笺证云"《名山藏》称:吉囊、俺答为赛那剌之子,歹颜哈之孙。赛那喇者赛音阿拉克也,歹颜哈者达延汗也。"

②阿拉珠·博罗特:沈曾植先生清译本笺证云"此当是前文阿勒楚·博罗特。《钦定蒙古王公表传》阿尔楚·博罗特其嗣为巴林、扎鲁特二部。"

③据内五营喀勒喀:沈曾植先生清译本笺证云"喀尔喀五部,国初屡勤征抚,然五部之名仅知其三,曰巴林、曰扎噜特,皆阿勒楚后。曰巴岳特,明末三卫之扰,亦此五部为多也。"

④格哷森扎据外七部喀勒喀:沈曾植先生清译本笺证云"格哷森扎所部为七旗,分授其子,所谓七鄂拓克也。《秦边纪略》喀尔喀凡七汗,国初来归时犹然。《朔漠方略》增一丹津喇嘛,为八扎萨克,格哷森扎称:扎赉尔珲台基,本无汗号,其长子曰:阿什海达尔汗珲台吉(其孙曰赉瑚尔汗,是为扎萨克图部),次曰:诺颜泰哈坦巴图尔,次三曰:诺诺和(三音诺颜部祖),次四曰:德勒登坤都伦,次五曰:阿敏都喇勒(为车臣部),次六无考,次七曰:鄂特欢诺颜。"

⑤瓦齐尔·博罗特:沈曾植先生清译本笺证云"《藩部表·克什克腾章》作鄂其尔·博罗特。"一样。

⑥据察哈尔八营克什克腾:沈曾植先生清译本笺证云"《辽录》虎酋八大营即八鄂拓克,今内扎萨克翁牛特旗为斡其尔后。"

⑦格哷·博罗特据察哈尔之敖汗、奈曼:沈曾植先生清译本笺证云"《藩部表》《游牧记》皆以奈曼、敖汗为图鲁·博罗特后裔。"张尔田先生校补云"案《世系谱》巴林两旗,扎鲁特两旗,敖汉一旗,奈

曼一旗,王、台吉等皆阿尔楚·博罗忒之后。乌鲁特之隆诺音等,皆格勒之后。今敖汉、奈曼、乌喇特无阿勒楚、格呼后人,无可考已。"

⑧衮必里克·墨尔根济农、阿勒坦合罕:张尔田先生清译本注云:"案衮必里克·墨尔根济农、阿勒坦汗,即《明史》之吉囊、俺答。俺答赐索多小汗号,故称汗,其余称汗者,是否赐号,无可考矣。俺答:明人书亦作俺滩,又作安滩,亦犹《元史》阿勒坦山译作按台也。"

⑨巴雅斯哈勒·昆都伦合罕:沈曾植先生清译本笺证云"《明史》有俺答弟老把都,又云:昆都力哈即老把都。昆都力哈即此昆都楞汗。"张尔田先生校补云"案《世系谱》作拜思哈尔赛音和托郭尔坤都伦代清汗。"

⑩塔喇海台吉七人:沈曾植先生清译本笺证云"《名山藏》歹颜哈十一子,赛那剌七子。"张尔田先生校补云"案《世系谱》巴尔思七子,有第五子和济格尔诺音,无分地,而无塔喇海,未详孰误。"

⑪衮必里克·墨尔根济农丙寅年生:沈曾植先生清译本笺证云"正德元年。"

⑫……据十二土默特:沈曾植先生清译本笺证云"十二土默特,即《武备志》所称俺答后三枝十二部。《明·鞑靼传》所谓扯力克所制,止山大二镇外十二部也,此俺答之本部。"

⑬据土默特之乌古新:沈曾植先生清译本笺证云"乌古新《通谱》作乌新氏。《鞑靼传》王崇古封贡条奏:俺答弟侄子孙,如兀慎、打儿汗等,请授指挥。《续文献通考》顺义王下奉贡者六,亦有兀慎名(尔田案尔多一译五胜,今鄂兀慎,斯右翼前未旗地)兀慎在打儿汗前,其行辈当较长,疑即拉布克汗,而以其所占之乌古新命之也。乌古新即《元史》之许兀慎。"

⑭据永谢布之七营喀喇沁：沈曾植先生清译本笺证云"《辽录》喀喇慎罕字罗势自言：自吾先世老把都、青把都、白洪太，世受封赏五十余年，愿出帐房三百顶，助国讨房。老把都即巴雅思哈勒。此巴雅思哈勒之后，其部落名喀喇沁之证。今喀喇沁无博尔济锦之裔，其故不可考矣。《大事记》仇鸾请开马市疏：大闻边外房首，俺答、脱脱、辛爱、兀慎四大营（脱脱俺答之子）。《名山藏》俺答壁丰州滩，直云中；吉囊壁河套，直关中；老把都壁张家口。"

张尔田先生校补云"案《蒙古世系谱》喀喇沁国其名有三，其汗之子孙台吉等，为西拉努忒•喀喇沁，其故旧及官员之子孙，则为博罗努力•喀喇沁；其各处归降之蒙古、汉人，则为哈忒努忒•喀喇沁。今喀喇沁扎萨克，皆扎尔楚泰后，所谓博罗努力，殆即《辽录》孛罗势欤？昆都楞子孙式微于此可见。"

⑮据察哈尔之察罕、塔塔尔：沈曾植先生清译本笺证云"《李成梁传》万历十八年，卜言台周，黄台吉，大小委政结西部义汗塔塔儿，深入辽、沈、海、盖，即此巴延达喇之察罕塔塔尔部人矣。又《鲒琦亭集》朵颜三卫宗支跋曰：东人之长曰土蛮，曰黑石炭，曰长秃，曰纳木歹，曰那彦兀儿；西人之长曰把都儿，曰辛爱，曰安滩；北人之长曰纳林。所谓纳林者，亦疑即此巴延达喇纳琳台吉也。"

⑯博迪达喇据阿速特、永谢布之地：张尔田先生清译本校注云"案博迪达喇《世系谱》作博济达诺音，巴尔斯第七子，在永奢布部落为主，其后现居哈尔哈之地。"

⑰塔喇海幼时已亡：沈曾植先生清译本笺证云"《续文献通考》小王子三子，长阿尔伦，次阿著卜孙（一作孩），次满官嗔太师。亦不剌弑阿尔伦，遁入海西。阿尔伦之长子卜赤，次乜明，皆幼，阿著称小王子，子二，长吉囊，次俺答。阿著死，众推立卜赤，称亦克罕，有众七万，分五大营，曰：好陈察罕儿，曰：召阿儿，曰：克失旦，曰：

把郎阿儿，曰：卜尔报。卜赤居中屯牧，五营环绕之。又东有罔留、罕哈，尔嗔三部。罔留部营三，其酋曰满会王，罕哈部营三，其酋曰猛可不郎，尔嗔部一，其酋曰可都留。三部共有众六万，居沙漠东鄙，与朵颜为邻。南部酋曰巴答罕奈，哈连酋曰失剌台吉，众可二万，居宣府，大同塞。按《通考》所称，卜赤即此博迪，亦克罕者阿拉克汗之对音也。其所称五大营，与此之察哈尔八鄂拓克不同，与明末人称虎酋八大营亦异，当是阿拉克汗初徙漠南时，部分据其中。克失旦即此克什克腾，与好陈察罕儿、召阿儿并列，察罕、召阿均为察哈对音，而好阵又与浩齐特对音，逼近把郎阿儿两营无可考。要必为达赉逊之子未分浩齐特部以前制无疑也。东方之罔留三部，即明人所谓三卫。《武备志》鞑靼译语，泰宁卫曰往流，福余卫曰我著，朵颜曰五雨暗。罔留者往流之对音，即泰宁之蒙语，罕哈者即五雨暗，为兀良哈之对音，尔嗔者我著之对音，即是（似是"朵"之误——译注者）颜，福余之蒙语也。尔嗔之部酋可都留，当即是阿鲁科尔沁部之昆都伦岱青，哈剌嗔酋巴答罕奈者，占据七鄂拓克喀喇沁之巴雅斯哈勒，即明人所称老把都也。哈连当作哈速，字形相近而误。哈速酋失剌台吉者，统率阿苏特部乌巴伞察之子实喇也。明人统三卫，皆谓之兀良哈，而中分三种，此则他书所不详。罔留，往流音近，扈伦或亦即此书之额里克特。若尔嗔，我著则皆兀者之音转，兀者屡见《元史》，明东方诸卫，犹多以兀者二字冠之，其部落极多，可都留一营，盖特与蒙古相近之一部耳。《武备志》有兀者托温千户所，今洮儿河地也。正科尔沁诸部游牧所在矣。把郎阿儿即巴雅尔部"。按"亦克罕"不是"阿拉克汗"的对音，"亦克"是蒙语的"大"，"亦克罕"即"大罕"之意。还有些问题，待考。

【附录】

清译本文:巴尔斯博罗特赛音阿拉克统率右翼三万人之众阿尔萨博罗特墨尔根鸿台吉统率七万人之众阿尔珠博罗特统率内五鄂拓克喀尔喀格呼森扎统率外七鄂托克喀尔喀幹齐尔博罗特统率察哈尔之八鄂托克什克腾格呼博罗特统率察哈尔之教罕奈曼阿尔博罗特统率察哈尔之浩齐特乌巴伞察统率阿苏特永谢布二处其格呼图台吉无子巴尔斯博罗特之子衮必里克墨尔根济农阿勒坦汗拉布克台吉巴雅斯哈勒昆都楞汗巴延达喇纳琳台吉博迪达喇鄂特罕台吉塔喇海台吉等共兄弟七人长子衮必里克墨尔根济农丙寅年生占据鄂尔多斯万人而居阿勒坦汗丁卯年生占据十二土默特而居拉布克台吉己巳年生占据土默特之乌古新而居巴雅思哈勒庚午年生占据永谢布之七鄂托克喀喇沁而居巴延达喇壬寅年生占据察哈尔之察罕塔塔尔而居博迪达喇甲戌年生幼时曾戏作歌有欲将阿济实喇二人剿灭占据阿苏特永谢布而居之语因乌巴伞察青台吉之子实喇兄弟相残治阿济以杀弟之罪而实喇无嗣被害众议以为歌验遂将阿苏特永谢布二处令博迪达喇占据而居塔喇海幼之。

先是,乃父赛音阿拉克①,岁次壬申,年二十九岁为济农,在位二十年,岁次辛卯,年四十八岁薨。后,衮必里克墨尔根济农,岁次壬辰,年二十七岁为济农,与弟阿勒坦合罕二人,率右翼三部行兵汉地,至音达噶口②,遇汉军迎战,墨尔根济农之子布扬浩赉·都喇勒岱青③、阿勒坦合罕之子僧格·都古仍·帖木尔④二人,齐冲人汉军阵中,三进三出,大破音达噶之大阵而还营矣。

彼衮必里克墨尔根济农之大夫人,土默特·杭锦之爱兰·色格尔之女,唐苏克所生之诺延达喇济农、拜桑忽尔郎台吉二人;喀拉喀·扎赉尔之额森·参津之女,额希格叔母夫人所生卫达尔玛·诺木罕诺延;土默特·蒙郭勒津·彻古特之浩赛塔布囊⑤之(女),阿勒坦绰·赛音夫人所生之诺木·塔尔尼高阿台吉⑥、布扬浩赉·都噶尔岱青、班扎喇卫征诺延⑦、巴特玛伞巴·彻辰巴图尔四人(兹有脱文——译注者);永谢布之伊巴哩太师之女,阿木尔津夫人所生之阿木尔达喇达尔罕诺延、鄂克拉罕伊勒登诺延二人,共谓之九罕⑧云。由是墨尔根济农在位十九年,岁次庚戌,年四十五岁薨⑨。

【注释】

①乃父赛音·阿拉克:张尔田先生清译本校注云"案赛音·阿拉克即巴尔斯·博罗特之号,衮必里克父也。译文未顺,王静安校"'赛音·阿拉克之父'七字连读,犹《元·秘史》之称蒙力克父也。"其实不仅"译文未顺",而是严重的错误。赛音·阿拉克之父,是巴图蒙克·达延合罕。这里说的是衮必里克之父赛音阿拉克。清译为"赛音阿拉克之父",结果使他自己成了自己的父亲。所以,静安先生之比喻《秘史》称呼,亦误。

②音达噶口:盖指厂门关而言。又似影射攻燕京事。

③布扬浩赉·都喇勒·岱青:案"都喇勒"应为"都噶尔","岱

青"盖系汉语词"大卿"之蒙古语读音。

④阿勒坦合罕之子僧格·都古仍·帖木尔:沈曾植先生清译本笺证云"《表传》俺答号格根汗,僧格号杜棱汗。《名山藏》俺答,吉囊皆九子,各含万骑。"

⑤浩赛·塔布囊:沈曾植先生清译本笺证云"此又作和实,仍即前卷科赛也。"其实"和实或科赛"均与原文词读音有很大出入,故用"浩赛"二字。

⑥诺木塔尔尼高阿台吉:沈曾植先生清译本笺证云"九罕皆称为诺延,惟诺木塔尔尼有诺们塔尔尼华台吉之号,'华台吉'即此书之'鸿台吉',亦即明人所称黄台吉。《秦边纪略·噶尔丹传》则书为王台吉。解曰:犹古之王可汗也。据后文所纪,九汗中盖惟此最强,其规画亦不仅在套中也。(《藩部表》九汗后惟诺延达刺之子,部延巴图尔称珲台吉)《明史·鞑靼传》那木儿台吉封贡时授指挥佥事,为十九人之首,疑即诺木达尔尼也。"

案"华台吉,黄台吉,王台吉,洪台吉,珲台吉"等词,均为汉语词"皇太子"之蒙语读音,并有方言及汉语记述用字之不同,其词意亦有了变化,并无储君之意。只指仅次于合罕、济农(君王)之贵族大官而言。而"高阿"的蒙文原文似有误。

⑦班扎喇卫征诺延:"卫征"的蒙语原文是〔üijang。〕盖系汉语词"武将"的蒙语读音。"卫征诺延"即"武将老爷"之意,然而词义已有了变化。一般化为"官老爷"之意了。

⑧……共谓之九罕:沈曾植先生清译本笺证云"《明史》吉囊子有小十王,有狼台吉,此九汗次第炳然。无可以当之者,或音译之不具,或侦问之不实,无可考矣。《藩部表》诺延达喇作诺颜达喇,拜桑固尔作巴雅斯呼郎诺颜,卫达尔玛作伟达尔玛诺颜,诺木塔尔尼作诺们塔喇尼华台吉,布扬古赍作玻扬呼里都噶尔岱青,班札喇

作巴雅喇伟征诺延,鄂克拉汗作翁拉罕。"

⑨年四十五岁薨:沈曾植先生清译本笺证云"《续文献通考》二十一年吉囊死,子板不孩居套中。《名山藏》嘉靖二十一年,吉囊入山西大掠归,与所房忻代妓日夜谣纵死。"

【附录】

清译本文:赛音阿拉克之父年二十九岁于壬申年为济农在位二十年岁次辛卯年四十八岁卒其后衮必里克墨尔根济农岁次壬辰年二十七岁为济农与弟阿勒坦汗二人为首率右翼三万人行兵中国至音达噶山谷口明兵迎战墨尔根济农之子布扬古赍都喇勒岱青阿勒坦汗之子僧格都古楞特穆尔二人冲入明兵队内来往突击三次大破音达噶大队撤兵而回其衮必里克墨尔根济农之大福晋土默特杭锦爱兰色格尔之女名唐苏克者所生诺延达喇济农拜桑固尔台吉二人喀尔喀扎赉尔额森沙津之女名额实格之鄂克福晋所生卫达尔玛诺木欢诺延一人土默特蒙郭勒津察古特之和实塔布囊之阿勒坦绰赛音福晋所生诺木塔尔尼郭斡台吉布扬古赍都喇勒岱青班扎喇卫征诺延巴特玛伞巴斡彻辰巴图尔四人永谢布之伊巴哩太师之女阿穆尔津福晋所生阿穆尔达罕达尔罕诺延鄂克拉罕伊勒登诺延二人共谓之九汗墨尔根济农为济农十九年岁次庚戌年四十五岁卒。

其子诺延达喇壬午年生,岁次壬亥,年三十九岁为济农。于是九罕析产也,诺延达喇济农据有四营①;拜桑忽尔癸未年生②,居右翼之扣克特·锡巴固沁③、乌喇特·唐古特二部;卫达尔玛癸未年生,据右翼之达拉特·杭锦④、墨尔根·巴罕二部;诺木达尔尼甲申年生,据右翼伯速特、卫新二部;布扬浩赉丙戌年生,据右翼伯特金、哈里古沁部;班札喇戊子年生,据左翼浩齐特·克哩野斯部;巴达玛伞巴庚寅年生,据左翼之察哈特、明阿特、科尔沁、忽雅古沁等四部⑤;阿木达喇辛卯年生,据右翼卫郭尔沁四营;乌克拉罕癸巳年生,据右翼阿玛海三营⑥矣。

于是,长子诺延达喇之子布延巴图尔洪台吉、诺木图·都古仍诺延、鄂木布·达赉诺延、必巴锡·鄂特罕诺延⑦,(及)赛音夫人所生之莽固斯·楚克古尔⑧诺延(共)五人;拜桑固尔之子爱达必斯·达延诺延⑨、谔巴·卓哩克图诺延、塔噶济·宰桑诺延、昆都伦诺延四人;卫达尔玛之子达吉·浩硕齐洪台吉、海努克·巴图尔诺延、阿嘉·昆都伦岱青⑩、楚噜克·青巴图尔、托济·彻辰·控库尔⑪、库斯勒·卫征、卓哩克图六人;诺木·塔尔尼·高阿台吉之尼衮·特古斯·彻辰夫人生库图克台·彻辰洪台吉、布延达喇·浩拉齐巴图尔、赛音达喇·青巴图尔(及)德勒格尔夫人生之阿木达尔·墨尔根台吉⑫,共为四人;布扬浩赉之托逊珠拉夫人生伯勒格·太平诺延、布尔赛·彻辰岱青二人,巴(应为"班"——译注者)扎尔之珠拉夫人生多尔济·达尔罕岱青⑬、钟都赍·卫征诺延⑭、恩克浩硕齐三人;巴特玛伞巴之阿勒坦珠拉(夫人)无子,因共议之曰:"何可分析我巴特玛之国,而令孤离其双亲贤父母耶?俾居巴札喇·多尔济之四营上乎?其三兄和议既定,令居四营之上为达尔罕·岱青矣。阿木达尔之子图迈台·达尔罕岱青⑮、明安·额叶齐诺延⑯、必巴锡台吉三人;乌克拉罕之子克齐吉·伊勒登诺延、贝博哩诺延、库图克泰台吉三人⑰也。

【注释】

①诺延达喇济农据有四营:沈曾植先生清译本笺证云"明人所称吉能,皆指诺延达喇言之,以别于其父吉囊,迨后则有时并其子孙统称之矣。若《明史稿·鞑靼传》隆庆间俺答既款西部,吉能及其侄切尽等亦请市,则吉能确是诺延达喇,切尽即库图克图彻辰鸿台吉也。"张尔田先生校补云"案凡明人所称之吉能、吉囊,皆济农之异译,以官名为人名,为中国人谈异域事者之通病,史家不能详考,遂亦沿之。此治荒裔掌故者,所当知也。"

②拜桑忽尔癸未年生:沈曾植先生清译本笺证云"《明会典钞略》隆庆年题定:吉能互市于延绥,狼台吉互市于宁夏,依俺答例。"狼台吉当即巴雅斯呼朗诺颜,译称讹略,犹赛音阿拉克之为赛那拉矣。"

③扣克特·锡巴固沁:沈曾植先生清译本笺证云"扣克特八旗,《氏族通谱》作扣恳氏,锡包沁作实宝禅氏,又下文杭锦作杭津氏,墨尔格特作墨尔吉济特氏。《语解》以为即《元史》之蔑儿吉艬也。"

④达拉特·杭锦:张尔田先生清译本校注云"案今鄂尔多斯右翼后旗,俗称杭锦旗。"

⑤……忽雅古沁等四部:张尔田先生据清译本误文"三十四

处",加注云"案三十四处,盖统六汗所据而言。"据蒙文原文为"忽雅古沁",与上文之"察哈特、明阿特、科尔沁"共为四部,并非"三十四处"。案"忽雅古沁"似应为"忽雅噶沁"(甲士),犹"科尔沁"(箭筒士)也。

⑥据右翼阿玛海三营:张尔田先生清译本校注云"案以上所言,皆小王子未徙帐漠南,游牧杂居情形。阿玛该即阿霸垓对音。"

⑦必巴锡·鄂特罕诺延:沈曾植先生清译本笺证云"必巴锡即《明史》之班不什,曾与三卫扰边者。"

⑧莽固斯·楚克古尔:张尔田先生清译本校注云"案《全边略记》隐布吉能四子即莽固。"

⑨爱达必斯·达延诺延:沈曾植先生清译本笺证云"《明史·郑洛传》在西行牧者不他失赤,尝窥莽捏,此爱达必斯疑即其人。"

⑩阿嘉·昆都伦岱青:沈曾植先生清译本笺证云"后文阿恰·昆都楞·楚库克尔。"

⑪托济·彻辰·控库尔:张尔田先生清译本校注云"案后文作托济·彻辰·楚库克尔。"

⑫阿木达尔·墨尔根台吉:张尔田先生清译本校注云"案下文作阿穆尔岱,别本'达'字上有'赛'字,盖达之复译。"其实不是什么"复译",而是错了。

⑬多尔济·达尔罕岱青:沈曾植先生清译本笺证云"《大事记》哱拜之乱,套酋卜失兔以諴明安故,切齿传调东西台吉著力兔、庄秃赖等议,封拜为讷闷那颜(那颜房呼官长之名,讷闷者物穴地似鼠,不安之谓。),大举来援,独切尽妣吉止勿往,而著力兔与打正先引众人。"又云"哱拜平著力图宰僧亦缚叛党请市。"宰僧即打正也,按打正即大成之异文,宰僧,打正为一人,则即此多尔济·达尔罕岱青,后文之称曰:"多尔济·达尔罕·宰桑者也。宰僧为松部强

夷,由多尔济·达尔罕岱青独得四鄂拓克之众故也。"案"讷闷"应是佛法之谓。

⑭钟都赉·卫征诺延:沈增植先生清译本笺证云"钟都赉尔《明史》套部之庄秃赖也。"

⑮图迈台·达尔罕岱青:沈曾植先生清译本笺证云"《东华录》汉人称嫡嗣当立者曰皇太子,蒙古曰黄台吉,明人避此,多易其字,或曰台周,或曰台豬,此图墨德达尔罕是阿穆达尔长子,恐即《明史》所称西部之土门台豬也。"张尔田先生校补云"案图墨德·达尔罕岱青,后又作图迈达尔罕岱青。"

⑯明安·额叶齐诺延:张尔田先生清译本校注云"案后作明爱音扎,此处当有误文。"按据蒙文原文,似无误。

⑰乌克拉罕之子克齐吉·伊勒登诺延、贝博哩诺延、库图克泰台吉三人:沈增植先生清译本笺证云"《明会典钞略》甘肃贡市,万历三年题令,西海丙兔臭克、银定、著力兔、大成,随带部落,每岁赴甘镇互市一次,又十二年题定:炒哭儿台吉,克太阿不害并喇叭三枝互市,在宁镇为难,甘镇为便,以后准于甘肃扁都口开市。详其情事,前之开市甘肃,以诸部皆居青海之故,后之改市,则诸部皆由宁夏而西徙者也。臭克即莽古斯·楚克库尔,银定即克齐吉·伊勒登(知者鄂克拉罕无后于套中,必其裔徙青海故),著力兔即此鄂巴·卓里克图,大成是岱青音转,第不能定为何人,或即阿穆尔达喇子炒哭儿者。此阿恰·昆都棱岱青·楚库克尔、青把都尔,后文一称为阿恰昆都棱岱青·楚库克尔,一称为青巴图尔。《明史》亦称为青把都,克太者彻辰鸿台吉之子哈坦巴图尔二人,皆迎达赖西行而留牧者也。阿不害即莽古斯·楚克库尔之子阿巴海·鄂特罕,父子同贡,亦俺答、黄台吉例也。喇叭即刺麻,见《武备志·译语》。"

【附录】

清译本文:子诺延达喇壬午年生岁次庚申年三十九岁为济农于是兄弟九汗分析另居诺延达喇济农占据四营拜桑固尔癸未年生占据右翼扣克特锡包沁乌喇特图伯特卫达尔玛癸未年生占据右翼达喇特杭锦墨尔格特巴罕诺木塔尔尼甲申年生占据右翼巴苏特卫新布扬古赉丙戌年生占据右翼伯特金哈里郭沁班扎喇戊子年生占据左翼浩齐特克里野斯巴勒玛伞巴斡庚寅年生占据左翼察哈明阿特科尔沁之三十四处阿穆尔达喇辛卯年生占据右翼四鄂托克卫郭尔沁鄂克拉罕癸巳年生占据右翼三鄂托克阿玛该而居自是诺延达喇原配福晋生子布延巴图尔鸿台吉诺木图都古稜诺延鄂木布达赉诺延必巴锡鄂特罕诺延续娶福晋生子莽固斯楚克库尔兄弟共五人拜桑固尔生子爱达必斯达延诺延谔巴卓哩克图诺延塔噶济宰桑诺延昆都楞诺延兄弟四人卫达尔玛生子达奇和硕齐鸿台吉海努克巴图尔诺延阿恰昆都楞岱青楚噜克青巴图尔托济彻辰控库尔库色勒卫征卓哩克图兄弟六人诺木塔尔尼郭斡台吉之尼衮特古斯彻辰福晋生子库图克台彻辰鸿台吉布延达喇古拉齐巴图尔赛音达喇青巴图尔德勒格尔福晋生子阿穆尔达墨尔根台吉共兄弟四人布扬古赉之托逊珠拉福晋生子伯勒格岱绷诺延布尔赛彻辰岱青兄弟二人巴扎尔之哈屯珠拉生子多尔济达尔罕岱青钟都赉卫征诺延恩克和硕齐弟兄三人

巴图玛伞巴斡之阿勒坦珠拉福晋无子众议以为若将伊之属众各处分占令其父母离散实属难行因令巴扎尔之子多尔济占据四鄂托克于是弟兄三人共相和睦将四鄂托克令达尔罕岱青占据而居阿穆达尔生子图墨德达尔罕岱青明安之额叶齐诺延必巴锡台吉兄弟三人鄂克拉罕生子克齐吉伊勒登诺延贝博哩诺延库图克泰台吉兄弟三人也。

自是,阿勒坦合罕,岁次壬子①,年四十七岁时,行兵四卫喇特,于控奎·扎巴罕之地②杀奈曼明安辉特③之官长玛尼明阿图,收其妻只格肯·阿噶,其二子托海、库库带及其属众,席卷四卫喇特,使归治下。其后,迨十九年④,行兵于取城之汉地,残破其国,循行各地时,汉国大惧,遣使来与阿勒坦合罕以顺王⑤之号并金印请和。于是,岁次辛末,阿勒坦合罕六十五岁⑥时,与大明隆庆(合罕)讲和,开其不胜负荷之大藏门焉⑦。

岁次癸酉,年六十七岁时,行兵喀喇·土伯特之地⑧,收服上下锡喇·卫兀尔二部⑨,下阿木图·喀木之阿哩克·萨噶尔齐斯吉巴、喀噜卜·伦布木⑩、萨尔唐·色哩克·克卜等诺延及其国人,取来其阿哩克喇嘛、固密·苏噶师二人为首之众土伯特矣。

于是阿里克喇嘛向合罕解说:三恶道中轮回之苦难,超升色究竟天之善果,宜取宜舍之分界。时合罕心中略萌经义,始念六字心咒矣。

【注释】

①岁次壬子:沈曾植先生清译本笺证云"嘉靖三十一年。"

②控奎·扎巴罕之地:沈曾植先生清译本笺证云"疑是札不罕之误。控奎即空归河,札卜罕即札布噶河,皆在乌里雅苏台,漠北要地也。"张尔田先生校补云"案别本正作札卜罕,阁本同。钞本误作扎一罕,今改正。"

③奈曼明安辉特:沈曾植先生清译本笺证云"辉特名见官书者:有和托辉特,有伊克明安辉特。此奈曼明安辉特,岂伊克明安同族欤?"

④其后,迨十九年:王静安先生清译本校注云"壬子后十九年即隆庆四年。"

⑤顺王之号:张尔田先生清译本校注云"案孙王即顺义王急呼之对音。"案蒙文原文为〔sɔn waŋ〕,乃"顺义王"之讹。清译为"孙王",用字太滑稽,今改。

⑥阿勒坦合罕六十五岁:沈曾植先生清译本笺证云"阿庆五年与史合。"案"阿"盖系"隆"之误。

⑦开其不胜负荷之大藏门焉:沈曾植先生清译本笺证云"《续文献通考》顺义王下奉贡者六:一老把都其后为青把都台吉等;一黄台吉今为扯力克等;一永邵卜大成台吉等;一兀慎,打儿汗台吉等;一合罗气把都儿台吉等;一吉能后为把都儿黄台吉等。今为卜失兔·阿不害等。"按合罗气巴都尔台吉者,诺木塔尔尼子布延达喇古喇齐巴图尔也。吉能指诺延达喇,其后之把都儿黄台吉即布延巴图尔鸿台吉,阿不害即后文莽古斯·楚克库尔之子阿巴海鄂特罕,布延巴图尔鸿台吉之从子。"

⑧岁次癸酉,行兵喀喇·图伯特地方:张尔田先生清译本校注

云"案万历元年。"沈曾植先生清译本笺证云"萨哈连·图伯特,如言黑吐番也。今谓之黑番。"案据蒙文原文为:喀喇·图伯特。"萨哈连"为满洲语之"黑"也。

⑨收服上下锡喇卫兀尔二部:沈曾植先生清译本笺证云"安定四卫之亡《明史》以为正德,亦不刺之寇,不知乃嘉靖、俺答刁兵也。此可补《西域传》者。明诸司职掌礼部,主客部,朝贡诸国,西域,有撒来,有撒立畏吾尔,《明史稿》安定卫、阿端卫皆在甘州西,其地本名撒里畏兀儿,广袤千里,东近甘州,南接西番,居无城郭,以毡帐为庐舍,盖汉之婼羌。撒里畏兀儿即此沙喇卫郭尔也,今谓之撒喇回子。《元史·速不台传》太祖征河西,速不台从渡大碛以往,攻下撒里畏吾特勤赤悯部。《圣武记》甘肃有撒拉回子,亦谓之黑帽回。"

⑩下阿木图·喀木之阿哩克·萨噶尔齐斯吉巴,喀噜卜·伦布木:沈曾植先生清译本笺证云"阿里萨玛尔齐盖即《元百官志》朵甘思招讨所属之亦思马尔甘万户府,明初之磨儿勘万户所也,其地当与鱼通季唐相近,在川藏之交,斯奇巴盖今苏尔克土司,喀噜卜盖今噶尔布族,皆西宁所管番族,青海之南,喀木北境部落也。巴者唐古忒语部落之谓,图有谟尔多,地在木鲁乌苏河西,为由藏至西宁要路。"

张尔田先生校补云:案"伦"诸本误"擒",旧钞本不误,据改,阁本同。"

案清译之"萨玛尔齐斯奇巴",据蒙文原文应为"萨噶尔齐斯吉巴",本为一个词,但沈先生分为两个词加注,似有误。

【附录】

清译本文:阿勒坦汗年四十七岁岁次壬子行兵四卫喇

特于控奎扎卜罕地方杀奈曼明安辉特之诺延玛尼明阿图特表兄并甥妇以及二子并所属人众全行收服占据四卫喇特至十九年取其城行兵中国侵凌骚扰明人大惧遣使阿勒坦汗给与孙王之号并给金印请和阿勒坦汗六十六岁岁次辛未与大明隆庆共摄大统大颁库藏不计其数六十八岁岁次癸酉行兵萨哈连图伯特地方将上下沙喇卫郭尔二部落阿木多喀木之阿哩萨玛尔齐斯奇巴喀噜卜伦布木萨尔唐萨哩克克卜之三诺延以及所属人众尽行收服阿哩克喇嘛固密苏噶巴克实二人率所属一同归附于是阿哩克喇嘛为汗解脱三恶缘及来世罪孽升至色究竟天唪诵大有利益区别取舍等经汗遂嵩志经典始念六字心咒。

与此同时，库图克图·彻辰洪台吉①，庚子年生，岁次壬戌，年二十三岁时，行兵四卫喇特，至额尔齐斯河②，攻土尔扈特部，杀喀喇·博兀喇③，插其黑纛于炉灶之上，收服辛必斯、土尔扈特二部之半而班师还营矣。

由是，岁次丙寅④，年二十七岁时，行兵土伯特地方，营于锡里木济之三河合口，遣使致大布尔萨喇嘛、禅师喇嘛、达尔罕喇嘛⑤以及乌松都尔三津、阿勒坦三津⑥等曰："汝等若降我，俺即奉经教，若其不降，俺即攻汝等矣。"因大惧而私议之也，既经三宿，则其二弟曰："此何可待耶？当即攻之。"乃兄彻辰洪台吉曰："诘朝旭日东升时，（必）来喇嘛三人⑦焉，其居中而坐之一喇嘛，将与我大加讲论，姑暂待之。"至翌晨,果有喇嘛三人来,居中坐之达尔罕喇嘛者,与彻辰诺延讲论中,彻辰诺延问曰:"汝等族中,有一名唤瓦齐尔·托迈⑧·桑噶斯巴之贤者否?"彼辈对曰:"俺并无此人。"曰:"汝等今即归去,率众投诚,俺不加害汝辈。"相约而归。则翌晨瓦齐尔·托迈·桑噶斯巴正自放牧中,见一须眉间射出火焰之人,跨虎追来,及入其屋而去矣。遂言其状于众人,则乃叔达尔罕喇嘛曰:"昨日之彻辰诺延,似非凡人焉。盖彼合罕之显化乎!何可避匿之,今须与俺同住。"遂携之去,与之相见,则前跨虎追逐之人,即此诺延也。甫相见毕,即如素所识者,降旨曰:"喂!桑噶斯巴!汝奈何走避我耶?汝若不化白凤而去,我当即擒汝矣。"乃叔达尔罕喇嘛曰:"我非言之乎?"

于是,收服三河之土伯特而置,携彼勒尔根喇嘛⑨,阿斯多克·赛音班第、阿斯多克、瓦齐尔·托迈·桑噶斯巴三人来蒙古地方。赐瓦齐尔·托迈以名乌哈珠·沁丹之妻,并赐圭温欢沁⑩之号,封为群臣之班首焉。

【注释】

①库图克图彻辰洪台吉:沈曾植先生清译本笺证云:"即前文库图克台彻辰鸿台吉,墨尔根济农之孙也。"

②额尔齐斯河:张尔田先生清译本校注云"案额济斯河出金山,有二源,合为额尔济斯河,西北流潴为宰桑淖尔。《秘史》作额儿的失水,瓦剌旧牧地,今之斋桑泊上游也。"

③喀喇·博兀喇:沈曾植先生清译本笺证云"此博郭罗疑即《明史》之卜六王。又案喀喇博郭罗名字,土尔扈特世系无之。揆

诸情事,似贝果鄂尔勒克以上之旁支,或当为与野乜克力同处之满可王部落,而满可王即土尔扈特世系之孟克,未可知也。"

④岁次丙寅:沈曾植先生清译本笺证云"嘉靖四十五年。"

⑤……达尔罕喇嘛:沈曾植先生清译本笺证云"《全边略纪》万历五年,番僧恰打儿汉至甘肃见俺答,复引摆腰把汉诣仰华寺醮事。"恰打儿汉即此达尔罕喇嘛,其仰华寺设醮,则卷末所记事也。

⑥……阿勒坦三津:张尔田先生清译本校注云,案"坦"诸本作"拉",从阁本。"三津"即"沙津",蒙古语"教"也。案据蒙文别本"三津"为"希克津"。并非蒙古语之"教"字。

⑦……喇嘛三人:沈曾植先生清译本笺证云"此三喇嘛当即《会典钞略》扁都口互市之喇叭三枝。"

⑧瓦齐尔·图迈:沈曾植先生清译本笺证云"《秦边纪略》明季青把都游牧昌宁湖,与庄浪大松山夷滨兔·阿赤兔宰僧、青海亦不剌相为声援。"所谓阿赤兔者,疑即此斡齐尔·托密也。或以阿赤兔为顾实汗之子鄂齐尔图汗,则年代太远,似不相及,然吉能寇掠青海之时,亦不剌之亡也久矣,不得与滨兔辈相接。《纪略》语亦微误。

⑨勒尔根喇嘛:案蒙文原文〔lərgən〕可音译如文,似是上文"布尔萨喇嘛"之误。"布尔萨"即"布尔桑"也。清译为:巴克实(师),近之。

⑩圭温欢沁:案蒙文原文"圭温"为〔guiɔn〕。据蒙文别本为〔gui、ɔŋ〕。然则汉语"国王"之蒙语读音。"欢沁"则藏语之"通事"也。

【附录】

清译本文:其库图克图彻辰洪台吉庚子生岁次壬戌年

年二十三岁行兵四卫喇特于额尔济斯河征剿土尔扈特击杀喀喇博郭罗竖立黑纛于灶君之前将锡木必斯土尔扈特存留一半安置其地遂撤兵岁次丙寅年二十七岁行兵图伯特次于锡里木济之三河交会地方大布尔萨喇嘛禅师喇嘛达尔罕喇嘛为首遣使致信于乌松都尔三津阿勒坦三津云尔等若归附于我我等共此经教不然我即加兵于尔彼甚畏惧互相商议已逾三日二弟谏言何须久待立即进兵兄彻辰洪台吉云诘朝日出时有喇嘛三人前来其正中坐之喇嘛必向善言之可姑待之耳至次日清晨果有喇嘛三人来谒正中坐者名达尔罕喇嘛向彻辰诺延讲论彻辰诺延问云尔族中有称斡齐尔托密之墨尔根桑噶斯巴者否答以并无此人因谕之曰尔等及今回去即率众投诚不加谴于尔等矣遣之回次日斡齐尔托密桑噶斯巴正在牧马而行见一骑虎须眉间放出火焰之人赶至又作为欲行追逐入屋之状而去因将此缘由告诸众人伊叔达尔罕喇嘛云昨观彻辰诺延非常人也是盖其汗变化以示异耳何可避匿不如同我等前去遂领至相见果即前骑虎追逐之诺延也甫一相见即如素识之人呼桑噶斯巴而问曰尔昨日缘何避我尔若非化白凤而去我彼时即擒尔矣伊叔达尔罕喇嘛闻是语顾其侄曰我前未与尔言之乎于是收服三部落图伯特带领巴克实喇嘛阿斯多克赛音班第阿斯多克斡齐尔托密桑噶斯巴等三人至蒙古地方以乌堪珠沁丹与斡齐尔托密为妻并给以圭温欢沁之号

尊为各官之首领焉。

其后,二弟之布延达喇、浩拉齐·巴图尔壬寅年生,年三十一岁,赛音达喇·青巴图尔(乙)巳年生,年二十八岁时,岁次壬申①,行兵托克摩克②,至锡喇河③,攻阿克萨尔合罕,掠夺其人畜,擒其夫人,青巴图尔自纳其秋盖夫人而班师,返至尼楚衮·哈苏鲁克④之地时,阿克萨尔合罕率兵十万追至而战,青巴图尔(年二十八岁),布尔赛岱青(丙寅年生,年二十七岁),彻辰洪台吉之长子乌勒哲·伊勒都齐(丙辰年生,年方十七岁)三人当先攻入,冲动其右翼,正冲杀中,浩拉齐·巴图尔杀入中军而来,因射死其乘马,甫易乘别马而战,(马)膝又中箭而倒,时其殿军动而败走,青巴图尔来援其兄而同殁于阵矣。彻辰岱青⑤、布哈斯之杜尔贝巴图尔、哈尔哈坦之多塔达噶台吉等率从者七人,步战得脱。

乌勒哲·伊勒都齐所乘之马中箭(而倒),仍以全副甲胄步行中,阿巴海·吉鲁根识出,驱其从马入来时,由其左侧超乘焉。又丧其马,仍步行时,得遇哈尔噶坦之赛音·海努克侍卫,下其所乘之马与之。遂乘其马,立而命叠骑。则海努克曰:"我有子名巴雅尔,其爱护之,无庸顾我。"言讫,翻身(杀)入而倒。遂乘其马而杀出矣。

于是,乃兄彻辰洪台吉,岁次癸酉⑥,年三十四岁出征。精选赛音夫人所称之四营五供,以五先锋⑦七百兵而行。直至哈苏鲁克地方复仇。托克摩克之阿克萨尔合罕,率兵十万迎战于额锡勒塔卜⑧之地。彻辰洪台吉降旨曰:"不论何人,不得先我入其此阵,吾必自为先锋。"遂乘如山红骏马,着描金象皮大红护身甲,躬自率众攻入也,那壁厢之敌军,但见其为首人之须眉间放射火焰,两队黑骑兵之马足下火焰飞腾而来。遂即惊动败走,直杀得积尸如大丘,识取其青巴图尔之甲⑨,生擒阿克萨尔之子三索勒坦⑩,分别惩治,而后释之。如是狠报二弟之仇,振旅而还。

【注释】

①岁次壬申:沈曾植先生清译本笺证云"隆庆六年彻辰洪台吉年三十三岁矣。"

②行兵托克摩克:沈曾植先生清译本笺证云"缪、洪二氏所译《俄图》西尔河上有托克玛克城。此阿克萨尔汗盖术赤之后,库程汗之别部。"

③锡剌河:沈曾植先生清译本笺证云"实剌摩伦今伊犁西境之西尔河也。摩伦今官书多作穆伦,蒙古语为河。"

④尼楚衮·哈苏鲁克:沈曾植先生清译本笺证云"哈萨拉克即哈萨克也。"

⑤彻辰岱青:沈曾植先生清译本笺证云"即布尔赛岱青,前文作布尔赛·彻辰·岱青。"

⑥岁次癸酉:沈曾植先生清译本笺证云"万历元年。"

⑦赛音夫人之四营五供,以五先锋:沈曾植先生清译本笺证云"额呼斯帐房,和硕旗分也。"案蒙文原文〔derbən ərəs〕似有误。别本作〔derben ail〕,是为"四营"。"和硕齐"应是"先锋",非"旗分"

也。而"赛音夫人"似指满都海彻辰夫人。

⑧额锡勒塔卜：沈曾植先生清译本笺证云"《俄图》色尔达里雅之东，有大湖曰伊西洱即额锡勒也。洪译《俄图》伊希洱淖尔即特穆尔图泊。"按似指伊塞克湖。

⑨识取其青巴图尔之甲：张尔田先生清译本校注云"案诸本皆作音色图尔，从旧钞本，阁本同此，盖谓青巴图尔虽死，尚有灵能击敌也。"案此为据清译误文附合之词。据蒙文原文，其意如译文。

⑩三索勒坦：沈曾植先生清译本笺证云"索勒坦即元人所谓算滩，今书作苏尔统。《西陲要略》哈萨克汗之近亲称苏尔统，犹蒙古之称台吉也。"

【附录】

清译本文：其二弟布延达喇古拉齐巴图尔壬寅年生三十一岁赛音达喇青巴图尔乙巳年生年二十八岁岁次壬申行兵托克摩克于实喇摩楞地方击败阿克萨尔汗掠取属众并掳获秋格依福晋青巴图尔收为己妻撤兵而回至尼楚衮哈萨拉克地方阿克萨尔汗领兵十万追至交战青巴图尔年二十八岁布尔赛岱青丙午年生年二十七岁彻辰洪台吉之长子鄂勒哲伊勒都齐丙辰年生年方十七岁三人首先进攻由西北方鏖战古拉齐巴图尔由正中冲入所乘之马为阿噜库克射毙易马而战马膝又中箭而倒为殿后兵所击而青巴图尔来援其兄同殒于阵彻辰岱青率布哈斯之图噜贝巴图尔哈尔噶坦之多塔达噶台吉七人一同步战而出鄂勒哲伊勒都齐所乘之马被射仍擐甲步行阿巴该吉鲁根见之给以

所牵之马令其乘骑遂由左超上骑之其马复被箭仍步行遇哈尔噶坦之赛音海努克侍卫下马即以其马与之乘因欲令其叠骑驻马让之海努克云我有子名巴扎尔其爱护之无庸顾我矣遂乘其马格斗而出追后其兄彻辰洪台吉三十四岁岁次癸酉精选赛音哈屯之四额呼斯塔本克克里之五和硕齐并兵七百名往征直至哈苏罗克地方托克摩克之阿克萨尔汗带兵十万迎战于额锡勒太保彻辰洪台吉传谕于众曰敌队在前不拘何人不可先我攻进我亲领之以入谕毕乘博罗呼察之赛音阿固拉萨尔拜红马身被描金象皮红穆纳甲胄率众攻入敌众于彼队内见为首之人须眉间放出火焰复见两队乘黑马之兵马足发火迅速而至遂败之歼戮过半自此青巴图尔之甲无不识者遂生擒阿萨尔之子三索勒坦分别惩释以复二弟之仇振旅而回。

岁次甲戌①,闻布廷巴图尔洪台吉②弟兄来伐卫喇特四部,遂置其辎重于别尔库勒之地,齐征卫喇特四部焉。值巴图尔洪台吉于哈尔该(山)前,尽行收服额色勒贝侍卫为首之奈曼明安辉特万户时,彻辰洪台吉则在济勒曼山后,掠以喀木苏、陶里图二人为首之巴噶图特部,其子乌勒哲·伊勒都齐追逐三月之久,因行粮断绝,食别尔吉勒帖石而行,至图巴罕山③之阴,掠以绰罗斯之必齐呼、锡格沁为首之四营而还。于是各自起徙归来时,彻辰洪台吉自博陇吉尔之地,遣伯乞·彻辰卜者,图伯特·哈斯噶卜者④二人为首之使者，致语曰："额色勒贝侍卫之眼似水鸡眼，非守分之人也，分其奈曼明安辉特万户，以孤其势乎？"巴图尔洪台吉不从其说，命使臣坐于（帐）外，时额色勒贝侍卫与之言曰："彻辰洪台吉甚爱我也。"遂擅取釜中之肉长肋八条，与彼二使臣焉。彼等既归，彻辰（应为"巴图尔"——译注者）洪台吉甚怒额色勒贝之（无理），命解整马之背，长肋四条及胛，责额色勒贝侍卫曰："汝其尽食之。犹言染指于乳，投杆于群，汝竟探手于我釜取肉，夺我志而擅与人矣。"乃夹其指而强令食之，时卫喇特四部咸（非）议焉。额色勒贝侍卫尽其肉而出时，（愤）曰："咦！我未食马肋八条，乃食我父索岱明阿图之八肋矣。"言讫，顿足而去，即夜起兵而来，弑巴图尔洪台吉于克尔齐逊河上，额色勒贝侍卫乃叛去。

【注释】

①岁次甲戌：张尔田先生清译本校注云"案万历二年。"

②布延巴图尔洪台吉：沈曾植先生清译本笺证云"诺延达喇之子。"

③图巴罕山：蒙文原文为〔tobahan han,〕清译为"图巴罕汗"。张尔田先生校注云"案蒙文社本作图罕汗，无巴字，此处语意未了，译文疑有讹略。"案此"汗"字乃指"山"而言，非谓帝王之类。

④……图伯特·哈斯噶卜者："者卜"之蒙文原文为〔ʤijagatʃi〕清译文音译为"济雅噶齐"。张尔田先生校注云"案钞本无此二字，别本作噶尔。"案"噶尔"为"噶齐"之误。

【附录】

清译本文：布延巴图尔闻洪台吉弟兄加兵于四卫喇特遂将辎重留于巴里坤以次行兵于四卫喇特令巴图鲁洪台吉哈尔该在前队而以额色勒贝侍卫领之欲将八千辉特土默特尽行招服彻辰洪台吉于济拉玛汗山后以喀木苏都哩图二人为首并留巴图尔等率其子鄂勒哲伊勒都齐追赶三月之久粮绝有食巴尔吉勒塔石块者图巴罕汗之山阳以绰罗斯之必齐呼锡格沁为首掳掠四鄂拓克于是挨次撤回是时彻辰洪台吉在博陇吉尔地方伯奇彻辰济雅噶齐图伯特哈实噶济雅噶齐二使人有额色勒贝侍卫眼似兔鹘非守分之人恐谗谮八千辉特土默特人众以分兵势之语巴图尔洪台吉不然其言令其等候于外乃额色勒贝侍卫恃彻辰洪台吉素日之宠任意于釜内取肋八条与此二人食之遣二使人去后彻辰洪台吉怒甚乃摆列整马肋四块并琵琶骨斥责额色勒贝侍卫云尔其尽食之谚云染指于乳汁投杆于牧群尔乃以手向我釜内取肉先与人尝之耶遂以指夹取令其食之于是四卫喇特人众共以手指取肉食之言互相非议焉额色勒贝侍卫掷肉出于外曰马肋八条我并未食也君父其请食索岱明阿图之肋八条乎言讫以足顿地而去是夜带兵乘马而至于克尔齐逊河弑巴图尔洪台吉额色勒贝侍卫仍叛去。

由是，诺廷达喇济农在济农位二十三年，岁次甲戌①，年五十三岁薨。布廷巴图尔洪台吉②之子博硕克图济农,乌勒哲·炳(图)洪台吉,班第·墨尔根·卓哩克图三人;诺木图·都固仍(之子班第·都固仍),满珠锡哩二人;鄂木博·达赉诺延无(子),而必巴希·鄂特罕巴图尔,(与其)库德台,色仍二子为翁里固特(氏?)矣;莽固斯·楚格库尔之子布纳班洪巴图尔(台吉),布达锡哩·伊勒都齐,本巴台吉,阿巴海·鄂特罕·卓哩克图,本巴台岱青,布延泰台吉六人也③(有脱文——译注者)。阿塔必斯·达延诺延④之子阿齐图达延诺延⑤,额成吉·炳图诺延,玛齐克·鄂特罕诺延三人;谔巴·卓哩克图之子阿南达·和硕齐诺延,绰克图台吉,阿木桑台吉⑥,多尔济岱青,图巴·扎勒丹五人;塔噶齐宰桑之子班崇洪台吉;昆都伦之子博亦玛图也;特海浩硕齐⑦之子契塔特洪台吉,喇嘛瓦齐尔格隆,图们达哩·彻辰浩硕齐三人;海努克巴图尔之子契塔特·岱巴图尔,古哲格齐·浩拉齐,图迈墨尔根诺延,必巴希诺延,库森台诺延五人;额恰·昆都伦·楚格库尔之子卫玛逊宰桑·和硕齐,桑寨·楚格库尔诺延⑧;托济·彻辰楚格库尔之子谔努昆洪台吉,伊希根台吉,萨班达喇台吉,额斯克勒台吉四人;楚噜克青巴图尔之子哈丹巴图尔,青巴图尔二人⑨;库色勒卫征之子多尔济卫征,桑昌洪台吉二人⑩;胡图克·彻齐克洪台吉⑪之子乌勒哲·伊勒都齐·达尔罕巴图尔,锡德台·彻辰·楚格库尔⑫,昆德台·炳图·岱青,布延图·彻辰·卓哩克图,本巴台·绰克图台吉,本巴锡哩·彻辰·巴图尔,达纳锡哩

·哈丹·巴图尔七人,布延达喇·浩拉齐·巴图尔之子莽固斯·额尔德尼·浩拉齐;赛音达喇·青巴图尔无子;阿木岱·墨尔根台吉之子图瑞·青·浩拉齐也[13];伯勒克·太平[14]之子阿津太平诺延;博尔赛岱青之子萨岱·高由什洪台吉,萨寨巴图尔洪台吉,卫喇特·墨尔根诺延,额岱·伊勒登·浩硕齐,察忽·墨尔根卓哩克图,色仍·哈丹巴图尔,巴阿图特台吉七人也;多尔济·达尔罕宰桑[15]之子明爱·青·岱青;钟都赉卫征[16]之子达什卫征洪台吉,达赉宰桑,锡喇卜绰克图,翁圭·楚格库尔[17]、喇锡延台吉,阿巴太(台吉)六人;恩克·浩硕齐之子桑济·浩硕齐,锡达达·楚格库尔,本巴达尔台吉三人也;图迈·达尔罕·岱青[18]之子本拜岱青诺延,本巴锡哩台吉,彻哩必台吉,阿嘉台吉,萨钦台吉,额埒盖台吉,本巴台吉,图瑞台吉八人也;明爱音扎之子布延台·音扎诺延[19],恩克锡哩台吉,蒙克锡哩台吉[20]三人也;格齐吉·伊勒登[21]之子博亦玛图诺延,宰桑诺延,宰桑忽尔浩拉齐,衮布台吉四人;库图克台之子巴巴岱青,布多尔·彻辰·卓哩克图,博罗摩尔台吉三人;贝巴哩[22]之子博达锡哩洪台吉,额默格勒台岱青,拉拜台吉,恩克台吉,恩克锡哩台吉五人也。凡此九罕之子孙诸台吉,乃次第而生焉。

【注释】

① 岁次甲戌:沈曾植先生清译本笺证云"万历二年。"
② 布延巴图尔洪台吉:沈曾植先生清译本笺证云"以下皆诺延

达喇一支。"

③布延泰台吉六人也：沈曾植先生清译本笺证云"皆墨尔根济农之曾孙，《表传》衮弼哩克图墨尔根济农，有子九人，分牧而处。长诸延达喇为郡王额璘臣一旗祖；次巴雅斯呼朗诺颜为贝勒善丹一旗祖；次伟达尔玛为贝子沙克札，镇国公小札木素二旗祖；次诸扪塔喇尼为贝子额林沁一旗祖；次玻扬呼哩都噶尔为定咱喇升一旗祖；次巴雅喇伟征为贝子色稜一旗祖；次巴特玛萨木巴斡；次纳穆达喇，次翁拉罕伊勒登皆为济农属。

④阿达必斯达延诺延：沈曾植先生清译本笺证云"以下拜桑固尔支，'阿达'前作'爱达'。"

⑤阿齐图达延诺延：沈曾植先生清译本笺证云"《表传》仅称善丹之父曰塔尔丹珲台吉。塔尔丹之曾祖巴雅斯呼朗，中间世系不详，意当是阿齐图达延诺延子欤。"

⑥额成吉炳图诺延……阿木桑台吉：沈曾植先生清译本笺证云"《明史稿·官惟贤传》之矮木素即此阿穆桑台吉，宾兔即此炳图诺延。"张尔田先生校补云"案此宾兔疑即后之宾图岱青，明人所称丙兔者，或即此炳图诺延也。史皆称为俺答子，又不可解。"

⑦特海浩硕齐：沈曾植先生清译本笺证云"以下卫达尔玛支。"

⑧……桑寨·楚格库尔诺延：沈曾植先生清译本笺证云"当脱二人字，小札木素之父名阿津泰，号墨尔根阿海。阿津津（似是'泰'之误——译注者）之曾祖曰伟达尔玛，沙克札之父曰萨济，号楚琥尔，为伟达尔玛孙。《要略》《表传》并同，按萨济·楚琥尔即此之桑寨楚库克尔。《明史稿·张承廕传》所谓屡败套部沙计者也。"

⑨楚噜克青巴图尔之子哈丹巴图尔、青巴图尔二人：清译为："楚克鲁青巴图尔生子哈丹巴图鲁、青巴图尔弟兄二人。"张尔田先生校注云"二十二字，诸本皆脱，从阁本补。"案据蒙文原文"楚克

鲁"为"楚噜克"之误,全句仅二十字,并无"二人"二字。

⑩……桑昌洪台吉:清译为"桑鸿台吉"。沈曾植先生笺证云"此桑鸿台吉盖一字名也。《官为贤传》之三儿台吉当即此人。"案据蒙文原文当如新译文,非"一字名也"。

⑪胡图克·彻齐克洪台吉:清译为"瑚图克图齐齐克"。张尔田先生校注云"案通行本无'图'字,齐齐克三字衍。"按据蒙文原文,当如新译文。沈曾植先生笺证云"即库图克图彻辰鸿台吉,以下诺木塔尔尼支。《要略》额琳沁之祖曰布达岱为诺扨塔喇尼华台吉曾孙。"

⑫锡德台·彻辰·楚格库尔:沈曾植先生清译本笺证云"《大事记》哱拜之乱,黄台吉妻纵男舍达大,侄火落赤、铁雷掠边,此万历十五年事,而彻辰鸿台吉卒于十四年,故欵战之权皆主黄台吉妻。"黄台吉即洪台吉,其妻即明人所称切尽妣吉也。舍达大即此锡塔台,火落赤指额尔德尼郭拉齐,铁雷即图垒·古拉齐。

⑬图瑞·青·浩拉齐:张尔田先生清译本校注云"案通行本有'青'字。"案据蒙文原文如新译文。

⑭伯勒格·太平:沈曾植先生清译本笺证云"以下为布扬古赍支。《要略》定咱喇什之父曰桑忠多尔济,祖曰索诺木道尔济,曾祖曰乌巴什,乌巴什为玻扬呼哩之曾孙。《表传》乌巴什号都噶尔岱青。"

⑮多尔济·达尔罕宰桑:沈曾植先生清译本笺证云"以下为班札喇支。《要略》色稜之父曰固鲁,为巴雅喇伟征曾孙。"

⑯钟都赉卫征之子:清译为"钟都类卫征生子"。张尔田先生校注云"案诸本脱此二字,阁本亦脱,今补。"案蒙文原文当如新译文。

⑰翁圭·楚格库尔:张尔田先生清译本校注云"案翁圭诸本误翁至,别本作圭,阁本同,据改。"是。

⑱图迈·达尔罕·岱青:沈曾植先生清译本笺证云"此下阿穆

尔达喇支。《明史稿·杜桐传》打儿汗者卜失兔祖吉囊部落也。数将命奉贡，官指挥同知，一日互市还，与其侪秃退台吉俱染痘死，秃退之子阿计疑为中毒，遂蠢动。万历十九年，打儿汗之子土昧，与他部明安临边互市讫。复要赏。桐勒兵袭之，三道并出，大败之，馘明安，自吉能之款塞上，息肩二十年，自此兵端复开。明安子摆言太日思报复，寇钞无已时矣。"案打儿汗即阿穆尔达喇·达尔罕诺延，本吉囊之子，而与诺延达喇等分部而居，号为九汗，与诺延以下不复分部者不同。故《明史稿》指为部落，其意如言别部也。打儿汗即达尔罕，不称名而称其号，犹俺答、吉囊之例，边人习夷部之语，尊称之也。土昧者前文作图墨德达尔罕，此之图迈·达尔罕是也。阿穆尔达喇达尔罕之长子，明安者前文之明爱额叶齐诺延，此之明爱音扎也。亦打儿汗子，明人以为别部者误。明安之子摆言太，则此文布延台音札诺延也。《鞑靼传》王崇古请俺答宜锡以王号，其大枝如老把都、黄台吉及吉囊长子吉能等皆宜授以都督，弟侄子孙，如兀慎、打儿汗等四十六枝授以指挥。阿穆尔达喇·达尔罕正俺答之侄也。

⑲布延台音扎诺延：沈曾植先生清译本笺证云"《秦边纪略》河套诸台吉有引章耐台吉，疑即此布延台音扎诺延，引章耐即音扎诺之对音而语不完也。又有马麻太台吉，疑即此巴巴岱青，起罗代台吉则此格勒德岱青也。"

⑳蒙克锡哩台吉：沈曾植先生清译本笺证云"《明史·张承廕传》沙计及猛克什力，数犯边。《杜桐传》万历四十四年，沙计纠猛克什力犯双山堡，杜文焕击破之，时套寇号十万，分四十二枝，多者二三千，少不过千骑，屡不得志。沙计乃与吉能、明爱、猛克什力降。"疑沙计为多尔齐达尔罕之侄桑济和硕齐（张尔田先生校补云"案先生前说，谓沙计为桑赛楚琥尔，今两存之。桑赛切音似与沙

计不协,当以此后说为正义也")明爱即明爱青岱青,猛克什力即布延台音札之弟,众克锡哩台吉也。

㉑格齐吉·伊勒登:沈曾植先生清译本笺证云"此下鄂克拉罕·伊勒登支。"

㉒贝巴哩:王静安先生清译本校注云"上作贝博哩。"

【附录】

清译本文:诺延达喇济农在济农位二十三年岁次甲戌年五十三岁殁布延巴图尔洪台吉生子博硕克图济农谔勒哲炳鸿台吉班第墨尔根卓哩克图弟兄三人诺木图都古棱生子满珠锡哩鄂木博达赉诺延生子必巴赛鄂特罕巴图尔库德德色凌二人莽固斯楚格库尔生子布纳班洪巴图鲁布达锡哩伊勒都齐本巴台吉阿巴海鄂特罕卓哩巴图本巴岱岱青布延泰台吉弟兄六人阿塔必斯达延诺延生子阿齐图达延诺延额成吉炳图诺延玛齐克鄂特罕诺延弟兄三人谔巴卓哩克图生子阿南达和硕齐诺延绰克图台吉阿穆桑台吉多尔济岱青图巴札勒丹弟兄五人塔噶齐宰桑生子班崇鸿台吉昆都楞生子贝玛图达齐和硕齐生子奇塔特鸿台吉喇嘛斡齐尔格隆图们达哩彻辰和硕齐弟兄三人海努克巴图尔生子奇塔特岱色图鲁哲固哲格齐固拉齐图迈墨尔根诺延必巴赛诺延库森德诺延弟兄五人额恰昆都楞楚库克尔生子卫玛逊宰桑和硕齐桑寨楚库克尔诺延托济彻辰楚库克尔生子谔努昆洪台吉伊实钦台吉萨班达喇台吉额斯克勒台吉弟兄四人楚克鲁青巴图

尔生子哈坦巴图鲁青巴图尔弟兄二人库色勒卫征生子多尔济卫征桑鸿台吉弟兄二人瑚图克齐齐克鸿台吉生子鄂勒哲伊勒都齐达尔罕巴图尔锡塔台彻辰楚库克尔昆德德宾图岱青布延岱彻辰卓哩克图本巴岱绰克图台吉本巴锡哩彻辰巴图尔达纳锡哩哈坦巴图尔弟兄七人布延达喇郭拉齐巴图尔生子莽固斯额尔德尼郭拉齐赛音达喇青巴图尔无子阿穆岱墨尔根台吉生子图垒古拉齐伯勒格岱绷生子阿津岱绷诺延布尔赛彻辰岱青生子萨台固实鸿台吉萨济巴图尔鸿台吉卫喇特墨尔根诺延额德伊勒登和硕齐察库墨尔根卓哩克图色凌哈坦巴图尔巴图特台吉弟兄七人多尔济达尔罕宰桑生子明爱青岱青钟都类卫征生子库伯衮达什卫征鸿台吉达费宰桑锡喇卜绰克图翁圭楚库克尔喇锡延台吉阿巴岱弟兄六人恩克和硕齐生子桑济和硕齐锡达达楚库克尔本巴尔台吉弟兄三人图迈达尔罕岱青生子本拜岱青诺延本巴锡哩台吉察哩必台吉阿奇伊台吉萨钦台吉额垡格台吉本巴台吉图垒台吉弟兄八人明爱音扎生子布延台音札诺延恩克锡哩台吉蒙克锡哩台吉弟兄三人格齐吉伊勒登生子贝玛图诺延宰桑诺延宰桑固尔固拉齐衮布台吉弟兄四人库图克台生子巴巴岱青布多尔彻辰卓哩克图博罗摩尔台吉弟兄三人贝巴哩生子博迪锡哩鸿台吉额默格勒德岱青拉拜台吉恩克台吉恩克锡哩台吉弟兄五人此九汗之子孙次序也。

蒙古源流卷七

自布延巴图尔洪台吉被害后,库图克台·彻辰洪台吉于乙亥年班师归营①。乃降旨曰:"其父在家时归天,其子遭害于敌手,而今难乎八白室之奉祀矣。"博硕克图济农②乙丑年生,岁次丙子③,年十三岁时立为济农焉。

是岁,库图克台·彻辰洪台吉年三十七岁④,诣其叔阿勒坦合罕⑤奏曰:"既报昔日明人取城之仇,复与汉国议和矣。次报卫喇特之仇,降服而取其国矣。今者合罕之寿已高,渐至于老矣。闻贤者言,有益于今生及后世二者唯经教云,又言此西方存雪之地,有大慈观世音菩萨之真身焉,云。请之来,以效昔日圣忽必例彻辰合罕与胡图克图帕克巴喇嘛二人之例,而修政教,岂非盛事乎?"阿勒坦合罕深然之,遂与右翼三部议和,即此丙子年⑥;遣阿勒坦合罕之阿都斯·达尔罕⑦,阿嘉·达尔罕⑧二人,彻辰洪台吉之洪忽台达延师等为使,礼请圣识一切索诺木札木苏·胡图克图矣。使者等未至之前,一日,彼圣人(静)坐中忽降旨曰："蒙古之阿勒坦合罕,其寿虽高,其志则笃矣。"云,在侧之诸弟子议曰："是何言也?"待使者等至,呈其书仪,伸其奉请之由,则圣识一切微笑而降旨曰："我辈皆有前世佛家之善缘也,我今必往,汝等使者,可先归禀以合罕为首之众施主。"遂赐信札,为先遣焉。

使者甫至,即与三万户共议,建寺庙⑨于青海之察卜齐雅勒地方,岁次丁丑,以右翼三部往迎,至察卜齐雅勒地方,首次之迎者,以永谢布之巴尔忽岱青⑩,鄂尔多斯之哈丹巴图尔,土默特之玛哈沁师为首之八百人众迎迓,多献珍宝、财帛、驼马之属而谒焉。为接引彼等,至乌兰莫棱河⑪,临水戟指作法,则其水倒流焉,乃得若辈笃诚无涯之敬心矣。

【注释】

①于乙亥年班师:张尔田先生清译本校注云"案《明实录》万历三年夏四月,北部同知吉能死,命其子把都儿台吉袭父职,把都儿即布延巴图尔,此书叙布延被害于乙亥,盖甫袭职即遇刺也。诺延达喇殁于万历二年。《实录》据奏报时书。"

②博硕克图济农:沈曾植先生清译本笺证云"吉囊下三世。"

③岁次丙子:清译为"丁丑"。沈曾植先生笺证云"丁丑万历五年。"

④库图克图·彻辰洪台吉年三十七岁:清译为"……年十三岁,至是立为济农,至三十七岁"。沈曾植先生笺证云"三十七岁者彻辰洪台吉之年也。"是。

⑤诣其叔阿勒坦合罕:张尔田先生清译本校注云"案彻辰鸿台

吉诺木达尔尼子,则当称俺答为叔祖。《明史·西番传》云,切尽台吉者,河套酋吉能从子,俺答从孙也。"不误。俺答又称阿巴孩,译文于此致讹欤?"案译文并不误,"阿巴孩"是"公子"或"世子"之意,并非俺答名。

⑥即此丙子年:沈曾植先生清译本笺证云"丙子为万历四年。《明史》则称万历七年。俺答以迎活佛为名,西侵瓦剌为所败,此盖讳之。《明史》称琐南坚错,即索诺木札木苏之转音也。丁丑彻辰鸿台吉往见,而丙子遣使,情事不合,恐万历七年之说为长。素诺木札木苏亦作索诺木嘉穆错,第三世达赖也。《西藏通志》生前藏对隆地方。"

⑦阿都斯达尔罕:清译为"阿斯都达尔罕"。沈曾植先生笺证云"即前之阿斯多克。"是欤?

⑧阿嘉达尔罕:清译为"阿奇依达尔罕"。沈曾植先生笺证云"此疑即前之赛音班第阿斯多克也。"是欤?

⑨建寺庙:沈曾植先生清译本笺证云"此所建庙宇,盖即《明史·鞑靼传》之仰华寺。"

⑩巴尔忽岱青:沈曾植先生清译本笺证云"《明史稿·达云传》永邵卜者俺答从子也,部众强盛,先尝授都督同知,再进龙虎将军,自以贡市在宣府,守臣遇之厚,不可逭,乃随俺答西迎活佛,留据青海,更名瓦剌他卜囊,岁为中国患,尝诱杀副将李魁,万历二十三年,云击败之,馘其酋把都尔,恰案万历中西宁田乐、达云之捷,一时号为奇功,而所谓宾兔、丙兔真相者,此书概不见其名,亦终不详青海诸部之事。今独考得火洛赤为布延达喇郭喇齐父子,确凿不疑。若永邵卜者《秦边纪略》亦见之,是其遗人,国初犹在,据随迎活佛,因即留据推之,所谓俺答从子,岂即此巴尔郭岱青,是博迪达喇子者即其人欤?《西番传》亦称切尽弟火落赤·尔答,庶兄子永

邵卜留居青海，又按《郑洛传》俺答迎佛建寺于青海、赐名仰华，留永邵卜别部，把尔户及丙兔、火落赤守之，俱牧海上，把尔户即此巴尔郭。独《洛传》（疑是《郑洛传》之误——译注者）有其名，合之《达云》《西番》二传兄子从子之言，则巴尔郭岱青为博迪达喇子无疑也。据此书博迪是俺答弟则《达云传》从子不误，永谢布之众犹有留东方及在河套者，故云别部也。青巴图尔即《明史稿》之青把都，后亦留住青海驻牧昌宁湖。"

⑪乌兰莫棱：沈曾植先生清译本笺证云"金沙江之东源曰纳穆齐图乌兰木伦河，大通河之上源亦曰乌兰穆伦河，此当指大通言之。"

【附录】

清译本文：其布巴图尔台吉被害后　于乙亥年彻兵库图克台鸿台吉云父殁于家子残于敌今八白室内不可无奉祀之人博硕克图济农己丑年生岁次丁丑年十三岁至是立为济农至三十七岁往见其叔阿勒坦汗谏云从前失陷城池与中国人结仇以致出亡失统今汗寿已高渐至于老事之有益于今生以及来世者惟在经教先贤曾言之今闻西方纯雪地方有大悲观世音菩萨出现祈遣使请来照从前神祖呼必赉彻辰汗与胡土克图帕克巴喇嘛设立道教岂非盛事乎阿勒坦汗深为嘉许遂与右翼三万人和好即于丙子年令阿勒坦汗之阿斯都达尔罕阿奇依达尔罕彻辰鸿台吉之鸿郭岱达延巴克实等充为使人往请圣识一切之索诺木札木苏胡土克图使人未到之先其圣识喇嘛静坐忽云蒙古之阿勒坦

汗寿数既已绵长诚心抑何笃实近侍徒众闻而议之曰是何言也继而蒙古之使人至彼呈献书信告以来请缘由圣识一切喇嘛微笑云我等前世已结善缘我今必往今使人先回禀告汗与施主付以书信促之起程使人等将至三万人共议在青海之察卜齐雅勒地方修造庙宇岁次丁丑右翼之三万人乘马往迎直至察卜齐雅勒地方初次往迎者乃永谢布之巴尔郭岱青鄂尔多斯之哈坦巴图尔土默特之玛哈沁巴克什等八百人前往呈献币帛珠宝驼马等物见后欲指引之至乌兰莫稜以手指其水水遂逆流由是若辈肫诚无毁之敬心益加笃矣。

继而，二次往迎者，乃以鄂尔多斯之青巴图尔，土默特之卓哩克图诺延①为首以千人之众迎迓，拜献赘仪五千品，则旷野涌出一泉焉。遂得(其)众之敬心矣。其宿乌兰莫稜河之夜，献供于奉圣马明王佛法旨之大力班札·玛哈噶拉，闻以奉教之事，即传法旨，遣往蒙古地方，令收伏天神，龙神去讫。由是至衮·额尔吉地方②，即夜收伏蒙古地方之龙怪、野神显化之驼、马、牛、羊、猫、鹰、狼属之众类，取其誓言，咸令归伏焉。

【注释】

①土默特之卓哩克图诺延：沈曾植先生清译本笺证云"《明史》黄台吉之子曰扯力克，此卓哩克图诺延盖即是矣。《名山藏》俺答子九人，其有名者黄台吉、青台吉、铁背台吉。《明史概》有脱脱、又

俺答居青山,其二子曰宾图,居松山,直兰州北,曰丙兔、居西海、直河州之西,见《明史稿·鞑靼传》。张尔田先生校补云"案陈仁锡《八编汇纂》俺答子又有黑台吉。"

②衮·额尔吉地方:沈曾植先生清译本笺证云"《胡氏地图》衮·额尔奇河在黄河西岸,察汉·诺们汗游牧处,相对处会呼呼乌苏河,同入于河。呼呼乌苏亦作库库乌苏。"

【附录】

清译本文:二次往迎者乃鄂尔多斯之青巴图鲁土默特之卓哩克图诺延率千人前往叩献赞仪五千乃于原野涌出一泉大众俱发至诚之心住宿乌兰莫稜之夜领受圣马明王之旨献供于大力班扎玛哈噶拉授以守教之事遣令往收蒙古地方之天龙由是至衮额尔吉地方黉夜复将蒙古地方龙鬼魑魅驼马牛羊猫雕狼首各项妖魔尽行拘收镇伏焉。

其三次之迎迓,乃使鄂尔多斯之彻辰洪台吉,土默特之达延诺延为首之三千人众迎之,奉献各色礼帛、妆缎、蟒缎、绫锻、金钩银钩之驼,装宝金鞍马匹等馈赞万件拜见,则能识一切显示四臂观世音菩萨之法象于彻辰洪台吉之眼中矣。翌日由此起行时,众见能识一切所乘之诺尔布彰嘉红马踏足之石上,显出六字而获大敬之心①矣。岁次戊寅②,大众晋谒圣识一切活佛,九族之众,皆大欢喜时,合罕、彻辰洪台吉二人,甫见圣识一切之活佛,审睇彼圣人而若惊焉。圣识一切乃命瓦齐尔·图迈衮欢津为译,问合罕、诺延二人曰:"何故(若是)审视我耶?"合罕先降旨曰:"我故有足肿病,因闻病犯则伸入马胸中可愈,遂命杀马,伸足入其胸中,则痛不可忍,举首仰视,见一白色人在空中,谓曰:'合罕!汝奈何造此大孽。'言讫,倏忽不见。由是心怀畏惧也,唐古特之阿哩克喇嘛传与六字(真言),命持诵之。是故请固密师捻数珠,日诵一百零八遍矣。而今视汝,即其人也。故我望而惊骇焉。"又彻辰诺延曰:"先时,曾在我母身边戏耍,食我母所赐之马颈时,我手中之刀,(忽然)向上跃起,如风轮旋落我膝前,其尖插入地中矣。其间仰首看刀,则见身着青缎衣之状如少年者怒曰:'汝为何如是食马肉耶?'惊惧间,倏忽不见矣。由是我未尝再食马肉焉。今视圣喇嘛,即其人也。据此观之,圣喇嘛乃普照吾辈者也,独我辈未识我喇嘛,故视而惊骇焉。"于是,圣识一切乃微笑曰:"合罕、诺延二人所降此旨诚是矣,我等非独今日方相会,自昔日多相见之矣。汝阿勒坦合罕,先世曾为成吉思合罕孙之忽必烈彻辰合罕时,我为萨斯嘉·班弟达·阿傩达·都瓦萨·锡哩·巴达之侄,玛第都瓦萨·帕克巴喇嘛焉。当彻辰哈屯(应是"合罕"——译注者)秦贝皇后时,因示大众以功德喜金刚之全备四项灌顶为首,解脱因果之法旨灌顶等,故授我以汉语三省大王国师之号,钦赐玛瑙宝石之印并通行各地之黄卷文牒,尊为顶上花喇嘛而归依焉。此彻辰洪台吉,则昔日于我佛祖法力无边之时,为玛噶达国之主,俎克占宁博合罕③,充我佛之施主焉。其弟彻辰岱青亦与同时为库萨拉国之主,萨尔扎勒合罕焉。此大通事瓦齐尔·图迈欢津则于曩昔师尊之世,曾为伊尔古克之通事隆丹·锡喇卜者焉。其后于帕克巴喇嘛时,号为伊尔桑之黑马通事,为彻辰合罕与帕克巴喇嘛之通事焉。而今充我三人之通事,为我弟子者凡三世矣。"云。

【注释】

①显出六字而获大敬之心矣:沈曾植先生清译本笺证云"龚定菴云:喇嘛来蒙古住持者三支。最先曰帕克巴巴喇密持,是其道北行之始。六传至阿难达·玛第,与顺帝争政事,怒而归。中绝凡八九十年,而索诺木扎木苏重至,又十馀传至迈达里止,为一支;哲卜尊丹巴一支,章嘉为一支。"案龚氏所叙,即据此书言之,其实帕克巴非黄教,与扎木苏一支不相蒙(似有误字——译注者),据《明史·西域传》洪武七年,和林国师朵儿济·怯烈思巴藏卜,遣其讲主汝奴汪叔来朝,献铜佛、舍利、白哈丹布及元所授玉印一,玉图书一,银印四,铜印五,金字牌三,明年国师复入朝,又献佛像、舍利。又《史概》正统十一年,也先请给国师封号、银印、诸器物,不许。"则漠北红教大师未尝断绝也。又《游牧记》赛音诺颜部总叙云"初喀尔喀有所谓红教者,与黄教争,图蒙肯护持黄教,达赖剌麻嘉之,授赛音诺颜号,令所部奉之如三汗,此亦喀尔喀旧奉红教之一证。"

张尔田先生校注云"案《华夷译语》有僧亦邻真藏卜,仍住持泰宁万寿寺。《敕则》明初三卫供养之喇嘛,盖亦红教也。"

②岁次戊寅:张尔田先生清译本校注云"案万历六年。"

③俎克占宁博合罕:张尔田先生清译本校注云"案'俎'钞本作'祖'。"王静安校"克占宁博汗"当作"克宁占博汗"宁博地名,见卷一,此则未能定。案据蒙文原文[sʊgdʒan niŋbuhaːn][So]用"俎、

粗"二字均可,清译"俎克占宁博汗"近之,似亦可。王校误。

【附录】

清译本文:其三次迎接者乃鄂尔多斯之彻辰洪台吉图默特之达颜诺延为首带领三千人往迎以各色缎绢锦蟒驼只金鞍马匹牲畜等物共万件为贽呈献叩拜于是显示能识一切之四臂观世音菩萨之像令彻辰洪台吉见之次日起行能识一切喇嘛听骑名诺尔布章扎之红马途次听履石上显出六字大众见之大起至诚之心岁次戊寅大众瞻仰圣识一切喇嘛皆甚欢悦汗与彻辰洪台吉二人审视能识一切喇嘛皆有惊骇之色其圣识一切之通事瓦齐尔图迈衮欢津传言问云汗与诺延二人何故审视我耶汗降旨曰我从前曾有足疾续因足疾复犯闻装入马腹内治之能愈是以杀马以足伸入马腹之内其痛愈不可忍忽举首仰视见一白色人半天而至云汗尔何为作此大孽言讫不见由是畏惧经土伯特阿里克喇嘛指教持诵六字咒语甚善曾令固密巴克什持捻数珠每日啡诵一百零八遍今详视尔即其人也故我视之骇然彻辰诺延云从前我在我父母膝下着棋为戏我母赐给马颈正在欲食之际手中所持小刀忽向上跃起似中内臁落下刀尖插于地上拔刀仰视空中有一穿青衣少年嗔责之曰尔为何竟食马肉耶倏忽不见由是我即戒食马肉今审视圣喇嘛即其人也喇嘛即能鉴照我辈我辈反不识喇嘛是以为异而骇视之耳圣识一切喇

嘛微笑曰汗与诺延之言诚然我等非止今日曾世世相会阿勒坦汗尔为曩昔青吉斯汗之孙胡必赉彻辰汗之时我为萨斯嘉班第达之侄玛第都瓦杂帕克巴喇嘛因彻辰之秦贝福晋将功德喜金刚之全备等四灌顶并解脱陇灌顶等经广为传授曾与我汉语三省大王国师之号钦锡宝印黄卷尊为首举喇嘛彻辰洪台吉尔于曩昔我世尊佛释迦牟尼之时为玛噶达国之俎克占宁博汗曾为佛家施主尔弟彻辰岱青曾与尔同时为高萨拉国之萨勒札勒汗此大通事瓦齐尔图迈欢津为巴克什之时曾为鄂克罗咱瓦罗勒丹沙喇卜后于帕克巴喇嘛之时曾为伊尔桑之喀喇默里图通事又曾为彻辰汗帕克巴喇嘛二人之通事今为我等三人之通事并此次计之为我徒弟已三代矣。

由是先返其辎重之地，争斗时之转轮者阿勒坦合罕，示以照明蒙昧部洲之机缘，著白衣，乘白马，以阿勒坦合罕，诺延出中宫①夫人为首，再以万人迎迓，至察卜恰勒庙下营，大张庆喜筵宴②，以五百两精银所制之坛上，置以十两精金所制而饰以七珍之八供；满盛珍宝之精金碗三十，前所未见之缎匹各十端为首之五色缎各百端。镶宝金鞍白马十匹，币帛五千，牲畜五千，共献万件礼品，为迎迓结缘之赞，大张庆喜筵席时，鄂尔多斯之彻辰洪台吉，以瓦齐尔·图迈衮欢津为通事（献词）曰：

以曩昔之善缘，今逢朝拜之地，圣喇嘛与施主合罕二人，如日月二象升于青冥高天而居焉。维于此时也，夙奉玉皇天尊之旨，收服五方四邻之圣雄成吉思合罕之嫡孙，菩提萨特之化身库端合罕，转轮忽必列彻辰合罕二人，得遇穷智理之奥极者萨斯嘉·班第达，生灵归依之法王帕克巴喇嘛为始，蒙古之诸法王萨斯嘉之神僧等，以政教二者，致天下众生以几多太平焉。其后，自乌哈噶图彻辰合罕以来，以政教二者，略有差池之故，致吾辈所作惟孽，血肉相残焉。而今日值此争斗时似释迦牟尼之圣喇嘛，似此地玉皇天尊之大力合罕，二人相逢之吉日良辰为始，若俾血潮汹涌之大江，化为溢乳清澈之澄海，开彼先圣所开法教之路，则为吾辈依合罕、喇嘛二人之福矣。

向汉、藏、蒙古、卫果尔③及僧俗人等，十万余众中，言如孟夏鸣鸠之声，所聚各族人等，闻之悦耳，尽皆称奇矣。而圣识一切与阿勒坦合罕二人为首，僧俗贵贱，尽皆称善焉。

先时，蒙古国中，有死人则各自量力杀驼马为钱粮而殉葬也，今弃此习，各自量力而奉经教，岁中月中参禅，并持八节之戒，世俗人等，若对四类僧人动手，或骂或诮，则（有脱文——译注者），绰尔济等④（位）同洪台吉，喇卜占巴、噶卜楚等同台吉每，格隆等同塔布囊，欢津同台吉（应为"太师"——译注者）宰桑每，僧尼、优婆塞、优婆夷等，同官员每⑤。每月三三戒日,勿杀牲,勿行猎,僧众若违教令而娶妻,则依教法,以黑灰涂其面,责令逆转寺庙三匝,逐黜以惩之;优婆塞、优婆夷若违经教而杀牲,则先惩处而后没入官;僧众、优婆塞若饮酒,则当散其所有。如是等等,参酌先时土伯特之转轮三合罕,蒙古之忽必烈彻辰合罕时之典章旧例,创立十福经教之法,尊上圣识一切以瓦齐尔·达喇·达赉喇嘛⑥之号,奉之如昔日法王帕克巴喇嘛,不令四类僧众出征行猎,蠲其贡赋,并立政教二道矣。

【注释】

①诺延出中宫:蒙文原文为〔nojanʃu ʤuŋ gən〕,清译为"诺延钟金"。案"诺延"为"诺延出"之误,〔ʤuŋ gən〕似是汉语"中宫"之蒙语读音,姑译如文。

②至察卜恰勒庙下营,大张庆喜筵宴:沈曾植先生清译本笺证云"察卜恰勒前卷作察卜齐雅勒。""齐与恰还音字,西宁大臣绘进《舆图》,青海正东有恰卜恰河,入海之处曰海耳,恰卜恰河盖即此察卜恰勒地面矣。此察卜恰勒庙应即《明史·俺答传》所谓于青海建寺,赐名仰华,后郑洛剿火落赤焚之者也。恰卜恰河《康熙图》暨《胡地图》均不载。"

③卫果尔:沈曾植先生清译本笺证云"卫果尔即畏吾儿。"

④绰尔济:沈曾植先生清译本笺证云"《三史语解》绰尔济唐古特语法师之称。《西藏赋注》绰尔济俗言曲结,通经典者之称。"其实"绰尔济"是藏语曲结之蒙语读音,并非俗语。

⑤僧、尼、优婆塞、优婆夷等,同官员每:沈曾植先生清译本笺

证云"《卫藏图识释名》札巴和尚也。《康辅纪行》格隆者戒僧也。通称剌麻,弟子曰陀音。《元史语解》唐古特语:纳木卓木坏相金刚也。《武备志译语》和尚曰喇叭,又曰脱印,喇叭即喇嘛,脱印即脱音也(尔田案《元史语解》托音僧也,同音无定字。)《语解》格隆唐古特语比邱也。《徐兰打鬼歌注》番僧最尊者为呼毕勒罕。能悟前身,人称之曰胡图克图,译言再来人也,其次曰朝尔吉,次札萨、次喇木占巴、次噶卜处、次温则忒、次德木齐、次格隆、次格思规、次格素勒、次班第、次格由巴、次绰由巴、次骨捻尔颠马,女僧为尺巴甘赤,有室家者,男为吴巴什,女为吴巴三气。"此绰尔济即彼所称朝尔吉,喇木札木巴即彼喇木占巴,噶卜楚即彼噶卜处,齐巴噶察即尺巴甘赤,吴巴什即乌巴什,吴巴三气即乌巴三察。芬若曾到归化城,所见即此诸喇嘛后裔也。"

张尔田先生校注云"案乌巴什持斋者即优婆塞对音,乌巴三察优婆夷也。"是。

⑥瓦齐尔·达喇·达赖喇嘛:张尔田先生清译本校注云"案达赖蒙语海也,喻智慧如大海,达喇训义为救。"其实"瓦齐尔"为金刚"达喇"为救世,瓦齐尔·达喇·达剌喇嘛即"金刚救世海慧圣僧"之意。

【附录】

清译本文:复为争斗时之转轮阿勒坦汗照明昏暗部洲首先穿白衣乘白马而导引焉汗同诺延钟金福晋等带领万人又迎至于察卜恰勒庙筵宴行相见礼以五百两银所造七珍八宝三十两金碗内满盛宝石上好缎各十端五色缎百端各色宝石银嵌金鞍白马十匹币帛五千匹马匹牲畜五千匹共万件呈献为赟大张筵宴欢悦共

坐之际鄂尔多斯之彻辰洪台吉恩祈通事瓦齐尔图迈衮欢津转奏云从前适逢善缘之力供奉牌位圣喇嘛与施主汗二人如日月并照于天昔者奉上帝玉皇之旨占据五色目之索多博克达青吉斯之孙观世音菩萨之化身库腾汗与转轮胡必费彻辰二人识见至极萨斯嘉班第达生灵依庇之帕克巴喇嘛二人与蒙古有道汗等及得获萨斯嘉道之喇嘛等会合以道教使大众共享太平降自乌哈噶图车辰汗以来道教渐衰大众造恶作孽血肉相残今值争斗之时得与似释迦牟尼佛之圣喇嘛似玉皇大帝之大力汗二人相遇伏愿自今敛福衍庆之日为始将涌血大江变为溢乳之净海开觉从前汗等遗留经史善路汗与喇嘛二人以善相结则普遍大众利益之事其重兴矣是时汉人土伯特蒙古卫果尔喇嘛等聚集十万馀人闻奏是言如孟夏鸣鸠之声俱倾耳以听所有人众共相欢悦称奇而圣识一切喇嘛与阿勒坦汗并汗之属下喇嘛喀喇无不赞美叹为稀有从前蒙古人等死后则尽力宰杀驼马殉葬以为盘费自此力改竭力奉行经教按年逐月并按八节持戒诵经其四项出家之人常人如动手詈骂讥诮绰尔济等则照洪台吉例喇木札木巴噶卜楚则照台吉例格隆等照塔布囊欢津台吉宰桑例其托音齐巴噶察乌巴什乌巴三察等则照官员例禁治每月持斋三日禁止杀牲渔猎若出家人违背经教取妻者照经教以黑烟涂面令转庙三匝责而遣之乌巴什乌巴三察等若违经教杀牲亦照前责处入官托音乌巴

什等若饮酒则毁弃其所有之物并参酌从前土伯特之三汗并蒙古胡必赉汗时旧例创立十善福经之政尊以圣识一切瓦齐尔达喇达赖喇嘛之号照依诺们汗帕克巴喇嘛供奉四项瑚巴喇克不派畋猎不索供赋以整齐道教。

由是圣识一切瓦齐尔·达喇·达赖喇嘛赠阿勒坦合罕以转千金法轮之咱噶喇瓦抡彻辰合罕（之号），赠济农以哈什合罕①（之号），依先世在印度之号，赠彻辰洪台吉以库喀·噶尔弼彻辰洪台吉之号，赠彻辰岱青以萨尔扎勒——不可译此号——彻辰岱青之号，赠瓦齐尔·图迈欢津以灌顶国王欢津之号，赠阿哩克喇嘛以额齐格喇嘛之号，赠固密师以苏克欢津之号，赠阿尤锡师以阿傩达固师之号，此外又赠各万户之诸诺延、诸塔布囊、诸师众官以合乎政教二道之号，俾依其尊卑之道而行焉。

于是，圣识一切瓦齐尔·达喇·达赖喇嘛曰："我曾许于尼洛木塔拉②之地塑弥勒佛像之愿焉。"遂定前往尼洛木塔拉之地；时阿勒坦合罕许于其收集迁徙之众之呼和浩特，用金银珍宝塑生灵归依之释迦牟尼佛像；博硕克图·咱克喇瓦尔第·彻辰济农台吉许用金银珍宝缮写其所尊奉之百八函《甘珠尔经》③，萨尔扎勒彻辰岱青④，许建三世佛之庙宇，各自约语，坚其厉行之诚，达赖喇嘛遂赴尼洛木塔拉矣。

【注释】

①哈什合罕：如前文所注："哈什"为"藩屏"之意，哈什合罕即如"藩王"之小合罕，犹言诸侯王也。

②尼洛木塔拉：沈曾植先生清译本笺证云"尼洛木盖即后藏之聂拉木。"

③甘珠尔经：张尔田先生清译本校注云"案甘珠尔经，此言藏经。"

④萨尔扎勒彻辰岱青：张尔田先生清译本校注云"案诸本作台吉。阁本作台青，即岱青异写，今改。"是。

【附录】

清译本文：由是圣识一切瓦齐尔达喇达赖喇嘛赠给阿勒坦汗转千金法轮咱克喇瓦尔第彻辰汗济农哈什汗之号彻辰洪台吉则赠以从前额讷特珂克名郭喀噶尔弼彻辰洪台吉之号彻辰台青则不改原号仍给与萨勒扎勒彻辰岱青之号瓦齐尔图迈欢津则赠以灌顶慧翁欢津之号阿里克喇嘛则赠以额齐格喇嘛之号固密巴克什则赠以苏喀欢津之号阿玉锡巴克什则赠以阿南达固什之号以及诺延塔布囊巴克什官员等则随其职之尊卑任之轻重照经教之例均赠给名号焉先是圣识一切瓦齐尔达喇达赖喇嘛曾许于尼洛木塔拉地方修造弥勒佛之像前往尼洛木塔拉之际正值阿勒坦汗收服库德勒库人众许于归化城将生灵依庇昭释迦牟尼佛像用宝石金银装严而博硕克图咱克喇瓦尔第彻辰济农台吉许将一百八函甘珠尔经用宝石金银装修萨

勒札勒彻辰台青许建立三世佛之庙均出于至诚达赖喇嘛前往尼洛木塔拉。

于是，瓦齐尔·达喇·达赖喇嘛起程赴尼洛木塔拉之中途，因叩拜聆听灌顶之经者多，以致耽延，故谕班禅·索达纳木·达噶巴小胡图克图曰："汝且先往，至尼洛木塔拉之中，坐圣马明王佛之禅，化导其地神祇，在彼三日或七日，其地（神祇），将我一物指示与汝，（汝）当收其物，用以净化，筑乃庙基可也。"言讫，遣之。小胡图克图遂至其地，遵喇嘛之法旨，即坐圣马明王佛之禅，至三日之夜，来一面貌秀雅，身着白衣，左右（腕）上缠带素色捻珠，身披白袈裟之少年，在小胡图克图前合掌叩拜毕，跪而进言曰："昔汝尊圣达赖喇嘛，为印度南部必塔国主之子，名谓：三宝奴之罕时，曾令我收贮一副饰以各种珍宝之浑金马鞍及全副珍宝金制之马具，而授我以优婆塞之戒焉。其时令贮之物，我贮守而至于今。今汝既遵喇嘛之法旨而成行，诘朝乃取出与汝乎！"言讫，不见。及晓醒来，果有一副饰以各种珍宝之马具。乃致敬曰："喇嘛之法旨果验矣。"取而用为净化其庙地之物，事毕，筑基将竣，而圣瓦齐尔达喇·达赖喇嘛至矣。

先时，土伯特之一僧，贸贩至彰国萨达木合罕之父所，赠合罕以瓦齐尔达喇·达赖喇嘛之画像时，合罕取而掷诸地矣。其夜梦见来一黑片衫之人，以水晶柄刀剖其心脏。翌晨即自双鼻孔中冒血而死焉。而今其子此萨达木合罕,感悟曾污喇嘛慈悲之(像)事,而欲了却乃父前愆,唯因其无亲往叩拜之理,乃以百两精金铸塑自身之首以献,并献黄金五百两,精银一千两及各色珍宝,无数绫缎,遣扎哈布哈为首之三百人为使,谓曰:"优维遥致崇敬之意焉。倘得垂爱于我,愿我喇嘛塑如自身之像赐之。"因寄精金十两矣。喇嘛遂令巴勒布匠人,铸塑自身之像,又赐以别项佛像而遣返其使者矣。由是彼萨达木合罕不胜欢喜敬谨供奉喇嘛之金身。以故,彼合罕享年八十七岁云。

遂以萨达木合罕所献之金,墁其庙之外间顶盖,并塑成拉沁·巴勒巴尔·宣威功德弥勒佛之安乐身像,躬自散花,谨为开光时,有般若波罗密德显降入化,天降花雨焉,大众见而尽皆起敬矣。

时有桑宗道人纳木夷者,作妖法以雷击瓦齐尔达喇·达赖喇嘛时,圣喇嘛乃以其袈裟承之,掷于水中矣。至翌晨,道人来,叩拜圣喇嘛,请曰:"我用妖术业杀九十七人矣,三番用妖术于圣喇嘛而未能也。我今已九十七岁,死后将堕三恶道中,兹敬向汝活观世音菩萨忏悔前愆,乞令后世得入佛门之道,今愿授我以格隆之戒,我愿死于汝前,幸为接引也。"祷毕,遂为僧、经七宿而死,乃引之趋向菩提之道矣。

岁次己卯,合罕偕同栋科尔·满珠锡哩胡图克图①而归蒙古地方矣。

【注释】

①栋科尔·满珠锡哩胡图克图:沈曾植先生清译本笺证云"《会典事例》西藏称世家曰栋科尔。《康輶纪行》俗官初入籍者曰栋科尔。"

【附录】

清译本文:计及途次叩拜领受灌顶听经之人众多必致耽延谕令班臣索纳木札克巴小瑚图克图云尔先前往驻宿尼洛木塔勒之中间到之日即入马明王定中化导彼处上神或三日或七日内彼处有我一物其处土神自然指给与尔可将此物收好以备筑砌庙基之用于是小瑚图克图遵谕先往到彼即遵照章喇嘛谕言入坐马明王定中越三日夜间见一丰雅少年服白衣自左至右斜挂白数珠一串被白袈裟而来向小瑚图克图前以手额印拜讫跪白昔者尔之尊圣达赖喇嘛为额讷特珂克南边毕塔人等之主衮楚克楞汗之子时曾给宝石装饰金鞦辔蹋胸一副以及马匹之各样装饰令我收贮又授我乌巴什之戒上项物件我收守至今今汝既能照依尔尊喇嘛听谕明日即取出给尔言讫不见及晓起视果有各种宝石镶嵌马匹装饰一副以喇嘛之言果验取而敬谨存贮庙内筑其甫竣而圣识瓦齐尔达喇达赖喇嘛至矣是时土伯特有一托音前往彰地方贸易将瓦齐尔达喇达喇赖喇嘛画像给与彼处之萨达木汗之父彼汗取而掷弃于地夜即梦一穿黑之人前来执一水晶靶之刀向伊心窝刺之次早遂自鼻内流血而死而今伊子萨达木

汗因喇嘛施与仁慈其心感动觉悟从前恶习困难以明言伊父之过不得亲身前往叩拜乃用百两精金铸为首级并金五百两银千两各样宝石缎绢无算令名札罕布哈者为首带领三百人前往呈献云我于暗中诚敬忏悔祈祷若惠爱于我可照依喇嘛身体修造一像发来复令献精金千两于是令巴勒布之匠人等将喇嘛之像造成又将别项大有利益龛像一并交使人持去萨达木汗不胜欢喜敬谨供奉喇嘛之像寿高八十七岁其萨达木汗所献之金墁于庙顶并装成拉沁巴勒巴尔宣威大慈弥勒佛之像喇嘛亲自持授灵光显降入化自天散下花雨大众见之无不起敬适彼处有一术士名商顺博木博纳木则者作法以雷来击瓦齐尔达喇达赖喇嘛喇嘛用袈裟承受掷于水中次早行术士博木博至向圣喇嘛叩首请云我用术曾致死九十七人今用术以致圣喇嘛三次未能侵犯我已九十七岁死后将堕三恶道中今求将我从前所造之罪向观世音菩萨之前祷祝忏悔以祈后世皈依佛教祈将格隆之戒授我我若死于尔前幸指我道路祷求毕因系托音至第七日乃死遂将伊引入菩提之路由是汗请栋科尔满珠锡尔瑚图克图亲身带领岁次己卯回至蒙古地方。

先是，于大明隆庆合罕四年，岁次辛未①，以彻辰洪台吉效力于大政，拟赐与龙虎将军之号及玉印黄卷，其间以故耽延，未及领受。岁次庚辰②，其年四十一岁时，输自宁夏城,上自宁夏城,下至榆林城,由二十一城,输以无数之帑藏矣。

岁次乙卯③,阿勒坦合罕年七十六岁时,身患重病,外则形体消瘦,内则气尚未绝之际,蒙古勒津、土默特之诸诺延,众官员私相议之曰:"此经教之益安在哉?既无益于合罕之金命,岂能利后世之他人乎?此等喇嘛乃欺诳者也。今当弃绝此辈僧徒。"云。满珠锡哩·胡图克图闻之,遂尽召土默特之诸诺延大臣,至合罕前而对众降旨曰:"凡事无不有其始终,乃如水中之月;人生不免其无常,恰似镜中之像。生死轮回之道也,凡此世间之生灵,未有不死者。故不论何人,皆不可脱却死难也。惟超越生死之金刚佛体,方无死亡。是故,若欲获此佛道,除真经外,更无他法。未获佛道之先,而能不死者,永世未之有也。即令三世之诸佛,尤今生灵皈依之释迦牟尼佛,亦未尝说不死之言焉。今若我尊喇嘛——圣识一切瓦齐尔达喇·达赖喇嘛,一旦来临,亦止言之如是也。是故,寿终之死,无论何人亦不能挽回也。夭折之死,或可以药,以经咒之属愈之欤!而今此合罕已至寿终之时,故未可也。虽云如此,因圣识一切曾有法旨谓:此合罕非凡人,乃菩提萨埵之化身也云。若夫佛宝之法力,掌教之菩萨,施主之合罕三者,果然有缘,则圣识一切慈悲教法之力,圣合罕虔诚笃信之志其知之。"降此大诚之旨毕,乃令神术蕴丹林沁医师,吹药入合罕鼻中,曰:"唉!愿大合罕为宗教而与我复生!"待满珠锡哩·胡图克图三唤,则合罕即复生矣。于是大众惊奇,欢心向化,各自直陈前此之所言不讳,则合罕降旨曰:"汝等十二土默特之诺延大臣等,奈何毁我宣扬之宗教而加害于僧众耶?昔日未(奉)经教时之我先祖及其他无经、无僧这地,惟祀神祇之人等,汝等曾见其长生乎?凡我之前,似我之诸罕,似汝等之属众,其有长生者乎?我已年近八十,时已至矣。莫道我也,昨我圣识一切喇嘛非降旨谓:即释迦牟尼佛(亦)晓谕众生以死亡之真,躬自示以涅槃焉云。汝等各自只不之知耳,鄂尔多斯之彻辰洪台吉倘在,彼子则知之。"云云。

越十余日,彻辰洪台吉得闻合罕之恶耗,乃来谒其夫人诸子。合罕乃喜极而笑,尽道与前此所言情状,遂召十二土默特之诺延大臣等众,展示栋科尔胡图克图之经卷,合罕、彻辰洪台吉二人,齐再三降旨,言说经教之功德,为日后不致毁教害僧,以宣扬宗教之事,共亟设誓,载入史传。爰居一年,使大众欢慰,年七十七岁崩④。

【注释】
①岁次辛未:王静安先生清译本校注云"辛未实隆庆五年。"
②岁次庚辰:张尔田先生清译本校注云"案万历八年。"
③岁次乙卯:张尔田先生清译本校注云"案乙卯万历七年,依下文又在位一年,七十七岁殁,则当作辛巳。"
④年七十七岁崩:沈曾植先生清译本笺证云"《明史》万历十年,俺答卒,岁在壬午。"案此纪年似亦不确。

蒙古源流卷七

【附录】

清译本文：从前大明隆庆汗之四年岁次辛未以彻辰洪台吉宣劳政治给与龙虎将军之号及玉印黄卷未及领授岁次庚辰年四十一岁自宁夏城至榆林城由二十一城内得获大库数藏岁次乙卯年七十六岁大病外形消减内气尚未尽绝蒙古勒津图默特之大臣官员等私相商议以此经教有何利益既无益于汗之大寿更有何益乎皆此等喇嘛欺诳也其杀之云云时满珠锡里瑚图克图闻之令图默特之大臣官员等齐集汗前向伊等云凡始事无终如水中之月一身无恒如镜中之形生死世之转也凡生灵无不死者无论何人可能越过一死若无生亦无死惟金刚身佛则无死灭似此获佛道者除诚恳尊经外别无他法几见有未得佛道而能不死之人耶即三世众佛今世之释迦牟尼佛亦未将人之不死著于经今我尊喇嘛圣识一切瓦齐尔达喇达赖喇嘛明日若到亦不过似此诵经若时命已至死复谁能阻止若时命未至所有灾病药与经之力皆可以治之今汗之命数既到不可治矣至圣识一切曾谓汗系观世音菩萨化身如果佛法及承教之博第萨都与汗三人相会则仗圣识一切利益之力以验圣汗之诚心唪诵经咒又令额尔德尼额尔德木图蕴丹林沁医士以药吹入汗之鼻内祝云大汗其承教以来临乎满珠锡里瑚图克图唪诵三遍汗乃复生大众称奇倾心向化将从前议论直陈不讳汗降旨曰尔十二土默特之大臣官员等为何欲毁我宣演之法以加

害于胡巴喇克耶从前无佛法时我先祖并无经教惟供奉本方土神又见谁人常在耶我以前似我之汗似尔等之属众又有谁人常在谁人享寿百年耶今我年将八十时亦至矣不独我也即释迦牟尼佛曾以死之真实晓谕众生而亲身涅槃以示焉昨我喇嘛未尝诵圣识一切之经乎尔等俱未之闻乎若鄂尔多斯彻辰洪台吉在此彼则知之越十余日彻辰洪台吉一闻前事即带领妻子前来瞻仰汗甚喜悦笑将此事原委悉行告知并齐集十二图默特之大臣官员等展阅栋科尔瑚图克图之经汗与彻辰洪台吉二人依次将经教功德反复开示以日后勿毁法教勿害及胡巴喇克之处载入书内令大众设誓许以宣扬法教又在位一年以慰大众年七十七岁殁。

（其长子僧格·都固仍·帖木尔洪台吉）戊戌年生，岁次甲申，年四十七岁即合罕位①，即于是年，与右翼三部共议，以赍阿勒坦合罕之福事而礼请，则瓦齐尔·达喇·达赖喇嘛即时起程，途次明地甘肃城之都堂延请，设盛宴并献赆赆时，瓦齐尔·达喇·达赖喇嘛前所燃之香灰，结成ᢀ（佛）字，力握之亦不坏，众皆惊异焉。甘肃所属人众，献无数赞议，情愿聆听灌顶经文，故获其至诚无悔皈依之心焉。

于是宁夏城之亲（?）王为首，都堂，总兵大小官员等延请，大为敬重供奉之也，众观圣识一切现化为：一面白颜四臂——前两手合掌当胸，另两手之右执菊花②，左执素色水晶捻珠，盘膝跌坐之像，其饰瑞彩都雅，各色珍宝，绫锦灿然，焕映五色灵光焉。大众瞻仰，而献无量之赞议，秉诚倾听精微经文，虔诚向化之心益笃矣。

岁次己酉，年四十四岁时，至彻辰洪台吉家之也可·锡伯尔③地方，于蔑克噜克泉旁，坐禅三日，修成能收三界者圣马明王佛之道，授胡土克·台彻·辰洪台吉，托尔罕·珠拉·彻辰夫人二人为首之全体施主以无尽修行之灌顶，及几多接引缘法之法旨焉。

由此往北方之途次，众诺延施主，多有延请大献赞仪者。至博硕克图·彻辰济农驻地，指示其（创建）三世庙宇之所，在库克布尔地方时，博硕克图·彻辰济农，彻辰洪台吉，彻辰岱青三人，共受瓦齐尔·达喇·达赖喇嘛之威德喜金刚全备四项灌顶，设誓各自不相加害，依古制而立经教，使经教之皎日升于蒙昧之洲矣。

由此起程赴十二土默特地方，责其埋葬阿勒坦合罕骨殖之事，曰："惜域！汝等奈何弃掷此无价之宝于地上耶？"遂掘出而焚化之，则显出无数舍利子等神奇瑞应，众民皆称异焉。

先时，乃父阿拉克济农有三妻，俟父升遐之后，阿勒坦合罕纳其第三妻莫伦夫人④焉。所生独子乃土伯特台吉⑤也。（土伯特台吉）死，其母夫人不畏造孽，欲杀百人之子以相从（地下），杀百驼之羔以锅装。其杀至四十余小儿时，国将大乱矣。时蒙古勒津之锡尼该·乌尔鲁克之子由罕都雷喜雅台吉曰："他人之子往其地，未免加害，吾其往乎,杀我殉之可也。"因彼不可杀,乃去之。此后遂止其杀矣。乃夫人殁后,整尸而葬焉。

而今因夫人之孽业,魂不离体,化为鬼蜮,身已昂起。圣喇嘛察知其事而镇之也,依制筑起大威德金刚烈火威慑坛之三角孔灶,内置夫人曾着之遗衣,喇嘛乃口诵真言,以四臂(法像)拘敛其魂魄,投入灶中之际,忽见一蛇蝎来,入其左袖,出其首于领外焉。圣喇嘛乃啐诵:超度亡魂,解释世怨等无常之真经,良久,彼(蝎)乃三垂首如叩拜之状,遂即原样死去,于是燃以三昧之禅火,献供物予在世及逝世之诸客时,其衣及蝎同被焚之也,发散出难忍之臭味,或有气绝,或有昏厥者,比及醒来看时,但见一道白气如练,与坛烟并起,其端头化出一瓦齐尔·萨都神童而去,所在大众见而称奇,乃大得虔诚向化之心焉。如是,似夤夜之向曙,如白日之东升。佛法之光普照大地矣。

【注释】

①……年四十七岁即罕位:张尔田先生清译本校注云"案此所叙即俺答子黄台吉。《明实录》万历十年二月俺答卒,特锡祭七坛,彩缎十二表里,布百匹以示优恤,十一年闰二月封俺答子黄台吉为顺义王,令其子扯力克袭授龙虎将军,十一月顺义王黄台吉奏进表文鞍马,乞改名乞庆哈,从之。"此云"岁次甲申,盖万历十二年,改名即位之年也。"

②执菊花:原文如此,似有误,应为青莲。菊花是隐者的形象,青莲才是佛家的形象。故清译是。

③也可锡伯尔:沈曾植先生清译本笺证云"彻辰洪台吉之裔为今鄂尔多斯右翼前旗,其扎萨克驻牧之地。《游牧记》云巴哈脑尔。《秦地纪略》云五盘脑泉南有席伯尔河,源出莽格图呼尔呼之地,南流入边为榆林府之榆溪上源,席伯尔河即此伊可锡巴尔矣。"案即本书作者之家所在地。

④莫伦夫人:张尔田先生清译本校注云"案此莫伦哈屯,不知即明人所称俺答妻一克哈屯否?一克蒙古语大也。三娘子事,此书无见。"

⑤土伯特台吉:沈曾植先生清译本笺证云"此《明史》所称:俺答幼子铁背台吉者。"

【附录】

清译本文:□□□□□□□(尔田案阁本此七字不空)戊戌年降生岁次甲申年四十七岁即汗位本年右翼三万人共议差送阿勒坦汗之布延往请瓦齐尔达喇达赖喇嘛允其请来临途次明地甘肃城其都堂盛设筵宴延请并呈献赟照其瓦齐尔达喇达赖喇嘛前所然香烟结成寿字用力拨之仍成字不散众俱惊异甘肃所属人众呈献赟仪者无算以诚求之遂传与灌顶经文而至诚无悔之心油然兴矣于是宁夏城之王为首都堂总兵大小各官以次延请颇著恭敬大众于座中见圣识一切颜色纯白一面四臂两手于胸前合掌问讯左手执青莲花右手持水晶数珠盘膝趺坐好相全备各种装饰璀灿五色霞光焕耀大众瞻仰呈献赟仪诚意倾听精微经文至诚之心益加笃矣岁次己酉年四十四岁至彻辰洪台吉所

居之伊克锡巴尔地方于密噜克博罗斯之界坐禅三月
遂得权衡三界圣马明王之道与库土克台彻辰洪台吉
托尔罕珠拉彻辰福晋以及众施主前传示无穷化导灌
顶经教复广为讲解自是前往北方途次各施主大臣官
员无不邀请呈献赞仪及至博硕克图彻辰济农之地方
指示建立三世庙宇之地博硕克图彻辰济农彻辰洪台
吉彻辰岱青三人与瓦齐尔达喇达赖喇嘛前承受功德
喜金刚全备之四灌顶设愿不造诸般恶孽道教照前设
立于是昏暗之地宣扬经教朗如皎日矣又前往十二图
默特地方至彼咎其已将阿勒坦汗之骨殖埋葬谓之曰
似此无价之宝尔等为何弃掷于地遂起出焚化乃显示
神奇拣获舍利子无数大众称异焉初其父阿拉克济农
原娶哈屯三人阿拉克济农殁后阿勒坦汗将第三哈屯
纳之所生独子土伯特台吉身故伊母福晋不畏作孽欲
杀童子一百为殉驼驹一百为护庇及杀至四十余小儿
之后众人争议蒙果勒津之锡纳克乌尔鲁克谓小儿耳
聋又谓侍卫台吉若他人前往未免加害小儿不如我亲
身前去其杀我以殉之也因彼不可杀遂停其事迨莫伦
福晋殁后尸已埋葬缘造孽已深不能脱离鬼域化为鬼
祟圣喇嘛知觉乃备三角灶造成功德威惧金刚布威佛
火供遂于其内焚化福晋骨殖喇嘛唪诵经咒召集四臂
狱地主欲将鬼祟装入三角灶内之际见一蛇形异蝎从
衣袖内钻入其头昂于领外于是喇嘛诚心唪诵解释世
愆济度亡魂之经见其头点三次似为叩首之状其尸仍

复如旧后禅火自焚以所供之物呈献住世出世诸佛并将衣服及蛇焚化其味臭秽人不可近或奔走趋避或张皇失据遥望见坛城烟内一道白光旋绕上起自上化一瓦齐尔萨都之神童而去大众见之称奇大起诚敬之心法教昭然如日照于昏夜复如海水之洋溢矣。

由此前往喀喇沁万户处,途次有土默特之卫新、巴雅果特、博尔济吉斯、毛明安之诸诺延①迎请,得闻广大精微之经,而献无量之贽仪焉。时鄂尔多斯之彻辰洪台吉,岁次丙戌,年四十七岁薨逝后②,令赛罕囊素③、瓦齐尔·托密·公固什④,阿喇沁卫征、乌尔鲁克、伯吉彻辰·济雅噶齐等赍送福事⑤,则瓦齐尔·达喇·达赖喇嘛深为痛悼,乃降旨曰:"彼已趋菩提之道去矣,更有何说!只惜汝等,自弃乃福,掷一斛之舍利子等灵宝于地矣!"言讫,乃发善愿,深结佛法之明命矣。

其子乌勒哲·伊勒都齐·达尔罕巴图尔,先时,乃父在日,年十七岁率先冲入托默克军之阵中,全装甲胄超乘而冲,破两营,杀二将、而得举国之赞赏,今共议其事,遂于是丁亥年⑥,授以巴图尔彻辰洪台吉之号,俾执国政焉。岁次己丑⑦,在其三十四岁时薨。

【注释】
①……毛明安之诸诺延:沈曾植先生清译本笺证云"《通谱》有博尔器齐斯氏,有博尔齐氏,并察哈尔部族。"

②岁次丙戌,年四十七岁薨逝后:沈曾植先生清译本笺证云"《明史稿》万历十一年俺答死,其子黄台吉袭封顺义王,改名乞庆哈,立三岁而死。此彻辰洪台吉甲申立,丙戌殁,首尾三年,然则即黄台吉也。乞庆哈当是彻辰汗之译变。(尔田案乞庆哈《明考异》译改彻辰汗)黄台吉即洪台吉。"

张尔田先生校补云"案鄂尔多斯彻辰洪台吉,前已屡见,即库图克台鸿台吉,前云岁次庚辰四十一岁,则丙戌岁,正四十七岁与俺答子黄台吉非一人也,著此书之萨囊即彻辰洪台吉之裔,所叙必无误,若俺答子则当系之土默特矣。先生偶未之照耳。此注应删,今且存而辨之。"说得好。

③赛罕囊素:沈曾植先生清译本笺证云"《藩部要略》达赖喇嘛之使称堪布、噶卜伦使称囊素。"张尔田先生校补云"案囊索阁本作囊素。"

④瓦齐尔·托密·公固什:张尔田先生清译本校注云"案阁本作固公什,误倒,此即后所称桑噶斯巴子彻辰·绰尔济。"

⑤……赍送福事:清译用蒙文原文音译词"布延"沈曾植先生笺证云"《三史语解》布延福也。"但这里指具体物品而言,故应译如文。

⑥丁亥年:沈曾植先生清译本笺证云"万历十五年。"

⑦岁次己丑:沈曾植先生清译本笺证云"万历十七年。"

【附录】

清译本文:由是前往喀喇沁图默特地方图默特之卫新巴雅果特博尔济吉斯毛明安之诺延等邀请得闻广大精微之经呈献赞仪无算是时鄂尔多斯之彻辰洪台吉年四十七岁岁次丙戌殁后令赛堪囊索瓦齐尔托密公

固什乌里占卫征乌尔鲁克伯奇彻辰济雅噶齐为首往送布延瓦齐尔达喇。达赖喇嘛深为叹悼曰伊已获菩提之道而去更有何说可惜者尔等无福将一斛有利益之舍利子俱弃掷于地耳言讫乃发善愿为之转轮其子鄂勒哲伊勒都齐达尔罕巴图尔于伊父在日年十七岁冲入托默克军阵身著盔甲超乘以战杀其诺延二人大众无不称赞者是年丁亥授以巴图尔彻辰洪台吉之号令其执政岁次已丑年三十四岁殁。

在此前之犹前,丁亥年间,喀勒喀部之阿巴岱·噶勒札古台吉,前来叩见①,献貂皮撒金帐房等财帛牲畜数以万计。以经文赏其所愿。因谓此合罕曰:"汝可于我之诸佛中,随手取一佛。"因手当瓦齐尔巴尼之像,遂取焉。达赖喇嘛降旨曰:"此乃顶上花喀木巴瓦齐尔合罕之像也。昔日满堂之佛连室遭回禄之灾时,未尝焚毁之大有法力之佛焉。"又赐大如拇指之释迦牟尼佛舍利子,白铜铸上药王佛像,自印度地方请来之众罗汉像等。又赐虎帐等财货。降旨曰:"(汝乃)巴萨尔巴尼之化身也。"遂赐法教之大瓦齐尔巴尼合罕之号焉②。

即于此丁亥年,有察哈尔之阿木岱洪台吉前来叩拜,奉献金银币帛及驼马牲畜等以万计,乃曰:"以察哈尔之图们合罕为首,凡我察哈尔部众,为宗教欲遣使请圣喇嘛焉。"圣识一切乃降旨曰:"若明岁前半年来,或可往乎!若夫明岁不来,我恐无暇前往矣。"众皆未省(其意)惟阿木岱洪台吉曰:"此旨何意耶?"多授彼阿木岱洪台吉以接引之灌顶而足其愿焉。

岁次戊子十月,圣识一切,一日,坐于高山顶上花果繁茂之树下。但见来一身着(旧)衣之僧人,遂相稽首进礼,用印度语讲论良久乃散。在侧之众弟子问其缘故,则答曰:"彼乃尼洛木塔拉寺之塔尔巴·札勒灿者也,以我起程将近,特来相见耳。"由此归后,遂不预。

时有大明万历合罕之使者总兵一人,副将(一人),参将(一人)三官为首之三千人来请,奉献圣喇嘛以金床,垂帘肩舆,金鞍白马九匹,载用之车三百辆。延请之赘仪精金百两,精银千两之外,又有各种珍宝,币帛之属各百件③,其黄纸敕书(略)曰:

"吾依前代唐太宗合罕,永乐合罕,皇帝合罕④之制,扶持宗教乎!依蒙古忽必烈彻辰合罕之故事,封以三省大王国师之号,尊为顶上花喇嘛乎。"

与此同时,察哈尔·图们合罕之使者,克什克腾之图迈洪台吉,克木齐古特之巴噶达尔罕诺延为首之千人携万骑来矣。于是圣嘛嘛降旨曰:"此二大国君合罕之敕旨甚是,汉、蒙二大国之主,二大力合罕之旨意,非为一己之利,实为众生之益而扶持宗教,其功莫大焉。我理当必往,无奈,而今更大力合罕之旨至矣。去岁我非与阿木岱洪台吉言之乎?谓明岁前半年则可,若后半年来,则我无暇前往矣。今将践此前言,因所始之业已至终焉之故,为济他人而行乎!"言讫,即当使者等在时,自前戊子年之纪元,三千六百七十五年,岁次壬寅,降生于灵霄宝匣之色身,岁次戊子⑤,年四十七岁之闰三月二十六日,以极乐通慧之神通,化入普度之圣观世音菩萨心中,而往灵地矣。至四月二十五日,焚化其根基清净之身,则现出观世音菩萨,上药王佛全备之像,慈悲之慧眼,无数舍利子,并字迹等项,如彼曩昔无忧法王修成之冲霄宝塔矣⑥。

由此,圣识一切乃以慈悲之眼瞻顾蒙古国,遂投都固仍合罕之第四子,苏密尔岱青之达喇夫人之胎,妊满九月,甫阅十月,岁次己丑,显身降生矣。因闻系圣识一切,瓦齐尔·达喇达赖喇嘛尊者之真身⑦,自蒙克地方遣使来请,则因蒙古国之智慧浅微,惟恃勇力,乃谓"吾子方幼,何可遣之?不及十三岁之前,不遣。"遂未遣焉。

【注释】

①……前来叩见:沈曾植先生清译本笺证云"《表传·土谢图汗部统传》喀尔喀本无汗号,格埒森扎止称珲台吉,其后分左右翼,其第三子掌左翼者诺诺和,止称卫征诺延,诺诺和有子五人,长阿巴岱,次阿巴瑚,次塔尔呢,次图蒙肯,次巴赉。自阿巴岱赴唐古特谒达赖喇嘛,迎经典归,为众所服,乃称斡齐赖赛因汗,子额列克继之,称墨尔根汗,额列克之子衮布,乃称土谢图汗。"斡齐列即此之瓦齐尔也。阿巴岱以台吉至,以汗号归,正与噶尔丹受博硕克图汗号于达赖,策旺阿拉布坦受宝权大庆王号于达赖事,同一例,一时大漠南北无不奔赴拉萨,盖有由矣。"

②赐法教之大瓦齐尔巴尼合罕之号:沈曾植先生清译本笺证云"博氏《西斋偶得》谓:噶尔丹,喀尔喀汗号中,皆有瓦赤剌字,疑

瓦剌二字由此讹转。不知瓦赤剌即瓦齐尔,蒙古语谓金刚,与瓦剌了不相涉也。此为喀尔喀汗号中斡齐尔三字之始。"

③……各百件:沈曾植先生清译本笺证云"《西藏喇嘛呼图克图源流》第三辈达赖喇嘛,前明万历时,封普护众夷祖清协礼名号,又加封恭定达国国协礼名号,掌管天下黄教,证以此三圣大王国师之语,知明世曾赐达赖封号,而史不能详,即张居正疏中所称:释迦牟尼比邱锁南坚错贤吉祥。亦达赖所自称,非朝庭锡号也。《源流》是道光年间钞呈理藩院者,盖从经簿录出。"

④皇帝合罕:原文如此,恐是误书。

⑤岁次戊子:张尔田先生清译本校注云"案万历十六年。"

⑥无忧法王修成之冲霄宝塔:张尔田先生清译本校注云"案无怨汗即无忧王,通译阿育王。"

⑦瓦齐尔达喇·达赖喇嘛之真身:沈曾植先生清译本笺证云"《卫藏通志》第四世达赖喇嘛云丹嘉穆错之呼必勒罕,生蒙古阿勒坦汗家。"然则图古隆汗是土默特部也。《西藏赋注》作蒙古地方敬格尔家。俺答称格根汗,敬格尔者格根音转也。图古隆汗即都格棱汗,亦即都棱汗,即俺答之子,明人所称为黄台吉者也。《夷俗记》襄俺答在时,往西迎佛,得达赖喇嘛归,事之甚谨,达赖每指今松木台吉所居曰:此地数年后有佛出焉。后达赖喇嘛卒,不一年,至万历十六年,松木之妻孕矣。孕尝在腹中有声,众僧曰:此当客生佛。比产时,儿果自言曰:我前达赖喇嘛也。众僧曰:此果向者达赖喇嘛复生矣。达赖生时乘马及经一册,顺义王西还,以此数者示儿,儿果曰:此我之马也。于诸物品中,独取念珠与经,曰:此我故物也。时时作西方语,惟僧能解之,甫三四岁,言祸福亦辄应,夷人闻之,千里赢粮而走谒之,日众号曰:小活佛。上其事以闻。万历二十年,奉圣旨升松木之子为朵尔只昌,异其事也。松木台吉常

居上谷西北,今顺义王之亲弟,其子曰虎督度,年可七八令云"案此所记,达赖转世事至祥,所谓松木汗即此苏密尔也。"案藏语朵尔只昌即瓦齐尔达喇。

张尔田先生校补云"案图古隆汗当黄台吉,则《夷俗记》所称之今顺义王者扯力克也。"

【附录】

清译本文:殁前丁亥年有喀尔喀之阿巴岱噶勒照台吉前来叩见呈献貂皮帐房并币帛牲畜皆以万计随意得以倾听经文因谓之曰现在所供诸物内任尔随手请取一位因随手取一手持金杵之像达赖喇嘛曰此佛像从前喀木巴瓦齐尔汗供奉时被回禄之灾所有满堂供奉之物以及房屋俱焚惟此佛像完好如旧此实大有利益佛像也又给与似大指之释迦牟尼佛之舍利子以古铜造成之药王佛从前额讷特珂克地方请来之有利益佛虎皮造成之帐房并币帛诸物谓系巴杂尔巴尼之化身遂上大威仪瓦齐尔汗之号焉本年丁亥察哈尔之阿穆岱洪台吉前来叩见呈献金银币帛等物驼马皆以万计告以我察哈尔之图们汗以及所属大众欲遣使敦请圣喇嘛以阐扬佛教能识一切圣喇嘛云若明岁上半年来请或能前往若迟至下半年即恐无暇前往矣众皆不省惟阿穆岱洪台吉以此言何所谓而详思之是以传授阿穆洪台吉之灌顶陇灌顶居多岁次戊子年十月能识一切达喇达赖喇嘛一日坐于一高山顶上开花结果树下见从树稍上降下托音一人遂招至互相叩拜二人以额

讷特珂克之语讲论良久及散侍立徒众请问其故答以彼系尼洛木塔拉庙之塔尔拜扎勒灿喇嘛以我起程将近故特来谒见耳回至庙中喇嘛遂不豫适有中国大明万历汗遣索丙保羽中萨青三员官为首带领千人来请预备呈献圣喇嘛有金床肩舆及金鞍白马装载各物之车三百两延请赞仪系宝石精金百两银千两诸色币帛各百件敕谕云朕照依先太宗永乐皇帝汗扶持圣教照依蒙古之胡必费彻辰汗赠给三圣大王国师之号尊为首举圣喇嘛与察哈尔图们汗之使臣克锡克腾之图迈洪台吉克木齐古特巴噶达尔军讷延并所带之千人同时而至圣喇嘛云二大国汗之旨谕极是明人蒙古二国之主二位大汗之旨非为已身实为众生感此扶持佛教之恩欲往之心非不甚切今大力汗之使已到我去岁未与阿穆岱洪台吉言之乎明岁上半年则可下半年虽来我无暇前往矣其言乃有始将终之言今往他处以施利济耳自前戊子年起纪三千六百七十五年岁次壬寅降生极尊之色身年四十七岁戊子年三月二十六日于使臣前以极乐通慧神通化入观世音菩萨胸前往临佛地四月二十五日造火供焚化金身由泥丸现生观世音菩萨上药王佛之像明显慈悲慧眼并获舍利子无算字迹明显俨然成一从前无怨汗所造之千尊塔矣乃能识一切慈鉴蒙古人等遂托于图克隆汗之第四子苏密尔岱青之达喇福晋之身有孕九月满足已及十月岁次已丑降生瑚毕尔军即系圣识一切瓦齐尔达喇达赖喇嘛之

极尊化身大众无不闻知其土伯特地方遣使来请乃蒙古等愚呆躁急谓系孩提之童如何遣去十三岁以内不许其往。

其后,鄂尔多斯之博硕克图济农,岁次壬辰①,年二十八岁,率鄂尔多斯万户,行兵明地,至星锡库河②经三宿,大加俘获而归③,时恰遇宁夏城之王总兵迎战④,则右翼乌库新之陶皋将军、哈尔噶坦之阿升图·哈喇·库济、哈里古沁之吉律济雅噶齐、布哈斯之都尔伯将军等当先攻入。正酣战中,彻辰洪台吉之长子鄂勒哲·伊勒都齐之子巴图台吉——庚辰年生,年方十三岁——乘鄂钦台红马,追及一持枪之明人而擒之,故自济农始众皆爱慕之,遂令袭其父达尔罕·巴图尔之号焉。

其后,岁次甲午,彻辰济农年三十岁时,复行兵明地⑤,由贺兰山而进,时有榆林城之麻总兵追至,与左翼明该·青·岱青⑥之前锋相遇,则明该·青·岱青之先锋胡图克台塔布囊、前哨托克塔尔·伊勒都齐二人当先冲入,袭取其辎重行帐⑦。由是归来,经黑城⑧出,至蒙古地面⑨之乌拉罕斡隆之地⑩,时巴图·达尔罕巴图尔,年方十五岁,未与此行⑪,其部将土伯特·哈什噶济雅噶齐等率兵为前卫而去,众军各自行进,尚未会合,途次宿营中,闻来告情之人言,遂即应战,时哈尔噶坦(部)之阿什图·哈喇·库济、哈勒吉逊(应为"哈里古沁"——译注者)之海努克·达哈迈先锋二人,当先杀入,冲动(敌阵)时,自亦乘其鄂钦台红马一齐杀入,自乌努古齐山至苏海河,追至其中伙之地⑫,大加俘获而还焉。出其所获衣甲马匹等物时,众皆赞赏,遂以其祖父之号,称巴图尔·彻辰洪台吉,提前令其执政矣。

其后,岁次壬寅⑬,能识一切之身,年十四岁时,起程送行,至蒙克地方,于圣识一切班禅额尔德尼之(法座)前出家,受格隆之戒,通晓精微经咒之奥义⑭,效前世圣识一切之制,以赴功德之地拜佛,时正塑陇地寺庙之上尊,陇·沙木沁弥勒佛安乐法身镀金铜像,其面自顶饰以下长一庹,实属惊人。是佛之像,忽自倾斜,巴勒布之有识匠人等,俱未能扶正。圣识一切蕴丹扎木苏⑮乃拜见佛,坐视片刻,遂降旨曰:正当此佛顶上,庙脊之梁间,置有一得道阿萨喇之尸,故避而斜其身耳。"即登而视之,则果有人尸一具,遂取而掷诸大江中矣。于是能识一切,散花甫毕,则端复如初矣。维显此等灵异,众皆称能识一切谓:法力如海瓦齐尔·达喇·达赖喇嘛矣。一似前世瓦齐尔·达喇·达赖喇嘛,穷智慧之极致,乃建释迦牟尼之法幢,更以圣宗哈巴、苏玛第吉尔第之教,普照大地如白昼矣。

【注释】

①岁次壬辰:沈曾植先生清译本笺证云"万历二十年。"

②星锡库河:张尔田先生清译本校注云"案万历二十年,套部以万余骑至张亮堡援哮拜。张亮堡在宁夏北,当南北长渠间。星

锡库河疑即《一统图》之西河也。"

③大加俘获而归：沈曾植先生清译本笺证云"此《明史》卜失兔援哱拜事。"张尔田先生校补云"案《明史·外国传》万历二十年，宁夏叛将哱拜等勾卜失兔、庄秃赖等，大举入寇，总兵李如松击败之。《史》又言：卜失兔为扯力克孙。"卜失兔即此博硕克图对音。此吉囊支，与扯力克孙为两人。《明史》似混。《史稿·官秉忠传》："吉能者卜失兔子，为套中之主，士马雄诸部，见卜石兔袭顺义王，补其五年市赏，遂挟求封王。"事在万历中，语较明晰，而云吉能为卜失兔子，亦误。不如陈仁锡《八编》但称吉囊卜失兔为当也。

④王总兵迎战：张尔田先生清译本校注云"案哱拜之役，战最力者有延绥副总兵王通，见《纪事本末》。"

⑤……复行兵明地：沈曾植先生清译本笺证云"此二十三年永邵卜犯甘肃事，是行涉青海入南川，为参将达云所败，甲午秋，卜失兔纠诸部入定边，萧如薰不能御，见《麻贵传》。马姓总兵盖延绥总兵麻贵也。"

⑥明该·青·岱青：张尔田先生清译本校注云"案即多尔齐达尔罕子明爱·青·岱青。"

⑦……袭取其辎重行帐：张尔田先生清译本校注云"案乌兰巴尔哈孙，今往宁夏边站，云夺取者，盖为明兵占领而复夺回也。《麻贵传》卜失兔纠诸部深入定边，乘虚捣其帐于套中，斩首二百五十有奇，即此事。"

⑧黑城：张尔田先生清译本校注云"案回兵由宁夏往榆林也。哈剌城蒙古语黑城，其地无考。"

⑨至蒙古地面：张尔田先生清译本校注云"案套西为瓦剌、和硕特杂居地，著者不欲显言，故但称蒙古部落，又一说鄂尔多斯左翼前旗，今称准噶尔旗，使旧无厄鲁特驻牧，何缘有此称，或者此蒙

古部落即指卫拉遗部，亦通。"

⑩乌拉罕斡隆之地：张尔田先生清译本校注云"案乌尔鲁克钞本作乌鲁克图，误。蒙文社本作乌鲁克，无尔字。"案据蒙文原文应如新译文。

⑪……未与此行：沈曾植先生清译本笺证云"此巴图达尔罕即明人所称西海宾兔。陈仁锡《八编汇纂》马市达房数目一枝，松山宾兔台吉五千余，黄台吉之侄也（尔田案明人所称西海宾兔，疑即前卷库图克台彻辰洪台吉子宾图岱青，此为其孙，或非一人。《明史》则以居松山者为俺答子，与此又不同）。《八编》当时所记，附录于此：延绥所属并马市达房数目一枝；吉囊，卜失兔等兄弟四人一枝，明暗台吉三千有余一枝；吉囊叔父东哨庄秃赖台吉二千七百余一枝；必把失台吉二千余一枝；银定台吉兄弟三人，一千六百余一枝；打儿汉台吉六百余，宁夏所属卖马达房一枝；切近黄台吉大男等兄弟七人四千余一枝；切近黄台吉侄，莽索台吉二千余一枝；松山宾兔台吉五千余一枝；西失剌克炭台吉四千余，久在西海住牧一枝；把尔谷吉五千余一枝；把都儿台吉同弟一千五百余一枝；古燕拓卜能一千五百余（古燕拓卜能即《源流》卷八之古杨塔布囊）一枝；沙计达儿罕二千余（以上四枝，未闻过河）一枝；克臭同男五百余一枝；真相台吉同弟五千余一枝；火落赤同男三千馀一枝；阿榜台吉同弟二千五百余（已上四支过河）套房，移住西海一枝；卜失兔同弟一千余一枝；歹牙气三千余一枝；察哈打哈他卜能二千余一枝；庄秃赖同弟一千五百余一枝；打正又名宰僧，同侄四千余一枝；黄台吉妻首领撒石倘麻害恰一千余套房，移住西海一枝；顺义王同一克黄台二千余，又云俺答者故酋也先裔逊，其兄曰吉囊，弟曰老把都儿、昆都力哈，吉囊死，子四，曰吉能，曰打儿汉台吉，曰银定打都儿台吉，曰笔写契台吉。吉能二子七侄，拥众数万，居河西套中，

老把都乐昆都力哈部落三万,据开平独石(有脱字——译注者)外地,俺答长子曰孔昆的录儿(都古棱),辛爱(僧格)黄台(有脱字——译注者)住兴和迤北;次子曰黑台吉,生把汉那吉,甫三岁而黑台吉死,所生胡媼,俺答以事杀。答妻一克哈屯,以其仆阿力哥之妻乳那吉,故阿力哥持其家柄焉。其余若打来孙、瓦剌、兀良哈、永邵卜俱称小部落,打来孙依套房,瓦剌、兀良哈、永邵卜俱附。俺答居大同西北,东又有小王子裔孙,曰士蛮者亦分为四枝,曰多罗土蛮把都黄台吉,曰麦力银台吉,曰著力兔台吉,曰克邓台吉,众十余万,为蓟辽东西之害(麦力银当作麦力艮,《藩部表》达赉逊弟库克齐图墨尔根台吉,为苏尼特部祖,麦力艮对音即墨尔根也。达赉逊弟翁衮都喇勒为乌珠穆沁部,其长子曰绰里克图,号巴图墨诺颜,即此著力兔台吉,达赉逊次子达赉巴噶达尔(有脱字——译注者),袭父库登台吉号,为浩齐特部(即此克邓台吉也),松山住牧,始亦不剌耳。今则阿害他卜浪,打失剌卜浪威正,恰炒库儿那吉,歹言乞入木火,两(应为丙——译注者)兔青把都、绰力诸酋,出没庄、浪、凉、永间,甘肃达虏把歹,把番虏互相窃掠,而议者欲以万金畀火落赤,与为小市云云。黄台吉在宣大之间,扯力克素有威信,中外咸服,板升之地二酉(应为酋——译注者)分据而有之。黄酉(应为酋——译注者)虽衰惫,扯首(应为酋——译注者)骁雄绝人,虎儿罕兄弟与东虏脑毛太相为媾。"

张尔田先生校补云"案《明史》万历三十五年,总督徐三畏言:河套之部与河东之部,不同东部事,统于一约誓定,历三十年不变。套部分四十二枝,各相雄长,卜失兔徒建空名于上(此指吉能,钱大昕《养新录》属之顺义王卜石兔,误),西则火落赤最狡,要挟最无厌,中则摆言太,以父明安之死,无岁不犯。东则沙计、争为监市,与炒花朋逞,然众虽号十万,分为四十二枝,多者不过二三千骑,少者一二千骑耳。所言河套情形,可与《八编》互证。"

⑫追至中伙之地:张尔田先生清译本校注云"案《朔漠方略》沿边外至安边,四百七十余里,有站曰:苏海阿鲁,以地望准之,当即此中伙地方。"

⑬岁次壬寅:沈曾植先生清译本笺证云"戊寅当为壬寅,依前文己丑降生数之,万历三十年也。"

⑭通晓精微经咒之奥义:张尔田先生清译本校注云"案《西藏赋注》云丹嘉木磋十五岁到藏,在噶勒丹寺坐台之桑结仁庆处出家,班禅罗卜藏曲津处受大戒,万历间封为沙布达多尔济·桑结能驱邪逐祟,曾于石上踏留足印。"

⑮蕴丹扎木苏:张尔田先生清译本校注云"案灵丹嘉穆错即第四辈达赖喇嘛,阁本索作素。"

【附录】

清译本文:岁次壬辰鄂尔多斯之博硕克图济农于二十八岁时占据鄂尔多斯万人行兵明地之星锡库河三日大有俘获而归适宁夏城之王姓总兵迎战右翼鄂库新之巴图尔托郭哈尔噶敦之伊什图哈喇库济哈留沁之吉垒济雅噶齐布哈荪巴图尔图鲁拜首先冲入以战彻辰洪台吉之长子鄂勒哲依伊勒都齐之子巴图台吉庚辰年生甫十三岁乘号鄂钦德之红马追擒一执枪明人济农以及所属俱爱慕之遂以伊父之达尔罕巴图尔之号赠焉岁次甲午彻辰济农年三十岁复行兵明地由阿拉善前往榆林城之马姓总兵追至遇左翼明蔼青岱青之队明蔼青岱青之库图克台和硕齐塔布囊托克多尔

伊勒都齐哈喇呼拉二人首先冲入夺取乌兰格尔回兵
由哈喇城经行蒙古部落前往乌拉罕乌尔鲁克地方其
巴图达尔罕巴图尔年十五岁未经同往令其同土伯特
哈什噶济雅噶齐带领官兵殿后众殿后兵尚未聚集一
闻自腰站解送活口之言即迎前接战哈尔噶达瑚特古
尔格之阿什图哈喇库济哈勒吉逊之海努克达哈密和
硕齐二人首先冲入交战之际巴图仍乘号鄂钦德红马
深入于乌努古齐之托罗海以及苏海河中伙地方大破
其众掳获盔甲马匹等物满载以归大众赞美复以其祖
巴图尔彻辰洪台吉之号赠给令其执政岁次戊寅能识
一切达赖喇嘛之化身年十四岁送往土伯特地方随圣
识一切班禅额尔德尼出家受格隆戒通晓经教史咒精
徽之义照从前能识一切喇嘛前往有利益地方叩拜于
陇地方庙内将尊信陇集雅木沁弥勒佛神妙之像以铜
范金自首装饰下至于面造成一尊自在全备形像大法
身是佛之像忽然倾斜巴勒布之匠众人等俱不能修正
圣识一切蕴丹札木索向是佛叩拜略加省视告曰此佛
像之首所对本庙梁脊贮一得道阿杂喇之尸佛像因避
此倾斜耳即令登而视之果有人尸一具取而弃诸大江
能识一切达赖喇嘛散花开光佛像复正如初显示上项
奇异之兆遂称为圣识一切蕴丹扎木素瓦齐尔达喇达
赖喇嘛一似从前达赖喇嘛聪敏已极广建释迦年尼佛
法幢阐扬前圣宗喀巴苏玛第吉尔弟之教大地如日光
普照矣。

蒙古源流卷八

由是，蒙克地方之诸胡图克图，诸贤者共议：为掌蒙古地方之宗教，以巴特玛三博师之高徒，大慈津巴札木苏之化身，根敦·巴勒藏·扎木苏·锡哩·巴达——壬辰年生——年十二岁时，遣往蒙古地方为教主，岁次甲辰①，年十三岁时抵达，遂坐圣识一切瓦齐尔达喇·达赖喇嘛·索达那木扎木苏在蒙古主教之床，天下咸称大慈迈达哩·胡图克图②焉。岁次甲辰，年十五岁时，阿勒坦合罕之孙岱青额哲之妻，持斋积福之托克堆·达赖夫人，为诸色珍宝塑成之弥勒佛像开光，请去圣（喇嘛），由密汇坛城③之方散花之际，大众见天降花雨，而有缘者得睹般若博罗密等照临浸化之景矣。其后，岁次辛亥，年二十岁时，乌鲁固特之达赖·乌巴什诺延，为其庙之开光而来请时，显其足迹于石上，众皆称奇焉。

先是，鄂尔多斯之博硕克图济农，岁次丙申④，年三十二岁时，行兵西土伯特之地，招服古噜·索达·纳木·札勒⑤等锡喇·卫郭尔。其后，修明经教之事，何可胜言哉？尤于岁次丁未⑥，年四十三岁时为始，用珍宝金银塑成大如十二岁人之释迦牟尼佛像，又制各种供器幢幡等事，全备无遗。岁次癸丑⑦，年四十九岁时，修造完竣。岁次甲寅，年五十岁时之上元日，请大神通大慈悲迈达哩·胡图克图，善为之散花开光，则显天降花雨等多瑞矣。

由是，瓦齐尔·图迈·公固什；庆大额克固什；钟都里卫徵之子札什卫徵台吉⑧三人，为结佛家之善缘，尊上迈达哩·胡图克图活佛以大慈悲法王之号⑨，与阿哩克·绰尔济⑩以达赖绰尔济之号，与公固什以灌顶大王固什之号，与阿噶固什以尤格哲哩固什之号，俾其位同于绰尔济等矣。又酌轻重依次与僧众加号之后，法王乃设世世同生之愿，奉上博硕克图济农以转金轮之察噶喇瓦抡·彻辰济农合罕⑪之号，上太哈勒中宫夫人以达喇·博第萨都·诺木齐·达赖中宫夫人之号，称其叔父莽固斯·楚克古尔为大洪台吉⑫，称左翼之札什为卫征洪台吉，称恩克浩硕齐⑬为洪台吉，称右翼胡图克台·彻辰洪台吉之嫡孙⑭，巴图洪台吉之子萨囊台吉——甲辰年生——年十一岁时，以其为六国之中⑮，肇兴经教者之后裔，以其曾祖之号与以萨囊彻辰洪台吉之号，十七岁时，即俾入大臣之列，任以政事，大加宠幸焉⑯。称莽固斯·浩拉齐⑰为额尔德尼·浩拉齐洪台吉，称彻辰岱青之子萨第彻辰岱青⑱为固什洪台吉，称次子彻辰为巴图尔洪台吉⑲，称太平之孙乌巴什为都噶尔岱青⑳。又酌诸诺延，塔布囊等众官之轻重,依次给与名号,致四大国于太平,登众庶于衽席焉。

【注释】

①岁次甲辰:张尔田先生清译本校注云"案万历三十二年。"

②大慈迈达哩·胡土克图:沈曾植先生清译本笺证云"《一统舆图》河套北河北岸有迈达里河,准其地望,即《从西纪略》麦大力庙所在,康熙二十六年,圣祖西征驻跸东斯垓,宣谕将幸迈达里庙,即此。缘大慈迈达里·胡土克图掌教坐床,于是而名之。其地又为土默特、鄂尔多斯适中之地也。"张尔田先生校补云"案迈达里断唐古忒语未来佛。"其实就是弥勒佛。

③密汇坛城:沈曾植先生清译本笺证云"秘密坛城者曼荼罗也。"其实"曼荼罗(应为"曼达勒")即"坛"或"坛城"。不应包括"秘密"二字在内。

④岁次丙申:沈曾植先生清译本笺证云"万历二十四年。"

⑤古噜·索达·纳木·扎勒:沈曾植先生清译本笺证云"《元史·百官志》乌斯藏地方有纳里速·古儿孙元帅府。纳里速者《明史·西番传》之牛尔宋寨。今玉树土司。《卫藏通志》所谓玉树番,亦称亦思纳哈楚。"今玉树为亦思之对音节,元纳里速,明牛尔宋,则纳哈楚之对音也。元古尔孙,明《广舆图》作润侧鲁孙,此"古噜索"盖即其地。既云西图伯特,又云沙喇卫郭尔,则仍是青海以西部落,非藏中部落矣"。案据蒙文原文,应如新译。并无所谓"古噜索"。

⑥岁次丁未:沈曾植先生清译本笺证云"万历三十五年。"

⑦岁次癸丑:沈曾植先生清译本笺证云"万历四十年。"

⑧札什卫征台吉:沈曾植先生清译本笺证云"此托什卫征,前文作达什卫征。"张尔田先生校补云"案诸本作扎什卫征。阁本同,

据改。"其实达什或扎什都一样,只不过方言性读音差别而已。唯"托"字误。

⑨大慈悲法王:张尔田先生清译本校注云"案《西藏赋注》诺们蒙古语经也。罕王也,通经典之称。"其实"诺们罕"汉译应为法王。宗教领袖之意。藏语的绰尔济,蒙古语的诺木齐,才是通经典之称,犹言:明经。

⑩阿哩克·绰尔济:沈曾植先生清译本笺证云"《全边略记》万历四十年,涂宗濬奏,嗣封礼成,受赏者卜失兔五路,素囊、把汉比妓(又称满冠正娘子)儿慎、摆腰、猛克耳、六把尔漫也。西僧者哀乞,盖朝尔计也。哀乞盖朝儿计,即此阿哩克·绰尔济,盖俺答子孙所供养居归化城者。"

⑪转金轮之察噶喇瓦抡·彻辰济农合罕:张尔田先生清译本校注云"案匝噶喇斡尔第即转轮王之义。"案:"转金轮"即蒙文原文之汉译词,而这个蒙语词,则源出于梵语"察噶喇瓦抡(或第)的同义词。"彻辰"是蒙语词对人之美称,"聪明"之意。"济农"则如前文所注,汉语词"郡王"的蒙语读音,自然是指其爵位而言。但由于又加上了个"合罕"封号,"济农"一词遂转变为名字的组成部分了。全词是梵语复译词加蒙语词,再加汉语转音词再加蒙语词"合罕"的混合词。本书的人名中这类混合词颇多,兹仅解其一例。

⑫称其叔父莽固斯·楚克古尔为大洪台吉:沈曾植先生清译本笺证云"诺延达喇子,布延巴图尔弟,博硕克图济农则布延巴图尔子也。"

⑬恩克·浩硕齐:沈曾植先生清译本笺证云"巴扎喇之子,墨尔根济农之孙。"

⑭胡图克台·彻辰洪台吉之长孙:沈曾植先生清译本笺证云"长侄,文义不通,殆长嫡之讹,是时顾实兴而库图克图彻辰之业衰

矣。"张尔田先生校补云"案此指萨纳囊台吉言,萨纳囊台吉为巴图洪台吉子,则库图克台彻辰鸿台吉之曾孙也。又案"博硕克图济农与彻辰鸿台吉子为弟兄辈,则称巴图洪台吉为长侄亦通。但译语未顺耳。"案据蒙文原文应为长孙。

⑮……以其为六国之中……:张尔田先生清译本校注云"案六字通行本作大。"案据蒙文原文为"六国",指蒙古之六部而言。

⑯大加宠幸焉:张尔田先生清译本校注云"案萨纳囊台吉甲辰生,甲辰为万历三十三年,即著此书之小彻辰·萨囊台吉也,纳即囊之复译字。"其实"纳"是衍文。

⑰莽固斯·浩拉齐:沈曾植先生清译本笺证云"库图克图彻辰鸿台吉之弟。"张尔田先生校补"案此即布延达喇·郭拉齐子。《明史》所称为火落赤者,库图克台·彻辰鸿台吉之侄,非弟也。"

⑱萨第彻辰岱青:沈曾植先生清译本笺证云"前卷作萨台固实鸿台吉。"

⑲巴图尔洪台吉:沈曾植先生清译本笺证云"此即萨济巴图尔鸿台吉。"

⑳称太平之孙乌巴什为都噶尔岱青:沈曾植先生清译本笺证云"乌巴什·都噶尔岱青,即鄂尔多斯右翼前末旗台吉定咱喇什之祖也。《要略》以为玻扬呼里之曾孙,不得为伯勒格岱绷之侄,然则所谓岱绷,乃伯勒格子阿津岱绷耳。"

【附录】

清译本文:由是图伯特地方之胡土克图与墨尔根喇嘛等共议以蒙古地方竟无继续达赖喇嘛掌教坐床之喇嘛乃拣择巴特玛三博斡巴克什之高徒大慈津巴扎木苏之呼必勒罕根敦巴勒藏扎木苏实哩巴达喇嘛系壬

辰年生年十二岁遣往蒙古地方岁次甲辰年十三岁到
彼即坐圣识一切斡齐尔达喇达赖喇嘛索讷木扎木苏
于蒙古地方所设之床普众遂称为大慈迈达哩胡土克
图岁次丙午年十五岁阿勒坦汗之侄妇托克对玛齐克
布延图达赖哈屯用各色宝石造成弥勒佛像恳请开光
喇嘛乃持诵秘密坛城散花之际天降花雨众皆目睹慧
光照临有缘人众无不仰见岁次辛亥年二十岁乌鲁固
特之达赉乌巴什诺延为庙宇开光来请石上显露足迹
众皆称异其从前鄂尔多斯之博硕克图济农年三十二
岁岁次丙申行兵西图伯特地方招服古噜索纳木扎勒
之沙喇卫郭尔修明经教之事未易言罄岁次丁未年四
十三岁始将招释迦牟尼佛十二岁之相用诸宝金银合
成佛像又将各种供器旗帜全行修造至岁次癸丑年四
十九岁造成岁次甲寅年五十岁以正月十五日系佛大
示变化之日恳请迈达哩胡土克图散花开光大降花雨
显示吉祥瓦齐尔托密公固实青斡大固实钟多里卫征
之子札什卫征台吉三人商议尊上迈达哩胡土克图以
大慈诺们汗之号因给阿哩克绰尔济号为达赉绰尔济
公固实号为灌顶大王固实大固实号为约噶匝哩固实
与绰尔济等一体给与床坐又分别给与大小胡巴拉克
名号仍矢誓愿与诺们汗世世相遇并上博硕克图济农
号为转金轮匝噶喇斡尔第彻辰济农汗上台噶勒钟锦
福晋号为达喇博第萨都诺木齐达赉彻辰钟锦哈屯称
其叔为莽固斯楚古克尔岱洪台吉称左翼扎什号为卫

征洪台吉称恩克和硕齐为洪台吉右翼之库图克台彻辰洪台吉之长侄巴图洪台吉之子萨纳囊台吉甲辰年生年十一岁因系六国肇兴道教人之后裔指伊始祖名号给与萨纳囊彻辰洪台吉之号年十七岁位列大臣之职任以政事大加宠眷称莽固斯呼拉齐号为额尔德尼呼拉齐洪台吉称彻辰岱青之长子萨第彻辰岱青号为固实洪台吉称次子彻辰号为巴图尔洪台吉称岱绷之侄乌巴什号为都噶尔岱青其众大臣塔布囊官员等酌量大小挨次给号致四大国于太平登众庶于衽席焉。

其后,岁次辛酉,年五十七岁时,赴明地榆林城议政之使者六十人被害,济农合罕震怒,召鄂尔多斯部之大小诸延,臣宰共议,起兵十万,由榆林城西之乌拉罕·柴札之地,进逼阳衮城①,围困三日②时(城)中为首之官七人,献书曰:"容俺与侍郎,都堂等共议,请解围退兵。"济农合罕准其请,班师至保安城时,宁夏·榆林二城之总兵以二万兵来攻,则特古尔格之莽固斯、楚克固尔诺延之长子博克班洪台吉③,单骑截入其阵,乘马中炮而倒,身将被执时,挥刀斩其来犯者而出④。时有拉玛扎布塔布囊、额尔克塔布囊弟兄二人,伯尔克宰桑,博罗特·哈丹先锋等四将,随后一同杀入,至其(军)营而击之,遂即退出也,取博克班洪台吉之马辔而出矣。乃围其阵,共谓之曰:"今日已晚,且收兵屯驻,明日再战可也。"是夜围而宿之,则天未明时突围逃去矣。于是大加俘获,振旅而还。

其后,岁次壬戌⑤,土默特·鄂木博洪台吉之使者⑥博尔拜侍卫诺延、塔拉图丞相⑦、济雅噶图侍卫通事⑧三人,同鄂尔多斯之莽固斯洪台吉、布延台·彻辰⑨·绰哩克图⑩、萨囊彻辰洪台吉三诺延等,与之共议政事⑪,每年进济农合罕以精银三千两,每月精银二百五十两,(复)以精银六百两抵偿所杀之六十人,并大偿其理政事之诺延、塔布囊官员人等,以定大政,和议遂成。

【注释】

①阳衮城:盖指延安城而言。清译为:章衮。

②……围困三日:沈曾植先生清译本笺证云"《明史》天启元年吉能犯延绥,明年复大掠延绥,深入六百里。"张尔田先生校补云"《杜文焕传》天启元年再镇延绥,诏文焕援辽,文焕乃遣兵出河套捣巢,以致寇诸部大恨,深入固原、庆阳围延安。扬言必缚文焕,掠十余日始去。此称六十使人被害,即其事也。章衮城未详,一说章衮疑彰武二字对音,即指延安,盖旧日城额名也。下文云撤兵回,克保安城,证以地理,以解为长。"

③……博克班洪台吉:沈曾植先生清译本笺证云"即卷六之莽固斯·楚格库尔,诺延达喇之子,博命班洪台吉即卷六之博纳班鸿巴图也。"

④挥刀斩其来犯者:张尔田先生清译本校注云"案钞本作刀,诸本误力,从阁本改。"案据蒙文原文刀为是。

⑤岁次壬戌:沈曾植先生清译本笺证云"天启二年,即天命七年。"

⑥土默特·鄂木博洪台吉之使者:沈曾植先生清译本笺证云"此即博硕克图汗子俄木布,后来归因毛罕获罪者,此书独详吉囊

之后,略于俺答一枝,至《明史》推之:阿勒坦(即俺答)死,车臣汗(即乞庆哈)立,车臣汗死,卓里克图立(旧作扯力克),卓里克图死,博硕克图立,其子即俄木布也。与《要略》阿勒坦四传而至博硕克图语合。《武备志·北虏考》扯力克死,长子晃兔台吉先故,孙卜石兔嗣。"

张尔田先生校补云"案此卜石兔与济农非一人,明人称之为卜石兔,以别于吉能卜失兔,卜石兔为归化城土默特正支,明封顺义王者,传俄木布,为林丹汗所并,来归后因罪被执,分其地为二旗,设都统,博硕克图汗裔分隶左右翼,称台吉,惟土默特右翼扎萨克祖,鄂木布·楚琥尔噶尔图子,为俺答曾孙,则东徙之别支也。"

⑦塔拉图丞相:张尔田先生清译本校注云"案旧钞本丞相作元帅,蒙古无此称,不可从。蒙文社本与此同,即扎萨克义译。"

⑧济雅噶图侍卫通事:张尔田先生清译本校注云"案金制详衮之下有默济格,满洲语传事人,即此所谓通事也。"

⑨布延台·彻辰:沈曾植先生清译本笺证云"布延岱彻辰即明人所称摆言太。"

⑩绰哩克图:沈曾植先生清译本笺证云"绰里克图者著力兔也。"张尔田先生校补云"案阁本绰作卓。"

⑪……三诺延等,与之共议政事:张尔田先生清译本校注云"案徐三畏疏言:卜失兔徒建空名于上,盖济农之失政权也久矣。至是,遂由土默特设扎萨克以治之,此殊可以补《史》。"

【附录】

清译本文:岁次辛酉年五十七岁因议明地榆林城之事差往之使臣六十人被害济农汗发怒与御前众大臣官员等公议遂统兵十万由榆林城西乌拉罕柴扎地方进

逼章衮城围困三日城中为首之汉官七人献书曰我等
向我首领都堂等商议请暂解围济农汗然之撤兵而回
至保安城有宁夏榆林之城守总兵引兵二万来战特古
尔格之莽固斯楚固克尔诺延之长子博克班洪台吉单
骑冲入其营马被枪毙身几被擒用刀击败来犯之人舞
刀以出是时拉玛札卜塔布囊额尔克塔布囊兄弟二人
伯尔克宰桑博罗特哈坦和硕齐四人随后一同杀入正
欲结营之际见博克班洪台吉持辔而来遂结大营共谓
今日天晚收兵驻扎明日再战是夜周围固守天未明敌
人已遁遂俘获无算振旅而回岁次壬戌图默特之鄂木
博洪台吉之使臣博尔拜侍卫诺延塔拉图丞相济雅噶
图侍卫通事三人与鄂尔多斯之莽固斯洪台吉布延岱
彻辰绰里克图萨纳囊彻辰洪台吉三诺延议政每年进
济农汗银共三千两每月银三百五十两复抵偿所杀之
六十人给银六百两其办理政事之大臣官员塔布囊等
另为赏赉由是治道辑宁。

其后，岁次癸亥①，年五十九岁时，令阿哩克·达赖·
绰尔济写完金字甘珠尔经，令拉克巴胡图克图散花礼成。
又许愿由西方宗哈巴之锡纳·囊素地方取丹珠尔经。岁
次甲子②，年六十岁时，寿终宴驾。其妻泰罕达喇·博第
萨都·诺木齐·彻辰中宫夫人，作百日善事以致哀，用珍
宝(精)银依旧制塑成释迦牟尼佛像，又用精银千两造塔
一座，饰以各种珍宝，安葬其灵于释迦牟尼佛像之侧，与

鄂尔多斯部之大小诸延等共议,欲于西方永雪之地,自释迦牟尼佛尊始,诸庙内奉献经会之斋,用珍宝币帛广行善事,祈福缘于生灵归依之圣(班禅)额尔德尼及能识一切达赖喇嘛等众尊者之真身,彼圣者(指合罕——译注者)之四子乃策凌·额尔德尼洪台吉、林沁额叶齐·岱青③、图巴台吉④、却拉台吉四人中,第三子之图巴台吉,曰:"报父恩也,我愿往赍福事。"母乃许之,遂于是年遣焉。其间,长子策凌·额尔德尼洪台吉——辛卯年生——岁次丙寅⑤,年三十六岁时即位,阅六月,即于是年崩。

其时,图巴台吉至蒙克之地,叩拜圣班禅额尔德尼⑥及能识一切达赖喇嘛活佛。散福于释迦牟尼尊者⑦为首之诸寺庙讫。一日,于第二尊胜圣者,苏玛第·吉尔第之噶勒丹庙内⑧,由圣班禅额尔德尼⑨唪诵尊胜宗哈巴之典纪⑩矣。

【注释】

①岁次癸亥:张尔田先生清译本校注云"案天启元年。"

②岁次甲子:沈曾植先生清译本笺证云"天启四年。"

③林沁·额叶齐·岱青:沈曾植先生清译本笺证云"林沁额叶齐即璘臣济农,垂剌珲台吉与额璘臣,天聪九年同来归,后封多罗郡王,见《表传》"。

④图巴台吉:沈曾植先生清译本笺证云"天聪八年林丹汗死,其部人来降者有土巴济农,疑即此图巴台吉也。"

⑤岁次丙寅:沈曾植先生清译本笺证云"天启六年。"

⑥圣班禅额尔德尼:张尔田先生清译本校注云"案魏默深《抚

绥西藏记》班禅喇嘛,又称额尔德尼,华言光显也。相传:达赖为观音分体之光,班禅金刚化身。"案蒙语"额尔德尼"源出梵语"喇特纳",乃是"宝"之意,然而这个"宝"并非指财货而言,乃是佛、法、僧三宝之"宝"。至于"分体""化身"之说,不过是佛教的说法罢了。

⑦释迦牟尼尊者:沈曾植先生清译本笺证云"唐古特语如来相曰招,昭释迦牟尼如言释迦牟尼像,倒文也。"其实"昭"是敬语词,即"尊者"之意,故译如文。

⑧于……噶勒丹庙内:沈曾植先生清译本笺证云"《卫藏通志》噶勒丹寺俗称甘丹寺,在拉撒东五十里,乃宗喀巴坐床之所,示寂于兹寺弥勒佛前,为黄教发源之地。"

⑨圣班禅额尔德尼:沈曾植先生清译本笺证云"此第四辈班禅,《西藏赋注》其名为班禅·罗卜藏·绰尔济·嘉勒参,其生年为隆庆元年丁卯,至国初尚存,寿逾九十,最为老寿。"

⑩宗哈巴:张尔田先生清译本校注云"案宗噶巴名罗布藏·扎克巴,号甲勒瓦·宗喀巴,或谓以永乐十五年生于西宁卫,《穆隆经》其所造也。传二大弟子,即达赖与班禅。"

【附录】

清译本文:岁次癸亥年五十九岁交阿哩克达赖绰尔济录完金字甘珠尔经令拉克巴胡土克图开光供奉又许愿前往西宗喀巴之肆纳囊苏处敦请丹珠尔经至岁次甲子年六十岁殁其妻岱罕达喇博第萨都诺木齐彻辰钟锦哈屯作百日善事于寿终之地将昭佛宝像用银造成又用银千两及各种宝石造塔将汗之尸体焚化装入供献于昭释迦牟尼佛庙内众官商议欲遣人前往西藏之昭释迦牟尼佛各庙熬茶自能识一切达赖喇嘛以至

众胡土克图均给与弊（币）帛以祈福缘汗之子策凌额尔德尼洪台吉林沁额叶齐岱青图巴台吉吹拉台吉第兄四人内第三子图巴台吉曰我报父恩情愿前往伊母然之即于是岁遣往长子策凌额尔德尼洪台吉辛卯年生岁次丙寅年三十六岁即位阅六月即于是年殁其时图巴台吉前至西藏四处叩拜博克达班禅额尔德尼并能识一切达赖喇嘛自昭释迦牟尼以及各庙均行散福博克达班禅额尔德尼在宗噶巴苏玛第吉尔第之噶尔丹庙内唪诵宗噶巴世代源流。

圣班禅额尔德尼者，曩释迦牟尼佛之世，为大乘之苏布第[①]罗汉，而作金刚破除之经矣。

由是为名扬东方沙木巴拉地方之特古斯伊扎固尔图合罕，于沙木巴拉地方之国，示以盛世转轮之预言[②]也矣。

由是，于印度中部地方，向化纳噶楚纳师之高徒[③]，而为巴贝噶喇托音，以显道术之本源矣。

由是，又于印度之玛噶达地方，转为名阿必雅·噶喇之鄂必第尼，从学于毕月老母，而获不畏涅槃之道，各种经咒，无不通晓，乃至讲经、辩难、著述之极矣。

由是，又为乌列木只地方之高超通事，尽行阐扬盛德精微之道矣。

由是，于土伯特之盛德萨斯嘉地方，为班第达·恭噶扎勒灿者，辩驳异端之五百诸师，携异端之师喇勒巴占，来土伯特地方时，以昔日巴特玛三博之咒术，使令死于途次。达五蕴之彼岸,而至了悟之终极矣。

由是,复于印度地方,为众约噶匝哩之师,修成古典密咒甘露派,而镇有相世界之威矣。

由是,于土伯特之福地,为凯珠卜格勒克巴勒桑④者,修成般若波罗密特传等经咒,而至学海之彼岸矣。

由是,仍于存雪地方,为第克纳·噶喇嘛⑤,通晓三教二品之义矣。

由是,复于土伯特之温萨巴地方之庙内为扎勒瓦·罗卜藏·端珠卜⑥者,如同了悟一切无碍之桓肃合罕,受供于成就精微金刚妙乘之蠹顶,而获不坏金刚之法身矣。

【注释】

①苏布第:沈曾植先生清译本笺证云"苏布第者须菩提也。"

②……盛世转轮之预言:沈曾植先生清译本笺证云"《印度宗教史考》又载达赖为禅定菩萨观音化身,班禅为禅定佛阿弥陀化身之说。"

③纳噶楚纳师之高徒:沈曾植先生清译本笺证云"藏语称龙树曰纳喀纳巴,此纳噶租纳巴克什疑指龙树言之。"案"巴克什"是蒙语之"师",不是树。

④凯珠卜·格勒克·巴勒桑:沈曾植先生清译本笺证云"凯珠卜·格勒克·巴勒桑即第一辈班禅名也。册称:明洪武十八年乙丑,在后藏所属拉堆江达雄切倭地方出世,为宗喀巴第二弟子,永乐戊午圆寂,年五十四岁,叙第一辈班禅事,词繁而不明了,悬测其旨,第一辈班禅殆本红教大喇嘛而改宗黄教者,恭噶扎勒灿为红教名,凯珠卜九字为黄教名也。"

张尔田先生校补云"案《西藏赋注》第一辈班禅作刻珠尼玛·绰尔济·伽勒布格尔。"

⑤第克纳·噶喇嘛：沈曾植先生清译本笺证云"第二辈班禅源流册名：索诺木·雀朗。明正统四年，在后藏所属湾萨地方出世，甲子年圆寂，年六十六岁。"张尔田先生校补云"案《西藏赋注》作珠旺曲·索诺木·绰尔济·郎布。"

⑥扎勒瓦·罗卜藏·端珠卜：沈曾植先生清译本笺证云"此第三辈班禅源流册名同。明宏治十八年己丑，在后藏所属达魁湾萨尔地方出世，嘉靖四十五年丙寅圆寂，年六十一岁。按此湾萨尔即第二辈出世之湾萨，即此温萨巴庙也。"张尔田先生校补云"案《西藏赋注》作结珠拜·旺曲罗布藏敦玉珠巴。"

【附录】

清译本文：博克达班禅者系曩昔释迦牟尼佛之弟子名苏布第乃大乘声闻之罗汉传授金刚经在东方沙木巴拉地方称为特古斯伊扎固尔图汗大作功德转轮传法于是化为主持额讷特珂克地方之纳噶租纳巴克什之高徒巴贝噶喇托音以阐扬善旨乌巴第斯之本又化为额讷特珂克之玛噶达地方之阿必雅噶喇乌巴达尼随约噶尼佛母得识不畏涅槃之道通彻各种经史凡讲经论道至于至极又化为本处超尊克勒穆尔齐将功德秘密之义全行阐扬又为图伯特之绰克图萨斯嘉地方之班第达恭噶扎勒灿屏去五百巴克什等之异端将异端巴克什名喇勒巴占者带至图伯特地方藉从前巴特玛三博斡持诵之力令其死于途次因五项之知识已臻其

极超出额讷特珂克地方众约噶匝哩成全秘咒之流派于威镇世界之图伯特地方竭力于凯珠卜格勒克巴勒桑经文史咒之义及巴喇密特萨斯第尔等知识之德以登彼岸遂化为纯雪地方之第克纳噶喇嘛了悟三教二品等义又于图伯特之温萨巴庙内化为扎勒斡罗卜藏端珠卜与肇兴一切知识不可伦比大有权变之汗相同供奉于精微秘咒金刚轮蠹顶之上遂获不坏金刚法身。

今世生为圣班禅·苏玛第·达尔玛·都瓦萨者①,谁能尽述其神通之灵验,及其无比之德艺哉？比者,蒙古七土默特之巴噶托音,海林（似是杭锦之误——译注者）之乌格台·巴图尔·塔布囊等,岁次乙未②,行兵土伯特地方,于扎克博哩山③上,行将尽收占巴合罕之十万军时,圣班禅额尔德尼正于札什伦布寺坐禅中④,明察其事,自忖："若靖定其事,则积福无量矣。"遂乘其诺尔布·旺沁马,疾如风轮,倏然而至,降落两军之间。众观其山岩上之马迹,宛如踏泥之印,乃甚奇之矣。此乃昔日能知三世之巴特玛三博,曾预言未来之事谓："当临五百年之末劫,于哈勒住河畔,出生某甲。于观世音菩萨之地,扎克博哩山上,尽为战场之时,修炼慈悲菩提心之阿弥陀佛,化为一喇嘛,将救十万人之性命,以造无穷大福。"云云。是故,当此争斗世之佛班禅额尔德尼所造功德之海中,略书其涓滴于兹矣。于是,得闻圣班禅额尔德尼活佛之金刚联珠等灌顶,开启精微金刚妙乘之门,如愿尽闻接引灌顶之教矣。

　　先是,岁次丙辰⑤,达赖喇嘛蕴丹扎木苏年二十八岁圆寂。岁次丁巳,诞为萨斯嘉·达噶博地方,丹巴·古噜巴诺延之子⑥,圣班禅额尔德尼知之,乃语众曰:"若于五岁之前请至寺中,则有碍于其寿命。"其至六岁时,乃率其布赍绷之徒众,并制全副僧衣携去,至彼古噜巴诺延家中,则众见而奇之,悉来聚观焉。比及入室,则小儿曰:"班禅大师来何迟也?"圣班禅乃取荷包内之糖以献,降旨曰:"咦!吾子其感寂寞乎!"抱于怀中坐时,与圣班禅讲论精微经文之言也,大众见之,甚为惊奇矣。

【注释】

　　①圣班禅·苏玛第·达尔玛·都瓦萨:沈曾植先生清译本笺证云:"第四辈班禅源流册名:罗布藏曲尖。明隆庆元年丁卯,在后藏所属拉住佳尔地方出世,万历二十八年庚子年,在扎什伦布住床,崇德元年即崇祯十三年,偕达赖遣使盛京请安纳款。康熙元年圆寂。"

　　②岁次乙未:沈曾植先生清译本笺证云"万历二十六年。"

　　③扎克博哩山:沈曾植先生清译本笺证云"今后藏扎什伦布西北,腾格里海之西,有扎克博雅佳玛尔山,西三百里又有扎里山,南百里有接萨克诺尔,地与新疆接壤,盖即此济硕特河扎克博里山矣。"

　　④正于扎什伦布寺坐禅中:沈曾植先生清译本笺证云"《卫藏图志》扎什伦布寺,拉撒西南去八日即后藏,寺名扎什伦布,乃宗喀巴之大弟子根敦珠巴所建(即头辈达赖喇嘛),其寺背山临河,殿宇

宏敞,佛像庄严,亦甚壮丽,乃班禅喇嘛坐床之所,凡学经成者必至此受戒。"张尔田先生校补云"案扎什伦布华言:福寿须弥,以山得名。"

⑤岁次丙辰:沈曾植先生清译本笺证云"万历四十四年,天命元年。"

⑥丹巴·古噜巴诺延:沈曾植先生清译本笺证云"《西藏赋注》第五辈达赖生于前藏崇结萨合尔王家。"

【附录】

清译本文:今化为博克达班禅苏玛第达尔玛都斡咱其神妙肫诚变化无穷之德艺有庸流之所不能尽述者岁次乙未蒙古多伦土默特之多噶托音与海林乌格德巴图尔塔布囊等行兵图伯特地方于扎克博哩山收服藏巴汗之十万大兵将回之际博克达班禅额尔德尼正在扎什伦布庙内坐禅忽然心动以为绥定伊等获福无量遂乘号诺尔布旺沁之马倏至两军之间将下马时其马足踪迹宛似印泥显露于峰峦之上众皆见之甚为骇异其前知三世之巴特玛三博斡能知未来经有云五百年后济硕特河界当生一有名之人俟至搆兵之际操持恻隐菩提心阿弥陀佛之化身喇嘛于和木锡木博第萨都地方之扎克博哩山救十万人之命以造无穷之福是以际此战斗之时而言博克达班禅额尔德尼之德艺者如汇大海于涓滴也于是大众于博克达班禅额尔德尼前得闻金刚珠灌顶以及大启精微金刚乘秘密灌顶陇教无不如愿又岁次丙辰前世达赖喇嘛蕴丹扎木苏年二

十八岁圆寂岁次丁巳在萨斯嘉达克博地方化为丹巴古噜巴诺延之子博克达班禅额尔德尼知之告以若于五岁之前请至庙内则于寿命有碍至六岁令布赉绷之弟子等随从并携带托音衣服以抵古噜巴诺延家中众见之惊异环视及入室内其小儿忽问曰巴克什班禅尔来何迟也博克达班禅即从荷包内取出冰糖呈献曰孺子闷矣乎抱而坐之与博克达班禅讲论经卷奥妙之语大众无不骇异。

即此壬戌年,圣班禅额尔德尼请至布赉绷寺①,俾着全副黄色衣帽,剃度为僧,教之以学,则了然无滞。圣班禅乃降旨曰:"其于今世中,必达学业之极境乎!"遂予罗卜藏·扎木苏②之法号矣。如是能识一切达赖喇嘛活佛,岁次乙丑③,甫九岁,应图巴岱总洪台吉为首,自蒙古地方所来僧俗人等之提请,授于尊奉驱怪尊者六臂玛哈噶拉之灌顶时,讲述其性道之缘法也,了无滞碍,众皆称奇,共语之曰:真乃观世音菩萨之化身也。

由是,于圣识一切之所居,修造威严庄丽之布赉绷寺内,创建供奉前世能识一切达赖喇嘛之塔,及散花开光之吉日,生灵归依之圣班禅额尔德尼及能识一切之达赖喇嘛、罗卜藏扎木苏之前,为结佛家之善缘,命第巴囊素引吭喈唱:赐图巴台吉以岱总洪台吉之号,并与其近侧之僧俗人等以名号,称萨尔敦·绰尔济为了道岱青绰尔济;称伊哩克·噶桑绰尔济为达赖绰尔济;圣班禅额尔德尼示本源于多塔尔·密噶特·根登达尔罕·桑噶斯巴之子，而降旨曰："彼此番为我弟子已三次矣。"遂赐固什·彻辰绰尔济之号④，曰："是赞助我苏玛第·吉尔第教之高徒也。此后，汝之事业将获昌盛乎！"谓大通事⑤阿斯托克·瓦齐尔·图迈·灌顶大王固什之子都喇勒·囊素⑥曰："汝乃昔日于鄂迪雅纳地方，噶喇卜·多尔济之高徒，巴达玛·哈扬吉尔巴者也，其后于积雪地方，中萨克喇瓦尔第合罕时，转生为卓噶罗·垒·扎勒灿通事焉。而今生则转为萨木灵地方之根登·巴勒珠尔·旺楚克者，复于此与我相逢。至此为我弟子三世矣。"遂赐以噶喇卜·班第达·垒·扎勒灿之号，曰："因有高行弟子之称，故以此为名焉，此我之高徒也。"称古噜·塔布囊为巴图尔·古扬·塔布囊；称齐达罕·伞鼎⑦为苏喀固什；称图萨图·彻辰侍卫⑧为彻辰·欢津矣。其低微之僧俗人等，亦均依次赐与名号，以证瑞应矣。

及其归也，经噶罗卜·班第达·垒·扎勒灿通事而启曰："昔日圣识一切瓦齐尔达喇·达赖喇嘛，有升日于蒙昧洲之大功德，乃我本源之尊圣喇嘛也，迨后世之能识一切达赖喇嘛·蕴丹扎木苏，生于我罕族之中，有掌教之大功德焉。而今愿圣识一切慈悲我等，降临东方蒙古地方之本籍乎！"则闻言无语而大哭，时第巴·囊素奏问曰："唉！圣喇嘛！言及前世二圣事，于心不快乎！奈何涕泣如是也？或难为远离生身之地乎？抑或谓蒙古国强力夺去乎⑨？"则依然默无一言，于是大众共议之曰："此其为一兆乎！未知终将何如也。"及其去也，却又唤回，降旨赐书，而结佛家之善缘矣。

【注释】

①布资绷寺：沈曾植先生清译本笺证云"《卫藏通志》布喇蚌寺俗称别蚌寺，在拉萨西二十里，宗喀巴之弟子扎木阳·曲结·扎什巴尔丹，在聂乌地居住之，梦神人语：此地宜修寺院，赐予五千徒众，并现出无量水泉数处。"觉以告宗喀巴，乃令修寺，聂乌富民出资施修，卡固尔山起出海螺殿宇，修饰甚盛，乃蒙古西番各土司，布尔旺木布等处，凡初出世之呼毕勒罕，及远近大小喇嘛，初学经者，多聚处于此。"按布嘞蚌寺即此布资绷也，达赖于此落发入学，与凡初出世之呼毕勒罕同。"

②罗卜藏·扎木苏：沈曾植先生清译本笺证云"《要略》作阿旺·罗布藏·嘉穆错，此第五辈达赖。"

③岁次乙丑：沈曾植先生清译本笺证云"天命十年，天启五年。"

④固什·彻辰绰尔济：沈曾植先生清译本笺证云"《东华录》崇德二年，厄鲁特部顾实·车臣·绰尔济来贡（张尔田案车臣即彻辰异译）以元年遣使，二年始至。《要略》崇德元年顾实汗遣使入贡，即此事也。然则固实·彻辰·绰尔济，即是灌顶大王固实。此卷文辞多似重复脱落者，不解其故。"张尔田先生校补云"案顾实之父哈萧诺延洪郭尔，而此称桑噶斯巴子，似不细符，容核"。

⑤大通事：清译为"大克垲穆尔济"。沈曾植先生笺证云"克垲穆尔齐蒙古语'通事'，《元史》作怯里马赤也。"

⑥都喇勒·囊素：沈曾植先生清译本笺证云"此当即顾实汗事，顾实汗之人青海，诸书但称明季，不能详其年，据此则天启间已

威行西海,达赖受其制矣。都喇勒·囊苏即顾实第六子达赖巴图尔也。其卒在康熙初年,年逾八十,当天启时,年盖可三十耳。"

⑦齐达罕·伞鼎:清译为"齐达罕三达克"。沈曾植先生清译本笺证云"一作伞鼎,陈仁锡《八编》延绥所属一枝,古燕拓卜能一千五百余,即此人。"案据蒙文原文当如新译文。

⑧图萨图·彻辰侍卫:沈曾植先生清译本笺证云"图萨图·彻辰侍卫盖即顾实汗之兄哈纳克土谢图。"

⑨抑或谓蒙古国强力夺去乎:沈曾植先生清译本笺证云"此喇嘛后来行事,终身助厄鲁特而抑蒙古,其不欲东行,意有在矣,抑亦顾实之意欤!"

【附录】

清译本文:岁次壬戌博克达班禅额尔德尼请至布赉绷穿带黄衣黄帽落发为僧入学肄业了无滞碍博克达班禅云今世德业必造其极矣遂命名达罗卜桑扎木苏于是图巴台总洪台吉为首率领由蒙古地方前来之喇嘛喀喇人众向能识一切之达赖喇嘛罗卜藏扎木苏多方恳求是岁乙丑年甫九岁传授消释屯否之六臂玛哈噶拉灌顶唪诵经文义理了无滞碍众皆称异谓实系观世音菩萨化身云其所居之布赉绷庙内有前辈能识一切之达赖喇嘛蕴丹扎木苏之舍利子塔前开光博克达班禅额尔德尼达赖喇嘛罗卜藏扎木苏二喇嘛作吉祥之会令第巴囊苏高声唪诵遂上图巴台吉以台总洪台吉之号并给与附近之固实喇嘛喀喇人众名号称萨尔推绰尔济为多郭鲁克散称岱青绰尔济为济灵噶藏称绰

尔济为达赉绰尔济之号其多塔尔密噶特根敦达尔罕桑噶斯巴之子彻辰绰尔济博克达班禅额尔德尼以卦验示之云并此次计算尔与我为徒相会三次尔乃辅助苏玛第吉尔第教之高徒自此尔之道将大为传播矣因给与固实彻辰绰尔济之号又谓大克垿穆尔齐阿斯多克斡齐尔托密灌顶大王固什之子都喇勒囊苏日尔乃曩昔鄂芝雅纳地方噶喇卜多尔济之高徒名巴特玛哈扬吉尔斡喇嘛曾于积雪地方匝克喇斡尔济汗之时化为卓克罗叠扎勒灿之克勒穆尔齐今生为萨木灵地方之根敦班珠尔旺楚克与我又相会矣至此已三次为我之弟子因给与噶喇卜班第达壘扎勒灿之号称为高行弟子云又给与古噜塔布囊以古扬塔布囊齐达罕三达克以苏哈固实图萨图彻辰侍卫以彻辰欢津之号其余小托音喇嘛喀喇人众均挨次给号以征瑞应焉正欲自彼回程噶喇卜班第壘扎勒灿通译启云前辈博克达斡齐尔达喇达赖喇嘛能令昏暗部洲炳如日光大发慈悲乃培植我等根基之圣喇嘛也迨后能识一切之达赖喇嘛蕴丹扎木苏生于我汗族中能承经教以普洪慈今圣识一切之喇嘛其惠爱我等降临东方蒙古之本地乎达赖喇嘛罗卜藏扎木苏并无一语遂大哭泣第巴囊苏问云圣喇嘛缘何哭泣因提及前二圣而见恶乎抑谓由本处不能跋涉远地乎抑谓我蒙古倚仗力强强行请回乎仍缄默无言大众俱以瑞应已兆何必及他事于是出走喇嘛唤回令缮写书信给与赞仪。

由是,即此乙丑年①,于归来之途次②,因前世赛音济农合罕所许之愿,奉请银字缮写之丹珠尔经③,岁次丙寅,平安送至矣。于是,其母夫人乃召集鄂尔多斯部之全体诸延,并请迈达哩·胡图克图法王来,为银字写就之丹珠尔经散花开光。时有土默特之达赉·绰尔济、达尔罕·绰尔济为首之僧众,博硕克图合罕之孙鄂斯吉·伊勒登·塔布囊、哈噶图台吉二人,策凌洪台吉之唐古台·公·塔布囊,塔拉图丞相④二人,达尔扎雅洪台吉之温杂特巴诺延⑤、唐古特塔布囊唐古惕·公·锡格沁二人,喀喇沁合罕之绰尔济卫征·却扎木苏、唐古台固什·布延阿海之布木班乌勒哲图侍卫等使者至焉。

是时,次子之林沁·额叶齐岱青⑥——乃庚子年生——岁次丁卯,年二十八岁时即合罕位时,以萨囊·彻辰洪台吉为曩昔有德者之后裔,俾宣读其罕号焉。

由是,念为君臣二者之制,共聆法王迈达哩活佛之威德金刚向化之灌顶焉。依此福祉之缘逢,与灵丹·胡图克图⑦合罕同为巴图尔而行焉。

后及大国之毁堕也,萨囊·彻辰洪台吉出征,与在外之察哈尔臣等结盟而返⑧,与珠拉图·巴图尔侍卫、满都海·达尔罕侍卫、囊苏·巴图尔·伊勒都齐等三臣结义,遂纠合三百人,岁次甲戌,年三十一岁⑨,自霍巴河叛归。及时奏淋沁彻辰济农曰:"我等与察哈尔纠合而复叛矣,今欲奉我主汝而叛乎?"(济农)闻而甚喜,是其说而叛出,即此甲戌年(五)月初三之吉日,平安来至能识一切显运普化之方,伊克·锡别尔之地,萨囊·彻辰洪台吉之国矣。

由是林沁·彻辰济农归其故居,拜其所尊奉之释迦牟尼佛,遂营于其旁矣。时有察哈尔之金塔宰桑策仍·博多玛勒者,将主君之白室奔乃弟图巴岱总洪台吉来,营于其旁焉。如是,弟兄得会其大众,即此甲戌⑩年,年三十五岁时,承其君父萨噶尔瓦尔第·彻辰济农,宣告而即其先合罕之位⑪矣。

时,鄂尔多斯、土默特部所余之大小诸诺延为首,收聚举国之众⑫,避乱而出之途次相遇,以其追随而来之故。称博达台·楚克古尔以额尔克诺延⑬之号,以首行纠众(抗)敌之故,称萨囊·洪台吉⑭以额尔克·彻辰洪(台吉)之号。赐与行兵时之前锋,行猎时居中之达尔罕焉。其余大小诺延等,凡所效力者,均依次加恩有差,一如先世之制,使立足有地,安居乐业⑮矣。

【注释】

①乙丑年:沈曾植先生清译本笺证云"诸本作己丑。"

②于归来之途次:沈曾植先生清译本笺证云"自此后,喇嘛受厄鲁特供养矣。不详顾实汗事,意其讳言之。"

③……丹珠尔经:沈曾植先生清译本笺证云"范昭逵《从西纪略》过大青山,至毕七沁,有剌麻寺。毕七沁华言能书者也。传言元太后命汉官写经,安土不归,今人皆其后。次日驻插苏,插苏华言纸也。亦元时造写经纸于此者。又二日至麦大力庙。"按大青山

外为元代丰州东胜之地,未尝有太后居之,所谓写经造纸,殆即此哈屯缮写《丹珠尔》经之遗踪,传为元太后,误也。

④塔拉图丞相:沈曾植先生清译本笺证云"《出塞纪略》蒙语'台吉',华言宗亲也。扎萨华言丞相也,明人称宰僧,官书称宰桑,皆丞相字变也。《西域图志》又变之曰青三。"张尔田先生校补云"案后又作青森,扎萨克执政令者之通称,馀皆汉义音转。"其实"台吉"是汉语"太子"的蒙古语读音,词意亦变为贵族之意。

⑤温萨特巴诺延:沈曾植先生清译本笺证云"《西藏赋注》文咱特者诵经声音鸿大,汉名大嗓喇嘛也。此温杂特巴即文咱特之音转。"其实"温萨特"是起经领班喇嘛之意,不一定是"大嗓"。

⑥林沁·额叶齐岱青:沈曾植先生清译本笺证云"即后封王爵之额璘臣济农。"

⑦灵丹·胡图克图:张尔田先生清译本校注云"案灵丹唐古忒语,译义才能,林丹巴图尔其名,胡土克图汗号,明人称之为虎墩兔,亦作虎墩兔憨,即胡土克图汗对音也。"

⑧与在外之察哈尔臣等结盟而返:沈曾植先生清译本笺证云"朱健《古今治平略》先是土蛮与俺答、吉囊皆小王子后,为元种,居云中迤北。俺答强,东置赶兔于蓟镇,西置吉囊于河套,遂横行沙漠间,土蛮东徙(应为"徙"——译注者)旧辽阳,虽不能颉颃于黄台扯力,而生聚日繁衍,众可八十万,有八大部,世为虎墩兔憨,犹华言可汗也。杂于二十四营中,时出没为辽患,而受伤于广宁,颇就戎索无他异,兵甲粗且,边人呼为皮袄达子。万历末,酋插汉儿者新立,年少嗜酒及色,即能雄视朵颜诸旗。会金人勃起,时蚕食其边界,驱杀牛马羊无数,不能支,其大市在宣、云,皆俺答后卜失兔辈为政。彼贪汉物,每附市其牛马皮角毡罽,多为卜酋所渔食,积不能平,会卜酋款,久若长豢于缯絮荍薬,部落亦稍稍效板升,大

边有诛茅构土室以居者,势盖慵弱,插部以久荒漠,忍嗜欲恶衣食,既为金逼处,遂悍然有故土之思焉。则席卷西行,战胜哈慎,兀摆诸部,无有抗扞者,徒(应为"徙"——译注者)帐直压宣、云,拥八娘子,各有部曲,其志亦欲得金印,专市利,自为大可汗,不亦愉快乎!天启末,遣百人讲于新平堡,守将夜袭坑杀之,则愤而起,众薄大同城,杀军民数万人,诸城郭燉煌大震。今上即位,朝廷以王象乾久在边,卵翼此酋数十年,镇蓟时曾为加抚赏,遂从致籍,召入京,年八十矣。平台召对王曰:臣能号召西北永邵诸部合从以抗之,无难也。于是用为总督,尽监护诸将于阳和,至则果令卜,永辈合从与插战,皆战负,插卤卜酋阏氏与其印,弄其印曰:为大可汗何需此,即尽夷俺答诸种。遣精骑入套,吉囊子孙皆顺首属之,东起辽东,西至洮河,皆受此虏约束矣。象乾不能持初议,则上章曰:急用款天子计,犹豫姑允款,尚责战,王则遣通事与讲私市金帛遗插曰:此不腆,聊以贺可汗,且有后命也。事势始缓,插亦称王太师马法,报以牛羊,有善语,遂尽反平台,初议持款疏上,廷议犹断断和戎非计,上终俞象乾策,乃讲款事,新加入八百万于边门外,阄刀刑马,盟而罢。案此云与察哈尔舍盟而回,盖即其事也。当时吉囊子孙,盖皆俯首而为林丹之役矣。"

⑨……年三十一岁:张尔田先生清译本校注云"案上云:岁丁卯,二十八岁,则甲戌当三十五岁,此语下文已见,此疑重复。"

⑩即此甲戌年:沈曾植先生清译本笺证云"崇祯七年。"

⑪……即其先合罕之位:张尔田先生清译本校注云"案《要略》额璘臣居河套,其先属察哈尔,林丹汗恶之,夺济农号。"据上文起兵外出,及由瀚海退回,是林丹汗吞并套部,额璘臣曾逃往漠北。此匡噶喇斡尔弟·彻辰济农,即额璘臣父,其时已早殁矣。此处语意未了,而额璘臣之复归也,必非无故,叙述有脱文也。

⑫……收聚举国之众:沈曾植先生清译本笺证云"是岁为天聪八年,盖林丹汗西奔之遗众也。"

⑬……额尔克诺延:沈曾植先生清译本笺证云"天聪八年即崇祯七年,上与留守诸贝勒谕言,林丹汗死,其众来归。察哈尔八大福金,其一叶赫女,为察哈尔之(似是汗之误——译注者)之妹夫,朵内额尔克、楚虎尔携之逃入明国。朵内额尔克、楚虎尔,疑即此额尔克诺延,名楚古克尔者也。

⑭萨囊洪台吉:张尔田先生清译本校注云"案即前萨纳囊·彻辰洪台吉。"

⑮使立足有地,安居乐业矣:张尔田先生清译本校注云"案《要略》天聪九年五月,鄂尔多斯济农额璘臣私要额哲盟,分取其众以行,我军追及之,索所获,额璘臣惧,献察哈尔户千余,其部亦自是内附,今鄂尔多斯七扎萨克皆其裔属。"

【附录】

清译本文:于乙丑年遣回乃起程回归之际会及从前曾在赛音济农汗前许以奉请缮写银字之丹珠尔经于丙寅年缮写送至母氏哈屯乃齐集鄂尔多斯之诺延并延请迈达哩胡土克图诺们汗特授银字丹珠尔经正在散花开光之际土默特之达赉绰尔济达尔罕绰尔济二人为首率领胡巴喇克等以及博硕克图汗之侄乌什启伊勒登塔布囊哈噶图台吉策凌洪岱青唐古岱公塔布囊塔拉图丞相达尔扎洪台吉之温杂特巴诺延唐噶哩克塔布囊唐古忒公锡格沁喀喇沁汗之绰尔济卫征垂扎木苏唐古岱固实布延阿海之布木班谔勒哲图侍卫等

使者至焉是时次子林沁额叶齐岱青系庚子年生丁卯年二十八岁即汗位谓系有根基人之子遂上萨囊彻辰洪台吉之号称汗于是念君臣之道在诺们罕迈达哩胡土克图之前同听功德金刚灌顶仗彼福力大获利益灵丹胡土克图与汗为髻发之交后大国废坠之时萨囊彻辰洪台吉起兵外出正值察哈尔之官员等会盟而回因与珠拉图巴图尔侍卫迈都该达尔罕侍卫囊苏巴图尔伊勒都齐三人自幼为友遂纠合三百人岁次甲戌年三十一岁由瀚海退回彼时向林沁彻辰济农奏曰我等与察哈尔会合而回今欲与汗一同回去林沁彻辰济农然之遂回即于是年戌月初三吉日照依普木粗克凌庙内能识一切喇嘛之卦验回至萨囊彻辰洪台吉国之达木地方一路安善由是林沁彻辰济农前往原游牧处所叩拜昭释迦牟尼佛往宿于伊纳之家从前察哈尔阿勒苏苏巴尔罕之宰桑策楞将博多玛勒主之白室令图巴台总洪台吉特古勒德尔居住亦曾宿于伊讷家中于是弟兄大聚人众岁次甲戌年三十五岁匝噶喇斡尔第彻辰济农先即罕位其时鄂尔多斯土默特所余之大小诺延收集所属人众乘乱脱出途中相会遂称博达台楚古克尔号为额尔克诺延并给与首先纠众击仇之萨囊洪台吉号为额尔克彻辰洪台吉封为行兵则执纛前行围场则居中行走之达尔罕其大小诺延等则论其功绩酌量加恩有差措天下于太平一如前日焉。

而今生满洲太祖者,首以智勇收服众庶,再降水居之三珠尔齐特讫,由是取恩克·察罕·珠尔齐特之精太师①之国,其后于午年行兵汉地,取大明合罕之东省——乐亭府时,天现景星,多示祥瑞焉。时鄂尔多斯之瓦齐尔·图迈灌顶大王固什②曰:"此太祖乃一大命之人也,此星其为大力合罕之紫极乎!由此观之,迥避非凡人所能比也。"云云,由是举世皆称:大力英雄太祖③焉。

其次子太宗,乃壬辰年生,岁次丙寅,自二十九岁始,率兵征进,至明海州,其总兵出战,则尽屠之,大摆京观,步行突出矣。其后,攻三太师诸延之城,大加俘获,正蹦其地时,五部喀勒喀之苏克宰桑诺延④曰:"汝何得破我食邑耶?"而护之,则执其宰赛诺延⑤去矣。于是其妻子兴议,欲复昔日取城之仇。因曰:"汝等奈何与本族(之人)起衅耶?然则,我不欲与蒙古国相恶,汝等若求和以复汝诺延,当谢罪议和。"遂取二台吉为首及牲畜万头,而放还宰赛诺延矣。

由是,诏命日渐多出,威势日张,边陲之蒙古国畏惧,林丹·胡图克图合罕出走,以三万骑迁徙之,乃诱降科尔沁之诸诺延,遂共称谓:彻辰合罕焉。

由是,林丹·胡图克图合罕躬逢厄运之后,其妻——乃珠尔齐特,精太师之子德勒格尔太师之女⑥——苏岱太后⑦,与其子额尔克·洪果尔合罕二人⑧,依天命自行返来时,合罕乃(遣)族中四官⑨,率兵迎之,岁次乙亥,五月,于鄂尔多斯部之托里⑩地方相遇而获之。遂取蒙古合罕之国⑪。岁次乙丑年四十四岁时,上尊号称:宽仁崇德雍和圣聪合罕⑫矣。

其后,岁次丁丑,年四十六岁时行兵明地,围困锦州城一年,屠洪侍郎⑬巴图尔⑭总兵等十三总兵之兵,克锦州城,平安而还矣。

【注释】

①精太师:沈曾植先生清译本笺证云"精太师即叶赫贝勒金台什。"

②鄂尔多斯之瓦齐尔·图迈·灌顶大王固什:沈曾植先生清译本笺证云"此明是和硕特之顾实汗,何云鄂尔多斯也?"张尔田先生校补云"案据明之书称:卜失兔、庄秃赖从边外川底走,松山酋著力兔亦欲掠黄毛达(即瓦剌)时奎房何业阿不害壁镇番边,火落赤驰范家营。套部诸酋无何业阿不害,何业盖哈尼诺颜对音,顾实汗之父也。其称套房与此称鄂尔多斯正同(官书称:顾实汗国初自西北侵入青海,又称:和硕特始祖阿克萨噶勒代诺颜,为哈萨尔七世孙,恐皆系传说,荒裔本无信史也。)事在万历十四年,然则和硕特之兴也,已肇于仰华迎佛之日矣。独怪《明史·西番传》乃无一语及之,何也?"

③大力英雄太祖:张尔田先生清译本校注云"案天命十一年太祖崩,科尔沁,土谢图汗奥巴致书曰:恭闻强武英明大可汗上宾,昔察希尔巴敦汗主四方,握七宝,数尽则必死,雪山白狮子,其力虽大,限到亦死"云云。盖蒙人称太祖为大力汗,实当时通语也。

④五鄂托克喀勒哈之苏克宰桑诺延:沈曾植先生清译本笺证云"天命四年,察哈尔林丹汗及喀尔喀五部,贻书于我,喀尔喀五部,即此五鄂托克也。"

⑤宰赛诺延：沈曾植先生清译本笺证云"集沙诺延者喀尔喀贝勒介寨也。此天命四年取明铁岭时事。《明史》称万历四十七年，大清兵灭宰赛即此役也。"

⑥……德勒格尔太师之女：沈曾植先生清译本笺证云"金台石子德勒格尔，见《东华录》天命四年。"

⑦苏岱太后：清译为"苏台吉太后"。沈曾植先生笺证云"《东华录》称苏泰太后，诸本无吉字。"

⑧与其子额尔克·洪果尔合罕二人：沈曾植先生清译本笺证云"《东华录》、《要略》并作额尔克孔果尔，其一人名额哲。案额尔克孔果尔后尚皇第二女马喀塔格格。"

张尔田先生校补云"案额尔克洪果尔即额哲封号，额哲天聪十年尚主，崇德六年卒，其弟阿布奈袭，仍以公主降焉。康熙十四年，阿布奈子布尔尼，罗卜藏叛，阿布奈赐死，察哈尔王庭夷为牧厂，而林丹之祀斩焉。北（应为"此"——译注者）但言二人者，盖有所讳略也。林丹汗吞并套部，不详叙者亦讳之。"

⑨族中四官：沈曾植先生清译本笺证云"四诺延即：德参济旺、噶尔玛济农、多尔济达尔罕、多尼库鲁克四大宰桑也。当日并无战事，但携林丹汗妻子来降耳。"

⑩托里地方：沈曾植先生清译本校注云"《东华录》作托里图。"

⑪遂取蒙古合罕之国：张尔田先生清译本校注云"案《要略》天聪九年五月丙子，林丹汗子额尔克洪果尔，额哲降。初贝勒多尔济岳，托萨哈璘豪格统兵至黄河西，额哲所驻託里图地，其母苏泰福晋，叶赫贝勒锦台什女孙，因遣其弟南楚，偕同族往告招之降，时天雾昏黑，额哲不虞，军至无备，苏泰与额哲乃惶遽率众宰桑出迎，于是全部平。《世系谱》灵丹汗之苏台哈吞，囊哈吞挈其子额遮洪郭尔，阿卜甅台吉归国，至阿尔滩厄墨格尔之地，东行至托里莽堪，遇

大兵投降。封额遮洪郭尔亲王,尚国长公主,无嗣,阿卜㴱亦封亲王,尚公主,生卜尔尼,罗卜藏,居察哈尔,后叛,征灭,灵丹之后,自此遂亡。"

⑫宽仁崇德雍和圣聪合罕:张尔田先生清译本校注云"案天聪十年丙子,太宗受宽温仁圣皇帝尊号,此作己丑,与国史不合。王静安校:己丑,疑乙亥之讹,即丙子前一年也。"

⑬洪侍郎:清译为"洪苏朗"。张尔田先生校注云"案苏朗即苏拉对音,满洲语散员也。洪苏朗谓洪承畴。"其实"苏朗"即侍郎之蒙语读音,与所谓满洲语"苏拉"无关。

⑭巴图尔:沈曾植先生清译本笺证云"马祖常《燕帖木儿碑》八都儿者華,华言猛士也。国初以此为勇号。"

【附录】

清译本文:再满珠太祖汗初以智勇收服众庶招降三江之珠尔齐特取恩克察罕珠尔齐特精太师之统其后午年行兵内地取大明汗之东省乐亭府郡天视明星昭示祥瑞鄂尔多斯之斡齐尔图迈灌顶大王固实曰此太祖汗系有大福之人此星系大力汗之威力星由是观之非常人也由是遐迩地方俱称为大力巴图鲁太祖汗焉嗣统为太宗汗壬辰年降生岁次丙寅年二十九岁行兵至明盖州其总兵官领兵出战大队齐发三太师诺延由后掩袭取城掠众占据地方大有俘获乃五鄂托克喀尔喀之苏克宰桑诺延以我等取贡之城邑尔为何破取遂兴兵来战因而掳其集沙诺延复遣人向哈屯台吉属人等谕曰尔等未破他人城垣之欲先自乱其部落乎我实不

肯作恶于尔蒙古等耳尔等其体道遵理认罪悔过诚心恳祈放尔诺延于是遣二台吉为首献上牲畜亿万始将集沙诺延放还由是诣旨曰渐远播威棱大振沿边之蒙古等无不畏惧其林丹库图克图汗带领右翼之三万人众迁移乃联络科尔沁之众诺延等遂称为彻辰汗其后林丹库图克图汗运败妻苏台吉太后系珠尔齐特精太师之子德勒格尔太师之女同子额尔克洪果尔二人限于时命仍回原处汗族之诺延四人领兵往迎岁次乙亥五月于鄂尔多斯游牧之托赉地方被获因取蒙古汗之统岁次乙丑年四十四岁遂尊为阿固达鄂罗锡叶克齐德勒格都额尔德木图鼐喇穆达果博克达彻辰汗岁次丁丑年四十六岁行兵明地围锦洲城一年剿杀洪苏朗巴图鲁等十三总兵官所属之兵遂破锦洲全军而回。

是时,生灵归依之圣班禅额尔德尼、能识一切达赖喇嘛二人降旨,封昔日承运之密纳克之固什绰尔济①为伊勒固克散·胡土克图之号,遣往东方之天帝②——崇德圣聪合罕处③,赍送奉运之书④奏曰:

"窃观三界之中,生生轮回之众生,则得自由人之珍身者,诚属稀如白日之星辰也。就中得为揽天下之权柄而为合罕者,其难得不啻如获如意琼珍矣。是以值此争斗之秋,而为应运之大力合罕者,以政教抚育天下大众,乃可称为合罕之分也。谨此,奉请扶持佛教,而为我教之施主,故具印文奉达。"云云。

合罕乃躬自迎见,叩拜已了,请入盛京城,尊伊勒固克散·胡土克图为功德喇嘛,受如意接引之灌顶,聆听精微之经义,而初获法教焉。

于是,岁次癸未⑤,当伊勒固克散·胡图克图之辞归也,奉献尊喇嘛以无量之赆仪。并由主上奉献二圣喇嘛以无数珍宝金银及各色财帛,而降密旨曰:

"我将取大明合罕之大都城矣。容先理竣世事,再使请二圣喇嘛,拜活佛而恢宏教法可也。"言讫遣归。

其后,降旨,"今可起兵攻取大都城⑥矣。"正自行兵途中,岁次癸未,年五十二岁,寿终而归天矣。于是,诸王大臣等遵遗旨出征。围困九门之城时,有汉匪之首李自成者,害大明崇祯合罕而取大都城矣。时山海关之主吴总兵者,归附合罕之诸王⑦,遂以满汉会合而进,逐出李自成,岁次甲申,取汉帝之国焉。

【注释】

①密纳克之固什·绰尔济:沈曾植先生清译本笺证云"此喇嘛《源流》册作:色沁曲结,曲结即绰尔济也。"

②天帝:清译本音译原文为"和尔摩斯达。"张尔田先生校注云"案当是呼伦哈达异文。"其实"和尔摩斯达"即玉皇或上帝,故译如

③崇德圣聪合罕处：清译本用原文音译为"德格都·额尔德穆图·博克达·彻辰汗处"亦似可。张尔田先生校注云"案此太宗汗号与前有异，译音有详略也。"案当如新译文。

④崇送奉运之书：张尔田先生清译本校注云"案《圣武记》崇德二年，喀尔喀三汗奏请：发帑使延达赖喇嘛。四年，因厄鲁特使赍书达赖，于是达赖，班禅及藏巴汗，青海固始汗，闻我朝兴东土，各报使绕塞外数万里，以七年至盛京，奉书及方物，约共行善事，并献卦验，知必当一统。"

⑤岁次癸未：张尔田先生清译本校注云"案崇德八年，崇祯十六年。"

⑥降旨：今可起兵攻取大都城：沈曾植先生清译本笺证云"诸本作降旨取大都城。"张尔田先生校补云"阁本与诸本同。"据蒙文原文当如新译文。

⑦…归附合罕之诸王：张尔田先生清译本校注云"案吴三桂请兵睿亲王事，详国史。阁本无奉书请兵四字。"据蒙文原文当如新译文。

【附录】

清译本文：是时博克达班禅额尔德尼能识一切达赖喇嘛备书印馈仪差密纳克之固实绰尔济号为伊拉固克散胡土克图者前往东方和尔摩斯达德格都额尔德穆图博克达彻辰汗处致书并将从前卦验呈阅云伏见三世轮回众生而得此可珍可宝之身实如晨星罕见况统驭大众尊而为大汗者不更难乎是以值此战斗之时幸有大有威力之汗以道法教育人众乃要务耳更祈扶持

佛教为我教中施主等语汗亲身接见齐集大众请入居住盛京城尊伊拉固克散胡土克图为巴克什喇嘛受取惬意灌顶陀教讲究精微经典以广衍教法岁次癸未伊拉固克散胡土克图辞回本处赠与赆仪无算汗复赠与博克达喇嘛二人诸宝金银各色币帛降密谕言朕将往取大明汗都城俟世事理竣再迎博克达喇嘛二人相见以阐扬佛教遂降谕往攻大明汗都城正欲行兵之际岁次癸未寿享五十二岁升遐诸王大臣尊奉遗敕往征明地以围九门之城乃贼目李闯已害大明崇祯汗而克取大都城山海关之吴姓总兵归附汗王奉书请兵于是满汉会合逐出李闯岁次甲申遂承明统而为君焉。

先是，蒙古之托欢·帖木尔·乌哈噶图合罕时，岁次戊申，汉人朱葛诺延，年二十五岁，袭取大都城，即合罕位，称大明朱洪武合罕焉。当时，乌哈噶图合罕之第三妃子——乃洪吉喇特之托克托阿太师之女①——格哼勒台夫人，适怀孕七月，因步重而不行，洪武合罕纳之，越三月，即此戊甲年，诞一男矣。朱洪武乃降旨曰："先时，我主天王，多曾惠爱我焉。而今此子，其所出也，当以德报德，可为吾子，汝等勿以为非也。"遂为己子②矣。与汉夫人所生之子朱达哈雅③共二子。乃父朱洪武合罕在位三十年，岁次戊寅，年五十五岁崩。

其后，大小汉官共议之曰："蒙古夫人之子虽居长，乃他人之子也。若其长成，难免与汉国为仇。汉夫人之子虽为弟，乃嫡子也。当奉为合罕。"

朱达噶雅庚戌年生，岁次戊寅，年二十九岁即罕位，经四月又十八日，即于此戊寅年崩。因其无子，遂以蒙古夫人之（子）为主，岁次乙卯，年三十二岁即罕位，即请噶尔玛之如来罗勒贝·道尔济④；萨斯嘉大乘之丹簪·绰尔济⑤；黄教之大慈萨木禅·绰尔济⑥等三人，以立政教之治，致大国于太平。在位二十二年。岁次庚子，年五十岁崩⑦。

其子宣德合罕，丙寅年生，岁次辛丑，年三十六岁即合罕位。信奉其父之喇嘛萨木禅·绰尔济⑧，二者至大国于太平安乐，在位十年，岁次庚戌，年四十五岁崩。

其子正统合罕，戊戌年生，岁次甲寅，年十七岁即罕位，戊午年，二十岁时，卫喇特之额森太师执去。乃弟景泰合罕，庚子年生，岁次己未，年二十岁即罕位，越五年，岁次癸亥，卫喇特国送还正统合罕。乃弟景泰合罕曰："以伦序之，汝当居此合罕位。"乃兄正统合罕辞曰："天已厌我矣，汝当仍在位。"以故，乃弟景泰居合罕位又三年，共越八年，年四十七（应为"二十七"——译注者）岁崩。于是正统合罕，岁次丁卯，年三十岁，复即合罕位，称天顺合罕焉。——天顺者，天之所赐也——在位十七年，岁次癸未，年四十六岁崩。

其子成化合罕，甲寅年生，年三十一岁即合罕位，在位二十三年，岁次甲子，年五十六岁崩⑨。

其子正德合罕，丙戌年生，岁次乙丑，四十岁即合罕

410

位,在位十六年,岁次庚辰,年五十五岁崩。

嘉靖合罕,戊午年生,岁次辛巳,年二十四岁即合罕位,在位四十五年,岁次己丑,年六十八岁崩。

其子隆庆合罕,壬午年生,岁次丙寅即罕位,在位七年,岁次壬申,年五十岁崩。

其子万历合罕,辛亥年生,岁次癸酉,年二十三岁即罕位,在位四十八年。在此合罕时,一如先世永乐皇帝之世,致大国于安康焉。岁次庚申,年七十七岁崩。

其子泰昌合罕,辛巳年生,岁次辛酉即合罕位,在位十一月,即此辛酉年,年四十一岁崩。

其弟天启合罕,甲辰年生,岁次壬戌,年十九岁即合罕位,在位七年,岁次戊辰,年二十五岁崩。

其侄崇祯合罕,乙亥年生,岁次己巳,三十一岁即合罕位,在位十六年,岁次甲申,满洲之顺治合罕⑩取其国焉。

【注释】

①托克托阿太师之女:沈曾植先生清译本笺证云"《广阳杂记》明成祖之母瓮妃,蒙古人,元顺帝妃也。宫中别有庙,藏神主,世世祀之,不关宗伯。"此书前称托克托太师为弘吉喇氏,本又作瓮吉剌,彼此相合。"

张尔田先生校补云"案《世系谱》汗避位出京,弘吉喇氏哈屯,仓猝藏覆瓮中,为明洪武所获,时哈屯怀娠已三月,默祝曰:弥月而产势难留也,惟天悯佑,至十三月而生,乃得安全。后果十三月生一子,洪武以为己子,育之,此即明之永乐也。后妃以硕为姓云,与此所述同一事，而传说小异。"

②……遂为己子：张尔田先生清译本校注云"案朱竹垞《南京太常寺志跋》海宁谈迁《枣林杂俎》中述，孝慈高皇后无子，不独长陵为高丽硕妃所出，而懿文太子及秦晋二王，皆李淑妃产也。闻者争以为骇，今观天启三年《南京太常寺志》大书孝陵殿宇中，设高皇帝后主，左配生子妃五人，右只硕妃一人，事足征信，然则《实录》曲笔，不足从也。《太常寺志》今未见，使其信，然则硕妃甕妃必居其一，与瀛国公事殆同一例，野史遗闻或未尽无稽欤。"

③朱达噶雅：清译为：朱代。张尔田先生校注云"案代别本一作岱，即棣字译音，盖误。以成祖名为懿文太子也。"据蒙文原文则如新译文。盖指朱棣而言。原文似有误。

④如来啰勒贝·道尔济：沈曾植先生清译本笺证云"此《明史》之大宝法王噶尔玛巴，即哈立麻也。《卫藏图志》前藏西北山后大寺，住锡噶尔玛巴·瑚图克图。系黑教剌麻云南人也。即明人所谓哈立麻者，藏手卷一轴，长二十余丈，乃绘永乐中哈立麻诵经灵谷寺图。又云：楚布寺，业朗寺，皆在拉撒之北，各有瑚图克图掌之，红帽之宗名噶玛巴，黑帽之宗名为沙玛纳。"

⑤大乘之丹簪·绰尔济：沈曾植先生清译本校注云"此大乘法王，《明史》名昆泽思巴。"

⑥大慈萨木禅·绰尔济：沈曾植先生清译本笺证云"此大慈法王《明史》名释迦也失亦。《卫藏通志》色拉寺，汉言金山寺也。宗喀巴观其地可建庙，会其弟子甲木庆曲结，沙克加伊喜，明时入中国为禅师，赐物甚盛，回藏后，因令建大寺。此扎木禅·绰尔济即甲木庆曲结之异文（曲结即绰尔济，见《西藏赋注》）《明史》之释迦也失亦，即沙克加伊喜异文也（释迦即沙克加，也失即伊喜）。又按宗喀巴生于永乐十年（《卫藏通志》）或云永乐十五年（《西藏赋》），

而释迦也失亦,入朝在十二年,归在十四年,年齿相悬,似不为之弟子,或疑此说诞妄,然宗喀巴大弟子,第一辈达赖,洪武年生,年齿亦为悬绝。盖宗喀巴教成,而后弟子归附,立教之祖,固不以达赖、班禅齿长为师之例例之。又可知释迦也失亦之归于黄教,乃其还藏以后事也。故此书属之黄教,而明人了不言其异旧教也。"

⑦……年五十岁崩:张尔田先生清译本校注云"案此处阙洪熙一朝。"

⑧……萨木禅·绰尔济:沈曾植先生清译本笺证云"大慈宣德九年复来朝。"

⑨……年五十六岁崩:张尔田先生清译本校注云"案此下又阙弘治一朝,朔方野乘,各记所闻,不能以正史议之。"

⑩满洲之顺治合罕:沈曾植先生清译本笺证云"王本顺治下空八格,'其统绪'上作'以兵入关代'五字,今依诸本。王本第二顺治下空十四字,第三顺治亦有空格。盖原本于'皇帝'字皆提行,钞者展转失其行款,遂成空阙,惟诸本不误,今从之。"

张尔田先生在清译本文"取以兵入关代其统绪"下注云"案阁本无此九字",作"取其统绪"四字。今据蒙文原文所载,应如新译文。

【附录】

清译本文:先是蒙古托衮特珠尔哈噶图汗岁次戊申汉人朱葛诺延年二十五岁袭取大都城即汗位称为大明朱洪武汗其乌哈噶图汗之第三福晋系洪吉喇特托克托太师之女名格呼勒德哈屯怀孕七月洪武汗纳之越三月是岁戊申生一男朱洪武降旨曰从前我汗曾有大恩于我此乃伊子也其恩应报可为我子尔等勿以为非遂养为己子与

汉福晋所生之子朱代共二子朱洪武在位三十年岁次戊寅五十五岁卒大小官员商议以为蒙古福晋之子虽为兄系他人之子长成不免与汉人为仇汉福晋之子虽为弟乃嫡子应奉以为汗朱代庚戌年生岁次戊寅年二十九岁即位在位四越月十八日即卒于是年无子其蒙古福晋所生子于己卯年三十二岁即位于是即请噶尔玛巴之特衮齐楞伊呼克森罗勒贝多尔济萨斯嘉之大乘丹簪绰尔济黄教之大慈扎木禅绰尔济等三人阐扬法教俾大国普众安享太平在位二十二年岁次庚子年五十岁卒子宣德汗丙寅年生岁次辛丑年三十六岁即汗位以父所请之喇嘛扎木禅绰尔济为护法共享太平在位十年岁次庚戌年四十五岁卒子正统汗戊戌年生岁次甲寅年十七岁即汗位戊午年二十岁为卫喇特之额森太师执去弟景泰汗庚子年生岁次己未年二十岁即位岁次癸亥卫喇特人众送回正统汗弟景泰汗以兄身膺天命让即汗位正统汗自谓为天所厌尔可仍旧不允其请景泰汗复在位三年共八年岁次丙寅年二十七岁卒岁次丁卯正统年三十岁复即汗位回复位遂称为天顺汗在位十七年岁次癸未年四十六岁卒子成化汗甲寅年生岁次甲申年三十一岁即汗位在位二十三年岁次甲子五十六岁卒子正德汗丙戌年生岁次乙丑年四十岁即位在位十六年岁次年庚辰五十五岁卒嘉靖汗戊午年生岁次辛巳年二十四岁即位在位四十五年岁次己丑年六十八岁卒子隆庆汗壬午年生岁次丙寅即位在位七年岁次壬申年五十一岁卒子万历汗辛亥年生

岁次癸酉年二十三岁即位在位四十八年汗时一如永乐皇帝令大国人众共享太平岁次庚申年七十七岁卒子泰昌汗辛巳年生辛未年即位年四十一岁在位十一月即于是年卒子天启汗甲辰年生岁次壬戌年一十九岁即位在位七年岁次戊辰年二十五岁卒弟崇祯汗己亥年生岁次己巳年二十一岁即位在位十六年岁次甲申满洲顺治皇帝取以兵入关代其统绪。

彼顺治合罕者，戊寅年生，岁次甲申，年七岁时，坐大明合罕之金座，天下咸称顺治合罕。统领南方八十万汉人，西方阿达克·喀木之二十六万土伯特，北方四万卫喇特，东方三万高丽，中央四省满洲，六万蒙古之①地，赐全国诸部之诸罕、诸诺延、诸官员等众以王、贝勒、贝子、公等名爵，视其轻重，依次各加封号讫。立大国之基业，致玉宇于太平矣。

此后，岁次辛卯，年十四岁时，遵先合罕曾有旨谓："迨取大都城，理竣世事之后，即请二圣喇嘛，以兴经教。"遂遣使请二圣喇嘛，则圣班禅额尔德尼曰："我已年老，不能行也。"遂不至②。唯能识一切达赖喇嘛·罗卜藏扎木苏来矣。岁次壬辰，年十五岁时，于大都城外，修筑黄城如制，内建三世佛之庙，又为达赖喇嘛及其随从人等建造所居净舍、库藏，咸极美观。大兴佛教，奉佛子③圣识一切为顶上花，遥奉生灵向化之圣班禅额尔德尼为喇嘛。大赞佛教，广兴圣道，以致四境不扰，八方无警，大国安乐，如丽日之升天矣。此乃人主合罕之大恩也。当此之时，边陲之民，于愿已足，凡九族之众，手有所置，足有所踏，安享熙攘之福矣。

  如是：
始初向化之具像世界，
诸方皈依之胤嗣生灵，
自印度众所拥戴之合罕以来，
至此争斗之世为彼生灵——
曾生为圣武合罕平定天下，
亦生为福德菩提接引众生。
俾共享佛教圣道之安乐焉。
未能尽述而仅略道其要义，
尊上有道之彻辰洪台吉嫡孙，
小有才之彻辰萨囊台吉④我，
谨藉其所见所闻而建此言；
为撰此诸罕统系之《宝鉴》。
观彼《具文要用》之史卷。
更察《奇观花蕾》之列传，
再加《性道因果》之红册，
萨尔瓦尊者著《诸罕之统》
《启明学子心花》之汉文传记。
尊上转轮王著之《经教源流》，
记述蒙古诸罕统之《大黄谱》。⑤

综揽此等七史之书,
此乙丑九紫入宫之第五十九。
于乾元八白创始之第二,
自翼宿值月十一角宿木曜日始,
至箕宿值月朔鬼宿水曜日竣。
就中难乎免其谬误之处,
祈贤哲之士不吝详查赐教,
或有是则惟赖识界之琼珍。
愿为启蒙学子智慧之莲花耳。

【注释】

①六万蒙古:张尔田先生清译本校注云"案此书乃彻辰洪台吉之裔,小彻辰萨囊所述,故详于右翼吉囊一支,左翼已略,三卫源流更所不及,兹略取陈仁锡《八编汇纂》所载,附录于此,以备参考。三卫之设,每卫置都督二人,泰宁卫之祖,其左都督曰:兀捏帖睦儿,再传而绝;右都督曰:革木干帖睦儿,今袭者曰:只尔挨、福馀二都督今无正,都指挥曰:打都。惟朵颜最盛,其左都督为完帖木儿,五传为花当,生十一男,又再传而革兰台袭职,生九男,长为影克,影克之子即长昂,今现袭都督,最傑鸷;其右都督为脱罗,又三传为朵儿干,又再传而绝,其别枝拾林孛罗继之,今袭者曰:把班。通其所属计之,共一百五十五枝,今在各路讨赏者乃二百四十七枝,比前多九十二枝,案此万历间情形也。其后,小王子东徙,数与之合兵犯辽左,又通套部,未几长昂死,三卫始衰,国初皆服属于我云。"

②班禅额尔德尼……遂不至:张尔田先生清译本校注云"案龚定庵《蒙古像教志序》第四辈班禅·罗卜藏曲结嘉勒灿者,自蒙古

至盛京,受我太宗皇帝册封归,死后其瑚必勒罕遂有喀木之地。定庵曾见此书,斯语殊误,殆未及参照也。"

③……奉佛子:张尔田先生清译本校注云"案《西藏赋注》国朝太宗文皇帝崇德七年达赖喇嘛同班禅喇嘛差乌巴什台吉达盛京进贡,约行善事。顺治元年达赖喇嘛差人赴京进贡,九年入觐,世祖章皇帝赐居黄寺,封为掌天下黄教西方自在佛,足墨多尔济·嘉木磋喇嘛。金册十五页,宗室奕赓《东华录》缀言:顺治中第五辈达赖喇嘛入觐,世祖章皇帝特赐册印,封为统领西天佛教普觉斡济·达赖喇嘛。"

④小有才之彻辰萨囊台吉:张尔田先生清译本校注云"多桑等《蒙古史》引《源流》称:萨囊薛珍,薛珍即薛禅、彻辰二字异译也。俄人译此书者谓:萨囊生于万历三十二年今书叙至顺治朝止,盖其晚年之著矣。

⑤此七种史书,清译本用词颇奇,且有沙尔巴胡土克图编纂《发明贤哲心意之蓬花汉史》之译文。盖将"萨尔瓦尊者著《诸罕之统》和《启明学子心花》之汉文传记"二书合为一书矣。兹据蒙文原文译如文。但这些书究竟是什么情况,尚待考查。

【附录】

清译本文:顺治皇帝戊寅年降生岁次甲申年七岁坐大明汗之金床天下咸称为顺治皇帝总统南方八十万汉人西方阿木多喀木二十六部落图伯特北方四万卫喇特东方三万高丽中原四省满珠六万蒙古天下一统颁赐恩赏随其大小均给与部落之汗诺延大臣王贝勒贝子公等爵号创建基业统绪又安岁次卯辛年十四岁以先帝曾降旨取大都城后理竣世事即延请博克达喇嘛

二人兴起法教于是遣使延请二博克达喇嘛博克达班
禅额尔德尼以年老未至惟能识一切达赖喇嘛罗卜藏
扎木苏前来岁次壬辰年十五岁至于大都城外修建黄
墙庙宇内建三世佛像达赖喇嘛及随从弟子所居精舍
以及库藏俱装饰威严大兴佛教以隆重佛嗣博克达能
识一切达赖喇嘛遂以众生依庇之博克达班禅额尔德
尼称为昂依齐喇嘛辅助佛教广兴圣道俾四境无累八
方无扰大国太平如日中天乃大皇帝之恩也赖此有庆
边陲宁谧苍生乐利致天下太平于无既矣自昔世界生
灵以及额讷特珂克称汗以来以至众生战斗之时乃圣
武汗笃生致天下于久安长治而诸佛福慧菩萨显著引
导生灵以统摄天下佛教常新列圣御极又安率土笔所
不能尽述谨就所识集而成书缘库图克台彻辰洪台吉
之裔小彻辰萨囊台吉颇有远识愿知一切乃将汗等源
流约略序述并将珍异奇绝之卷讲解精妙意旨红册沙
尔巴胡土克图编纂发明贤哲心意之莲花汉史杂噶拉
斡尔第汗所编之经卷源委古昔蒙古汗等源流大黄册
等七史合订校自乙丑九宫值年八宫翼火蛇当值之二
月十一日角木蛟鬼金羊当值之辰起至六月初一日角
木蛟鬼金羊当值之辰告成如有差谬之处辛祈原谅贤
哲见之幸为改正若云有合于古则以为上天如意之宝
而永为学者开心上莲花云耳。

一九八〇年一月十七日译校完

附录(一)
青海和硕特世系表

阿克萨噶勒代诺颜——乌鲁克特穆尔——博罗特布古——博罗特特穆尔——都棱代博——图古堆——那郭代——赛漠勒呼——库绥——鄂博克——雅代青山——博贝

达延(号鄂齐尔)
- 墨尔根诺延——车凌
- 素诺木达什——诺尔布彭素克
- 彭素克
- 素诺木衮布
- 多尔济——垂库尔——噶尔丹达什
- 楚克(号达赖汗)——拉藏汗

鄂木布(号车臣代青)
- 墨尔根台吉
  - 额林沁达什——达马林色卜吞
  - 纳木札勒——罗卜藏察罕
- 卓里克图台青
  - 罗卜藏达尔扎——济克济扎布
  - 案阿剌卜坦有二,一纳木扎勒弟,一卓里克图和硕齐孙,父纳木奇扎木禅,表未列,今仍之。

达兰泰——衮布(号阿齐巴图尔)——厄尔德尼厄尔克托克托乃——车凌多尔济

阿延阿布该(号达赖乌巴什)
- 札布
- 案巴延十六子,和罗理别为阿拉善旗祖

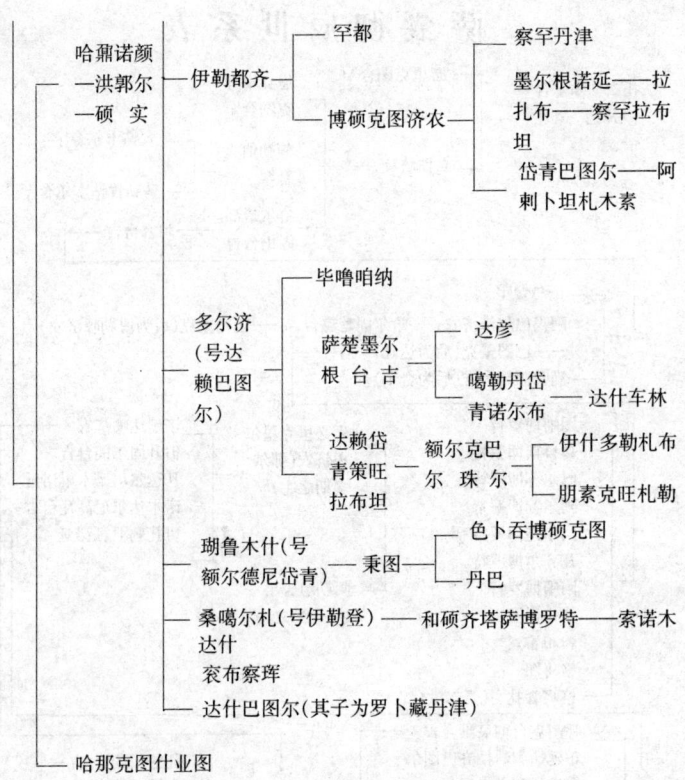

附录(二)

萨囊彻辰世系表

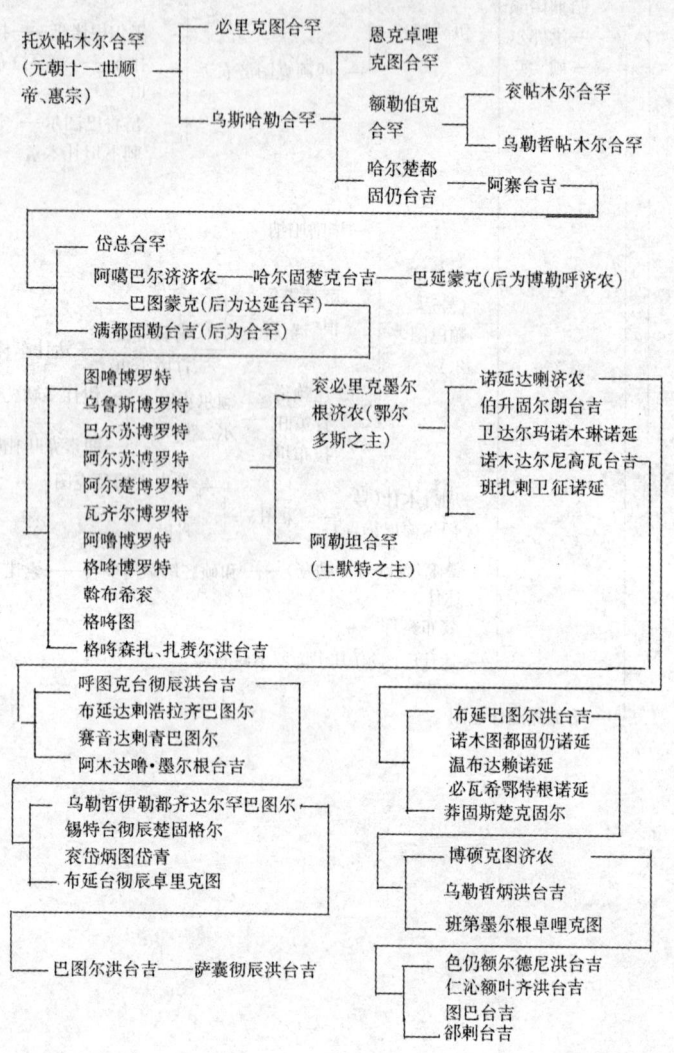

新译校注《蒙古源流》

作　　者	道润梯步
责任编辑	常　青
封面设计	徐敬东
出版发行	内蒙古人民出版社
地　　址	呼和浩特市新城区中山东路8号波士名人国际B座5层
印　　刷	内蒙古地矿印刷厂
经　　销	新华书店
开　　本	880×1230　1/32
字　　数	300千
印　　张	13.875
印　　数	5001-9000册
版　　次	1980年第1版　2007年1月第2版 2015年1月第2次印刷
书　　号	ISBN 978-7-204-08370-1/K·488
定　　价	39.00元